Sammlung

von

Gesetzen, Verordnungen und Ministerialerlassen

strafrechtlichen Inhalts

für

bayerische Polizeiorgane.

Vom kgl. Staatsministerium des Innern
für die Gendarmerie angeschafft.

München
J. Schweitzer Verlag (Jos. Eichbichler)
1897.

Druck von Josef Deschler, München.

Inhalts-Verzeichniß.

I.

Strafgesetzbuch für das deutsche Reich.

II.
Polizeistrafgesetzbuch.

Erste Abtheilung.

Zweite Abtheilung.

Dritte Abtheilung.
Besondere Strafbestimmungen.

Anhang.

III.
Besondere Vorschriften.

Erster Abschnitt.
Oeffentliche Ordnung und Sicherheit.
A. Sicherheit des Staates.

B. Oeffentliche Ruhe.

C. Presse, Versammlungen und Vereine.

D. Fremden- und Paßpolizei.

E. Waffen und Sprengstoffe.

F. Bau- und Feuerpolizei.

G. Straßen- und Wasserpolizei.

H. Oeffentliche Sittlichkeit.

J. Oeffentliche Gefälle.

Zweiter Abschnitt.

Medizinal- und Veterinärwesen.

A. Medizinal- und Veterinärpersonal.

B. Nahrungsmittel, Genußmittel und Gebrauchsgegenstände.

C. Arzneien und Gifte.

D. Leichen- und Begräbnißpolizei.

E. Viehseuchen.

Dritter Abschnitt.

Erwerbswesen.

A. Landwirthschaft.

B. Forstwirthschaft.

C. Jagd und Fischerei.

D. Gewerbe, Handel und Verkehr.

E. Versicherungs- und Unterstützungswesen.

I.

Strafgesetzbuch

für das

Deutsche Reich.

Einleitende Bestimmungen.

§ 1. Eine mit dem Tode, mit Zuchthaus, oder mit Festungshaft von mehr als fünf Jahren bedrohte Handlung ist ein Verbrechen.

Eine mit Festungshaft bis zu fünf Jahren, mit Gefängniß oder mit Geldstrafe von mehr als einhundertfünfzig Mark bedrohte Handlung ist ein Vergehen.

Eine mit Haft oder mit Geldstrafe bis zu einhundertfünfzig Mark bedrohte Handlung ist eine Uebertretung.

§ 2. Eine Handlung kann nur dann mit einer Strafe belegt werden, wenn diese Strafe gesetzlich bestimmt war, bevor die Handlung begangen wurde.

Bei Verschiedenheit der Gesetze von der Zeit der begangenen Handlung bis zu deren Aburtheilung ist das mildeste Gesetz anzuwenden.

§ 3. Die Strafgesetze des Deutschen Reichs finden Anwendung auf alle im Gebiete desselben begangenen strafbaren Handlungen, auch wenn der Thäter ein Ausländer ist.

§ 4. Wegen der im Auslande begangenen Verbrechen und Vergehen findet in der Regel keine Verfolgung statt.

Jedoch kann nach den Strafgesetzen des Deutschen Reichs verfolgt werden:

1) ein Deutscher oder ein Ausländer, welcher im Auslande eine hochverrätherische Handlung gegen das Deutsche Reich oder einen Bundesstaat, oder ein Münzverbrechen, oder als Beamter des Deutschen Reichs oder eines Bundesstaats eine Handlung begangen hat, die nach den Gesetzen des Deutschen Reichs als Verbrechen oder Vergehen im Amte anzusehen ist;
2) ein Deutscher, welcher im Auslande eine landesverrätherische Handlung gegen das Deutsche Reich oder einen Bundesstaat, oder eine Beleidigung gegen einen Bundesfürsten begangen hat;

3) ein Deutscher, welcher im Auslande eine Handlung begangen hat, die nach den Gesetzen des Deutschen Reichs als Verbrechen oder Vergehen anzusehen und durch die Gesetze des Orts, an welchem sie begangen wurde, mit Strafe bedroht ist.

Die Verfolgung ist auch zulässig, wenn der Thäter bei Begehung der Handlung noch nicht Deutscher war. In diesem Falle bedarf es jedoch eines Antrages der zuständigen Behörde des Landes, in welchem die strafbare Handlung begangen worden, und das ausländische Strafgesetz ist anzuwenden, soweit dieses milder ist.

§ 5. Im Falle des § 4 Nr. 3 bleibt die Verfolgung ausgeschlossen, wenn

1) von den Gerichten des Auslandes über die Handlung rechtskräftig erkannt und entweder eine Freisprechung erfolgt oder die ausgesprochene Strafe vollzogen,
2) die Strafverfolgung oder die Strafvollstreckung nach Gesetzen des Auslandes verjährt oder die Strafe erlassen, oder
3) der nach den Gesetzen des Auslandes zur Verfolgbarkeit der Handlung erforderliche Antrag des Verletzten nicht gestellt worden ist.

§ 6. Im Auslande begangene Uebertretungen sind nur dann zu bestrafen, wenn dies durch besondere Gesetze oder durch Verträge angeordnet ist.

§ 7. Eine im Auslande vollzogene Strafe ist, wenn wegen derselben Handlung im Gebiete des Deutschen Reichs abermals eine Verurtheilung erfolgt, auf die zu erkennende Strafe in Anrechnung zu bringen.

§ 8. Ausland im Sinne dieses Strafgesetzes ist jedes nicht zum Deutschen Reich gehörige Gebiet.

§ 9. Ein Deutscher darf einer ausländischen Regierung zur Verfolgung oder Bestrafung nicht überliefert werden.

§ 10. Auf deutsche Militärpersonen finden die allgemeinen Strafgesetze des Reichs insoweit Anwendung, als nicht die Militärgesetze ein Anderes bestimmen.

§ 11. Kein Mitglied eines Landtags oder einer Kammer eines zum Reich gehörigen Staats darf außerhalb der Versammlung, zu welcher das Mitglied gehört, wegen seiner Abstimmung oder wegen der in Ausübung seines Berufes gethanen Aeußerung zur Verantwortung gezogen werden.

§ 12. Wahrheitsgetreue Berichte über Verhandlungen eines Landtags oder einer Kammer eines zum Reich gehörigen Staats bleiben von jeder Verantwortlichkeit frei.

Erster Theil.

Von der Bestrafung der Verbrechen, Vergehen und Uebertretungen im Allgemeinen.

Erster Abschnitt.

Strafen.

§ 13. Die Todesstrafe ist durch Enthauptung zu vollstrecken.

§ 14. Die Zuchthausstrafe ist eine lebenslängliche oder eine zeitige.

Der Höchstbetrag der zeitigen Zuchthausstrafe ist fünfzehn Jahre, ihr Mindestbetrag Ein Jahr.

Wo das Gesetz die Zuchthausstrafe nicht ausdrücklich als eine lebenslängliche androht, ist dieselbe eine zeitige.

§ 15. Die zur Zuchthausstrafe Verurtheilten sind in der Strafanstalt zu den eingeführten Arbeiten anzuhalten.

Sie können auch zu Arbeiten außerhalb der Anstalt, insbesondere zu öffentlichen oder von einer Staatsbehörde beaufsichtigten Arbeiten verwendet werden. Diese Art der Beschäftigung ist nur dann zulässig, wenn die Gefangenen dabei von anderen freien Arbeitern getrennt gehalten werden.

§ 16. Der Höchstbetrag der Gefängnißstrafe ist fünf Jahre, ihr Mindestbetrag Ein Tag.

Die zur Gefängnißstrafe Verurtheilten können in einer Gefangenanstalt auf eine ihren Fähigkeiten und Verhältnissen angemessene Weise beschäftigt werden; auf ihr Verlangen sind sie in dieser Weise zu beschäftigen.

Eine Beschäftigung außerhalb der Anstalt (§ 15) ist nur mit ihrer Zustimmung zulässig.

§ 17. Die Festungshaft ist eine lebenslängliche oder eine zeitige.

Der Höchstbetrag der zeitigen Festungshaft ist fünfzehn Jahre, ihr Mindestbetrag Ein Tag.

Wo das Gesetz die Festungshaft nicht ausdrücklich als eine lebenslängliche androht, ist dieselbe eine zeitige.

Die Strafe der Festungshaft besteht in Freiheitsentziehung mit Beaufsichtigung der Beschäftigung und Lebensweise der Gefangenen; sie wird in Festungen oder in anderen dazu bestimmten Räumen vollzogen.

§ 18. Der Höchstbetrag der Haft ist sechs Wochen, ihr Mindestbetrag Ein Tag.

Die Strafe der Haft besteht in einfacher Freiheitsentziehung.

§ 19. Bei Freiheitsstrafen wird der Tag zu vierundzwanzig Stunden, die Woche zu sieben Tagen, der Monat und das Jahr nach der Kalenderzeit gerechnet.

Die Dauer einer Zuchthausstrafe darf nur nach vollen Monaten, die Dauer einer anderen Freiheitsstrafe nur nach vollen Tagen bemessen werden.

§ 20. Wo das Gesetz die Wahl zwischen Zuchthaus und Festungshaft gestattet, darf auf Zuchthaus nur dann erkannt werden, wenn festgestellt wird, daß die strafbar befundene Handlung aus einer ehrlosen Gesinnung entsprungen ist.

§ 21. Achtmonatliche Zuchthausstrafe ist einer einjährigen Gefängnißstrafe, achtmonatliche Gefängnißstrafe einer einjährigen Festungshaft gleich zu achten.

§ 22. Die Zuchthaus- und Gefängnißstrafe können sowohl für die ganze Dauer, wie für einen Theil der erkannten Strafzeit in der Weise in Einzelhaft vollzogen werden, daß der Gefangene unausgesetzt von anderen Gefangenen gesondert gehalten wird.

Die Einzelhaft darf ohne Zustimmung des Gefangenen die Dauer von drei Jahren nicht übersteigen.

§ 23. Die zu einer längeren Zuchthaus- oder Gefängnißstrafe Verurtheilten können, wenn sie drei Viertheile, mindestens aber Ein Jahr der ihnen auferlegten Strafe verbüßt, sich auch während dieser Zeit gut geführt haben, mit ihrer Zustimmung vorläufig entlassen werden.

§ 24. Die vorläufige Entlassung kann bei schlechter Führung des Entlassenen oder, wenn derselbe den ihm bei der Entlassung auferlegten Verpflichtungen zuwiderhandelt, jederzeit widerrufen werden.

Der Widerruf hat die Wirkung, daß die seit der vorläufigen Entlassung bis zur Wiedereinlieferung verflossene Zeit auf die festgesetzte Strafdauer nicht angerechnet wird.

§ 25. Der Beschluß über die vorläufige Entlassung, sowie über einen Widerruf ergeht von der obersten Justiz-Aufsichtsbehörde. Vor dem Beschluß über die Entlassung ist die Gefängnißverwaltung zu hören.

Die einstweilige Festnahme vorläufig Entlassener kann aus dringenden Gründen des öffentlichen Wohls von der Polizeibehörde des Orts, an welchem der Entlassene sich aufhält, verfügt werden. Der Beschluß über den endgültigen Widerruf ist sofort nachzusuchen.

Führt die einstweilige Festnahme zu einem Widerrufe, so gilt dieser als am Tage der Festnahme erfolgt.

§ 26. Ist die festgesetzte Strafzeit abgelaufen, ohne daß ein Widerruf der vorläufigen Entlassung erfolgt ist, so gilt die Freiheitsstrafe als verbüßt.

§ 27. Der Mindestbetrag der Geldstrafe ist bei Verbrechen und Vergehen drei Mark, bei Uebertretungen Eine Mark.

§ 28. Eine nicht beizutreibende Geldstrafe ist in Gefängniß und, wenn sie wegen einer Uebertretung erkannt worden ist, in Haft umzuwandeln.

Ist bei einem Vergehen Geldstrafe allein oder an erster Stelle, oder wahlweise neben Haft angedroht, so kann die Geldstrafe in Haft umgewandelt werden, wenn die erkannte Strafe nicht den Betrag von sechshundert Mark und die an ihre Stelle tretende Freiheitsstrafe nicht die Dauer von sechs Wochen übersteigt.

War neben der Geldstrafe auf Zuchthaus erkannt, so ist die an deren Stelle tretende Gefängnißstrafe nach Maßgabe des § 21 in Zuchthausstrafe umzuwandeln.

Der Verurtheilte kann sich durch Erlegung des Strafbetrages, soweit dieser durch die erstandene Freiheitsstrafe noch nicht getilgt ist, von der letzteren freimachen.

§ 29. Bei Umwandlung einer wegen eines Verbrechens oder Vergehens erkannten Geldstrafe ist der Betrag von drei bis zu fünfzehn Mark, bei Umwandlung einer wegen einer Uebertretung erkannten Geldstrafe der Betrag von Einer bis zu fünfzehn Mark einer eintägigen Freiheitsstrafe gleich zu achten.

Der Mindestbetrag der an Stelle einer Geldstrafe tretenden Freiheitsstrafe ist Ein Tag, ihr Höchstbetrag bei Haft sechs Wochen, bei Gefängniß Ein Jahr. Wenn jedoch eine neben der Geldstrafe wahlweise angedrohte Freiheitsstrafe ihrer Dauer nach den vorgedachten Höchstbetrag nicht erreicht, so darf die an Stelle der Geldstrafe tretende Freiheitsstrafe den angedrohten Höchstbetrag jener Freiheitsstrafe nicht übersteigen.

§ 30. In den Nachlaß kann eine Geldstrafe nur dann vollstreckt werden, wenn das Urtheil bei Lebzeiten des Verurtheilten rechtskräftig geworden war.

§ 31. Die Verurtheilung zur Zuchthausstrafe hat die dauernde Unfähigkeit zum Dienste in dem Deutschen Heere und der Kaiserlichen Marine, sowie die dauernde Unfähigkeit zur Bekleidung öffentlicher Aemter von Rechtswegen zur Folge.

Unter öffentlichen Aemtern im Sinne dieses Strafgesetzes sind die Advokatur, die Anwaltschaft und das Notariat, sowie der Geschworenen- und Schöffendienst mitbegriffen.

§ 32. Neben der Todesstrafe und der Zuchthausstrafe

kann auf den Verlust der bürgerlichen Ehrenrechte erkannt werden, neben der Gefängnißstrafe nur, wenn die Dauer der erkannten Strafe drei Monate erreicht und entweder das Gesetz den Verlust der bürgerlichen Ehrenrechte ausdrücklich zuläßt oder die Gefängnißstrafe wegen Annahme mildernder Umstände an Stelle von Zuchthausstrafe ausgesprochen wird.

Die Dauer dieses Verlustes beträgt bei zeitiger Zuchthausstrafe mindestens zwei und höchstens zehn Jahre, bei Gefängnißstrafe mindestens Ein Jahr und höchstens fünf Jahre.

§ 33. Die Aberkennung der bürgerlichen Ehrenrechte bewirkt den dauernden Verlust der aus öffentlichen Wahlen für den Verurtheilten hervorgegangenen Rechte, ingleichen den dauernden Verlust der öffentlichen Aemter, Würden, Titel, Orden und Ehrenzeichen.

§ 34. Die Aberkennung der bürgerlichen Ehrenrechte bewirkt ferner die Unfähigkeit, während der im Urtheile bestimmten Zeit

1) die Landeskokarde zu tragen;
2) in das deutsche Heer oder in die Kaiserliche Marine einzutreten;
3) öffentliche Aemter, Würden, Titel, Orden und Ehrenzeichen zu erlangen;
4) in öffentlichen Angelegenheiten zu stimmen, zu wählen oder gewählt zu werden oder andere politische Rechte auszuüben;
5) Zeuge bei Aufnahme von Urkunden zu sein;
6) Vormund, Nebenvormund, Kurator, gerichtlicher Beistand oder Mitglied eines Familienraths zu sein, es sei denn, daß es sich um Verwandte absteigender Linie handele und die obervormundschaftliche Behörde oder der Familienrath die Genehmigung ertheile.

§ 35. Neben einer Gefängnißstrafe, mit welcher die Aberkennung der bürgerlichen Ehrenrechte überhaupt hätte verbunden werden können, kann auf die Unfähigkeit zur Bekleidung öffentlicher Aemter auf die Dauer von Einem bis zu fünf Jahren erkannt werden.

Die Aberkennung der Fähigkeit zur Bekleidung öffentlicher Aemter hat den dauernden Verlust der bekleideten Aemter von Rechtswegen zur Folge.

§ 36. Die Wirkung der Aberkennung der bürgerlichen Ehrenrechte überhaupt, sowie der Fähigkeit zur Bekleidung öffentlicher Aemter insbesondere, tritt mit der Rechtskraft des Urtheils ein; die Zeitdauer wird von dem Tage berechnet, an dem die

Freiheitsstrafe, neben welcher jene Aberkennung ausgesprochen wurde, verbüßt, verjährt oder erlassen ist.

§ 37. Ist ein Deutscher im Auslande wegen eines Verbrechens oder Vergehens bestraft worden, welches nach den Gesetzen des Deutschen Reichs den Verlust der bürgerlichen Ehrenrechte überhaupt oder einzelner bürgerlichen Ehrenrechte zur Folge hat oder zur Folge haben kann, so ist ein neues Strafverfahren zulässig, um gegen den in diesem Verfahren für schuldig Erklärten auf jene Folgen zu erkennen.

§ 38. Neben einer Freiheitsstrafe kann in den durch das Gesetz vorgesehenen Fällen auf die Zulässigkeit von Polizei-Aufsicht erkannt werden.

Die höhere Landespolizeibehörde erhält durch ein solches Erkenntniß die Befugniß, nach Anhörung der Gefängnißverwaltung den Verurtheilten auf die Zeit von höchstens fünf Jahren unter Polizei-Aufsicht zu stellen.

Diese Zeit wird von dem Tage berechnet, an welchem die Freiheitsstrafe verbüßt, verjährt oder erlassen ist.

§ 39. Die Polizei-Aufsicht hat folgende Wirkungen:

1) dem Verurtheilten kann der Aufenthalt an einzelnen bestimmten Orten von der höheren Landespolizeibehörde untersagt werden;
2) die höhere Landespolizeibehörde ist befugt, den Ausländer aus dem Bundesgebiete zu verweisen;
3) Haussuchungen unterliegen keiner Beschränkung hinsichtlich der Zeit, zu welcher sie stattfinden dürfen.

§ 40. Gegenstände, welche durch ein vorsätzliches Verbrechen oder Vergehen hervorgebracht, oder welche zur Begehung eines vorsätzlichen Verbrechens oder Vergehens gebraucht oder bestimmt sind, können, sofern sie dem Thäter oder einem Theilnehmer gehören, eingezogen werden.

Die Einziehung ist im Urtheile auszusprechen.

§ 41. Wenn der Inhalt einer Schrift, Abbildung oder Darstellung strafbar ist, so ist im Urtheile auszusprechen, daß alle Exemplare, sowie die zu ihrer Herstellung bestimmten Platten und Formen unbrauchbar zu machen sind.

Diese Vorschrift bezieht sich jedoch nur auf die im Besitze des Verfassers, Druckers, Herausgebers, Verlegers oder Buchhändlers befindlichen und auf die öffentlich ausgelegten oder öffentlich angebotenen Exemplare.

Ist nur ein Theil der Schrift, Abbildung oder Darstellung strafbar, so ist, insofern eine Ausscheidung möglich ist, auszusprechen, daß nur die strafbaren Stellen und derjenige Theil der Platten und Formen, auf welchem sich diese Stellen befinden, unbrauchbar zu machen sind.

§ 42. Ist in den Fällen der §§ 40 und 41 die Verfolgung oder die Verurtheilung einer bestimmten Person nicht ausführbar, so können die daselbst vorgeschriebenen Maßnahmen selbständig erkannt werden.

Zweiter Abschnitt.

Versuch.

§ 43. Wer den Entschluß, ein Verbrechen oder Vergehen zu verüben, durch Handlungen, welche einen Anfang der Ausführung dieses Verbrechens oder Vergehens enthalten, bethätigt hat, ist, wenn das beabsichtigte Verbrechen oder Vergehen nicht zur Vollendung gekommen ist, wegen Versuchs zu bestrafen.

Der Versuch eines Vergehens wird jedoch nur in den Fällen bestraft, in welchen das Gesetz dies ausdrücklich bestimmt.

§ 44. Das versuchte Verbrechen oder Vergehen ist milder zu bestrafen, als das vollendete.

Ist das vollendete Verbrechen mit dem Tode oder mit lebenslänglichem Zuchthaus bedroht, so tritt Zuchthausstrafe nicht unter drei Jahren ein, neben welcher auf Zulässigkeit von Polizei-Aufsicht erkannt werden kann.

Ist das vollendete Verbrechen mit lebenslänglicher Festungshaft bedroht, so tritt Festungshaft nicht unter drei Jahren ein.

In den übrigen Fällen kann die Strafe bis auf ein Viertheil des Mindestbetrages der auf das vollendete Verbrechen oder Vergehen angedrohten Freiheits- und Geldstrafe ermäßigt werden. Ist hiernach Zuchthausstrafe unter Einem Jahre verwirkt, so ist dieselbe nach Maßgabe des § 21 in Gefängniß zu verwandeln.

§ 45. Wenn neben der Strafe des vollendeten Verbrechens oder Vergehens die Aberkennung der bürgerlichen Ehrenrechte zulässig oder geboten ist, oder auf Zulässigkeit von Polizei-Aufsicht erkannt werden kann, so gilt Gleiches bei der Versuchsstrafe.

§ 46. Der Versuch als solcher bleibt straflos, wenn der Thäter

1) die Ausführung der beabsichtigten Handlung aufgegeben hat, ohne daß er an dieser Ausführung durch Umstände gehindert worden ist, welche von seinem Willen unabhängig waren, oder

2) zu einer Zeit, zu welcher die Handlung noch nicht entdeckt war, den Eintritt des zur Vollendung des Verbrechens oder Vergehens gehörigen Erfolges durch eigene Thätigkeit abgewendet hat.

Dritter Abschnitt.

Theilnahme.

§ 47. Wenn Mehrere eine strafbare Handlung gemeinschaftlich ausführen, so wird Jeder als Thäter bestraft.

§ 48. Als Anstifter wird bestraft, wer einen Anderen zu der von demselben begangenen strafbaren Handlung durch Geschenke oder Versprechen, durch Drohung, durch Mißbrauch des Ansehens oder der Gewalt, durch absichtliche Herbeiführung oder Beförderung eines Irrthums oder durch andere Mittel vorsätzlich bestimmt hat.

Die Strafe des Anstifters ist nach demjenigen Gesetze festzusetzen, welches auf die Handlung Anwendung findet, zu welcher er wissentlich angestiftet hat.

§ 49. Als Gehülfe wird bestraft, wer dem Thäter zur Begehung des Verbrechens oder Vergehens durch Rath oder That wissentlich Hülfe geleistet hat.

Die Strafe des Gehülfen ist nach demjenigen Gesetze festzusetzen, welches auf die Handlung Anwendung findet, zu welcher er wissentlich Hülfe geleistet hat, jedoch nach den über die Bestrafung des Versuches aufgestellten Grundsätzen zu ermäßigen.

§ 49a. Wer einen Anderen zur Begehung eines Verbrechens oder zur Theilnahme an einem Verbrechen auffordert, oder wer eine solche Aufforderung annimmt, wird, soweit nicht das Gesetz eine andere Strafe androht, wenn das Verbrechen mit dem Tode oder mit lebenslänglicher Zuchthausstrafe bedroht ist, mit Gefängniß nicht unter drei Monaten, wenn das Verbrechen mit einer geringeren Strafe bedroht ist, mit Gefängniß bis zu zwei Jahren oder mit Festungshaft von gleicher Dauer bestraft.

Die gleiche Strafe trifft Denjenigen, welcher sich zur Begehung eines Verbrechens oder zur Theilnahme an einem Verbrechen erbietet, sowie Denjenigen, welcher ein solches Erbieten annimmt.

Es wird jedoch das lediglich mündlich ausgedrückte Auffordern oder Erbieten, sowie die Annahme eines solchen nur dann bestraft, wenn die Aufforderung oder das Erbieten an die Gewährung von Vortheilen irgend welcher Art geknüpft worden ist.

Neben der Gefängnißstrafe kann auf Verlust der bürgerlichen Ehrenrechte und auf Zulässigkeit von Polizei-Aufsicht erkannt werden.

§ 50. Wenn das Gesetz die Strafbarkeit einer Handlung nach den persönlichen Eigenschaften oder Verhältnissen desjenigen, welcher dieselbe begangen hat, erhöht oder vermindert, so sind diese besonderen Thatumstände dem Thäter oder demjenigen Theilnehmer (Mitthäter, Anstifter, Gehülfe) zuzurechnen, bei welchem sie vorliegen.

Vierter Abschnitt.

Gründe, welche die Strafe ausschließen oder mildern.

§ 51. Eine strafbare Handlung ist nicht vorhanden, wenn der Thäter zur Zeit der Begehung der Handlung sich in einem Zustande von Bewußtlosigkeit oder krankhafter Störung der Geistesthätigkeit befand, durch welchen seine freie Willensbestimmung ausgeschlossen war.

§ 52. Eine strafbare Handlung ist nicht vorhanden, wenn der Thäter durch unwiderstehliche Gewalt oder durch eine Drohung, welche mit einer gegenwärtigen, auf andere Weise nicht abwendbaren Gefahr für Leib oder Leben seiner selbst oder eines Angehörigen verbunden war, zu der Handlung genöthigt worden ist.

Als Angehörige im Sinne dieses Strafgesetzes sind anzusehen Verwandte und Verschwägerte auf- und absteigender Linie, Adoptiv- und Pflege-Eltern und -Kinder, Ehegatten, Geschwister und deren Ehegatten, und Verlobte.

§ 53. Eine strafbare Handlung ist nicht vorhanden, wenn die Handlung durch Nothwehr geboten war.

Nothwehr ist diejenige Vertheidigung, welche erforderlich ist, um einen gegenwärtigen, rechtswidrigen Angriff von sich oder einem Anderen abzuwenden.

Die Ueberschreitung der Nothwehr ist nicht strafbar, wenn der Thäter in Bestürzung, Furcht oder Schrecken über die Grenzen der Vertheidigung hinausgegangen ist.

§ 54. Eine strafbare Handlung ist nicht vorhanden, wenn die Handlung außer dem Falle der Nothwehr in einem unverschuldeten, auf andere Weise nicht zu beseitigenden Nothstande zur Rettung aus einer gegenwärtigen Gefahr für Leib oder Leben des Thäters oder eines Angehörigen begangen worden ist.

§ 55. Wer bei Begehung der Handlung das zwölfte Lebensjahr nicht vollendet hat, kann wegen derselben nicht strafrechtlich verfolgt werden.

Gegen denselben können jedoch nach Maßgabe der landesgesetzlichen Vorschriften die zur Besserung und Beaufsichtigung geeigneten Maßregeln getroffen werden. Insbesondere kann die Unterbringung in eine Erziehungs- oder Besserungsanstalt erfolgen, nachdem durch Beschluß der Vormundschaftsbehörde die Begehung der Handlung festgestellt und die Unterbringung für zulässig erklärt ist.

§ 56. Ein Angeschuldigter, welcher zu einer Zeit, als er das zwölfte, aber nicht das achtzehnte Lebensjahr vollendet hatte, eine strafbare Handlung begangen hat, ist freizusprechen, wenn er bei Begehung derselben die zur Erkenntniß ihrer Strafbarkeit erforderliche Einsicht nicht besaß.

In dem Urtheile ist zu bestimmen, ob der Angeschuldigte seiner Familie überwiesen oder in eine Erziehungs- oder Besserungsanstalt gebracht werden soll. In der Anstalt ist er so lange zu behalten, als die der Anstalt vorgesetzte Verwaltungsbehörde solches für erforderlich erachtet, jedoch nicht über das vollendete zwanzigste Lebensjahr.

§ 57. Wenn ein Angeschuldigter, welcher zu einer Zeit, als er das zwölfte, aber nicht das achtzehnte Lebensjahr vollendet hatte, eine strafbare Handlung begangen hat, bei Begehung derselben die zur Erkenntniß ihrer Strafbarkeit erforderliche Einsicht besaß, so kommen gegen ihn folgende Bestimmungen zur Anwendung:

1) ist die Handlung mit dem Tode oder mit lebenslänglichem Zuchthaus bedroht, so ist auf Gefängniß von drei bis zu fünfzehn Jahren zu erkennen;
2) ist die Handlung mit lebenslänglicher Festungshaft bedroht, so ist auf Festungshaft von drei bis zu fünfzehn Jahren zu erkennen;
3) ist die Handlung mit Zuchthaus oder mit einer anderen Strafart bedroht, so ist die Strafe zwischen dem gesetzlichen Mindestbetrage der angedrohten Strafart und der Hälfte des Höchstbetrages der angedrohten Strafe zu bestimmen.

   Ist die so bestimmte Strafe Zuchthaus, so tritt Gefängnißstrafe von gleicher Dauer an ihre Stelle;
4) ist die Handlung ein Vergehen oder eine Uebertretung, so kann in besonders leichten Fällen auf Verweis erkannt werden;
5) auf Verlust der bürgerlichen Ehrenrechte überhaupt oder einzelner bürgerlichen Ehrenrechte, sowie auf Zulässigkeit von Polizei-Aufsicht ist nicht zu erkennen.

Die Freiheitsstrafe ist in besonderen, zur Verbüßung von

Strafen jugendlicher Personen bestimmten Anstalten oder Räumen zu vollziehen.

§ 58. Ein Taubstummer, welcher die zur Erkenntniß der Strafbarkeit einer von ihm begangenen Handlung erforderliche Einsicht nicht besaß, ist freizusprechen.

§ 59. Wenn Jemand bei Begehung einer strafbaren Handlung das Vorhandensein von Thatumständen nicht kannte, welche zum gesetzlichen Thatbestande gehören oder die Strafbarkeit erhöhen, so sind ihm diese Umstände nicht zuzurechnen.

Bei der Bestrafung fahrlässig begangener Handlungen gilt diese Bestimmung nur insoweit, als die Unkenntniß selbst nicht durch Fahrlässigkeit verschuldet ist.

§ 60. Eine erlittene Untersuchungshaft kann bei Fällung des Urtheils auf die erkannte Strafe ganz oder theilweise angerechnet werden.

§ 61. Eine Handlung, deren Verfolgung nur auf Antrag eintritt, ist nicht zu verfolgen, wenn der zum Antrage Berechtigte es unterläßt, den Antrag binnen drei Monaten zu stellen. Diese Frist beginnt mit dem Tage, seit welchem der zum Antrage Berechtigte von der Handlung und von der Person des Thäters Kenntniß gehabt hat.

§ 62. Wenn von mehreren zum Antrage Berechtigten einer die dreimonatliche Frist versäumt, so wird hierdurch das Recht der übrigen nicht ausgeschlossen.

§ 63. Der Antrag kann nicht getheilt werden. Das gerichtliche Verfahren findet gegen sämmtliche an der Handlung Betheiligte (Thäter und Theilnehmer), sowie gegen den Begünstiger statt, auch wenn nur gegen eine dieser Personen auf Bestrafung angetragen worden ist.

§ 64. Die Zurücknahme des Antrages ist nur in den gesetzlich besonders vorgesehenen Fällen und nur bis zur Verkündung eines auf Strafe lautenden Urtheils zulässig.

Die rechtzeitige Zurücknahme des Antrages gegen eine der vorbezeichneten Personen hat die Einstellung des Verfahrens auch gegen die anderen zur Folge.

§ 65. Der Verletzte, welcher das achtzehnte Lebensjahr vollendet hat, ist selbständig zu dem Antrage auf Bestrafung berechtigt.

So lange der Verletzte minderjährig ist, hat der gesetzliche Vertreter desselben, unabhängig von der eigenen Befugniß des Verletzten, das Recht, den Antrag zu stellen.

Bei bevormundeten Geisteskranken und Taubstummen ist der Vormund der zur Stellung des Antrages Berechtigte.

§ 66. Durch Verjährung wird die Strafverfolgung und die Strafvollstreckung ausgeschlossen.

§ 67. Die Strafverfolgung von Verbrechen verjährt,
wenn sie mit dem Tode oder mit lebenslänglichem Zuchthaus bedroht sind, in zwanzig Jahren;
wenn sie im Höchstbetrage mit einer Freiheitsstrafe von einer längeren als zehnjährigen Dauer bedroht sind, in fünfzehn Jahren;
wenn sie mit einer geringeren Freiheitsstrafe bedroht sind, in zehn Jahren.

Die Strafverfolgung von Vergehen, die im Höchstbetrage mit einer längeren als dreimonatlichen Gefängnißstrafe bedroht sind, verjährt in fünf Jahren, von anderen Vergehen in drei Jahren.

Die Strafverfolgung von Uebertretungen verjährt in drei Monaten.

Die Verjährung beginnt mit dem Tage, an welchem die Handlung begangen ist, ohne Rücksicht auf den Zeitpunkt des eingetretenen Erfolges.

§ 68. Jede Handlung des Richters, welche wegen der begangenen That gegen den Thäter gerichtet ist, unterbricht die Verjährung.

Die Unterbrechung findet nur rücksichtlich desjenigen statt, auf welchen die Handlung sich bezieht.

Nach der Unterbrechung beginnt eine neue Verjährung.

§ 69. Die Verjährung ruht während der Zeit, in welcher auf Grund gesetzlicher Vorschrift die Strafverfolgung nicht begonnen oder nicht fortgesetzt werden kann. Ist der Beginn oder die Fortsetzung eines Strafverfahrens von einer Vorfrage abhängig, deren Entscheidung in einem anderen Verfahren erfolgen muß, so ruht die Verjährung bis zu dessen Beendigung.

Ist zur Strafverfolgung ein Antrag oder eine Ermächtigung nach dem Strafgesetz erforderlich, so wird der Lauf der Verjährung durch den Mangel des Antrages oder der Ermächtigung nicht gehindert.

§ 70. Die Vollstreckung rechtskräftig erkannter Strafen verjährt, wenn

1) auf Tod oder auf lebenslängliches Zuchthaus oder auf lebenslängliche Festungshaft erkannt ist, in dreißig Jahren;
2) auf Zuchthaus oder Festungshaft von mehr als zehn Jahren erkannt ist, in zwanzig Jahren;
3) auf Zuchthaus bis zu zehn Jahren oder auf Festungshaft von fünf bis zu zehn Jahren oder Gefängniß von mehr als fünf Jahren erkannt ist, in fünfzehn Jahren;

4) auf Festungshaft oder Gefängniß von zwei bis zu fünf Jahren oder auf Geldstrafe von mehr als sechstausend Mark erkannt ist, in zehn Jahren;
5) auf Festungshaft oder Gefängniß bis zu zwei Jahren oder auf Geldstrafe von mehr als einhundertfünfzig bis zu sechstausend Mark erkannt ist, in fünf Jahren;
6) auf Haft oder auf Geldstrafe bis zu einhundertfünfzig Mark erkannt ist, in zwei Jahren.

Die Verjährung beginnt mit dem Tage, an welchem das Urtheil rechtskräftig geworden ist.

§ 71. Die Vollstreckung einer wegen derselben Handlung neben einer Freiheitsstrafe erkannten Geldstrafe verjährt nicht früher, als die Vollstreckung der Freiheitsstrafe.

§ 72. Jede auf Vollstreckung der Strafe gerichtete Handlung derjenigen Behörde, welcher die Vollstreckung obliegt, sowie die zum Zwecke der Vollstreckung erfolgende Festnahme des Verurtheilten unterbricht die Verjährung.

Nach der Unterbrechung der Vollstreckung der Strafe beginnt eine neue Verjährung.

Fünfter Abschnitt.

Zusammentreffen mehrerer strafbarer Handlungen.

§ 73. Wenn eine und dieselbe Handlung mehrere Strafgesetze verletzt, so kommt nur dasjenige Gesetz, welches die schwerste Strafe, und bei ungleichen Strafarten dasjenige Gesetz, welches die schwerste Strafart androht, zur Anwendung.

§ 74. Gegen denjenigen, welcher durch mehrere selbständige Handlungen mehrere Verbrechen oder Vergehen, oder dasselbe Verbrechen oder Vergehen mehrmals begangen und dadurch mehrere zeitige Freiheitsstrafen verwirkt hat, ist auf eine Gesammtstrafe zu erkennen, welche in einer Erhöhung der verwirkten schwersten Strafe besteht.

Bei dem Zusammentreffen ungleichartiger Freiheitsstrafen tritt diese Erhöhung bei der ihrer Art nach schwersten Strafe ein.

Das Maß der Gesammtstrafe darf den Betrag der verwirkten Einzelstrafen nicht erreichen und fünfzehnjähriges Zuchthaus, zehnjähriges Gefängniß oder fünfzehnjährige Festungshaft nicht übersteigen.

§ 75. Trifft Festungshaft nur mit Gefängniß zusammen, so ist auf jede dieser Strafarten gesondert zu erkennen.

Ist Festungshaft oder Gefängniß mehrfach verwirkt, so ist hinsichtlich der mehreren Strafen gleicher Art so zu verfahren, als wenn dieselben allein verwirkt wären.

Die Gesammtdauer der Strafen darf in diesen Fällen fünfzehn Jahre nicht übersteigen.

§ 76. Die Verurtheilung zu einer Gesammtstrafe schließt die Aberkennung der bürgerlichen Ehrenrechte nicht aus, wenn diese auch nur neben einer der verwirkten Einzelstrafen zulässig oder geboten ist.

Ingleichen kann neben der Gesammtstrafe auf Zulässigkeit von Polizei-Aufsicht erkannt werden, wenn dieses auch nur wegen einer der mehreren strafbaren Handlungen statthaft ist.

§ 77. Trifft Haft mit einer anderen Freiheitsstrafe zusammen, so ist auf die erstere gesondert zu erkennen.

Auf eine mehrfach verwirkte Haft ist ihrem Gesammtbetrage nach, jedoch nicht über die Dauer von drei Monaten zu erkennen.

§ 78. Auf Geldstrafen, welche wegen mehrerer strafbarer Handlungen allein oder neben einer Freiheitsstrafe verwirkt sind, ist ihrem vollen Betrage nach zu erkennen.

Bei Umwandlung mehrerer Geldstrafen ist der Höchstbetrag der an die Stelle derselben tretenden Freiheitsstrafe zwei Jahre Gefängniß und, wenn die mehreren Geldstrafen nur wegen Uebertretungen erkannt worden sind, drei Monate Haft.

§ 79. Die Vorschriften der §§ 74 bis 78 finden auch Anwendung, wenn, bevor eine erkannte Strafe verbüßt, verjährt oder erlassen ist, die Verurtheilung wegen einer strafbaren Handlung erfolgt, welche vor der früheren Verurtheilung begangen war.

Zweiter Theil.

Von den einzelnen Verbrechen, Vergehen und Uebertretungen und deren Bestrafung.

Erster Abschnitt.

Hochverrath und Landesverrath.

§ 80. Der Mord und der Versuch des Mordes, welche an dem Kaiser, an dem eigenen Landesherrn, oder während des Aufenthalts in einem Bundesstaate an dem Landesherrn dieses Staats verübt worden sind, werden als Hochverrath mit dem Tode bestraft.

§ 81. Wer außer den Fällen des § 80 es unternimmt,

1) einen Bundesfürsten zu töten, gefangen zu nehmen, in Feindes Gewalt zu liefern oder zur Regierung unfähig zu machen,

2) die Verfassung des Deutschen Reichs oder eines Bundesstaats oder die in demselben bestehende Thronfolge gewaltsam zu ändern,
3) das Bundesgebiet ganz oder theilweise einem fremden Staate gewaltsam einzuverleiben oder einen Theil desselben vom Ganzen loszureißen, oder
4) das Gebiet eines Bundesstaats ganz oder theilweise einem anderen Bundesstaate gewaltsam einzuverleiben oder einen Theil desselben vom Ganzen loszureißen,

wird wegen Hochverraths mit lebenslänglichem Zuchthaus oder lebenslänglicher Festungshaft bestraft.

Sind mildernde Umstände vorhanden, so tritt Festungshaft nicht unter fünf Jahren ein.

Neben der Festungshaft kann auf Verlust der bekleideten öffentlichen Aemter, sowie der aus öffentlichen Wahlen hervorgegangenen Rechte erkannt werden.

§ 82. Als ein Unternehmen, durch welches das Verbrechen des Hochverraths vollendet wird, ist jede Handlung anzusehen, durch welche das Vorhaben unmittelbar zur Ausführung gebracht werden soll.

§ 83. Haben Mehrere die Ausführung eines hochverrätherischen Unternehmens verabredet, ohne daß es zum Beginn einer nach § 82 strafbaren Handlung gekommen ist, so werden dieselben mit Zuchthaus nicht unter fünf Jahren oder mit Festungshaft von gleicher Dauer bestraft.

Sind mildernde Umstände vorhanden, so tritt Festungshaft nicht unter zwei Jahren ein.

Neben der Festungshaft kann auf Verlust der bekleideten öffentlichen Aemter, sowie der aus öffentlichen Wahlen hervorgegangenen Rechte erkannt werden.

§ 84. Die Strafvorschriften des § 83 finden auch gegen denjenigen Anwendung, welcher zur Vorbereitung eines Hochverraths entweder sich mit einer auswärtigen Regierung einläßt oder die ihm von dem Reich oder einem Bundesstaate anvertraute Macht mißbraucht oder Mannschaften anwirbt oder in den Waffen einübt.

§ 85. Wer öffentlich vor einer Menschenmenge, oder wer durch Verbreitung oder öffentlichen Anschlag oder öffentliche Ausstellung von Schriften oder anderen Darstellungen zur Ausführung einer nach § 82 strafbaren Handlung auffordert, wird mit Zuchthaus bis zu zehn Jahren oder Festungshaft von gleicher Dauer bestraft.

Sind mildernde Umstände vorhanden, so tritt Festungshaft von Einem bis zu fünf Jahren ein.

§ 86. Jede andere, ein hochverrätherisches Unternehmen vorbereitende Handlung wird mit Zuchthaus bis zu drei Jahren oder Festungshaft von gleicher Dauer bestraft.

Sind mildernde Umstände vorhanden, so tritt Festungshaft von sechs Monaten bis zu drei Jahren ein.

§ 87. Ein Deutscher, welcher sich mit einer ausländischen Regierung einläßt, um dieselbe zu einem Kriege gegen das Deutsche Reich zu veranlassen, wird wegen Landesverraths mit Zuchthaus nicht unter fünf Jahren und, wenn der Krieg ausgebrochen ist, mit lebenslänglichem Zuchthaus bestraft.

Sind mildernde Umstände vorhanden, so tritt Festungshaft von sechs Monaten bis zu fünf Jahren und, wenn der Krieg ausgebrochen ist, Festungshaft nicht unter fünf Jahren ein.

Neben der Festungshaft kann auf Verlust der bekleideten öffentlichen Aemter, sowie der aus öffentlichen Wahlen hervorgegangenen Rechte erkannt werden.

§ 88. Ein Deutscher, welcher während eines gegen das Deutsche Reich ausgebrochenen Krieges in der feindlichen Kriegsmacht Dienste nimmt oder die Waffen gegen das Deutsche Reich oder dessen Bundesgenossen trägt, wird wegen Landesverraths mit lebenslänglichem Zuchthaus oder lebenslänglicher Festungshaft bestraft.

Sind mildernde Umstände vorhanden, so tritt Festungshaft nicht unter fünf Jahren ein.

Ein Deutscher, welcher schon früher in fremden Kriegsdiensten stand, wird, wenn er nach Ausbruch des Krieges in der feindlichen Kriegsmacht verbleibt oder die Waffen gegen das Deutsche Reich oder dessen Bundesgenossen trägt, wegen Landesverraths mit Zuchthaus von zwei bis zu zehn Jahren oder mit Festungshaft von gleicher Dauer bestraft. Sind mildernde Umstände vorhanden, so tritt Festungshaft bis zu zehn Jahren ein.

Neben der Festungshaft kann auf Verlust der bekleideten öffentlichen Aemter, sowie der aus öffentlichen Wahlen hervorgegangenen Rechte erkannt werden.

§ 89. Ein Deutscher, welcher vorsätzlich während eines gegen das Deutsche Reich ausgebrochenen Krieges einer feindlichen Macht Vorschub leistet oder der Kriegsmacht des Deutschen Reichs oder der Bundesgenossen desselben Nachtheil zufügt, wird wegen Landesverraths mit Zuchthaus bis zu zehn Jahren oder mit Festungshaft von gleicher Dauer bestraft. Sind mildernde Umstände vorhanden, so tritt Festungshaft bis zu zehn Jahren ein.

Neben der Festungshaft kann auf Verlust der bekleideten

öffentlichen Aemter, sowie der aus öffentlichen Wahlen hervorgegangenen Rechte erkannt werden.

§ 90. Lebenslängliche Zuchthausstrafe tritt im Falle des § 89 ein, wenn der Thäter

1) Festungen, Pässe, besetzte Plätze oder andere Vertheidigungsposten, imgleichen Theile oder Angehörige der deutschen oder einer verbündeten Kriegsmacht in feindliche Gewalt bringt;
2) Festungswerke, Schiffe oder Fahrzeuge der Kriegsmarine, öffentliche Gelder, Vorräthe von Waffen, Schießbedarf oder anderen Kriegsbedürfnissen, sowie Brücken, Eisenbahnen, Telegraphen und Transportmittel in feindliche Gewalt bringt oder zum Vortheile des Feindes zerstört oder unbrauchbar macht;
3) dem Feinde Mannschaften zuführt oder Angehörige der deutschen oder einer verbündeten Kriegsmacht verleitet, zum Feinde überzugehen;
4) Operationspläne oder Pläne von Festungen oder festen Stellungen dem Feinde mittheilt;
5) dem Feinde als Spion dient oder feindliche Spione aufnimmt, verbirgt oder ihnen Beistand leistet, oder
6) einen Aufstand unter Angehörigen der deutschen oder einer verbündeten Kriegsmacht erregt.

In minder schweren Fällen kann auf Zuchthaus nicht unter zehn Jahren erkannt werden.

Sind mildernde Umstände vorhanden, so tritt Festungshaft nicht unter fünf Jahren ein.

Neben der Festungshaft kann auf Verlust der bekleideten öffentlichen Aemter, sowie der aus öffentlichen Wahlen hervorgegangenen Rechte erkannt werden.

§ 91. Gegen Ausländer ist wegen der in den §§ 87, 89, 90 bezeichneten Handlungen nach dem Kriegsgebrauche zu verfahren.

Begehen sie aber solche Handlungen, während sie unter dem Schutze des Deutschen Reichs oder eines Bundesstaats sich innerhalb des Bundesgebietes aufhalten, so kommen die in den §§ 87, 89 und 90 bestimmten Strafen zur Anwendung.

§ 92. Wer vorsätzlich

1) Staatsgeheimnisse oder Festungspläne, oder solche Urkunden, Aktenstücke oder Nachrichten, von denen er weiß, daß ihre Geheimhaltung einer anderen Regierung gegenüber für das Wohl des Deutschen Reichs oder eines Bundesstaats erforderlich ist, dieser Regierung mittheilt oder öffentlich bekannt macht;

2) zur Gefährdung der Rechte des Deutschen Reichs oder eines Bundesstaats im Verhältniß zu einer anderen Regierung die über solche Rechte sprechenden Urkunden oder Beweismittel vernichtet, verfälscht oder unterdrückt, oder
3) ein ihm von Seiten des Deutschen Reichs oder von einem Bundesstaate aufgetragenes Staatsgeschäft mit einer andern Regierung zum Nachtheil dessen führt, der ihm den Auftrag ertheilt hat,

wird mit Zuchthaus nicht unter zwei Jahren bestraft.

Sind mildernde Umstände vorhanden, so tritt Festungshaft nicht unter sechs Monaten ein.

§ 93. Wenn in den Fällen der §§ 80, 81, 83, 84, 87 bis 92 die Untersuchung eröffnet wird, so kann bis zu deren rechtskräftigen Beendigung das Vermögen, welches der Angeschuldigte besitzt, oder welches ihm später anfällt, mit Beschlag belegt werden.

Zweiter Abschnitt.

Beleidigung des Landesherrn.

§ 94. Wer einer Thätlichkeit gegen den Kaiser, gegen seinen Landesherrn oder während seines Aufenthalts in einem Bundesstaate einer Thätlichkeit gegen den Landesherrn dieses Staats sich schuldig macht, wird mit lebenslänglichem Zuchthaus oder lebenslänglicher Festungshaft, in minder schweren Fällen mit Zuchthaus nicht unter fünf Jahren oder mit Festungshaft von gleicher Dauer bestraft. Neben der Festungshaft kann auf Verlust der bekleideten öffentlichen Aemter, sowie der aus öffentlichen Wahlen hervorgegangenen Rechte erkannt werden.

Sind mildernde Umstände vorhanden, so tritt Festungshaft nicht unter fünf Jahren ein.

§ 95. Wer den Kaiser, seinen Landesherrn oder während seines Aufenthalts in einem Bundesstaate dessen Landesherrn beleidigt, wird mit Gefängniß nicht unter zwei Monaten oder mit Festungshaft von zwei Monaten bis zu fünf Jahren bestraft.

Neben der Gefängnißstrafe kann auf Verlust der bekleideten öffentlichen Aemter, sowie der aus öffentlichen Wahlen hervorgegangenen Rechte erkannt werden.

§ 96. Wer einer Thätlichkeit gegen ein Mitglied des landesherrlichen Hauses seines Staats oder gegen den Regenten seines Staats oder während seines Aufenthalts in einem Bundesstaate einer Thätlichkeit gegen ein Mitglied des landesherrlichen

Hauses dieses Staats oder gegen den Regenten dieses Staats sich schuldig macht, wird mit Zuchthaus nicht unter fünf Jahren oder mit Festungshaft von gleicher Dauer, in minder schweren Fällen mit Zuchthaus bis zu fünf Jahren oder mit Festungshaft von gleicher Dauer bestraft.

Sind mildernde Umstände vorhanden, so tritt Festungshaft von Einem bis zu fünf Jahren ein.

§ 97. Wer ein Mitglied des landesherrlichen Hauses seines Staats oder den Regenten seines Staats oder während seines Aufenthalts in einem Bundesstaate ein Mitglied des landesherrlichen Hauses dieses Staats oder den Regenten dieses Staats beleidigt, wird mit Gefängniß von Einem Monat bis zu drei Jahren oder mit Festungshaft von gleicher Dauer bestraft.

Dritter Abschnitt.

Beleidigung von Bundesfürsten.

§ 98. Wer außer dem Falle des § 94 sich einer Thätlichkeit gegen einen Bundesfürsten schuldig macht, wird mit Zuchthaus von zwei bis zu zehn Jahren oder mit Festungshaft von gleicher Dauer bestraft.

Sind mildernde Umstände vorhanden, so tritt Festungshaft von sechs Monaten bis zu zehn Jahren ein.

§ 99. Wer außer dem Falle des § 95 einen Bundesfürsten beleidigt, wird mit Gefängniß von Einem Monat bis zu drei Jahren oder mit Festungshaft von gleicher Dauer bestraft.

Die Verfolgung tritt nur mit Ermächtigung des Beleidigten ein.

§ 100. Wer außer dem Falle des § 96 sich einer Thätlichkeit gegen ein Mitglied eines bundesfürstlichen Hauses oder den Regenten eines Bundesstaats schuldig macht, wird mit Zuchthaus bis zu fünf Jahren oder mit Festungshaft von gleicher Dauer bestraft.

Sind mildernde Umstände vorhanden, so tritt Festungshaft von Einem Monat bis zu drei Jahren ein.

§ 101. Wer außer dem Falle des § 97 den Regenten eines Bundesstaats beleidigt, wird mit Gefängniß von Einer Woche bis zu zwei Jahren oder mit Festungshaft von gleicher Dauer bestraft.

Die Verfolgung tritt nur mit Ermächtigung des Beleidigten ein.

Vierter Abschnitt.

Feindliche Handlungen gegen befreundete Staaten.

§ 102. Ein Deutscher, welcher im Inlande oder Auslande, oder ein Ausländer, welcher während seines Aufenthalts im Inlande gegen einen nicht zum Deutschen Reich gehörenden Staat oder dessen Landesherrn eine Handlung vornimmt, die, wenn er sie gegen einen Bundesstaat oder einen Bundesfürsten begangen hätte, nach Vorschrift der §§ 81 bis 86 zu bestrafen sein würde, wird in den Fällen der §§ 81 bis 84 mit Festungshaft von Einem bis zu zehn Jahren oder, wenn mildernde Umstände vorhanden sind, mit Festungshaft von sechs Monaten bis zu zehn Jahren, in den Fällen der §§ 85 und 86 mit Festungshaft von Einem Monat bis zu drei Jahren bestraft, sofern in dem anderen Staate dem Deutschen Reich die Gegenseitigkeit verbürgt ist.

Die Verfolgung tritt nur auf Antrag der auswärtigen Regierung ein. Die Zurücknahme des Antrages ist zulässig.

§ 103. Wer sich gegen den Landesherrn oder den Regenten eines nicht zum Deutschen Reich gehörenden Staats einer Beleidigung schuldig macht, wird mit Gefängniß von Einer Woche bis zu zwei Jahren oder mit Festungshaft von gleicher Dauer bestraft, sofern in diesem Staate dem Deutschen Reich die Gegenseitigkeit verbürgt ist.

Die Verfolgung tritt nur auf Antrag der auswärtigen Regierung ein. Die Zurücknahme des Antrages ist zulässig.

§ 103 a. Wer ein öffentliches Zeichen der Autorität eines nicht zum Deutschen Reich gehörenden Staats oder ein Hoheitszeichen eines solchen Staats böswillig wegnimmt, zerstört oder beschädigt oder beschimpfenden Unfug daran verübt, wird mit Geldstrafe bis zu sechshundert Mark oder mit Gefängniß bis zu zwei Jahren bestraft.

§ 104. Wer sich gegen einen bei dem Reich, einem bundesfürstlichen Hofe oder bei dem Senate einer der freien Hansestädte beglaubigten Gesandten oder Geschäftsträger einer Beleidigung schuldig macht, wird mit Gefängniß bis zu Einem Jahre oder mit Festungshaft von gleicher Dauer bestraft.

Die Verfolgung tritt nur auf Antrag des Beleidigten ein. Die Zurücknahme des Antrages ist zulässig.

Fünfter Abschnitt.

Verbrechen und Vergehen in Beziehung auf die Ausübung staatsbürgerlicher Rechte.

§ 105. Wer es unternimmt, den Senat oder die Bürger=

schaft einer der freien Hansestädte, eine gesetzgebende Versammlung des Reichs oder eines Bundesstaats auseinander zu sprengen, zur Fassung oder Unterlassung von Beschlüssen zu nöthigen oder Mitglieder aus ihnen gewaltsam zu entfernen, wird mit Zuchthaus nicht unter fünf Jahren oder mit Festungshaft von gleicher Dauer bestraft.

Sind mildernde Umstände vorhanden, so tritt Festungshaft nicht unter Einem Jahre ein.

§ 106. Wer ein Mitglied einer der vorbezeichneten Versammlungen durch Gewalt oder durch Bedrohung mit einer strafbaren Handlung verhindert, sich an den Ort der Versammlung zu begeben oder zu stimmen, wird mit Zuchthaus bis zu fünf Jahren oder mit Festungshaft von gleicher Dauer bestraft.

Sind mildernde Umstände vorhanden, so tritt Festungshaft bis zu zwei Jahren ein.

§ 107. Wer einen Deutschen durch Gewalt oder durch Bedrohung mit einer strafbaren Handlung verhindert, in Ausübung seiner staatsbürgerlichen Rechte zu wählen oder zu stimmen, wird mit Gefängniß nicht unter sechs Monaten oder mit Festungshaft bis zu fünf Jahren bestraft.

Der Versuch ist strafbar.

§ 108. Wer in einer öffentlichen Angelegenheit mit der Sammlung von Wahl- oder Stimm-Zetteln oder -Zeichen oder mit der Führung der Beurkundungsverhandlung beauftragt, ein unrichtiges Ergebniß der Wahlhandlung vorsätzlich herbeiführt oder das Ergebniß verfälscht, wird mit Gefängniß von Einer Woche bis zu drei Jahren bestraft.

Wird die Handlung von Jemand begangen, welcher nicht mit der Sammlung der Zettel oder Zeichen oder einer anderen Verrichtung bei dem Wahlgeschäfte beauftragt ist, so tritt Gefängnißstrafe bis zu zwei Jahren ein.

Auch kann auf Verlust der bürgerlichen Ehrenrechte erkannt werden.

§ 109. Wer in einer öffentlichen Angelegenheit eine Wahlstimme kauft oder verkauft, wird mit Gefängniß von Einem Monat bis zu zwei Jahren bestraft; auch kann auf Verlust der bürgerlichen Ehrenrechte erkannt werden.

Sechster Abschnitt.

Widerstand gegen die Staatsgewalt.

§ 110. Wer öffentlich vor einer Menschenmenge, oder wer durch Verbreitung oder öffentlichen Anschlag oder öffentliche Ausstellung von Schriften oder anderen Darstellungen zum Ungehorsam gegen Gesetze oder rechtsgültige Verordnungen oder gegen die von der Obrigkeit innerhalb ihrer Zuständigkeit getroffenen Anordnungen auffordert, wird mit Geldstrafe bis zu sechshundert Mark oder mit Gefängniß bis zu zwei Jahren bestraft.

§ 111. Wer auf die vorbezeichnete Weise zur Begehung einer strafbaren Handlung auffordert, ist gleich dem Anstifter zu bestrafen, wenn die Aufforderung die strafbare Handlung oder einen strafbaren Versuch derselben zur Folge gehabt hat.

Ist die Aufforderung ohne Erfolg geblieben, so tritt Geldstrafe bis zu sechshundert Mark oder Gefängnißstrafe bis zu Einem Jahre ein. Die Strafe darf jedoch, der Art oder dem Maße nach, keine schwerere sein, als die auf die Handlung selbst angedrohte.

§ 112. Wer eine Person des Soldatenstandes, es sei des Deutschen Heeres oder der Kaiserlichen Marine, auffordert oder anreizt, dem Befehle des Oberen nicht Gehorsam zu leisten, wer insbesondere eine Person, welche zum Beurlaubtenstande gehört, auffordert oder anreizt, der Einberufung zum Dienste nicht zu folgen, wird mit Gefängniß bis zu zwei Jahren bestraft.

§ 113. Wer einem Beamten, welcher zur Vollstreckung von Gesetzen, von Befehlen und Anordnungen der Verwaltungsbehörden oder von Urtheilen und Verfügungen der Gerichte berufen ist, in der rechtmäßigen Ausübung seines Amtes durch Gewalt oder durch Bedrohung mit Gewalt Widerstand leistet, oder wer einen solchen Beamten während der rechtmäßigen Ausübung seines Amtes thätlich angreift, wird mit Gefängniß von vierzehn Tagen bis zu zwei Jahren bestraft.

Sind mildernde Umstände vorhanden, so tritt Gefängnißstrafe bis zu Einem Jahre oder Geldstrafe bis zu eintausend Mark ein.

Dieselben Strafvorschriften treten ein, wenn die Handlung gegen Personen, welche zur Unterstützung des Beamten zugezogen waren, oder gegen Mannschaften der bewaffneten Macht, oder gegen Mannschaften einer Gemeinde-, Schutz- oder Bürgerwehr in Ausübung des Dienstes begangen wird.

§ 114. Wer es unternimmt, durch Gewalt oder Drohung eine Behörde oder einen Beamten zur Vornahme oder Unterlassung einer Amtshandlung zu nöthigen, wird mit Gefängniß nicht unter drei Monaten bestraft.

Sind mildernde Umstände vorhanden, so tritt Gefängnißstrafe bis zu zwei Jahren ein.

§ 115. Wer an einer öffentlichen Zusammenrottung, bei welcher eine der in den §§ 113 und 114 bezeichneten Handlungen mit vereinten Kräften begangen wird, Theil nimmt, wird wegen Aufruhrs mit Gefängniß nicht unter sechs Monaten bestraft.

Die Rädelsführer, sowie diejenigen Aufrührer, welche eine der in den §§ 113 und 114 bezeichneten Handlungen begehen, werden mit Zuchthaus bis zu zehn Jahren bestraft; auch kann auf Zulässigkeit von Polizei-Aufsicht erkannt werden. Sind mildernde Umstände vorhanden, so tritt Gefängnißstrafe nicht unter sechs Monaten ein.

§ 116. Wird eine auf öffentlichen Wegen, Straßen oder Plätzen versammelte Menschenmenge von dem zuständigen Beamten oder Befehlshaber der bewaffneten Macht aufgefordert, sich zu entfernen, so wird jeder der Versammelten, welcher nach der dritten Aufforderung sich nicht entfernt, wegen Auflaufs mit Gefängniß bis zu drei Monaten oder mit Geldstrafe bis zu eintausendfünfhundert Mark bestraft.

Ist bei einem Auflaufe gegen die Beamten oder die bewaffnete Macht mit vereinten Kräften thätlicher Widerstand geleistet oder Gewalt verübt worden, so treten gegen diejenigen, welche an diesen Handlungen Theil genommen haben, die Strafen des Aufruhrs ein.

§ 117. Wer einem Forst- oder Jagdbeamten, einem Waldeigenthümer, Forst- oder Jagdberechtigten, oder einem von diesen bestellten Aufseher in der rechtmäßigen Ausübung seines Amtes oder Rechtes durch Gewalt oder durch Bedrohung mit Gewalt Widerstand leistet, oder wer eine dieser Personen während der Ausübung ihres Amtes oder Rechtes thätlich angreift, wird mit Gefängniß von vierzehn Tagen bis zu drei Jahren bestraft.

Ist der Widerstand oder der Angriff unter Drohung mit Schießgewehr, Aexten oder anderen gefährlichen Werkzeugen erfolgt, oder mit Gewalt an der Person begangen worden, so tritt Gefängnißstrafe nicht unter drei Monaten ein.

Sind mildernde Umstände vorhanden, so tritt in den Fällen des Absatz 1 Gefängnißstrafe bis zu Einem Jahre, in den Fällen des Absatz 2 Gefängnißstrafe nicht unter Einem Monat ein.

§ 118. Ist durch den Widerstand oder den Angriff eine Körperverletzung dessen, gegen welchen die Handlung begangen ist, verursacht worden, so ist auf Zuchthaus bis zu zehn Jahren zu erkennen.

Sind mildernde Umstände vorhanden, so tritt Gefängnißstrafe nicht unter drei Monaten ein.

§ 119. Wenn eine der in den §§ 117 und 118 bezeichneten Handlungen von Mehreren gemeinschaftlich begangen worden ist, so kann die Strafe bis um die Hälfte des angedrohten Höchstbetrages, die Gefängnißstrafe jedoch nicht über fünf Jahre erhöht werden.

§ 120. Wer einen Gefangenen aus der Gefangenanstalt oder aus der Gewalt der bewaffneten Macht, des Beamten oder desjenigen, unter dessen Beaufsichtigung, Begleitung oder Bewachung er sich befindet, vorsätzlich befreit oder ihm zur Selbstbefreiung vorsätzlich behülflich ist, wird mit Gefängniß bis zu drei Jahren bestraft.

Der Versuch ist strafbar.

§ 121. Wer vorsätzlich einen Gefangenen, mit dessen Beaufsichtigung oder Begleitung er beauftragt ist, entweichen läßt oder dessen Befreiung befördert, wird mit Gefängniß bis zu drei Jahren bestraft.

Ist die Entweichung durch Fahrlässigkeit befördert worden, so tritt Gefängnißstrafe bis zu drei Monaten oder Geldstrafe bis zu dreihundert Mark ein.

§ 122. Gefangene, welche sich zusammenrotten und mit vereinten Kräften die Anstaltsbeamten oder die mit der Beaufsichtigung Beauftragten angreifen, denselben Widerstand leisten oder es unternehmen, sie zu Handlungen oder Unterlassungen zu nöthigen, werden wegen Meuterei mit Gefängniß nicht unter sechs Monaten bestraft.

Gleiche Strafe tritt ein, wenn Gefangene sich zusammenrotten und mit vereinten Kräften einen gewaltsamen Ausbruch unternehmen.

Diejenigen Meuterer, welche Gewaltthätigkeiten gegen die Anstaltsbeamten oder die mit der Beaufsichtigung Beauftragten verüben, werden mit Zuchthaus bis zu zehn Jahren bestraft; auch kann auf Zulässigkeit von Polizei-Aufsicht erkannt werden.

Siebenter Abschnitt.

Verbrechen und Vergehen wider die öffentliche Ordnung.

§ 123. Wer in die Wohnung, in die Geschäftsräume oder in das befriedete Besitzthum eines Anderen oder in abgeschlossene Räume, welche zum öffentlichen Dienst bestimmt sind, widerrechtlich eindringt, oder wer, wenn er ohne Befugniß darin verweilt, auf die Aufforderung des Berechtigten sich nicht entfernt, wird wegen Hausfriedensbruches mit Gefängniß bis zu drei Monaten oder mit Geldstrafe bis zu dreihundert Mark bestraft.

Die Verfolgung tritt nur auf Antrag ein.

Ist die Handlung von einer mit Waffen versehenen Person oder von Mehreren gemeinschaftlich begangen worden, so tritt Gefängnißstrafe von Einer Woche bis zu Einem Jahre ein.

§ 124. Wenn sich eine Menschenmenge öffentlich zusammenrottet und in der Absicht, Gewaltthätigkeiten gegen Personen oder Sachen mit vereinten Kräften zu begehen, in die Wohnung, in die Geschäftsräume oder in das befriedete Besitzthum eines Anderen oder in abgeschlossene Räume, welche zum öffentlichen Dienst bestimmt sind, widerrechtlich eindringt, so wird Jeder, welcher an diesen Handlungen Theil nimmt, mit Gefängniß von Einem Monat bis zu zwei Jahren bestraft.

§ 125. Wenn sich eine Menschenmenge öffentlich zusammenrottet und mit vereinten Kräften gegen Personen oder Sachen Gewaltthätigkeiten begeht, so wird Jeder, welcher an dieser Zusammenrottung Theil nimmt, wegen Landfriedensbruches mit Gefängniß nicht unter drei Monaten bestraft.

Die Rädelsführer, sowie diejenigen, welche Gewaltthätigkeiten gegen Personen begangen oder Sachen geplündert, vernichtet oder zerstört haben, werden mit Zuchthaus bis zu zehn Jahren bestraft; auch kann auf Zulässigkeit von Polizei-Aufsicht erkannt werden. Sind mildernde Umstände vorhanden, so tritt Gefängnißstrafe nicht unter sechs Monaten ein.

§ 126. Wer durch Androhung eines gemeingefährlichen Verbrechens den öffentlichen Frieden stört, wird mit Gefängniß bis zu Einem Jahre bestraft.

§ 127. Wer unbefugterweise einen bewaffneten Haufen bildet oder befehligt oder eine Mannschaft, von der er weiß, daß sie ohne gesetzliche Befugniß gesammelt ist, mit Waffen oder Kriegsbedürfnissen versieht, wird mit Gefängniß bis zu zwei Jahren bestraft.

Wer sich einem solchen bewaffneten Haufen anschließt, wird mit Gefängniß bis zu Einem Jahre bestraft.

§ 128. Die Theilnahme an einer Verbindung, deren Dasein, Verfassung oder Zweck vor der Staatsregierung geheim gehalten werden soll, oder in welcher gegen unbekannte Obere Gehorsam oder gegen bekannte Obere unbedingter Gehorsam versprochen wird, ist an den Mitgliedern mit Gefängniß bis zu sechs Monaten, an den Stiftern und Vorstehern der Verbindung mit Gefängniß von Einem Monat bis zu Einem Jahre zu bestrafen.

Gegen Beamte kann auf Verlust der Fähigkeit zur Bekleidung öffentlicher Aemter auf die Dauer von Einem bis zu fünf Jahren erkannt werden.

§ 129. Die Theilnahme an einer Verbindung, zu deren Zwecken oder Beschäftigungen gehört, Maßregeln der Verwaltung oder die Vollziehung von Gesetzen durch ungesetzliche Mittel zu verhindern oder zu entkräften, ist an den Mitgliedern mit Gefängniß bis zu Einem Jahre, an den Stiftern und Vorstehern der Verbindung mit Gefängniß von drei Monaten bis zu zwei Jahren zu bestrafen.

Gegen Beamte kann auf Verlust der Fähigkeit zur Bekleidung öffentlicher Aemter auf die Dauer von Einem bis zu fünf Jahren erkannt werden.

§ 130. Wer in einer den öffentlichen Frieden gefährdenden Weise verschiedene Klassen der Bevölkerung zu Gewaltthätigkeiten gegen einander öffentlich anreizt, wird mit Geldstrafe bis zu sechshundert Mark oder mit Gefängniß bis zu zwei Jahren bestraft.

§ 130a. Ein Geistlicher oder anderer Religionsdiener, welcher in Ausübung oder in Veranlassung der Ausübung seines Berufes öffentlich vor einer Menschenmenge, oder welcher in einer Kirche oder an einem anderen zu religiösen Versammlungen bestimmten Orte vor Mehreren Angelegenheiten des Staats in einer den öffentlichen Frieden gefährdenden Weise zum Gegenstande einer Verkündigung oder Erörterung macht, wird mit Gefängniß oder Festungshaft bis zu zwei Jahren bestraft.

Gleiche Strafe trifft denjenigen Geistlichen oder anderen Religionsdiener, welcher in Ausübung oder in Veranlassung der Ausübung seines Berufes Schriftstücke ausgibt oder verbreitet, in welchen Angelegenheiten des Staats in einer den öffentlichen Frieden gefährdenden Weise zum Gegenstande einer Verkündigung oder Erörterung gemacht sind.

§ 131. Wer erdichtete oder entstellte Thatsachen, wissend, daß sie erdichtet oder entstellt sind, öffentlich behauptet oder verbreitet, um dadurch Staatseinrichtungen oder Anordnungen der Obrigkeit verächtlich zu machen, wird mit Geldstrafe bis zu sechshundert Mark oder mit Gefängniß bis zu zwei Jahren bestraft.

§ 132. Wer unbefugt sich mit Ausübung eines öffentlichen Amtes befaßt oder eine Handlung vornimmt, welche nur kraft eines öffentlichen Amtes vorgenommen werden darf, wird mit Gefängniß bis zu Einem Jahre oder mit Geldstrafe bis zu dreihundert Mark bestraft.

§ 133. Wer eine Urkunde, ein Register, Akten oder einen sonstigen Gegenstand, welche sich zur amtlichen Aufbewahrung an einem dazu bestimmten Orte befinden, oder welche einem Beamten oder einem Dritten amtlich übergeben worden sind, vorsätzlich vernichtet, bei Seite schafft oder beschädigt, wird mit Gefängniß bestraft.

Ist die Handlung in gewinnsüchtiger Absicht begangen, so tritt Gefängnißstrafe nicht unter drei Monaten ein; auch kann auf Verlust der bürgerlichen Ehrenrechte erkannt werden.

§ 134. Wer öffentlich angeschlagene Bekanntmachungen, Verordnungen, Befehle oder Anzeigen von Behörden oder Beamten böswillig abreißt, beschädigt oder verunstaltet, wird mit Geldstrafe bis zu dreihundert Mark oder mit Gefängniß bis zu sechs Monaten bestraft.

§ 135. Wer ein öffentliches Zeichen der Autorität des Reichs oder eines Bundesfürsten oder ein Hoheitszeichen eines Bundesstaats böswillig wegnimmt, zerstört oder beschädigt oder beschimpfenden Unfug daran verübt, wird mit Geldstrafe bis zu sechshundert Mark oder mit Gefängniß bis zu zwei Jahren bestraft.

§ 136. Wer unbefugt ein amtliches Siegel, welches von einer Behörde oder einem Beamten angelegt ist, um Sachen zu verschließen, zu bezeichnen oder in Beschlag zu nehmen, vorsätzlich erbricht, ablöst oder beschädigt oder den durch ein solches Siegel bewirkten amtlichen Verschluß aufhebt, wird mit Gefängniß bis zu sechs Monaten bestraft.

§ 137. Wer Sachen, welche durch die zuständigen Behörden oder Beamten gepfändet oder in Beschlag genommen worden sind, vorsätzlich bei Seite schafft, zerstört oder in anderer Weise der Verstrickung ganz oder theilweise entzieht, wird mit Gefängniß bis zu Einem Jahre bestraft.

§ 138. Wer als Zeuge, Geschworener oder Schöffe berufen, eine unwahre Thatsache als Entschuldigung vorschützt, wird mit Gefängniß bis zu zwei Monaten bestraft.

Dasselbe gilt von einem Sachverständigen, welcher zum Erscheinen gesetzlich verpflichtet ist.

Die auf das Nichterscheinen gesetzten Ordnungsstrafen werden durch vorstehende Strafbestimmung nicht ausgeschlossen.

§ 139. Wer von dem Vorhaben eines Hochverraths, Landesverraths, Münzverbrechens, Mordes, Raubes, Menschenraubes oder eines gemeingefährlichen Verbrechens zu einer Zeit, in welcher die Verhütung des Verbrechens möglich ist, glaubhafte Kenntniß erhält und es unterläßt, hiervon der Behörde oder der durch das Verbrechen bedrohten Person zur rechten Zeit Anzeige zu machen, ist, wenn das Verbrechen oder ein strafbarer Versuch desselben begangen worden ist, mit Gefängniß zu bestrafen.

§ 140. Wegen Verletzung der Wehrpflicht wird bestraft:

1) ein Wehrpflichtiger, welcher in der Absicht, sich dem

Eintritte in den Dienst des stehenden Heeres oder der Flotte zu entziehen, ohne Erlaubniß entweder das Bundesgebiet verläßt oder nach erreichtem militärpflichtigen Alter sich außerhalb des Bundesgebietes aufhält: mit Geldstrafe von einhundertfünfzig bis zu dreitausend Mark oder mit Gefängniß von Einem Monat bis zu Einem Jahre;

2) ein Offizier oder im Offizierrange stehender Arzt des Beurlaubtenstandes, welcher ohne Erlaubniß auswandert: mit Geldstrafe bis zu dreitausend Mark oder mit Haft oder mit Gefängniß bis zu sechs Monaten;

3) ein jeder Wehrpflichtige, welcher nach öffentlicher Bekanntmachung einer vom Kaiser für die Zeit eines Krieges oder einer Kriegsgefahr erlassenen besonderen Anordnung in Widerspruch mit derselben auswandert: mit Gefängniß bis zu zwei Jahren, neben welchem auf Geldstrafe bis zu dreitausend Mark erkannt werden kann.

Der Versuch ist strafbar.

Das Vermögen des Angeschuldigten kann, insoweit als es nach dem Ermessen des Richters zur Deckung der den Angeschuldigten möglicherweise treffenden höchsten Geldstrafe und der Kosten des Verfahrens erforderlich ist, mit Beschlag belegt werden.

§ 141. Wer einen Deutschen zum Militärdienste einer ausländischen Macht anwirbt oder den Werbern der letzteren zuführt, ingleichen wer einen Deutschen Soldaten vorsätzlich zum Desertiren verleitet oder die Desertion desselben vorsätzlich befördert, wird mit Gefängniß von drei Monaten bis zu drei Jahren bestraft.

Der Versuch ist strafbar.

§ 142. Wer sich vorsätzlich durch Selbstverstümmelung oder auf andere Weise zur Erfüllung der Wehrpflicht untauglich macht oder durch einen Anderen untauglich machen läßt, wird mit Gefängniß nicht unter Einem Jahre bestraft; auch kann auf Verlust der bürgerlichen Ehrenrechte erkannt werden.

Dieselbe Strafe trifft denjenigen, welcher einen Anderen auf dessen Verlangen zur Erfüllung der Wehrpflicht untauglich macht.

§ 143. Wer in der Absicht, sich der Erfüllung der Wehrpflicht ganz oder theilweise zu entziehen, auf Täuschung berechnete Mittel anwendet, wird mit Gefängniß bestraft; auch kann auf Verlust der bürgerlichen Ehrenrechte erkannt werden.

Dieselbe Strafvorschrift findet auf den Theilnehmer Anwendung.

§ 144. Wer es sich zum Geschäfte macht, Deutsche unter Vorspiegelung falscher Thatsachen oder wissentlich mit unbegründeten Angaben oder durch andere auf Täuschung berechnete Mittel zur Auswanderung zu verleiten, wird mit Gefängniß von Einem Monat bis zu zwei Jahren bestraft.

§ 145. Wer die vom Kaiser
zur Verhütung des Zusammenstoßens der Schiffe auf See,
über das Verhalten der Schiffer nach einem Zusammenstoße von Schiffen auf See, oder
in Betreff der Noth- und Lootsensignale für Schiffe auf See und auf den Küstengewässern
erlassenen Verordnungen übertritt, wird mit Geldstrafe bis zu eintausendfünfhundert Mark bestraft.

Achter Abschnitt.

Münzverbrechen und Münzvergehen.

§ 146. Wer inländisches oder ausländisches Metallgeld oder Papiergeld nachmacht, um das nachgemachte Geld als echtes zu gebrauchen oder sonst in Verkehr zu bringen, oder wer in gleicher Absicht echtem Gelde durch Veränderung an demselben den Schein eines höheren Werths oder verrufenem Gelde durch Veränderung an demselben das Ansehen eines noch geltenden gibt, wird mit Zuchthaus nicht unter zwei Jahren bestraft; auch ist Polizei-Aufsicht zulässig.

Sind mildernde Umstände vorhanden, so tritt Gefängnißstrafe ein.

§ 147. Dieselben Strafbestimmungen finden auf denjenigen Anwendung, welcher das von ihm auch ohne die vorbezeichnete Absicht nachgemachte oder verfälschte Geld als echtes in Verkehr bringt, sowie auf denjenigen, welcher nachgemachtes oder verfälschtes Geld sich verschafft und solches entweder in Verkehr bringt oder zum Zwecke der Verbreitung aus dem Auslande einführt.

§ 148. Wer nachgemachtes oder verfälschtes Geld als echtes empfängt und nach erkannter Unechtheit als echtes in Verkehr bringt, wird mit Gefängniß bis zu drei Monaten oder mit Geldstrafe bis zu dreihundert Mark bestraft.

Der Versuch ist strafbar.

§ 149. Dem Papiergelde werden gleich geachtet die auf den Inhaber lautenden Schuldverschreibungen, Banknoten, Aktien oder deren Stelle vertretende Interimsscheine oder Quittungen, sowie die zu diesen Papieren gehörenden Zins-, Gewinnantheils- oder Erneuerungsscheine, welche von dem Reich, dem Norddeutschen Bunde, einem Bundesstaate oder fremden Staate oder von einer zur Ausgabe solcher Papiere berechtigten Gemeinde, Korporation, Gesellschaft oder Privatperson ausgestellt sind.

§ 150. Wer echte, zum Umlauf bestimmte Metallgeldstücke durch Beschneiden, Abfeilen oder auf andere Art verringert und als vollgültig in Verkehr bringt, oder wer solche verringerte Münzen gewohnheitsmäßig oder im Einverständnisse mit dem, welcher sie verringert hat, als vollgültig in Verkehr bringt, wird mit Gefängniß bestraft, neben welchem auf Geldstrafe bis zu dreitausend Mark, sowie auf Verlust der bürgerlichen Ehrenrechte erkannt werden kann.

Der Versuch ist strafbar.

§ 151. Wer Stempel, Siegel, Stiche, Platten oder andere zur Anfertigung von Metallgeld, Papiergeld oder dem letzteren gleich geachteten Papieren dienliche Formen zum Zwecke eines Münzverbrechens angeschafft oder angefertigt hat, wird mit Gefängniß bis zu zwei Jahren bestraft.

§ 152. Auf die Einziehung des nachgemachten oder verfälschten Geldes, sowie der im § 151 bezeichneten Gegenstände ist zu erkennen, auch wenn die Verfolgung oder Verurtheilung einer bestimmten Person nicht stattfindet.

Neunter Abschnitt.

Meineid.

§ 153. Wer einen ihm zugeschobenen, zurückgeschobenen oder auferlegten Eid wissentlich falsch schwört, wird mit Zuchthaus bis zu zehn Jahren bestraft.

§ 154. Gleiche Strafe trifft denjenigen, welcher vor einer zur Abnahme von Eiden zuständigen Behörde wissentlich ein falsches Zeugniß oder ein falsches Gutachten mit einem Eide bekräftigt oder den vor seiner Vernehmung geleisteten Eid wissentlich durch ein falsches Zeugniß oder ein falsches Gutachten verletzt.

Ist das falsche Zeugniß oder Gutachten in einer Strafsache zum Nachtheile eines Angeschuldigten abgegeben und dieser zum Tode, zu Zuchthaus oder zu einer anderen mehr als fünf Jahre betragenden Freiheitsstrafe verurtheilt worden, so tritt Zuchthausstrafe nicht unter drei Jahren ein.

§ 155. Der Ableistung eines Eides wird gleich geachtet, wenn

1) ein Mitglied einer Religionsgesellschaft, welcher das Gesetz den Gebrauch gewisser Betheuerungsformeln an Stelle des Eides gestattet, eine Erklärung unter der Betheuerungsformel seiner Religionsgesellschaft abgibt:

2) derjenige, welcher als Partei, Zeuge oder Sachverständiger einen Eid geleistet hat, in gleicher Eigenschaft eine Versicherung unter Berufung auf den bereits früher in derselben Angelegenheit geleisteten Eid abgibt, oder ein Sachverständiger, welcher als solcher ein- für allemal vereidet ist, eine Versicherung auf den von ihm geleisteten Eid abgibt;
3) ein Beamter eine amtliche Versicherung unter Berufung auf seinen Diensteid abgibt.

§ 156. Wer vor einer zur Abnahme einer Versicherung an Eidesstatt zuständigen Behörde eine solche Versicherung wissentlich falsch abgibt oder unter Berufung auf eine solche Versicherung wissentlich falsch aussagt, wird mit Gefängniß von Einem Monat bis zu drei Jahren bestraft.

§ 157. Hat ein Zeuge oder Sachverständiger sich eines Meineides (§§ 154, 155) oder einer falschen Versicherung an Eidesstatt schuldig gemacht, so ist die an sich verwirkte Strafe auf die Hälfte bis ein Viertheil zu ermäßigen, wenn
1) die Angabe der Wahrheit gegen ihn selbst eine Verfolgung wegen eines Verbrechens oder Vergehens nach sich ziehen konnte, oder
2) der Aussagende die falsche Aussage zu Gunsten einer Person, rücksichtlich welcher er die Aussage ablehnen durfte, erstattet hat, ohne über sein Recht, die Aussage ablehnen zu dürfen, belehrt worden zu sein.

Ist hiernach Zuchthausstrafe unter Einem Jahre verwirkt, so ist dieselbe nach Maßgabe des § 21 in Gefängnißstrafe zu verwandeln.

§ 158. Gleiche Strafermäßigung tritt ein, wenn derjenige, welcher sich eines Meineides oder einer falschen Versicherung an Eidesstatt schuldig gemacht hat, bevor eine Anzeige gegen ihn erfolgt oder eine Untersuchung gegen ihn eingeleitet und bevor ein Rechtsnachtheil für einen Anderen aus der falschen Aussage entstanden ist, diese bei derjenigen Behörde, bei welcher er sie abgegeben hat, widerruft.

§ 159. Wer es unternimmt, einen Anderen zur Begehung eines Meineides zu verleiten, wird mit Zuchthaus bis zu fünf Jahren, und wer es unternimmt, einen Anderen zur wissentlichen Abgabe einer falschen Versicherung an Eidesstatt zu verleiten, mit Gefängniß bis zu Einem Jahre bestraft.

§ 160. Wer einen Anderen zur Ableistung eines falschen Eides verleitet, wird mit Gefängniß bis zu zwei Jahren bestraft, neben welchem auf Verlust der bürgerlichen Ehrenrechte erkannt werden kann, und wer einen Anderen zur Ableistung einer falschen Versicherung an Eidesstatt verleitet, wird mit Gefängniß bis zu sechs Monaten bestraft.

Der Versuch ist strafbar.

§ 161. Bei jeder Verurtheilung wegen Meineides, mit Ausnahme der Fälle in den §§ 157 und 158, ist auf Verlust der bürgerlichen Ehrenrechte und außerdem auf die dauernde Unfähigkeit des Verurtheilten, als Zeuge oder Sachverständiger eidlich vernommen zu werden, zu erkennen.

In den Fällen der §§ 156 bis 159 kann neben der Gefängnißstrafe auf Verlust der bürgerlichen Ehrenrechte erkannt werden.

§ 162. Wer vorsätzlich einer durch eidliches Angelöbniß vor Gericht bestellten Sicherheit oder dem in einem Offenbarungseide gegebenen Versprechen zuwiderhandelt, wird mit Gefängniß bis zu zwei Jahren bestraft.

§ 163. Wenn eine der in den §§ 153 bis 156 bezeichneten Handlungen aus Fahrlässigkeit begangen worden ist, so tritt Gefängnißstrafe bis einem Jahre ein.

Straflosigkeit tritt ein, wenn der Thäter, bevor eine Anzeige gegen ihn erfolgt oder eine Untersuchung gegen ihn eingeleitet und bevor ein Rechtsnachtheil für einen Anderen aus der falschen Aussage entstanden ist, diese bei derjenigen Behörde, bei welcher er sie abgegeben hat, widerruft.

Zehnter Abschnitt.

Falsche Anschuldigung.

§ 164. Wer bei einer Behörde eine Anzeige macht, durch welche er Jemand wider besseres Wissen der Begehung einer strafbaren Handlung oder der Verletzung einer Amtspflicht beschuldigt, wird mit Gefängniß nicht unter Einem Monat bestraft; auch kann gegen denselben auf Verlust der bürgerlichen Ehrenrechte erkannt werden.

So lange ein in Folge der gemachten Anzeige eingeleitetes Verfahren anhängig ist, soll mit dem Verfahren und mit der Entscheidung über die falsche Anschuldigung inne gehalten werden.

§ 165. Wird wegen falscher Anschuldigung auf Strafe erkannt, so ist zugleich dem Verletzten die Befugniß zuzusprechen, die Verurtheilung auf Kosten des Schuldigen öffentlich bekannt zu machen. Die Art der Bekanntmachung, sowie die Frist zu derselben, ist in dem Urtheile zu bestimmen.

Dem Verletzten ist auf Kosten des Schuldigen eine Ausfertigung des Urtheils zu ertheilen.

Elfter Abschnitt.

Vergehen, welche sich auf die Religion beziehen.

§ 166. Wer dadurch, daß er öffentlich in beschimpfenden Aeußerungen Gott lästert, ein Aergerniß gibt, oder wer öffentlich eine der christlichen Kirchen oder eine andere mit Korporationsrechten innerhalb des Bundesgebietes bestehende Religionsgesellschaft oder ihre Einrichtungen oder Gebräuche beschimpft, ingleichen wer in einer Kirche oder in einem anderen zu religiösen Versammlungen bestimmten Orte beschimpfenden Unfug verübt, wird mit Gefängniß bis zu drei Jahren bestraft.

§ 167. Wer durch eine Thätlichkeit oder Drohung Jemand hindert, den Gottesdienst einer im Staate bestehenden Religionsgesellschaft auszuüben, ingleichen wer in einer Kirche oder in einem anderen zu religiösen Versammlungen bestimmten Orte durch Erregung von Lärm oder Unordnung den Gottesdienst oder einzelne gottesdienstliche Verrichtungen einer im Staate bestehenden Religionsgesellschaft vorsätzlich verhindert oder stört, wird mit Gefängniß bis zu drei Jahren bestraft.

§ 168. Wer unbefugt eine Leiche aus dem Gewahrsam der dazu berechtigten Person wegnimmt, ingleichen wer unbefugt ein Grab zerstört oder beschädigt, oder wer an einem Grabe beschimpfenden Unfug verübt, wird mit Gefängniß bis zu zwei Jahren bestraft; auch kann auf Verlust der bürgerlichen Ehrenrechte erkannt werden.

Zwölfter Abschnitt.

Verbrechen und Vergehen in Beziehung auf den Personenstand.

§ 169. Wer ein Kind unterschiebt oder vorsätzlich verwechselt, oder wer auf andere Weise den Personenstand eines Anderen vorsätzlich verändert oder unterdrückt, wird mit Gefängniß bis zu drei Jahren und, wenn die Handlung in gewinnsüchtiger Absicht begangen wurde, mit Zuchthaus bis zu zehn Jahren bestraft.

Der Versuch ist strafbar.

§ 170. Wer bei Eingehung einer Ehe dem anderen Theile ein gesetzliches Ehehinderniß arglistig verschweigt, oder wer den anderen Theil zur Eheschließung arglistig mittels einer solchen Täuschung verleitet, welche den Getäuschten berechtigt, die Gültigkeit der Ehe anzufechten, wird, wenn aus einem dieser Gründe die Ehe aufgelöst worden ist, mit Gefängniß nicht unter drei Monaten bestraft.

Die Verfolgung tritt nur auf Antrag des getäuschten Theils ein.

Dreizehnter Abschnitt.

Verbrechen und Vergehen wider die Sittlichkeit.

§ 171. Ein Ehegatte, welcher eine neue Ehe eingeht, bevor seine Ehe aufgelöst, für ungültig oder nichtig erklärt worden ist, ingleichen eine unverheirathete Person, welche mit einem Ehegatten, wissend, daß er verheirathet ist, eine Ehe eingeht, wird mit Zuchthaus bis zu fünf Jahren bestraft.

Sind mildernde Umstände vorhanden, so tritt Gefängnißstrafe nicht unter sechs Monaten ein.

Die Verjährung der Strafverfolgung beginnt mit dem Tage, an welchem eine der beiden Ehen aufgelöst, für ungültig oder nichtig erklärt worden ist.

§ 172. Der Ehebruch wird, wenn wegen desselben die Ehe geschieden ist, an dem schuldigen Ehegatten, sowie dessen Mitschuldigen mit Gefängniß bis zu sechs Monaten bestraft.

Die Verfolgung tritt nur auf Antrag ein.

§ 173. Der Beischlaf zwischen Verwandten auf- und absteigender Linie wird an den ersteren mit Zuchthaus bis zu fünf Jahren, an den letzteren mit Gefängniß bis zu zwei Jahren bestraft.

Der Beischlaf zwischen Verschwägerten auf- und absteigender Linie, sowie zwischen Geschwistern wird mit Gefängniß bis zu zwei Jahren bestraft.

Neben der Gefängnißstrafe kann auf Verlust der bürgerlichen Ehrenrechte erkannt werden.

Verwandte und Verschwägerte absteigender Linie bleiben straflos, wenn sie das achtzehnte Lebensjahr nicht vollendet haben.

§ 174. Mit Zuchthaus bis zu fünf Jahren werden bestraft:

1) Vormünder, welche mit ihren Pflegebefohlenen, Adoptiv- und Pflegeeltern, welche mit ihren Kindern, Geistliche, Lehrer und Erzieher, welche mit ihren minderjährigen Schülern oder Zöglingen unzüchtige Handlungen vornehmen;
2) Beamte, die mit Personen, gegen welche sie eine Untersuchung zu führen haben oder welche ihrer Obhut anvertraut sind, unzüchtige Handlungen vornehmen;
3) Beamte, Aerzte oder andere Medizinalpersonen, welche in Gefängnissen oder in öffentlichen, zur Pflege von Kranken, Armen oder anderen Hülflosen bestimmten Anstalten beschäftigt oder angestellt sind, wenn sie mit den in das Gefängniß oder in die Anstalt aufgenommenen Personen unzüchtige Handlungen vornehmen.

Sind mildernde Umstände vorhanden, so tritt Gefängnißstrafe nicht unter sechs Monaten ein.

§ 175. Die widernatürliche Unzucht, welche zwischen Personen männlichen Geschlechts oder von Menschen mit Thieren begangen wird, ist mit Gefängniß zu bestrafen; auch kann auf Verlust der bürgerlichen Ehrenrechte erkannt werden.

§ 176. Mit Zuchthaus bis zu zehn Jahren wird bestraft, wer

1) mit Gewalt unzüchtige Handlungen an einer Frauensperson vornimmt oder dieselbe durch Drohung mit gegenwärtiger Gefahr für Leib oder Leben zur Duldung unzüchtiger Handlungen nöthigt;
2) eine in einem willenlosen oder bewußtlosen Zustande befindliche oder eine geisteskranke Frauensperson zum außerehelichen Beischlafe mißbraucht, oder
3) mit Personen unter vierzehn Jahren unzüchtige Handlungen vornimmt oder dieselben zur Verübung oder Duldung unzüchtiger Handlungen verleitet.

Sind mildernde Umstände vorhanden, so tritt Gefängnißstrafe nicht unter sechs Monaten ein.

§ 177. Mit Zuchthaus wird bestraft, wer durch Gewalt oder durch Drohung mit gegenwärtiger Gefahr für Leib oder Leben eine Frauensperson zur Duldung des außerehelichen Beischlafs nöthigt, oder wer eine Frauensperson zum außerehelichen Beischlafe mißbraucht, nachdem er sie zu diesem Zwecke in einen willenlosen oder bewußtlosen Zustand versetzt hat.

Sind mildernde Umstände vorhanden, so tritt Gefängnißstrafe nicht unter Einem Jahre ein.

§ 178. Ist durch eine der in den §§ 176 und 177 bezeichneten Handlungen der Tod der verletzten Person verursacht worden, so tritt Zuchthausstrafe nicht unter zehn Jahren oder lebenslängliche Zuchthausstrafe ein.

§ 179. Wer eine Frauensperson zur Gestattung des Beischlafs dadurch verleitet, daß er eine Trauung vorspiegelt, oder einen anderen Irrthum in ihr erregt oder benutzt, in welchem sie den Beischlaf für einen ehelichen hielt, wird mit Zuchthaus bis zu fünf Jahren bestraft.

Sind mildernde Umstände vorhanden, so tritt Gefängnißstrafe nicht unter sechs Monaten ein.

Die Verfolgung tritt nur auf Antrag ein.

§ 180. Wer gewohnheitsmäßig oder aus Eigennutz durch seine Vermittelung oder durch Gewährung oder Verschaffung von Gelegenheit der Unzucht Vorschub leistet, wird wegen Kuppelei mit Gefängniß bestraft; auch kann auf Verlust der bürgerlichen Ehrenrechte, sowie auf Zulässigkeit von Polizei-Aufsicht erkannt werden.

§ 181. Eine Kuppelei ist, selbst wenn sie weder gewohnheitsmäßig noch aus Eigennutz betrieben wird, mit Zuchthaus bis zu fünf Jahren zu bestrafen, wenn

1) um der Unzucht Vorschub zu leisten, hinterlistige Kunstgriffe angewendet worden sind, oder
2) der Schuldige zu den Personen, mit welchen die Unzucht getrieben worden ist, in dem Verhältniß von Eltern zu Kindern, von Vormündern zu Pflegebefohlenen, von Geistlichen, Lehrern oder Erziehern zu den von ihnen zu unterrichtenden oder zu erziehenden Personen steht.

Neben der Zuchthausstrafe ist der Verlust der bürgerlichen Ehrenrechte auszusprechen; auch kann auf Zulässigkeit von Polizei-Aufsicht erkannt werden.

§ 182. Wer ein unbescholtenes Mädchen, welches das sechszehnte Lebensjahr nicht vollendet hat, zum Beischlafe verführt, wird mit Gefängniß bis zu Einem Jahre bestraft.

Die Verfolgung tritt nur auf Antrag der Eltern oder des Vormundes der Verführten ein.

§ 183. Wer durch eine unzüchtige Handlung öffentlich ein Aergerniß gibt, wird mit Gefängniß bis zu zwei Jahren oder mit Geldstrafe bis zu fünfhundert Mark bestraft.

Neben der Gefängnißstrafe kann auf Verlust der bürgerlichen Ehrenrechte erkannt werden.

§ 184. Wer unzüchtige Schriften, Abbildungen oder Darstellungen verkauft, vertheilt oder sonst verbreitet, oder an Orten, welche dem Publikum zugänglich sind, ausstellt oder anschlägt, wird mit Geldstrafe bis zu dreihundert Mark oder mit Gefängniß bis zu sechs Monaten bestraft.

Gleiche Strafe trifft denjenigen, welcher aus Gerichtsverhandlungen, für welche wegen Gefährdung der Sittlichkeit die Oeffentlichkeit ausgeschlossen war, oder aus den diesen Verhandlungen zu Grunde liegenden amtlichen Schriftstücken öffentlich Mittheilungen macht, welche geeignet sind, Aergerniß zu erregen.

Vierzehnter Abschnitt.

Beleidigung.

§ 185. Die Beleidigung wird mit Geldstrafe bis zu sechshundert Mark oder mit Haft oder mit Gefängniß bis zu Einem Jahre und, wenn die Beleidigung mittels einer Thätlichkeit begangen wird, mit Geldstrafe bis zu eintausendfünfhundert Mark oder mit Gefängniß bis zu zwei Jahren bestraft.

§ 186. Wer in Beziehung auf einen Anderen eine Thatsache behauptet oder verbreitet, welche denselben verächtlich zu machen oder in der öffentlichen Meinung herabzuwürdigen geeignet ist, wird, wenn nicht diese Thatsache erweislich wahr ist, wegen Beleidigung mit Geldstrafe bis zu sechshundert Mark oder mit Haft oder mit Gefängniß bis zu Einem Jahre und, wenn die Beleidigung öffentlich oder durch Verbreitung von Schriften, Abbildungen oder Darstellungen begangen ist, mit Geldstrafe bis zu eintausendfünfhundert Mark oder mit Gefängniß bis zu zwei Jahren bestraft.

§ 187. Wer wider besseres Wissen in Beziehung auf einen Anderen eine unwahre Thatsache behauptet oder verbreitet, welche denselben verächtlich zu machen oder in der öffentlichen Meinung herabzuwürdigen oder dessen Kredit zu gefährden geeignet ist, wird wegen verläumderischer Beleidigung mit Gefängniß bis zu zwei Jahren und, wenn die Verleumdung öffentlich oder durch Verbreitung von Schriften, Abbildungen oder Darstellungen begangen ist, mit Gefängniß nicht unter Einem Monat bestraft.

Sind mildernde Umstände vorhanden, so kann die Strafe bis auf Einen Tag Gefängniß ermäßigt, oder auf Geldstrafe bis zu neunhundert Mark erkannt werden.

§ 188. In den Fällen der §§ 186 und 187 kann auf Verlangen des Beleidigten, wenn die Beleidigung nachtheilige Folgen für die Vermögensverhältnisse, den Erwerb oder das Fortkommen des Beleidigten mit sich bringt, neben der Strafe auf eine an den Betheiligten zu erlegende Buße bis zum Betrage von sechstausend Mark erkannt werden.

Eine erkannte Buße schließt die Geltendmachung eines weiteren Entschädigungsanspruchs aus.

§ 189. Wer das Andenken eines Verstorbenen dadurch beschimpft, daß er wider besseres Wissen eine unwahre Thatsache behauptet oder verbreitet, welche denselben bei seinen Lebzeiten verächtlich zu machen oder in der öffentlichen Meinung herabzuwürdigen geeignet gewesen wäre, wird mit Gefängniß bis zu sechs Monaten bestraft.

Sind mildernde Umstände vorhanden, so kann auf Geldstrafe bis zu neunhundert Mark erkannt werden.

Die Verfolgung tritt nur auf Antrag der Eltern, der Kinder oder des Ehegatten des Verstorbenen ein.

§ 190. Ist die behauptete oder verbreitete Thatsache eine strafbare Handlung, so ist der Beweis der Wahrheit als erbracht anzusehen, wenn der Beleidigte wegen dieser Handlung rechtskräftig verurtheilt worden ist. Der Beweis der Wahrheit ist dagegen ausgeschlossen, wenn der Beleidigte wegen dieser Handlung vor der Behauptung oder Verbreitung rechtskräftig freigesprochen worden ist.

§ 191. Ist wegen der strafbaren Handlung zum Zwecke der Herbeiführung eines Strafverfahrens bei der Behörde Anzeige gemacht, so ist bis zu dem Beschlusse, daß die Eröffnung der Untersuchung nicht stattfinde, oder bis zur Beendigung der eingeleiteten Untersuchung mit dem Verfahren und der Entscheidung über die Beleidigung inne zu halten.

§ 192. Der Beweis der Wahrheit der behaupteten oder verbreiteten Thatsache schließt die Bestrafung nach Vorschrift des § 185 nicht aus, wenn das Vorhandensein einer Beleidigung aus der Form der Behauptung oder Verbreitung oder aus den Umständen, unter welchen sie geschah, hervorgeht.

§ 193. Tadelnde Urtheile über wissenschaftliche, künstlerische oder gewerbliche Leistungen, ingleichen Aeußerungen, welche zur Ausführung oder Vertheidigung von Rechten oder zur Wahrnehmung berechtigter Interessen gemacht werden, sowie Vorhaltungen und Rügen der Vorgesetzten gegen ihre Untergebenen, dienstliche Anzeigen oder Urtheile von Seiten eines Beamten und ähnliche Fälle sind nur insofern strafbar, als das Vorhandensein einer Beleidigung aus der Form der Aeußerung oder aus den Umständen, unter welchen sie geschah, hervorgeht.

§ 194. Die Verfolgung einer Beleidigung tritt nur auf Antrag ein. Die Zurücknahme des Antrages (§§ 185 bis 193) ist zulässig.

§ 195. Sind Ehefrauen oder unter väterlicher Gewalt stehende Kinder beleidigt worden, so haben sowohl die Beleidigten, als deren Ehemänner und Väter das Recht, auf Bestrafung anzutragen.

§ 196. Wenn die Beleidigung gegen eine Behörde, einen Beamten, einen Religionsdiener oder ein Mitglied der bewaffneten Macht, während sie in der Ausübung ihres Berufes begriffen sind, oder in Beziehung auf ihren Beruf begangen ist, so haben außer den unmittelbar Betheiligten auch deren amtliche Vorgesetzte das Recht, den Strafantrag zu stellen.

§ 197. Eines Antrages bedarf es nicht, wenn die Beleidigung gegen eine gesetzgebende Versammlung des Reichs oder eines Bundesstaats, oder gegen eine andere politische Körperschaft begangen worden ist. Dieselbe darf jedoch nur mit Ermächtigung der beleidigten Körperschaft verfolgt werden.

§ 198. Ist bei wechselseitigen Beleidigungen von einem Theile auf Bestrafung angetragen worden, so ist der andere

Theil bei Verlust seines Rechts verpflichtet, den Antrag auf Bestrafung spätestens vor Schluß der Verhandlung in erster Instanz zu stellen, hierzu aber auch dann berechtigt, wenn zu jenem Zeitpunkte die dreimonatliche Frist bereits abgelaufen ist.

§ 199. Wenn eine Beleidigung auf der Stelle erwidert wird, so kann der Richter beide Beleidiger oder einen derselben für straffrei erklären.

§ 200. Wird wegen einer öffentlich oder durch Verbreitung von Schriften, Darstellungen oder Abbildungen begangenen Beleidigung auf Strafe erkannt, so ist zugleich dem Beleidigten die Befugniß zuzusprechen, die Verurtheilung auf Kosten des Schuldigen öffentlich bekannt zu machen. Die Art der Bekanntmachung, sowie die Frist zu derselben ist in dem Urtheile zu bestimmen.

Erfolgte die Beleidigung in einer Zeitung oder Zeitschrift, so ist der verfügende Theil des Urtheils auf Antrag des Beleidigten durch die öffentlichen Blätter bekannt zu machen, und zwar wenn möglich durch dieselbe Zeitung oder Zeitschrift und in demselben Theile und mit derselben Schrift, wie der Abdruck der Beleidigung geschehen.

Dem Beleidigten ist auf Kosten des Schuldigen eine Ausfertigung des Urtheils zu ertheilen.

Fünfzehnter Abschnitt.

Zweikampf.

§ 201. Die Herausforderung zum Zweikampf mit tödtlichen Waffen, sowie die Annahme einer solchen Herausforderung wird mit Festungshaft bis zu sechs Monaten bestraft.

§ 202. Festungshaft von zwei Monaten bis zu zwei Jahren tritt ein, wenn bei der Herausforderung die Absicht, daß einer von beiden Theilen das Leben verlieren soll, entweder ausgesprochen ist oder aus der gewählten Art des Zweikampfs erhellt.

§ 203. Diejenigen, welche den Auftrag zu einer Herausforderung übernehmen und ausrichten (Kartellträger), werden mit Festungshaft bis zu sechs Monaten bestraft.

§ 204. Die Strafe der Herausforderung und der Annahme derselben, sowie die Strafe der Kartellträger fällt weg, wenn die Parteien den Zweikampf vor dessen Beginn freiwillig aufgegeben haben.

§ 205. Der Zweikampf wird mit Festungshaft von drei Monaten bis zu fünf Jahren bestraft.

§ 206. Wer seinen Gegner im Zweikampf tödtet, wird mit Festungshaft nicht unter zwei Jahren, und wenn der Zweikampf ein solcher war, welcher den Tod des einen von Beiden herbeiführen sollte, mit Festungshaft nicht unter drei Jahren bestraft.

§ 207. Ist eine Tödtung oder Körperverletzung mittels vorsätzlicher Uebertretung der vereinbarten oder hergebrachten Regeln des Zweikampfs bewirkt worden, so ist der Uebertreter, sofern nicht nach den vorhergehenden Bestimmungen eine härtere Strafe verwirkt ist, nach den allgemeinen Vorschriften über das Verbrechen der Tödtung oder der Körperverletzung zu bestrafen.

§ 208. Hat der Zweikampf ohne Sekundanten stattgefunden, so kann die verwirkte Strafe bis um die Hälfte, jedoch nicht über fünfzehn Jahre erhöht werden.

§ 209. Kartellträger, welche ernstlich bemüht gewesen sind, den Zweikampf zu verhindern, Sekundanten, sowie zum Zweikampf zugezogene Zeugen, Aerzte und Wundärzte sind straflos.

§ 210. Wer einen Anderen zum Zweikampf mit einem Dritten absichtlich, insonderheit durch Bezeigung oder Androhung von Verachtung anreizt, wird, falls der Zweikampf stattgefunden hat, mit Gefängniß nicht unter drei Monaten bestraft.

Sechszehnter Abschnitt.

Verbrechen und Vergehen wider das Leben.

§ 211. Wer vorsätzlich einen Menschen tödtet, wird, wenn er die Tödtung mit Ueberlegung ausgeführt hat, wegen Mordes mit dem Tode bestraft.

§ 212. Wer vorsätzlich einen Menschen tödtet, wird, wenn er die Tödtung nicht mit Ueberlegung ausgeführt hat, wegen Todtschlages mit Zuchthaus nicht unter fünf Jahren bestraft.

§ 213. War der Todtschläger ohne eigene Schuld durch eine ihm oder einem Angehörigen zugefügte Mißhandlung oder schwere Beleidigung von dem Getödteten zum Zorne gereizt und hierdurch auf der Stelle zur That hingerissen worden, oder sind andere mildernde Umstände vorhanden, so tritt Gefängnißstrafe nicht unter sechs Monaten ein.

§ 214. Wer bei Unternehmung einer strafbaren Handlung, um ein der Ausführung derselben entgegentretendes Hinderniß zu beseitigen oder um sich der Ergreifung auf frischer That zu entziehen, vorsätzlich einen Menschen tödtet, wird mit Zuchthaus nicht unter zehn Jahren oder mit lebenslänglichem Zuchthaus bestraft.

§ 215. Der Todtschlag an einem Verwandten aufsteigender Linie wird mit Zuchthaus nicht unter zehn Jahren oder mit lebenslänglichem Zuchthaus bestraft.

§ 216. Ist Jemand durch das ausdrückliche und ernstliche Verlangen des Getödteten zur Tödtung bestimmt worden, so ist auf Gefängniß nicht unter drei Jahren zu erkennen.

§ 217. Eine Mutter, welche ihr uneheliches Kind in oder gleich nach der Geburt vorsätzlich tödtet, wird mit Zuchthaus nicht unter drei Jahren bestraft.

Sind mildernde Umstände vorhanden, so tritt Gefängnißstrafe nicht unter zwei Jahren ein.

§ 218. Eine Schwangere, welche ihre Frucht vorsätzlich abtreibt oder im Mutterleibe tödtet, wird mit Zuchthaus bis zu fünf Jahren bestraft.

Sind mildernde Umstände vorhanden, so tritt Gefängnißstrafe nicht unter sechs Monaten ein.

Dieselben Strafvorschriften finden auf denjenigen Anwendung, welcher mit Einwilligung der Schwangeren die Mittel zu der Abtreibung oder Tödtung bei ihr angewendet oder ihr beigebracht hat.

§ 219. Mit Zuchthaus bis zu zehn Jahren wird bestraft, wer einer Schwangeren, welche ihre Frucht abgetrieben oder getödtet hat, gegen Entgelt die Mittel hierzu verschafft, bei ihr angewendet oder ihr beigebracht hat.

§ 220. Wer die Leibesfrucht einer Schwangeren ohne deren Wissen oder Willen vorsätzlich abtreibt oder tödtet, wird mit Zuchthaus nicht unter zwei Jahren bestraft.

Ist durch die Handlung der Tod der Schwangeren verursacht worden, so tritt Zuchthausstrafe nicht unter zehn Jahren oder lebenslängliche Zuchthausstrafe ein.

§ 221. Wer eine wegen jugendlichen Alters, Gebrechlichkeit oder Krankheit hülflose Person aussetzt, oder wer eine solche Person, wenn dieselbe unter seiner Obhut steht oder wenn er für die Unterbringung, Fortschaffung oder Aufnahme derselben zu sorgen hat, in hülfloser Lage vorsätzlich verläßt, wird mit Gefängniß nicht unter drei Monaten bestraft.

Wird die Handlung von leiblichen Eltern gegen ihr Kind begangen, so tritt Gefängnißstrafe nicht unter sechs Monaten ein.

Ist durch die Handlung eine schwere Körperverletzung der ausgesetzten oder verlassenen Person verursacht worden, so tritt Zuchthausstrafe bis zu zehn Jahren und, wenn durch die Handlung der Tod verursacht worden ist, Zuchthausstrafe nicht unter drei Jahren ein.

§ 222. Wer durch Fahrlässigkeit den Tod eines Menschen verursacht, wird mit Gefängniß bis zu drei Jahren bestraft.

Wenn der Thäter zu der Aufmerksamkeit, welche er aus den Augen setzte, vermöge seines Amtes, Berufes oder Gewerbes besonders verpflichtet war, so kann die Strafe bis auf fünf Jahre Gefängniß erhöht werden.

Siebenzehnter Abschnitt.

Körperverletzung.

§ 223. Wer vorsätzlich einen Anderen körperlich mißhandelt oder an der Gesundheit beschädigt, wird wegen Körperverletzung mit Gefängniß bis zu drei Jahren oder mit Geldstrafe bis zu eintausend Mark bestraft.

Ist die Handlung gegen Verwandte aufsteigender Linie begangen, so ist auf Gefängniß nicht unter Einem Monat zu erkennen.

§ 223a. Ist die Körperverletzung mittels einer Waffe, insbesondere eines Messers oder eines anderen gefährlichen Werkzeuges, oder mittels eines hinterlistigen Ueberfalls, oder von Mehreren gemeinschaftlich, oder mittels einer das Leben gefährdenden Behandlung begangen, so tritt Gefängnißstrafe nicht unter zwei Monaten ein.

§ 224. Hat die Körperverletzung zur Folge, daß der Verletzte ein wichtiges Glied des Körpers, das Sehvermögen auf einem oder beiden Augen, das Gehör, die Sprache oder die Zeugungsfähigkeit verliert, oder in erheblicher Weise dauernd entstellt wird, oder in Siechthum, Lähmung oder Geisteskrankheit verfällt, so ist auf Zuchthaus bis zu fünf Jahren oder Gefängniß nicht unter Einem Jahre zu erkennen.

§ 225. War eine der vorbezeichneten Folgen beabsichtigt und eingetreten, so ist auf Zuchthaus von zwei bis zu zehn Jahren zu erkennen.

§ 226. Ist durch die Körperverletzung der Tod des Verletzten verursacht worden, so ist auf Zuchthaus nicht unter drei Jahren oder Gefängniß nicht unter drei Jahren zu erkennen.

§ 227. Ist durch eine Schlägerei oder durch einen von Mehreren gemachten Angriff der Tod eines Menschen oder eine schwere Körperverletzung (§ 224) verursacht worden, so ist Jeder, welcher sich an der Schlägerei oder dem Angriffe betheiligt hat, schon wegen dieser Betheiligung mit Gefängniß bis zu drei Jahren zu bestrafen, falls er nicht ohne sein Verschulden hineingezogen worden ist.

Ist eine der vorbezeichneten Folgen mehreren Verletzungen zuzuschreiben, welche dieselbe nicht einzeln, sondern nur durch ihr Zusammentreffen verursacht haben, so ist Jeder, welchem eine dieser Verletzungen zur Last fällt, mit Zuchthaus bis zu fünf Jahren zu bestrafen.

§ 228. Sind mildernde Umstände vorhanden, so ist in den Fällen des § 223 Abs. 2 und des § 223a auf Gefängniß bis zu drei Jahren oder Geldstrafe bis zu eintausend Mark, in den Fällen der §§ 224 und 227 Absatz 2 auf Gefängniß nicht unter Einem Monat, und im Falle des § 226 auf Gefängniß nicht unter drei Monaten zu erkennen.

§ 229. Wer vorsätzlich einem Anderen, um dessen Gesundheit zu beschädigen, Gift oder andere Stoffe beibringt, welche die Gesundheit zu zerstören geeignet sind, wird mit Zuchthaus bis zu zehn Jahren bestraft.

Ist durch die Handlung eine schwere Körperverletzung verursacht worden, so ist auf Zuchthaus nicht unter fünf Jahren und, wenn durch die Handlung der Tod verursacht worden, auf Zuchthaus nicht unter zehn Jahren oder auf lebenslängliches Zuchthaus zu erkennen.

§ 230. Wer durch Fahrlässigkeit die Körperverletzung eines Anderen verursacht, wird mit Geldstrafe bis zu neunhundert Mark oder mit Gefängniß bis zu zwei Jahren bestraft.

War der Thäter zu der Aufmerksamkeit, welche er aus den Augen setzte, vermöge seines Amtes, Berufes oder Gewerbes besonders verpflichtet, so kann die Strafe auf drei Jahre Gefängniß erhöht werden.

§ 231. In allen Fällen der Körperverletzung kann auf Verlangen des Verletzten neben der Strafe auf eine an denselben zu erlegende Buße bis zum Betrage von sechstausend Mark erkannt werden.

Eine erkannte Buße schließt die Geltendmachung eines weiteren Entschädigungsanspruches aus.

Für diese Buße haften die zu derselben Verurtheilten als Gesammtschuldner.

§ 232. Die Verfolgung leichter vorsätzlicher, sowie aller durch Fahrlässigkeit verursachter Körperverletzungen (§§ 223, 230) tritt nur auf Antrag ein, insofern nicht die Körperverletzung mit Uebertretung einer Amts-, Berufs- oder Gewerbspflicht begangen worden ist.

Ist das Vergehen gegen einen Angehörigen verübt, so ist die Zurücknahme des Antrages zulässig.

Die in den §§ 195, 196 und 198 enthaltenen Vorschriften finden auch hier Anwendung.

§ 233. Wenn leichte Körperverletzungen mit solchen, Beleidigungen mit leichten Körperverletzungen oder letztere mit ersteren auf der Stelle erwidert werden, so kann der Richter für beide Angeschuldigte, oder für einen derselben eine der Art oder dem Maße nach mildere oder überhaupt keine Strafe eintreten lassen.

Achtzehnter Abschnitt.

Verbrechen und Vergehen wider die persönliche Freiheit.

§ 234. Wer sich eines Menschen durch List, Drohung oder Gewalt bemächtigt, um ihn in hülfloser Lage auszusetzen oder in Sklaverei, Leibeigenschaft oder in auswärtige Kriegs- oder Schiffsdienste zu bringen, wird wegen Menschenraubes mit Zuchthaus bestraft.

§ 235. Wer eine minderjährige Person durch List, Drohung oder Gewalt ihren Eltern oder ihrem Vormunde entzieht, wird mit Gefängniß und, wenn die Handlung in der Absicht geschieht, die Person zum Betteln oder zu gewinnsüchtigen oder unsittlichen Zwecken oder Beschäftigungen zu gebrauchen, mit Zuchthaus bis zu zehn Jahren bestraft.

§ 236. Wer eine Frauensperson wider ihren Willen durch List, Drohung oder Gewalt entführt, um sie zur Unzucht zu bringen, wird mit Zuchthaus bis zu zehn Jahren und, wenn die Entführung begangen wurde, um die Entführte zur Ehe zu bringen, mit Gefängniß bestraft.

Die Verfolgung tritt nur auf Antrag ein.

§ 237. Wer eine minderjährige, unverehelichte Frauensperson mit ihrem Willen, jedoch ohne Einwilligung ihrer Eltern oder ihres Vormundes, entführt, um sie zur Unzucht oder zur Ehe zu bringen, wird mit Gefängniß bestraft.

Die Verfolgung tritt nur auf Antrag ein.

§ 238. Hat der Entführer die Entführte geheirathet, so findet die Verfolgung nur statt, nachdem die Ehe für ungültig erklärt worden ist.

§ 239. Wer vorsätzlich und widerrechtlich einen Menschen einsperrt oder auf andere Weise des Gebrauches der persönlichen Freiheit beraubt, wird mit Gefängniß bestraft.

Wenn die Freiheitsentziehung über eine Woche gedauert hat, oder wenn eine schwere Körperverletzung des der Freiheit Beraubten durch die Freiheitsentziehung oder die ihm während derselben widerfahrene Behandlung verursacht worden ist, so ist auf Zuchthaus bis zu zehn Jahren zu erkennen. Sind mildernde Umstände vorhanden, so tritt Gefängnißstrafe nicht unter Einem Monat ein.

Ist der Tod des der Freiheit Beraubten durch die Freiheitsentziehung oder die ihm während derselben widerfahrene Behandlung verursacht worden, so ist auf Zuchthaus nicht unter drei Jahren zu erkennen. Sind mildernde Umstände vorhanden, so tritt Gefängnißstrafe nicht unter drei Monaten ein.

§ 240. Wer einen Anderen widerrechtlich durch Gewalt oder durch Bedrohung mit einem Verbrechen oder Vergehen zu einer Handlung, Duldung oder Unterlassung nöthigt, wird mit Gefängniß bis zu Einem Jahre oder mit Geldstrafe bis zu sechshundert Mark bestraft.

Der Versuch ist strafbar.

§ 241. Wer einen Anderen mit der Begehung eines Verbrechens bedroht, wird mit Gefängniß bis zu sechs Monaten oder mit Geldstrafe bis zu dreihundert Mark bestraft.

Neunzehnter Abschnitt.

Diebstahl und Unterschlagung.

§ 242. Wer eine fremde bewegliche Sache einem Anderen in der Absicht wegnimmt, dieselbe sich rechtswidrig zuzueignen, wird wegen Diebstahls mit Gefängniß bestraft.

Der Versuch ist strafbar.

§ 243. Auf Zuchthaus bis zu zehn Jahren ist zu erkennen, wenn

1) aus einem zum Gottesdienste bestimmten Gebäude Gegenstände gestohlen werden, welche dem Gottesdienste gewidmet sind;
2) aus einem Gebäude oder umschlossenen Raume mittels Einbruchs, Einsteigens oder Erbrechens von Behältnissen gestohlen wird;
3) der Diebstahl dadurch bewirkt wird, daß zur Eröffnung eines Gebäudes oder der Zugänge eines umschlossenen Raumes, oder zur Eröffnung der im Innern befindlichen Thüren oder Behältnisse falsche Schlüssel oder andere zur ordnungsmäßigen Eröffnung nicht bestimmte Werkzeuge angewendet werden;
4) auf einem öffentlichen Wege, einer Straße, einem öffentlichen Platze, einer Wasserstraße oder einer Eisenbahn, oder in einem Postgebäude oder dem dazu gehörigen Hofraume, oder auf einem Eisenbahnhofe eine zum Reisegepäck oder zu anderen Gegenständen der Beförderung gehörende Sache mittels Abschneidens oder Ablösens

der Befestigungs- oder Verwahrungsmittel, oder durch Anwendung falscher Schlüssel oder anderer zur ordnungsmäßigen Eröffnung nicht bestimmter Werkzeuge gestohlen wird;

5) der Dieb oder einer der Theilnehmer am Diebstahle bei Begehung der That Waffen bei sich führt;

6) zu dem Diebstahle Mehrere mitwirken, welche sich zur fortgesetzten Begehung von Raub oder Diebstahl verbunden haben, oder

7) der Diebstahl zur Nachtzeit in einem bewohnten Gebäude, in welches sich der Thäter in diebischer Absicht eingeschlichen, oder in welchem er sich in gleicher Absicht verborgen hatte, begangen wird, auch wenn zur Zeit des Diebstahls Bewohner in dem Gebäude nicht anwesend sind. Einem bewohnten Gebäude werden der zu einem bewohnten Gebäude gehörige umschlossene Raum und die in einem solchen befindlichen Gebäude jeder Art, sowie Schiffe, welche bewohnt werden, gleich geachtet.

Sind mildernde Umstände vorhanden, so tritt Gefängnißstrafe nicht unter drei Monaten ein.

§ 244. Wer im Inlande als Dieb, Räuber oder gleich einem Räuber oder als Hehler bestraft worden ist, darauf abermals eine dieser Handlungen begangen hat, und wegen derselben bestraft worden ist, wird, wenn er einen einfachen Diebstahl (§ 242) begeht, mit Zuchthaus bis zu zehn Jahren, wenn er einen schweren Diebstahl (§ 243) begeht, mit Zuchthaus nicht unter zwei Jahren bestraft.

Sind mildernde Umstände vorhanden, so tritt beim einfachen Diebstahl Gefängnißstrafe nicht unter drei Monaten, beim schweren Diebstahl Gefängnißstrafe nicht unter Einem Jahre ein.

§ 245. Die Bestimmungen des § 244 finden Anwendung, auch wenn die früheren Strafen nur theilweise verbüßt oder ganz oder theilweise erlassen sind, bleiben jedoch ausgeschlossen, wenn seit der Verbüßung oder dem Erlasse der letzten Strafe bis zur Begehung des neuen Diebstahls zehn Jahre verflossen sind.

§ 246. Wer eine fremde bewegliche Sache, die er in Besitz oder Gewahrsam hat, sich rechtswidrig zueignet, wird wegen Unterschlagung mit Gefängniß bis zu drei Jahren und, wenn die Sache ihm anvertraut ist, mit Gefängniß bis zu fünf Jahren bestraft.

Sind mildernde Umstände vorhanden, so kann auf Geldstrafe bis zu neunhundert Mark erkannt werden.

Der Versuch ist strafbar.

§ 247. Wer einen Diebstahl oder eine Unterschlagung gegen Angehörige, Vormünder oder Erzieher begeht, oder wer einer Person, zu der er im Lehrlingsverhältnisse steht, oder in deren häuslicher Gemeinschaft er als Gesinde sich befindet, Sachen von unbedeutendem Werthe stiehlt oder unterschlägt, ist nur auf Antrag zu verfolgen. Die Zurücknahme des Antrages ist zulässig.

Ein Diebstahl oder eine Unterschlagung, welche von Verwandten aufsteigender Linie gegen Verwandte absteigender Linie oder von einem Ehegatten gegen den anderen begangen worden ist, bleibt straflos.

Diese Bestimmungen finden auf Theilnehmer oder Begünstiger, welche nicht in einem der vorbezeichneten persönlichen Verhältnisse stehen, keine Anwendung.

§ 248. Neben der wegen Diebstahls oder Unterschlagung erkannten Gefängnißstrafe kann auf Verlust der bürgerlichen Ehrenrechte, und neben der wegen Diebstahls erkannten Zuchthausstrafe auf Zulässigkeit von Polizei-Aufsicht erkannt werden.

Zwanzigster Abschnitt.

Raub und Erpressung.

§ 249. Wer mit Gewalt gegen eine Person oder unter Anwendung von Drohungen mit gegenwärtiger Gefahr für Leib oder Leben eine fremde bewegliche Sache einem Anderen in der Absicht wegnimmt, sich dieselbe rechtswidrig zuzueignen, wird wegen Raubes mit Zuchthaus bestraft.

Sind mildernde Umstände vorhanden, so tritt Gefängnißstrafe nicht unter sechs Monaten ein.

§ 250. Auf Zuchthaus nicht unter fünf Jahren ist zu erkennen, wenn

1) der Räuber oder einer der Theilnehmer am Raube bei Begehung der That Waffen bei sich führt;
2) zu dem Raube Mehrere mitwirken, welche sich zur fortgesetzten Begehung von Raub oder Diebstahl verbunden haben;
3) der Raub auf einem öffentlichen Wege, einer Straße, einer Eisenbahn, einem öffentlichen Platze, auf offener See oder einer Wasserstraße begangen wird;
4) der Raub zur Nachtzeit in einem bewohnten Gebäude (§ 243 Nr. 7) begangen wird, in welches sich der Thäter zur Begehung eines Raubes oder Diebstahls eingeschlichen oder sich gewaltsam Eingang verschafft oder in welchem er sich in gleicher Absicht verborgen hatte, oder

5) der Räuber bereits einmal als Räuber oder gleich einem Räuber im Inlande bestraft worden ist. Die im § 245 enthaltenen Vorschriften finden auch hier Anwendung.

Sind mildernde Umstände vorhanden, so tritt Gefängnißstrafe nicht unter Einem Jahre ein.

§ 251. Mit Zuchthaus nicht unter zehn Jahren oder mit lebenslänglichem Zuchthaus wird der Räuber bestraft, wenn bei dem Raube ein Mensch gemartert, oder durch die gegen ihn verübte Gewalt eine schwere Körperverletzung oder der Tod desselben verursacht worden ist.

§ 252. Wer, bei einem Diebstahle auf frischer That betroffen, gegen eine Person Gewalt verübt oder Drohungen mit gegenwärtiger Gefahr für Leib oder Leben anwendet, um sich im Besitze des gestohlenen Gutes zu erhalten, ist gleich einem Räuber zu bestrafen.

§ 253. Wer, um sich oder einem Dritten einen rechtswidrigen Vermögensvortheil zu verschaffen, einen Anderen durch Gewalt oder Drohung zu einer Handlung, Duldung oder Unterlassung nöthigt, ist wegen Erpressung mit Gefängniß nicht unter Einem Monat zu bestrafen.

Der Versuch ist strafbar.

§ 254. Wird die Erpressung durch Bedrohung mit Mord, mit Brandstiftung oder mit Verursachung einer Ueberschwemmung begangen, so ist auf Zuchthaus bis zu fünf Jahren zu erkennen.

§ 255. Wird die Erpressung durch Gewalt gegen eine Person oder unter Anwendung von Drohungen mit gegenwärtiger Gefahr für Leib oder Leben begangen, so ist der Thäter gleich einem Räuber zu bestrafen.

§ 256. Neben der wegen Erpressung erkannten Gefängnißstrafe kann auf Verlust der bürgerlichen Ehrenrechte und neben der wegen Raubes oder Erpressung erkannten Zuchthausstrafe auf Zulässigkeit von Polizei-Aufsicht erkannt werden.

Einundzwanzigster Abschnitt.

Begünstigung und Hehlerei.

§ 257. Wer nach Begehung eines Verbrechens oder Vergehens dem Thäter oder Theilnehmer wissentlich Beistand leistet, um denselben der Bestrafung zu entziehen oder um ihm die Vortheile des Verbrechens oder Vergehens zu sichern, ist wegen Begünstigung mit Geldstrafe bis zu sechshundert Mark oder mit Gefängniß bis zu Einem Jahre und, wenn er diesen Beistand seines Vortheils wegen leistet, mit Gefängniß zu bestrafen. Die Strafe darf jedoch, der Art oder dem Maße nach, keine schwerere sein als die auf die Handlung selbst angedrohte.

Die Begünstigung ist straflos, wenn dieselbe dem Thäter oder Theilnehmer von einem Angehörigen gewährt worden ist, um ihn der Bestrafung zu entziehen.

Die Begünstigung ist als Beihülfe zu bestrafen, wenn sie vor Begehung der That zugesagt worden ist. Diese Bestimmung leidet auch auf Angehörige Anwendung.

§ 258. Wer seines Vortheils wegen sich einer Begünstigung schuldig macht, wird als Hehler bestraft, wenn der Begünstigte

1) einen einfachen Diebstahl oder eine Unterschlagung begangen hat, mit Gefängniß,
2) einen schweren Diebstahl, einen Raub oder ein dem Raube gleich zu bestrafendes Verbrechen begangen hat, mit Zuchthaus bis zu fünf Jahren.

Sind mildernde Umstände vorhanden, so tritt Gefängnißstrafe nicht unter drei Monaten ein.

Diese Strafvorschriften finden auch dann Anwendung, wenn der Hehler ein Angehöriger ist.

§ 259. Wer seines Vortheils wegen Sachen, von denen er weiß oder den Umständen nach annehmen muß, daß sie mittels einer strafbaren Handlung erlangt sind, verheimlicht, ankauft, zum Pfande nimmt oder sonst an sich bringt oder zu deren Absatze bei Anderen mitwirkt, wird als Hehler mit Gefängniß bestraft.

§ 260. Wer die Hehlerei gewerbs- oder gewohnheitsmäßig betreibt, wird mit Zuchthaus bis zu zehn Jahren bestraft.

§ 261. Wer im Inlande wegen Hehlerei einmal und wegen darauf begangener Hehlerei zum zweiten Male bestraft worden ist, wird, wenn sich die abermals begangene Hehlerei auf einen schweren Diebstahl, einen Raub oder ein dem Raube gleich zu bestrafendes Verbrechen bezieht, mit Zuchthaus nicht unter zwei Jahren bestraft. Sind mildernde Umstände vorhanden, so tritt Gefängnißstrafe nicht unter Einem Jahre ein.

Bezieht sich die Hehlerei auf eine andere strafbare Handlung, so ist auf Zuchthaus bis zu zehn Jahren zu erkennen. Sind mildernde Umstände vorhanden, so tritt Gefängnißstrafe nicht unter drei Monaten ein.

Die in dem § 245 enthaltenen Vorschriften finden auch hier Anwendung.

§ 262. Neben der wegen Hehlerei erkannten Gefängnißstrafe kann auf Verlust der bürgerlichen Ehrenrechte und neben jeder Verurtheilung wegen Hehlerei auf Zulässigkeit von Polizei-Aufsicht erkannt werden.

Zweiundzwanzigster Abschnitt.

Betrug und Untreue.

§ 263. Wer in der Absicht, sich oder einem Dritten einen rechtswidrigen Vermögensvortheil zu verschaffen, das Vermögen eines Anderen dadurch beschädigt, daß er durch Vorspiegelung falscher oder durch Entstellung oder Unterdrückung wahrer Thatsachen einen Irrthum erregt oder unterhält, wird wegen Betruges mit Gefängniß bestraft, neben welchem auf Geldstrafe bis zu dreitausend Mark, sowie auf Verlust der bürgerlichen Ehrenrechte erkannt werden kann.

Sind mildernde Umstände vorhanden, so kann ausschließlich auf die Geldstrafe erkannt werden.

Der Versuch ist strafbar.

Wer einen Betrug gegen Angehörige, Vormünder oder Erzieher begeht, ist nur auf Antrag zu verfolgen. Die Zurücknahme des Antrages ist zulässig.

§ 264. Wer im Inlande wegen Betruges einmal und wegen darauf begangenen Betruges zum zweiten Male bestraft worden ist, wird wegen abermals begangenen Betruges mit Zuchthaus bis zu zehn Jahren und zugleich mit Geldstrafe von einhundertfünfzig bis zu sechstausend Mark bestraft.

Sind mildernde Umstände vorhanden, so tritt Gefängnißstrafe nicht unter drei Monaten ein, neben welcher zugleich auf Geldstrafe bis zu dreitausend Mark erkannt werden kann.

Die im § 245 enthaltenen Vorschriften finden auch hier Anwendung.

§ 265. Wer in betrügerischer Absicht eine gegen Feuersgefahr versicherte Sache in Brand setzt, oder ein Schiff, welches als solches oder in seiner Ladung oder in seinem Frachtlohn versichert ist, sinken oder stranden macht, wird mit Zuchthaus bis zu zehn Jahren und zugleich mit Geldstrafe von einhundertfünfzig bis zu sechstausend Mark bestraft.

Sind mildernde Umstände vorhanden, so tritt Gefängnißstrafe nicht unter sechs Monaten ein, neben welcher auf Geldstrafe bis zu dreitausend Mark erkannt werden kann.

§ 266. Wegen Untreue werden mit Gefängniß, neben welchem auf Verlust der bürgerlichen Ehrenrechte erkannt werden kann, bestraft:

1) Vormünder, Kuratoren, Güterpfleger, Sequester, Massenverwalter, Vollstrecker letztwilliger Verfügungen und Verwalter von Stiftungen, wenn sie absichtlich zum Nachtheile der ihrer Aufsicht anvertrauten Personen oder Sachen handeln;

2) Bevollmächtigte, welche über Forderungen oder andere Vermögensstücke des Auftraggebers absichtlich zum Nachtheile desselben verfügen;
3) Feldmesser, Versteigerer, Mäkler, Güterbestätiger, Schaffner, Wäger, Messer, Bracker, Schauer, Stauer und andere zur Betreibung ihres Gewerbes von der Obrigkeit verpflichtete Personen, wenn sie bei den ihnen übertragenen Geschäften absichtlich diejenigen benachtheiligen, deren Geschäfte sie besorgen.

Wird die Untreue begangen, um sich oder einem Anderen einen Vermögensvortheil zu verschaffen, so kann neben der Gefängnißstrafe auf Geldstrafe bis zu dreitausend Mark erkannt werden.

Dreiundzwanzigster Abschnitt.

Urkundenfälschung.

§ 267. Wer in rechtswidriger Absicht eine inländische oder ausländische öffentliche Urkunde oder eine solche Privaturkunde, welche zum Beweise von Rechten oder Rechtsverhältnissen von Erheblichkeit ist, verfälscht oder fälschlich anfertigt und von derselben zum Zwecke einer Täuschung Gebrauch macht, wird wegen Urkundenfälschung mit Gefängniß bestraft.

§ 268. Eine Urkundenfälschung, welche in der Absicht begangen wird, sich oder einem Anderen einen Vermögensvortheil zu verschaffen oder einem Anderen Schaden zuzufügen, wird bestraft, wenn

1) die Urkunde eine Privaturkunde ist, mit Zuchthaus bis zu fünf Jahren, neben welchem auf Geldstrafe bis zu dreitausend Mark erkannt werden kann;
2) die Urkunde eine öffentliche ist, mit Zuchthaus bis zu zehn Jahren, neben welchem auf Geldstrafe von einhundertfünfzig bis zu sechstausend Mark erkannt werden kann.

Sind mildernde Umstände vorhanden, so tritt Gefängnißstrafe ein, welche bei der Fälschung einer Privaturkunde nicht unter Einer Woche, bei der Fälschung einer öffentlichen Urkunde nicht unter drei Monaten betragen soll. Neben der Gefängnißstrafe kann zugleich auf Geldstrafe bis zu dreitausend Mark erkannt werden.

§ 269. Der fälschlichen Anfertigung einer Urkunde wird es gleich geachtet, wenn Jemand einem mit der Unterschrift eines Anderen versehenen Papiere ohne dessen Willen oder dessen Anordnungen zuwider durch Ausfüllung einen urkundlichen Inhalt gibt.

§ 270. Der Urkundenfälschung wird es gleich geachtet, wenn Jemand von einer falschen oder verfälschten Urkunde, wissend, daß sie falsch oder verfälscht ist, zum Zwecke einer Täuschung Gebrauch macht.

§ 271. Wer vorsätzlich bewirkt, daß Erklärungen, Verhandlungen oder Thatsachen, welche für Rechte oder Rechtsverhältnisse von Erheblichkeit sind, in öffentlichen Urkunden, Büchern oder Registern als abgegeben oder geschehen beurkundet werden, während sie überhaupt nicht oder in anderer Weise oder von einer Person in einer ihr nicht zustehenden Eigenschaft oder von einer anderen Person abgegeben oder geschehen sind, wird mit Gefängniß bis zu sechs Monaten oder mit Geldstrafe bis zu dreihundert Mark bestraft.

§ 272. Wer die vorbezeichnete Handlung in der Absicht begeht, sich oder einem Anderen einen Vermögensvortheil zu verschaffen oder einem Anderen Schaden zuzufügen, wird mit Zuchthaus bis zu zehn Jahren bestraft, neben welchem auf Geldstrafe von einhundertfünfzig bis zu sechstausend Mark erkannt werden kann.

Sind mildernde Umstände vorhanden, so tritt Gefängnißstrafe ein, neben welcher auf Geldstrafe bis zu dreitausend Mark erkannt werden kann.

§ 273. Wer wissentlich von einer falschen Beurkundung der im § 271 bezeichneten Art zum Zwecke einer Täuschung Gebrauch macht, wird nach Vorschrift jenes Paragraphen und, wenn die Absicht dahin gerichtet war, sich oder einem Anderen einen Vermögensvortheil zu verschaffen oder einem Anderen Schaden zuzufügen, nach Vorschrift des § 272 bestraft.

§ 274. Mit Gefängniß, neben welchem auf Geldstrafe bis zu dreitausend Mark erkannt werden kann, wird bestraft, wer

1) eine Urkunde, welche ihm entweder überhaupt nicht oder nicht ausschließlich gehört, in der Absicht, einem Anderen Nachtheile zuzufügen, vernichtet, beschädigt oder unterdrückt, oder
2) einen Grenzstein oder ein anderes zur Bezeichnung einer Grenze oder eines Wasserstandes bestimmtes Merkmal in der Absicht, einem Anderen Nachtheil zuzufügen, wegnimmt, vernichtet, unkenntlich macht, verrückt oder fälschlich setzt.

§ 275. Mit Gefängniß nicht unter drei Monaten wird bestraft, wer

1) wissentlich von falschem oder gefälschtem Stempelpapier, von falschen oder gefälschten Stempelmarken, Stempelblanketten, Stempelabdrücken, Post- oder Telegraphen-Freimarken oder gestempelten Briefkouverts Gebrauch macht,

2) unechtes Stempelpapier, unechte Stempelmarken, Stempelblankette oder Stempelabdrücke für Spielkarten, Pässe oder sonstige Drucksachen oder Schriftstücke, ingleichen wer unechte Post- oder Telegraphen-Freimarken oder gestempelte Briefkouverts in der Absicht anfertigt, sie als echt zu verwenden, oder

3) echtes Stempelpapier, echte Stempelmarken, Stempelblankette, Stempelabdrücke, Post- oder Telegraphen-Freimarken oder gestempelte Briefkouverts in der Absicht verfälscht, sie zu einem höheren Werthe zu verwenden.

§ 276. Wer wissentlich schon einmal zu stempelpflichtigen Urkunden, Schriftstücken oder Formularen verwendetes Stempelpapier oder schon einmal verwendete Stempelmarken oder Stempelblankette, ingleichen Stempelabdrücke, welche zum Zeichen stattgehabter Versteuerung gedient haben, zu stempelpflichtigen Schriftstücken verwendet, wird, außer der Strafe, welche durch die Entziehung der Stempelsteuer begründet ist, mit Geldstrafe bis zu sechshundert Mark bestraft.

Gleiche Strafe trifft denjenigen, welcher wissentlich schon einmal verwendete Post- oder Telegraphenwerthzeichen nach gänzlicher oder theilweiser Entfernung des Entwerthungszeichens zur Frankirung benutzt. Neben dieser Strafe ist die etwa wegen Entziehung der Post- oder Telegraphengebühren begründete Strafe verwirkt.

§ 277. Wer unter der ihm nicht zustehenden Bezeichnung als Arzt oder als eine andere approbirte Medizinalperson oder unberechtigt unter dem Namen solcher Personen ein Zeugniß über seinen oder eines Anderen Gesundheitszustand ausstellt oder ein derartiges echtes Zeugniß verfälscht, und davon zur Täuschung von Behörden oder Versicherungsgesellschaften Gebrauch macht, wird mit Gefängniß bis zu Einem Jahre bestraft.

§ 278. Aerzte und andere approbirte Medizinalpersonen, welche ein unrichtiges Zeugniß über den Gesundheitszustand eines Menschen zum Gebrauche bei einer Behörde oder Versicherungsgesellschaft wider besseres Wissen ausstellen, werden mit Gefängniß von Einem Monat bis zu zwei Jahren bestraft.

§ 279. Wer, um eine Behörde oder eine Versicherungsgesellschaft über seinen oder eines Anderen Gesundheitszustand zu täuschen, von einem Zeugnisse der in den §§ 277 und 278 bezeichneten Art Gebrauch macht, wird mit Gefängniß bis zu Einem Jahre bestraft.

§ 280. Neben einer nach Vorschrift der §§ 267, 274, 275, 277 bis 279 erkannten Gefängnißstrafe kann auf Verlust der bürgerlichen Ehrenrechte erkannt werden.

Vierundzwanzigster Abschnitt.

Bankerutt.

§§ 281—283 (ersetzt durch §§ 209—214 der Konkurs-O. v. 10. Febr. 1877.)

Fünfundzwanzigster Abschnitt.

Strafbarer Eigennutz und Verletzung fremder Geheimnisse.

§ 284. Wer aus dem Glücksspiele ein Gewerbe macht, wird mit Gefängniß bis zu zwei Jahren bestraft, neben welchem auf Geldstrafe von dreihundert bis zu sechstausend Mark, sowie auf Verlust der bürgerlichen Ehrenrechte erkannt werden kann.

Ist der Verurtheilte ein Ausländer, so ist die Landespolizeibehörde befugt, denselben aus dem Bundesgebiete zu verweisen.

§ 285. Der Inhaber eines öffentlichen Versammlungsorts, welcher Glücksspiele daselbst gestattet oder zur Verheimlichung solcher Spiele mitwirkt, wird mit Geldstrafe bis zu eintausendfünfhundert Mark bestraft.

§ 286. Wer ohne obrigkeitliche Erlaubniß öffentliche Lotterien veranstaltet, wird mit Gefängniß bis zu zwei Jahren oder mit Geldstrafe bis zu dreitausend Mark bestraft.

Den Lotterien sind öffentlich veranstaltete Ausspielungen beweglicher oder unbeweglicher Sachen gleich zu achten.

§ 287 (ersetzt durch § 14 des G. über den Markenschutz v. 30. Nov. 1874, sowie durch § 14 des G. zum Schutz der Waarenbezeichnungen v. 12. Mai 1894.)

§ 288. Wer bei einer ihm drohenden Zwangsvollstreckung in der Absicht, die Befriedigung des Gläubigers zu vereiteln, Bestandtheile seines Vermögens veräußert oder bei Seite schafft, wird mit Gefängniß bis zu zwei Jahren bestraft.

Die Verfolgung tritt nur auf Antrag des Gläubigers ein.

§ 289. Wer seine eigene bewegliche Sache, oder eine fremde bewegliche Sache zu Gunsten des Eigenthümers derselben, dem Nutznießer, Pfandgläubiger oder demjenigen, welchem an der Sache ein Gebrauchs- oder Zurückbehaltungsrecht zusteht, in rechtswidriger Absicht wegnimmt, wird mit Gefängniß bis zu drei Jahren oder mit Geldstrafe bis zu neunhundert Mark bestraft.

Neben der Gefängnißstrafe kann auf Verlust der bürgerlichen Ehrenrechte erkannt werden.

Der Versuch ist strafbar.

Die Verfolgung tritt nur auf Antrag ein.

Die Bestimmungen des § 247 Absatz 2 und 3 finden auch hier Anwendung.

§ 290. Oeffentliche Pfandleiher, welche die von ihnen in Pfand genommenen Gegenstände unbefugt in Gebrauch nehmen, werden mit Gefängniß bis zu Einem Jahre, neben welchem auf Geldstrafe bis zu neunhundert Mark erkannt werden kann, bestraft.

§ 291. Wer die bei den Uebungen der Artillerie verschossene Munition, oder wer Bleikugeln aus den Kugelfängen der Schießstände der Truppen sich widerrechtlich zueignet, wird mit Gefängniß bis zu Einem Jahre oder mit Geldstrafe bis zu neunhundert Mark bestraft.

§ 292. Wer an Orten, an denen zu jagen er nicht berechtigt ist, die Jagd ausübt, wird mit Geldstrafe bis zu dreihundert Mark oder mit Gefängniß bis zu drei Monaten bestraft.

Ist der Thäter ein Angehöriger des Jagdberechtigten, so tritt die Verfolgung nur auf Antrag ein. Die Zurücknahme des Antrages ist zulässig.

§ 293. Die Strafe kann auf Geldstrafe bis zu sechshundert Mark oder auf Gefängniß bis zu sechs Monaten erhöht werden, wenn dem Wilde nicht mit Schießgewehr oder Hunden, sondern mit Schlingen, Netzen, Fallen oder anderen Vorrichtungen nachgestellt oder, wenn das Vergehen während der gesetzlichen Schonzeit, in Wäldern, zur Nachtzeit oder gemeinschaftlich von Mehreren begangen wird.

§ 294. Wer unberechtigtes Jagen gewerbsmäßig betreibt, wird mit Gefängniß nicht unter drei Monaten bestraft; auch kann auf Verlust der bürgerlichen Ehrenrechte, sowie auf Zulässigkeit von Polizei-Aufsicht erkannt werden.

§ 295. Neben der durch das Jagdvergehen verwirkten Strafe ist auf Einziehung des Gewehrs, des Jagdgeräths und der Hunde, welche der Thäter bei dem unberechtigten Jagen bei sich geführt hat, ingleichen der Schlingen, Netze, Fallen und anderen Vorrichtungen zu erkennen, ohne Unterschied, ob sie dem Verurtheilten gehören oder nicht.

§ 296. Wer zur Nachtzeit, bei Fackellicht oder unter Anwendung schädlicher oder explodirender Stoffe unberechtigt fischt oder krebst, wird mit Geldstrafe bis zu sechshundert Mark oder mit Gefängniß bis zu sechs Monaten bestraft.

§ 296a. Ausländer, welche in Deutschen Küstengewässern unbefugt fischen, werden mit Geldstrafe bis zu sechshundert Mark oder mit Gefängniß bis zu sechs Monaten bestraft.

Neben der Geld- oder Gefängnißstrafe ist auf Einziehung der Fanggeräthe, welche der Thäter bei dem unbefugten Fischen bei sich geführt hat, ingleichen der in dem Fahrzeuge enthaltenen Fische zu erkennen, ohne Unterschied, ob die Fanggeräthe und Fische dem Verurtheilten gehören oder nicht.

§ 297. Ein Reisender oder Schiffsmann, welcher ohne Vorwissen des Schiffers, ingleichen ein Schiffer, welcher ohne Vorwissen des Rheders Gegenstände an Bord nimmt, welche das Schiff oder die Ladung gefährden, indem sie die Beschlagnahme oder Einziehung des Schiffes oder der Ladung veranlassen können, wird mit Geldstrafe bis zu eintausendfünfhundert Mark oder mit Gefängniß bis zu zwei Jahren bestraft.

§ 298. Ein Schiffsmann, welcher mit der Heuer entläuft, oder sich verborgen hält, um sich dem übernommenen Dienste zu entziehen, wird, ohne Unterschied, ob das Vergehen im Inlande oder im Auslande begangen worden ist, mit Gefängniß bis zu Einem Jahre bestraft.

§ 299. Wer einen verschlossenen Brief oder eine andere verschlossene Urkunde, die nicht zu seiner Kenntnißnahme bestimmt ist, vorsätzlich und unbefugter Weise eröffnet, wird mit Geldstrafe bis zu dreihundert Mark oder mit Gefängniß bis zu drei Monaten bestraft.

Die Verfolgung tritt nur auf Antrag ein.

§ 300. Rechtsanwälte, Advokaten, Notare, Vertheidiger in Strafsachen, Aerzte, Wundärzte, Hebammen, Apotheker, sowie die Gehülfen dieser Personen werden, wenn sie unbefugt Privatgeheimnisse offenbaren, die ihnen kraft ihres Amtes, Standes oder Gewerbes anvertraut sind, mit Geldstrafe bis zu eintausendfünfhundert Mark oder mit Gefängniß bis zu drei Monaten bestraft.

Die Verfolgung tritt nur auf Antrag ein.

§ 301. Wer in gewinnsüchtiger Absicht und unter Benutzung des Leichtsinns oder der Unerfahrenheit eines Minderjährigen sich von demselben Schuldscheine, Wechsel, Empfangsbekenntnisse, Bürgschaftsinstrumente oder eine andere, eine Verpflichtung enthaltende Urkunde ausstellen oder auch nur mündlich ein Zahlungsversprechen ertheilen läßt, wird mit Gefängniß bis zu sechs Monaten oder mit Geldstrafe bis zu eintausendfünfhundert Mark bestraft.

Die Verfolgung tritt nur auf Antrag ein.

§ 302. Wer in gewinnsüchtiger Absicht und unter Benutzung des Leichtsinns oder der Unerfahrenheit eines Minderjährigen sich von demselben unter Verpfändung der Ehre auf Ehrenwort, eidlich oder unter ähnlichen Versicherungen oder Betheuerungen die Zahlung einer Geldsumme oder die Erfüllung einer anderen, auf Gewährung geldwerther Sachen gerichteten Verpflichtung aus einem Rechtsgeschäfte versprechen läßt, wird mit Gefängniß bis zu Einem Jahre oder mit Geldstrafe bis zu dreitausend Mark bestraft.

Neben der Gefängnißstrafe kann auf Verlust der bürgerlichen Ehrenrechte erkannt werden.

Dieselbe Strafe trifft denjenigen, welcher sich eine Forderung, von der er weiß, daß deren Berichtigung ein Minderjähriger in der vorbezeichneten Weise versprochen hat, abtreten läßt.

Die Verfolgung tritt nur auf Antrag ein.

§ 302a. Wer unter Ausbeutung der Nothlage, des Leichtsinns oder der Unerfahrenheit eines Anderen mit Bezug auf ein Darlehen oder auf die Stundung einer Geldforderung oder auf ein anderes zweiseitiges Rechtsgeschäft, welches denselben wirthschaftlichen Zwecken dienen soll, sich oder einem Dritten Vermögensvortheile versprechen oder gewähren läßt, welche den üblichen Zinsfuß dergestalt überschreiten, daß nach den Umständen des Falles die Vermögensvortheile in auffälligem Mißverhältnisse zu der Leistung stehen, wird wegen Wuchers mit Gefängniß bis zu sechs Monaten und zugleich mit Geldstrafe bis zu dreitausend Mark bestraft. Auch kann auf Verlust der bürgerlichen Ehrenrechte erkannt werden.

§ 302b. Wer sich oder einem Dritten die wucherlichen Vermögensvortheile (§ 302a) verschleiert oder wechselmäßig oder unter Verpfändung der Ehre, auf Ehrenwort, eidlich oder unter ähnlichen Versicherungen oder Betheuerungen versprechen läßt, wird mit Gefängniß bis zu Einem Jahre und zugleich mit Geldstrafe bis zu sechstausend Mark bestraft. Auch kann auf Verlust der bürgerlichen Ehrenrechte erkannt werden.

§ 302c. Dieselben Strafen (§ 302a, § 302b) treffen denjenigen, welcher mit Kenntniß des Sachverhalts eine Forderung der vorbezeichneten Art erwirbt und entweder dieselbe weiter veräußert oder die wucherlichen Vermögensvortheile geltend macht.

§ 302d. Wer den Wucher (§§ 302a bis 302c) gewerbs- oder gewohnheitsmäßig betreibt, wird mit Gefängniß nicht unter drei Monaten und zugleich mit Geldstrafe von einhundertfünfzig bis zu fünfzehntausend Mark bestraft. Auch ist auf Verlust der bürgerlichen Ehrenrechte zu erkennen.

§ 302e. Dieselbe Strafe (§ 302d) trifft denjenigen, welcher mit Bezug auf ein Rechtsgeschäft anderer als der im § 302a bezeichneten Art gewerbs- oder gewohnheitsmäßig unter Ausbeutung der Nothlage, des Leichtsinns oder der Unerfahrenheit eines Anderen sich oder einem Dritten Vermögensvortheile versprechen oder gewähren läßt, welche den Werth der Leistung dergestalt überschreiten, daß nach den Umständen des Falles die Vermögensvortheile in auffälligem Mißverhältniß zu der Leistung stehen.

Sechsundzwanzigster Abschnitt.

Sachbeschädigung.

§ 303. Wer vorsätzlich und rechtswidrig eine fremde Sache beschädigt oder zerstört, wird mit Geldstrafe bis zu eintausend Mark oder mit Gefängniß bis zu zwei Jahren bestraft.

Der Versuch ist strafbar.

Die Verfolgung tritt nur auf Antrag ein.

Ist das Vergehen gegen einen Angehörigen verübt, so ist die Zurücknahme des Antrages zulässig.

§ 304. Wer vorsätzlich und rechtswidrig Gegenstände der Verehrung einer im Staate bestehenden Religionsgesellschaft, oder Sachen, die dem Gottesdienste gewidmet sind, oder Grabmäler, öffentliche Denkmäler, Gegenstände der Kunst, der Wissenschaft oder des Gewerbes, welche in öffentlichen Sammlungen aufbewahrt werden oder öffentlich aufgestellt sind, oder Gegenstände, welche zum öffentlichen Nutzen, oder zur Verschönerung öffentlicher Wege, Plätze oder Anlagen dienen, beschädigt oder zerstört, wird mit Gefängniß bis zu drei Jahren oder mit Geldstrafe bis zu eintausendfünfhundert Mark bestraft.

Neben der Gefängnißstrafe kann auf Verlust der bürgerlichen Ehrenrechte erkannt werden.

Der Versuch ist strafbar.

§ 305. Wer vorsätzlich und rechtswidrig ein Gebäude, ein Schiff, eine Brücke, einen Damm, eine gebaute Straße, eine Eisenbahn oder ein anderes Bauwerk, welche fremdes Eigenthum sind, ganz oder theilweise zerstört, wird mit Gefängniß nicht unter Einem Monat bestraft.

Der Versuch ist strafbar.

Siebenundzwanzigster Abschnitt.

Gemeingefährliche Verbrechen und Vergehen.

§ 306. Wegen Brandstiftung wird mit Zuchthaus bestraft, wer vorsätzlich in Brand setzt:

1) ein zu gottesdienstlichen Versammlungen bestimmtes Gebäude,
2) ein Gebäude, ein Schiff oder eine Hütte, welche zur Wohnung von Menschen dienen, oder
3) eine Räumlichkeit, welche zeitweise zum Aufenthalt von Menschen dient, und zwar zu einer Zeit, während welcher Menschen in derselben sich aufzuhalten pflegen.

§ 307. Die Brandstiftung (§ 306) wird mit Zuchthaus nicht unter zehn Jahren oder mit lebenslänglichem Zuchthaus bestraft, wenn

1) der Brand den Tod eines Menschen dadurch verursacht hat, daß dieser zur Zeit der That in einer der in Brand gesetzten Räumlichkeiten sich befand,
2) die Brandstiftung in der Absicht begangen worden ist, um unter Begünstigung derselben Mord oder Raub zu begehen oder einen Aufruhr zu erregen, oder
3) der Brandstifter, um das Löschen des Feuers zu verhindern oder zu erschweren, Löschgeräthschaften entfernt oder unbrauchbar gemacht hat.

§ 308. Wegen Brandstiftung wird mit Zuchthaus bis zu zehn Jahren bestraft, wer vorsätzlich Gebäude, Schiffe, Hütten, Bergwerke, Magazine, Waarenvorräthe, welche auf dazu bestimmten öffentlichen Plätzen lagern, Vorräthe von landwirthschaftlichen Erzeugnissen oder von Bau- oder Brennmaterialien, Früchte auf dem Felde, Waldungen oder Torfmoore in Brand setzt, wenn diese Gegenstände entweder fremdes Eigenthum sind, oder zwar dem Brandstifter eigenthümlich gehören, jedoch ihrer Beschaffenheit und Lage nach geeignet sind, das Feuer einer der im § 306 Nr. 1 bis 3 bezeichneten Räumlichkeiten oder einem der vorstehend bezeichneten fremden Gegenstände mitzutheilen.

Sind mildernde Umstände vorhanden, so tritt Gefängnißstrafe nicht unter sechs Monaten ein.

§ 309. Wer durch Fahrlässigkeit einen Brand der in den §§ 306 und 308 bezeichneten Art herbeiführt, wird mit Gefängniß bis zu Einem Jahre oder mit Geldstrafe bis zu neunhundert Mark und, wenn durch den Brand der Tod eines Menschen verursacht worden ist, mit Gefängniß von Einem Monat bis zu drei Jahren bestraft.

§ 310. Hat der Thäter den Brand, bevor derselbe entdeckt und ein weiterer als der durch die bloße Inbrandsetzung bewirkte Schaden entstanden war, wieder gelöscht, so tritt Straflosigkeit ein.

§ 311. Die gänzliche oder theilweise Zerstörung einer Sache durch Gebrauch von Pulver oder anderen explodirenden Stoffen ist der Inbrandsetzung der Sache gleich zu achten.

§ 312. Wer mit gemeiner Gefahr für Menschenleben vorsätzlich eine Ueberschwemmung herbeiführt, wird mit Zuchthaus nicht unter drei Jahren und, wenn durch die Ueberschwemmung der Tod eines Menschen verursacht worden ist, mit Zuchthaus nicht unter zehn Jahren oder mit lebenslänglichem Zuchthaus bestraft.

§ 313. Wer mit gemeiner Gefahr für das Eigenthum vorsätzlich eine Ueberschwemmung herbeiführt, wird mit Zuchthaus bestraft.

Ist jedoch die Absicht des Thäters nur auf Schutz seines Eigenthums gerichtet gewesen, so ist auf Gefängniß nicht unter Einem Jahre zu erkennen.

§ 314. Wer eine Ueberschwemmung mit gemeiner Gefahr für Leben oder Eigenthum durch Fahrlässigkeit herbeiführt, wird mit Gefängniß bis zu Einem Jahre und, wenn durch die Ueberschwemmung der Tod eines Menschen verursacht worden ist, mit Gefängniß von Einem Monat bis zu drei Jahren bestraft.

§ 315. Wer vorsätzlich Eisenbahnanlagen, Beförderungsmittel oder sonstiges Zubehör derselben dergestalt beschädigt, oder auf der Fahrbahn durch falsche Zeichen oder Signale oder auf andere Weise solche Hindernisse bereitet, daß dadurch der Transport in Gefahr gesetzt wird, wird mit Zuchthaus bis zu zehn Jahren bestraft.

Ist durch die Handlung eine schwere Körperverletzung verursacht worden, so tritt Zuchthausstrafe nicht unter fünf Jahren und, wenn der Tod eines Menschen verursacht worden ist, Zuchthausstrafe nicht unter zehn Jahren oder lebenslängliche Zuchthausstrafe ein.

§ 316. Wer fahrlässigerweise durch eine der vorbezeichneten Handlungen den Transport auf einer Eisenbahn in Gefahr setzt, wird mit Gefängniß bis zu Einem Jahre und, wenn durch die Handlung der Tod eines Menschen verursacht worden ist, mit Gefängniß von Einem Monat bis zu drei Jahren bestraft.

Gleiche Strafe trifft die zur Leitung der Eisenbahnfahrten und zur Aufsicht über die Bahn und den Beförderungsbetrieb angestellten Personen, wenn sie durch Vernachlässigung der ihnen obliegenden Pflichten einen Transport in Gefahr setzen.

§ 317. Wer vorsätzlich und rechtswidrig den Betrieb einer zu öffentlichen Zwecken dienenden Telegraphenanlage dadurch verhindert oder gefährdet, daß er Theile oder Zubehörungen derselben beschädigt oder Veränderungen daran vornimmt, wird mit Gefängniß von Einem Monat bis zu drei Jahren bestraft.

§ 318. Wer fahrlässigerweise durch eine der vorbezeichneten Handlungen den Betrieb einer zu öffentlichen Zwecken dienenden Telegraphenanlage verhindert oder gefährdet, wird mit Gefängniß bis zu Einem Jahre oder mit Geldstrafe bis zu neunhundert Mark bestraft.

Gleiche Strafe trifft die zur Beaufsichtigung und Bedienung der Telegraphenanlagen und ihrer Zubehörungen angestellten Personen, wenn sie durch Vernachlässigung der ihnen obliegenden Pflichten den Betrieb verhindern oder gefährden.

§ 318a. Die Vorschriften in den §§ 317 und 318 finden gleichmäßig Anwendung auf die Verhinderung oder Gefährdung des Betriebes der zu öffentlichen Zwecken dienenden Rohrpostanlagen.

Unter Telegraphenanlagen im Sinne der §§ 317 und 318 sind Fernsprechanlagen mitbegriffen.

§ 319. Wird einer der in den §§ 316 und 318 erwähnten Angestellten wegen einer der in den §§ 315 bis 318 bezeichneten Handlungen verurtheilt, so kann derselbe zugleich für unfähig zu einer Beschäftigung im Eisenbahn- oder Telegraphendienste oder in bestimmten Zweigen dieser Dienste erklärt werden.

§ 320. Die Vorsteher einer Eisenbahngesellschaft, sowie die Vorsteher einer zu öffentlichen Zwecken dienenden Telegraphenanstalt, welche nicht sofort nach Mittheilung des rechtskräftigen Erkenntnisses die Entfernung des Verurtheilten bewirken, werden mit Geldstrafe bis zu dreihundert Mark oder mit Gefängniß bis zu drei Monaten bestraft.

Gleiche Strafe trifft denjenigen, welcher für unfähig zum Eisenbahn- oder Telegraphendienste erklärt worden ist, wenn er sich nachher bei einer Eisenbahn oder Telegraphenanstalt wieder anstellen läßt, sowie diejenigen, welche ihn wieder angestellt haben, obgleich ihnen die erfolgte Unfähigkeitserklärung bekannt war.

§ 321. Wer vorsätzlich Wasserleitungen, Schleusen, Wehre, Deiche, Dämme oder andere Wasserbauten, oder Brücken, Fähren, Wege oder Schutzwehre, oder dem Bergwerksbetriebe dienende Vorrichtungen zur Wasserhaltung, zur Wetterführung oder zum Ein- und Ausfahren der Arbeiter zerstört oder beschädigt, oder in schiffbaren Strömen, Flüssen oder Kanälen das Fahrwasser stört und durch eine dieser Handlungen Gefahr für das Leben oder die Gesundheit Anderer herbeiführt, wird mit Gefängniß nicht unter drei Monaten bestraft.

Ist durch eine dieser Handlungen eine schwere Körperverletzung verursacht worden, so tritt Zuchthausstrafe bis zu fünf Jahren und, wenn der Tod eines Menschen verursacht worden ist, Zuchthausstrafe nicht unter fünf Jahren ein.

§ 322. Wer vorsätzlich ein zur Sicherung der Schifffahrt bestimmtes Feuerzeichen oder ein anderes zu diesem Zwecke aufgestelltes Zeichen zerstört, wegschafft oder unbrauchbar macht, oder ein solches Feuerzeichen auslöscht oder seiner Dienstpflicht zuwider nicht aufstellt, oder ein falsches Zeichen, welches geeignet ist, die Schifffahrt unsicher zu machen, aufstellt, insbesondere zur Nachtzeit auf der Strandhöhe Feuer anzündet, welches die

Schifffahrt zu gefährden geeignet ist, wird mit Zuchthaus bis zu zehn Jahren bestraft.

Ist durch die Handlung die Strändung eines Schiffes verursacht worden, so tritt Zuchthausstrafe nicht unter fünf Jahren und, wenn der Tod eines Menschen verursacht worden ist, Zuchthausstrafe nicht unter zehn Jahren oder lebenslängliche Zuchthausstrafe ein.

§ 323. Wer vorsätzlich die Strandung oder das Sinken eines Schiffes bewirkt und dadurch Gefahr für das Leben eines Anderen herbeiführt, wird mit Zuchthaus nicht unter fünf Jahren und, wenn durch die Handlung der Tod eines Menschen verursacht worden ist, mit Zuchthaus nicht unter zehn Jahren oder mit lebenslänglichem Zuchthaus bestraft.

§ 324. Wer vorsätzlich Brunnen- oder Wasserbehälter, welche zum Gebrauche Anderer dienen, oder Gegenstände, welche zum öffentlichen Verkaufe oder Verbrauche bestimmt sind, vergiftet oder denselben Stoffe beimischt, von denen ihm bekannt ist, daß sie die menschliche Gesundheit zu zerstören geeignet sind, ingleichen wer solche vergiftete oder mit gefährlichen Stoffen vermischte Sachen wissentlich und mit Verschweigung dieser Eigenschaft verkauft, feilhält oder sonst in Verkehr bringt, wird mit Zuchthaus bis zu zehn Jahren und, wenn durch die Handlung der Tod eines Menschen verursacht worden ist, mit Zuchthaus nicht unter zehn Jahren oder mit lebenslänglichem Zuchthaus bestraft.

§ 325. Neben der nach den Vorschriften der §§ 306 bis 308, 311 bis 313, 315, 321 bis 324 erkannten Zuchthausstrafe kann auf Zulässigkeit von Polizei-Aufsicht erkannt werden.

§ 326. Ist eine der in den §§ 321 bis 324 bezeichneten Handlungen aus Fahrlässigkeit begangen worden, so ist, wenn durch die Handlung ein Schaden verursacht worden ist, auf Gefängniß bis zu Einem Jahre und, wenn der Tod eines Menschen verursacht worden ist, auf Gefängniß von Einem Monat bis zu drei Jahren zu erkennen.

§ 327. Wer die Absperrungs- oder Aufsichts-Maßregeln oder Einfuhrverbote, welche von der zuständigen Behörde zur Verhütung des Einführens oder Verbreitens einer ansteckenden Krankheit angeordnet worden sind, wissentlich verletzt, wird mit Gefängniß bis zu zwei Jahren bestraft.

Ist in Folge dieser Verletzung ein Mensch von der ansteckenden Krankheit ergriffen worden, so tritt Gefängnißstrafe von drei Monaten bis zu drei Jahren ein.

§ 328. Wer die Absperrungs- oder Aufsichts-Maßregeln

oder Einfuhrverbote, welche von der zuständigen Behörde zur Verhütung des Einführens oder Verbreitens von Viehseuchen angeordnet worden sind, wissentlich verletzt, wird mit Gefängniß bis zu Einem Jahre bestraft.

Ist in Folge dieser Verletzung Vieh von der Seuche ergriffen worden, so tritt Gefängnißstrafe von Einem Monat bis zu zwei Jahren ein.

§ 329. Wer die mit einer Behörde geschlossenen Lieferungsverträge über Bedürfnisse des Heeres oder der Marine zur Zeit eines Krieges, oder über Lebensmittel zur Abwendung oder Beseitigung eines Nothstandes vorsätzlich entweder nicht zur bestimmten Zeit oder nicht in der vorbedungenen Weise erfüllt, wird mit Gefängniß nicht unter sechs Monaten bestraft; auch kann auf Verlust der bürgerlichen Ehrenrechte erkannt werden.

Liegt der Nichterfüllung des Vertrages Fahrlässigkeit zu Grunde, so ist, wenn durch die Handlung ein Schaden verursacht worden ist, auf Gefängniß bis zu zwei Jahren zu erkennen.

Dieselben Strafen finden auch gegen die Unterlieferanten, Vermittler und Bevollmächtigten des Lieferanten Anwendung, welche mit Kenntniß des Zweckes der Lieferung die Nichterfüllung derselben vorsätzlich oder aus Fahrlässigkeit verursachen.

§ 330. Wer bei der Leitung oder Ausführung eines Baues wider die allgemein anerkannten Regeln der Baukunst dergestalt handelt, daß hieraus für Andere Gefahr entsteht, wird mit Geldstrafe bis zu neunhundert Mark oder mit Gefängniß bis zu Einem Jahre bestraft.

Achtundzwanzigster Abschnitt.

Verbrechen und Vergehen im Amte.

§ 331. Ein Beamter, welcher für eine in sein Amt einschlagende, an sich nicht pflichtwidrige Handlung Geschenke oder andere Vortheile annimmt, fordert oder sich versprechen läßt, wird mit Geldstrafe bis zu dreihundert Mark oder mit Gefängniß bis zu sechs Monaten bestraft.

§ 332. Ein Beamter, welcher für eine Handlung, die eine Verletzung einer Amts- oder Dienstpflicht enthält, Geschenke oder andere Vortheile annimmt, fordert oder sich versprechen läßt, wird wegen Bestechung mit Zuchthaus bis zu fünf Jahren bestraft.

Sind mildernde Umstände vorhanden, so tritt Gefängnißstrafe ein.

§ 333. Wer einem Beamten oder einem Mitgliede der bewaffneten Macht Geschenke oder andere Vortheile anbietet, verspricht oder gewährt, um ihn zu einer Handlung, die eine Verletzung einer Amts- oder Dienstpflicht enthält, zu bestimmen, wird wegen Bestechung mit Gefängniß bestraft; auch kann auf Verlust der bürgerlichen Ehrenrechte erkannt werden.

Sind mildernde Umstände vorhanden, so kann auf Geldstrafe bis zu eintausendfünfhundert Mark erkannt werden.

§ 334. Ein Richter, Schiedsrichter, Geschworener oder Schöffe, welcher Geschenke oder andere Vortheile fordert, annimmt oder sich versprechen läßt, um eine Rechtssache, deren Leitung oder Entscheidung ihm obliegt, zu Gunsten oder zum Nachtheile eines Betheiligten zu leiten oder zu entscheiden, wird mit Zuchthaus bestraft.

Derjenige, welcher einem Richter, Schiedsrichter, Geschworenen oder Schöffen zu dem vorbezeichneten Zwecke Geschenke oder andere Vortheile anbietet, verspricht oder gewährt, wird mit Zuchthaus bestraft. Sind mildernde Umstände vorhanden, so tritt Gefängnißstrafe ein.

§ 335. In den Fällen der §§ 331 bis 334 ist im Urtheile das Empfangene oder der Werth desselben für dem Staate verfallen zu erklären.

§ 336. Ein Beamter oder Schiedsrichter, welcher sich bei der Leitung oder Entscheidung einer Rechtssache vorsätzlich zu Gunsten oder zum Nachtheile einer Partei einer Beugung des Rechtes schuldig macht, wird mit Zuchthaus bis zu fünf Jahren bestraft.

§ **337.** (ersetzt durch § 67 des G. über die Beurkundung des Personenstandes ꝛc. vom 6. Februar 1875.)

§ 338. Ein Religionsdiener oder Personenstandsbeamter, welcher, wissend, daß eine Person verheirathet ist, eine neue Ehe derselben schließt, wird mit Zuchthaus bis zu fünf Jahren bestraft.

§ 339. Ein Beamter, welcher durch Mißbrauch seiner Amtsgewalt oder durch Androhung eines bestimmten Mißbrauchs derselben Jemand zu einer Handlung, Duldung oder Unterlassung widerrechtlich nöthigt, wird mit Gefängniß bestraft.

Der Versuch ist strafbar.

In den Fällen der §§ 106, 107, 167 und 253 tritt die daselbst angedrohte Strafe ein, wenn die Handlung von einem Beamten, wenn auch ohne Gewalt oder Drohung, aber durch Mißbrauch seiner Amtsgewalt oder Androhung eines bestimmten Mißbrauchs derselben begangen ist.

§ 340. Ein Beamter, welcher in Ausübung oder in Veranlassung der Ausübung seines Amtes vorsätzlich eine Körperverletzung begeht oder begehen läßt, wird mit Gefängniß nicht unter drei Monaten bestraft. Sind mildernde Umstände vorhanden, so kann die Strafe bis auf Einen Tag Gefängniß ermäßigt oder auf Geldstrafe bis zu neunhundert Mark erkannt werden.

Ist die Körperverletzung eine schwere, so ist auf Zuchthaus nicht unter zwei Jahren zu erkennen. Sind mildernde Umstände vorhanden, so tritt Gefängnißstrafe nicht unter drei Monaten ein.

§ 341. Ein Beamter, welcher vorsätzlich, ohne hierzu berechtigt zu sein, eine Verhaftung oder vorläufige Ergreifung und Festnahme oder Zwangsgestellung vornimmt oder vornehmen läßt, oder die Dauer einer Freiheitsentziehung verlängert, wird nach Vorschrift des § 239, jedoch mindestens mit Gefängniß von drei Monaten bestraft.

§ 342. Ein Beamter, der in Ausübung oder in Veranlassung der Ausübung seines Amtes einen Hausfriedensbruch (§ 123) begeht, wird mit Gefängniß bis zu Einem Jahre oder mit Geldstrafe bis zu neunhundert Mark bestraft.

§ 343. Ein Beamter, welcher in einer Untersuchung Zwangsmittel anwendet oder anwenden läßt, um Geständnisse oder Aussagen zu erpressen, wird mit Zuchthaus bis zu fünf Jahren bestraft.

§ 344. Ein Beamter, welcher vorsätzlich zum Nachtheile einer Person, deren Unschuld ihm bekannt ist, die Eröffnung oder Fortsetzung einer Untersuchung beantragt oder beschließt, wird mit Zuchthaus bestraft.

§ 345. Gleiche Strafe trifft den Beamten, welcher vorsätzlich eine Strafe vollstrecken läßt, von der er weiß, daß sie überhaupt nicht oder nicht der Art oder dem Maße nach vollstreckt werden darf.

Ist die Handlung aus Fahrlässigkeit begangen, so tritt Gefängnißstrafe oder Festungshaft bis zu Einem Jahre oder Geldstrafe bis zu neunhundert Mark ein.

§ 346. Ein Beamter, welcher vermöge seines Amtes bei Ausübung der Strafgewalt oder bei Vollstreckung der Strafe mitzuwirken hat, wird mit Zuchthaus bis zu fünf Jahren bestraft, wenn er in der Absicht, Jemand der gesetzlichen Strafe rechtswidrig zu entziehen, die Verfolgung einer strafbaren Handlung unterläßt, oder eine Handlung begeht, welche geeignet ist, eine Freisprechung oder eine dem Gesetze nicht entsprechende Bestrafung zu bewirken, oder die Vollstreckung der ausgesprochenen Strafe nicht betreibt, oder eine gelindere als die erkannte Strafe zur Vollstreckung bringt.

Sind mildernde Umstände vorhanden, so tritt Gefängnißstrafe nicht unter Einem Monat ein.

§ 347. Ein Beamter, welcher einen Gefangenen, dessen Beaufsichtigung, Begleitung oder Bewachung ihm anvertraut ist, vorsätzlich entweichen läßt oder dessen Befreiung vorsätzlich bewirkt oder befördert, wird mit Zuchthaus bis zu fünf Jahren bestraft. Sind mildernde Umstände vorhanden, so tritt Gefängnißstrafe nicht unter Einem Monat ein.

Ist die Entweichung durch Fahrlässigkeit befördert oder erleichtert worden, so tritt Gefängnißstrafe bis zu sechs Monaten oder Geldstrafe bis zu sechshundert Mark ein.

§ 348. Ein Beamter, welcher, zur Aufnahme öffentlicher Urkunden befugt, innerhalb seiner Zuständigkeit vorsätzlich eine rechtlich erhebliche Thatsache falsch beurkundet oder in öffentliche Register oder Bücher falsch einträgt, wird mit Gefängniß nicht unter Einem Monat bestraft.

Dieselbe Strafe trifft einen Beamten, welcher eine ihm amtlich anvertraute oder zugängliche Urkunde vorsätzlich vernichtet, bei Seite schafft, beschädigt oder verfälscht.

§ 349. Wird eine der im § 348 bezeichneten Handlungen in der Absicht begangen, sich oder einem Anderen einen Vermögensvortheil zu verschaffen oder einem Anderen Schaden zuzufügen, so ist auf Zuchthaus bis zu zehn Jahren und zugleich auf Geldstrafe von einhundertfünfzig bis zu dreitausend Mark zu erkennen.

§ 350. Ein Beamter, welcher Gelder oder andere Sachen, die er in amtlicher Eigenschaft empfangen oder in Gewahrsam hat, unterschlägt, wird mit Gefängniß nicht unter drei Monaten bestraft; auch kann auf Verlust der bürgerlichen Ehrenrechte erkannt werden.

Der Versuch ist strafbar.

§ 351. Hat der Beamte in Beziehung auf die Unterschlagung die zur Eintragung oder Kontrole der Einnahmen oder Ausgaben bestimmten Rechnungen, Register oder Bücher unrichtig geführt, verfälscht oder unterdrückt, oder unrichtige Abschlüsse oder Auszüge aus diesen Rechnungen, Registern oder Büchern, oder unrichtige Beläge zu denselben vorgelegt, oder ist in Beziehung auf die Unterschlagung auf Fässern, Beuteln oder Packeten der Geldinhalt fälschlich bezeichnet, so ist auf Zuchthaus bis zu zehn Jahren zu erkennen.

Sind mildernde Umstände vorhanden, so tritt Gefängnißstrafe nicht unter sechs Monaten ein.

§ 352. Ein Beamter, Advokat, Anwalt oder sonstiger Rechtsbeistand, welcher Gebühren oder andere Vergütungen für amtliche Verrichtungen zu seinem Vortheile zu erheben hat, wird, wenn er Gebühren oder Vergütungen erhebt, von denen er weiß, daß der Zahlende sie überhaupt nicht oder nur in geringerem Betrage verschuldet, mit Geldstrafe bis zu dreihundert Mark oder mit Gefängniß bis zu Einem Jahre bestraft.

Der Versuch ist strafbar.

§ 353. Ein Beamter, welcher Steuern, Gebühren oder andere Abgaben für eine öffentliche Kasse zu erheben hat, wird, wenn er Abgaben, von denen er weiß, daß der Zahlende sie überhaupt nicht oder nur in geringerem Betrage verschuldet, erhebt, und das rechtswidrig Erhobene ganz oder zum Theil nicht zur Kasse bringt, mit Gefängniß nicht unter drei Monaten bestraft.

Gleiche Strafe trifft den Beamten, welcher bei amtlichen Ausgaben an Geld oder Naturalien dem Empfänger vorsätzlich und rechtswidrig Abzüge macht und die Ausgaben als vollständig geleistet in Rechnung stellt.

§ 353a. Ein Beamter im Dienste des Auswärtigen Amtes des Deutschen Reichs, welcher die Amtsverschwiegenheit dadurch verletzt, daß er ihm amtlich anvertraute oder zugängliche Schriftstücke oder eine ihm von seinem Vorgesetzten ertheilte Anweisung oder deren Inhalt Anderen widerrechtlich mittheilt, wird, sofern nicht nach anderen Bestimmungen eine schwerere Strafe verwirkt ist, mit Gefängniß oder mit Geldstrafe bis zu fünftausend Mark bestraft.

Gleiche Strafe trifft einen mit einer auswärtigen Mission betrauten oder bei einer solchen beschäftigten Beamten, welcher den ihm durch seinen Vorgesetzten amtlich ertheilten Anweisungen vorsätzlich zuwiderhandelt, oder welcher in der Absicht, seinen Vorgesetzten in dessen amtlichen Handlungen irre zu leiten, demselben erdichtete oder entstellte Thatsachen berichtet.

§ 354. Ein Postbeamter, welcher die der Post anvertrauten Briefe oder Packete in anderen, als den im Gesetze vorgesehenen Fällen eröffnet oder unterdrückt, oder einem Anderen wissentlich eine solche Handlung gestattet, oder ihm dabei wissentlich Hülfe leistet, wird mit Gefängniß nicht unter drei Monaten bestraft.

§ 355. Telegraphenbeamte oder andere mit der Beaufsichtigung und Bedienung einer zu öffentlichen Zwecken dienenden Telegraphenanstalt betraute Personen, welche die einer Telegraphenanstalt anvertrauten Depeschen verfälschen oder in anderen, als in den im Gesetze vorgesehenen Fällen eröffnen oder unterdrücken, oder von ihrem Inhalte Dritte rechtswidrig benachrichtigen, oder einem Anderen wissentlich eine solche Handlung gestatten oder ihm dabei wissentlich Hülfe leisten, werden mit Gefängniß nicht unter drei Monaten bestraft.

§ 356. Ein Advokat, Anwalt oder ein anderer Rechtsbeistand, welcher bei den ihm vermöge seiner amtlichen Eigenschaft anvertrauten Angelegenheiten in derselben Rechtssache beiden Parteien durch Rath oder Beistand pflichtwidrig dient, wird mit Gefängniß nicht unter drei Monaten bestraft.

Handelt derselbe im Einverständnisse mit der Gegenpartei zum Nachtheile seiner Partei, so tritt Zuchthausstrafe bis zu fünf Jahren ein.

§ 357. Ein Amtsvorgesetzter, welcher seine Untergebenen zu einer strafbaren Handlung im Amte vorsätzlich verleitet oder zu verleiten unternimmt, oder eine solche strafbare Handlung seiner Untergebenen wissentlich geschehen läßt, hat die auf diese strafbare Handlung angedrohte Strafe verwirkt.

Dieselbe Bestimmung findet auf einen Beamten Anwendung, welchem eine Aufsicht oder Kontrole über die Amtsgeschäfte eines anderen Beamten übertragen ist, sofern die von diesem letzteren Beamten begangene strafbare Handlung die zur Aufsicht oder Kontrole gehörenden Geschäfte betrifft.

§ 358. Neben der nach Vorschrift der §§ 331, 339 bis 341, 352 bis 355 und 357 erkannten Gefängnißstrafe kann auf Verlust der Fähigkeit zur Bekleidung öffentlicher Aemter auf die Dauer von Einem bis zu fünf Jahren erkannt werden.

§ 359. Unter Beamten im Sinne dieses Strafgesetzes sind zu verstehen alle im Dienste des Reichs oder in unmittelbarem oder mittelbarem Dienste eines Bundesstaats auf Lebenszeit, auf Zeit oder nur vorläufig angestellte Personen, ohne Unterschied, ob sie einen Diensteid geleistet haben oder nicht, ingleichen Notare, nicht aber Advokaten und Anwälte.

Neunundzwanzigster Abschnitt.

Uebertretungen.

§ 360. Mit Geldstrafe bis zu einhundertfünfzig Mark oder mit Haft wird bestraft:

1) wer ohne besondere Erlaubniß Risse von Festungen oder einzelnen Festungswerken aufnimmt oder veröffentlicht;
2) wer außerhalb seines Gewerbebetriebes heimlich oder wider das Verbot der Behörde Vorräthe von Waffen oder Schießbedarf aufsammelt;
3) wer als beurlaubter Reservist oder Wehrmann der Land- oder Seewehr ohne Erlaubniß auswandert, ebenso wer als Ersatzreservist erster Klasse auswandert, ohne von seiner bevorstehenden Auswanderung der Militärbehörde Anzeige erstattet zu haben;

4) wer ohne schriftlichen Auftrag einer Behörde Stempel, Siegel, Stiche, Platten oder andere Formen, welche zur Anfertigung von Metall- oder Papiergeld, oder von solchen Papieren, welche nach § 149 dem Papiergelde gleich geachtet werden, oder von Stempelpapier, Stempelmarken, Stempelblanketten, Stempelabdrücken, Post- oder Telegraphenwerthzeichen, öffentlichen Bescheinigungen oder Beglaubigungen dienen können, anfertigt oder an einen Anderen als die Behörde verabfolgt;

5) wer ohne schriftlichen Auftrag einer Behörde den Abdruck der in Nr. 4 genannten Stempel, Siegel, Stiche, Platten oder Formen, oder einen Druck von Formularen zu den daselbst bezeichneten öffentlichen Papieren, Beglaubigungen oder Bescheinungen unternimmt, oder Abdrücke an einen Anderen als die Behörde verabfolgt;

6) wer Waaren-Empfehlungskarten, Ankündigungen oder andere Drucksachen oder Abbildungen, welche in der Form oder Verzierung dem Papiergelde oder den dem Papiergelde nach § 149 gleich geachteten Papieren ähnlich sind, anfertigt oder verbreitet, oder wer Stempel, Stiche, Platten oder andere Formen, welche zur Anfertigung von solchen Drucksachen oder Abbildungen dienen können, anfertigt;

7) wer unbefugt die Abbildung des Kaiserlichen Wappens oder von Wappen eines Bundesfürsten oder von Landeswappen gebraucht;

8) wer unbefugt eine Uniform, eine Amtskleidung, ein Amtszeichen, einen Orden oder ein Ehrenzeichen trägt, oder Titel, Würden oder Adelsprädikate annimmt, ingleichen wer sich eines ihm nicht zukommenden Namens einem zuständigen Beamten gegenüber bedient;

9) wer gesetzlichen Bestimmungen zuwider ohne Genehmigung der Staatsbehörde Aussteuer-, Sterbe- oder Wittwenkassen, Versicherungsanstalten oder andere dergleichen Gesellschaften oder Anstalten errichtet, welche bestimmt sind, gegen Zahlung eines Einkaufsgeldes oder gegen Leistung von Geldbeiträgen beim Eintritte gewisser Bedingungen oder Fristen, Zahlungen an Kapital oder Rente zu leisten;

10) wer bei Unglücksfällen oder gemeiner Gefahr oder Noth von der Polizeibehörde oder deren Stellvertreter zur Hülfe aufgefordert, keine Folge leistet, obgleich er der Aufforderung ohne erhebliche eigene Gefahr genügen konnte;

11) wer ungebührlicherweise ruhestörenden Lärm erregt oder wer groben Unfug verübt;

12) wer als Pfandleiher oder Rückkaufshändler bei Ausübung seines Gewerbes den darüber erlassenen Anordnungen zuwiderhandelt, insbesondere den durch Landesgesetz oder Anordnung der zuständigen Behörde bestimmten Zinsfuß überschreitet;

13) wer öffentlich oder in Aergerniß erregender Weise Thiere boshaft quält oder roh mißhandelt;

14) wer unbefugt auf einem öffentlichen Wege, einer Straße, einem öffentlichen Platze oder in einem öffentlichen Versammlungsorte Glücksspiele hält.

In den Fällen der Nummern 1, 2, 4, 5, 6 und 14 kann neben der Geldstrafe oder der Haft auf Einziehung der Risse von Festungen oder Festungswerken, der Vorräthe von Waffen oder Schießbedarf, der Stempel, Siegel, Stiche, Platten oder anderen Formen, der Abdrücke oder Abbildungen, oder der auf dem Spieltische oder in der Bank befindlichen Gelder erkannt werden, ohne Unterschied, ob sie dem Verurtheilten gehören oder nicht.

§ 361. Mit Haft wird bestraft:

1) wer, nachdem er unter Polizei-Aufsicht gestellt worden ist, den in Folge derselben ihm auferlegten Beschränkungen zuwiderhandelt;

2) wer, nachdem er des Bundesgebietes oder des Gebietes eines Bundesstaats verwiesen ist, ohne Erlaubniß zurückkehrt;

3) wer als Landstreicher umherzieht;

4) wer bettelt oder Kinder zum Betteln anleitet oder ausschickt, oder Personen, welche seiner Gewalt und Aufsicht untergeben sind und zu seiner Hausgenossenschaft gehören, vom Betteln abzuhalten unterläßt;

5) wer sich dem Spiel, Trunk oder Müßiggang dergestalt hingibt, daß er in einen Zustand geräth, in welchem zu seinem Unterhalte oder zum Unterhalte derjenigen, zu deren Ernährung er verpflichtet ist, durch Vermittelung der Behörde fremde Hülfe in Anspruch genommen werden muß;

6) eine Weibsperson, welche wegen gewerbsmäßiger Unzucht einer polizeilichen Aufsicht unterstellt ist, wenn sie den in dieser Hinsicht zur Sicherung der Gesundheit, der öffentlichen Ordnung und des öffentlichen Anstandes erlassenen polizeilichen Vorschriften zuwiderhandelt, oder welche, ohne einer solchen Aufsicht unterstellt zu sein, gewerbsmäßig Unzucht treibt;

7) wer, wenn er aus öffentlichen Armenmitteln eine Unterstützung empfängt, sich aus Arbeitsscheu weigert, die ihm

von der Behörde angewiesene, seinen Kräften angemessene Arbeit zu verrichten;

8) wer nach Verlust seines bisherigen Unterkommens binnen der ihm von der zuständigen Behörde bestimmten Frist sich kein anderweitiges Unterkommen verschafft hat und auch nicht nachweisen kann, daß er solches der von ihm angewandten Bemühungen ungeachtet nicht vermocht habe;

9) wer Kinder oder andere unter seiner Gewalt stehende Personen, welche seiner Aufsicht untergeben sind und zu seiner Hausgenossenschaft gehören, von der Begehung von Diebstählen, sowie von der Begehung strafbarer Verletzungen der Zoll- oder Steuergesetze, oder der Gesetze zum Schutze der Forsten, der Feldfrüchte, der Jagd oder der Fischerei abzuhalten unterläßt. Die Vorschriften dieser Gesetze über die Haftbarkeit für die den Thäter treffenden Geldstrafen oder anderen Geldleistungen werden hierdurch nicht berührt.

10) wer, obschon er in der Lage ist, diejenigen, zu deren Ernährung er verpflichtet ist, zu unterhalten, sich der Unterhaltungspflicht trotz der Aufforderung der zuständigen Behörde derart entzieht, daß durch Vermittelung der Behörde fremde Hilfe in Anspruch genommen werden muß.

In den Fällen der Nr. 9 und 10 kann statt der Haft auf Geldstrafe bis zu einhundertfünfzig Mark erkannt werden.

§ 362. Die nach Vorschrift des § 361 Nr. 3 bis 8 Verurtheilten können zu Arbeiten, welche ihren Fähigkeiten und Verhältnissen angemessen sind, innerhalb und, sofern sie von anderen freien Arbeitern getrennt gehalten werden, auch außerhalb der Strafanstalt angehalten werden.

Bei der Verurtheilung zur Haft kann zugleich erkannt werden, daß die verurtheilte Person nach verbüßter Strafe der Landespolizeibehörde zu überweisen sei. Die Landespolizeibehörde erhält dadurch die Befugniß, die verurtheilte Person entweder bis zu zwei Jahren in ein Arbeitshaus unterzubringen oder zu gemeinnützigen Arbeiten zu verwenden. Im Falle des § 361 Nr. 4 ist dieses jedoch nur dann zulässig, wenn der Verurtheilte in den letzten drei Jahren wegen dieser Uebertretung mehrmals rechtskräftig verurtheilt worden ist, oder wenn derselbe unter Drohungen oder mit Waffen gebettelt hat.

Ist gegen einen Ausländer auf Ueberweisung an die Landespolizeibehörde erkannt, so kann an Stelle der Unterbringung in ein Arbeitshaus Verweisung aus dem Bundesgebiete eintreten.

§ 363. Wer, um Behörden oder Privatpersonen zum Zwecke seines besseren Fortkommens oder des besseren Fortkommens eines Anderen zu täuschen, Pässe, Militärabschiede, Wanderbücher oder sonstige Legitimationspapiere, Dienst- oder Arbeitsbücher oder sonstige auf Grund besonderer Vorschriften auszustellende Zeugnisse, sowie Führungs- oder Fähigkeitszeugnisse falsch anfertigt oder verfälscht, oder wissentlich von einer solchen falschen oder verfälschten Urkunde Gebrauch macht, wird mit Haft oder mit Geldstrafe bis zu einhundertfünfzig Mark bestraft.

Gleiche Strafe trifft denjenigen, welcher zu demselben Zwecke von solchen für einen Anderen ausgestellten echten Urkunden, als ob sie für ihn ausgestellt seien, Gebrauch macht, oder welcher solche für ihn ausgestellte Urkunden einem Anderen zu dem gedachten Zwecke überläßt.

§ 364. Mit Geldstrafe bis zu einhundertfünfzig Mark wird bestraft, wer wissentlich schon einmal verwendetes Stempelpapier nach gänzlicher oder theilweiser Entfernung der darauf gesetzten Schriftzeichen, oder schon einmal verwendete Stempelmarken, Stempelblankette oder ausgeschnittene oder sonst abgetrennte Stempelabdrücke der im § 276 bezeichneten Art veräußert oder feilhält.

Gleiche Strafe trifft denjenigen, welcher wissentlich schon einmal verwendete Post- oder Telegraphenwerthzeichen nach gänzlicher oder theilweiser Entfernung des Entwerthungszeichens veräußert oder feilhält.

§ 365. Wer in einer Schankstube oder an einem öffentlichen Vergnügungsorte über die gebotene Polizeistunde hinaus verweilt, ungeachtet der Wirth, sein Vertreter oder ein Polizeibeamter ihn zum Fortgehen aufgefordert hat, wird mit Geldstrafe bis zu fünfzehn Mark bestraft.

Der Wirth, welcher das Verweilen seiner Gäste über die gebotene Polizeistunde hinaus duldet, wird mit Geldstrafe bis zu sechszig Mark oder mit Haft bis zu vierzehn Tagen bestraft.

§ 366. Mit Geldstrafe bis zu sechszig Mark oder mit Haft bis zu vierzehn Tagen wird bestraft:

1) wer den gegen die Störung der Feier der Sonn- und Festtage erlassenen Anordnungen zuwiderhandelt;
2) wer in Städten oder Dörfern übermäßig schnell fährt oder reitet, oder auf öffentlichen Straßen oder Plätzen der Städte oder Dörfer mit gemeiner Gefahr Pferde einfährt oder zureitet;
3) wer auf öffentlichen Wegen, Straßen, Plätzen oder Wasserstraßen das Vorbeifahren Anderer muthwillig verhindert;

4) wer in Städten mit Schlitten ohne feste Deichsel oder ohne Geläute oder Schelle fährt;
5) wer Thiere in Städten oder Dörfern, auf öffentlichen Wegen, Straßen oder Plätzen, oder an anderen Orten, wo sie durch Ausreißen, Schlagen oder auf andere Weise Schaden anrichten können, mit Vernachlässigung der erforderlichen Sicherheitsmaßregeln stehen läßt oder führt;
6) wer Hunde auf Menschen hetzt;
7) wer Steine oder andere harte Körper oder Unrath auf Menschen, auf Pferde oder andere Zug- oder Lastthiere, gegen fremde Häuser, Gebäude oder Einschließungen, oder in Gärten oder eingeschlossene Räume wirft;
8) wer nach einer öffentlichen Straße oder Wasserstraße, oder nach Orten hinaus, wo Menschen zu verkehren pflegen, Sachen, durch deren Umstürzen oder Herabfallen Jemand beschädigt werden kann, ohne gehörige Befestigung aufstellt oder aufhängt, oder Sachen auf eine Weise ausgießt oder auswirft, daß dadurch Jemand beschädigt oder verunreinigt werden kann;
9) wer auf öffentlichen Wegen, Straßen, Plätzen oder Wasserstraßen Gegenstände, durch welche der freie Verkehr gehindert wird, aufstellt, hinlegt oder liegen läßt;
10) wer die zur Erhaltung der Sicherheit, Bequemlichkeit, Reinlichkeit und Ruhe auf den öffentlichen Wegen, Straßen, Plätzen oder Wasserstraßen erlassenen Polizei-Verordnungen übertritt.

§ 366 a. Wer die zum Schutze der Dünen und der Fluß- und Meeresufer, sowie der auf denselben vorhandenen Anpflanzungen und Anlagen erlassenen Polizei-Verordnungen übertritt, wird mit Geldstrafe bis zu einhundertfünfzig Mark oder mit Haft bestraft.

§ 367. Mit Geldstrafe bis zu einhundertfünfzig Mark oder mit Haft wird bestraft:
1) wer ohne Vorwissen der Behörde einen Leichnam beerdigt oder bei Seite schafft, oder wer unbefugt einen Theil einer Leiche aus dem Gewahrsam der dazu berechtigten Personen wegnimmt;
2) wer den polizeilichen Anordnungen über vorzeitige Beerdigungen entgegenhandelt;
3) wer ohne polizeiliche Erlaubniß Gift oder Arzneien, soweit der Handel mit denselben nicht freigegeben ist, zubereitet, feilhält, verkauft oder sonst an Andere überläßt;
4) wer ohne die vorgeschriebene Erlaubniß Schießpulver oder andere explodirende Stoffe oder Feuerwerke zubereitet;

5) wer bei der Aufbewahrung oder bei der Beförderung von Giftwaaren, Schießpulver oder Feuerwerken, oder bei der Aufbewahrung, Beförderung, Verausgabung oder Verwendung von Sprengstoffen oder anderen explodirenden Stoffen, oder bei Ausübung der Befugniß zur Zubereitung oder Feilhaltung dieser Gegenstände, sowie der Arzneien die deshalb ergangenen Verordnungen nicht befolgt;

5a) wer bei Versendung oder Beförderung von leicht entzündlichen oder ätzenden Gegenständen durch die Post die deshalb ergangenen Verordnungen nicht befolgt;

6) wer Waaren, Materialien oder andere Vorräthe, welche sich leicht von selbst entzünden oder leicht Feuer fangen, an Orten oder in Behältnissen aufbewahrt, wo ihre Entzündung gefährlich werden kann, oder wer Stoffe, die nicht ohne Gefahr einer Entzündung bei einander liegen können, ohne Absonderung aufbewahrt;

7) wer verfälschte oder verdorbene Getränke oder Eßwaaren, insbesondere trichinenhaltiges Fleisch feilhält oder verkauft;

8) wer ohne polizeiliche Erlaubniß an bewohnten oder von Menschen besuchten Orten Selbstgeschosse, Schlageisen oder Fußangeln legt, oder an solchen Orten mit Feuergewehr oder anderem Schießwerkzeuge schießt, oder Feuerwerkskörper abbrennt;

9) wer einem gesetzlichen Verbot zuwider Stoß-, Hieb- oder Schußwaffen, welche in Stöcken oder Röhren oder in ähnlicher Weise verborgen sind, feilhält oder mit sich führt;

10) wer bei einer Schlägerei, in welche er nicht ohne sein Verschulden hineingezogen worden ist, oder bei einem Angriff sich einer Waffe, insbesondere eines Messers oder eines anderen gefährlichen Werkzeuges bedient;

11) wer ohne polizeiliche Erlaubniß gefährliche wilde Thiere hält, oder wilde oder bösartige Thiere frei umherlaufen läßt, oder in Ansehung ihrer die erforderlichen Vorsichtsmaßregeln zur Verhütung von Beschädigungen unterläßt;

12) wer auf öffentlichen Straßen, Wegen oder Plätzen, auf Höfen, in Häusern und überhaupt an Orten, an welchen Menschen verkehren, Brunnen, Keller, Gruben, Oeffnungen oder Abhänge dergestalt unverdeckt und unverwahrt läßt, daß daraus Gefahr für Andere entstehen kann;

13) wer trotz der polizeilichen Aufforderung es unterläßt, Gebäude, welche den Einsturz drohen, auszubessern oder niederzureißen;

14) wer Bauten oder Ausbesserungen von Gebäuden, Brunnen, Brücken, Schleusen oder anderen Bauwerken vornimmt,

ohne die von der Polizei angeordneten oder sonst erforderlichen Sicherungsmaßregeln zu treffen;

15) wer als Bauherr, Baumeister oder Bauhandwerker einen Bau oder eine Ausbesserung, wozu die polizeiliche Genehmigung erforderlich ist, ohne diese Genehmigung oder mit eigenmächtiger Abweichung von dem durch die Behörde genehmigten Bauplane ausführt oder ausführen läßt;

16) wer den über das Abhalten von öffentlichen Versteigerungen und über das Verabfolgen geistiger Getränke vor und bei öffentlichen Versteigerungen erlassenen polizeilichen Anordnungen zuwiderhandelt.

In den Fällen der Nr. 7 bis 9 kann neben der Geldstrafe oder der Haft auf die Einziehung der verfälschten oder verdorbenen Getränke oder Eßwaaren, ingleichen der Selbstgeschosse, Schlageisen oder Fußangeln, sowie der verbotenen Waffen erkannt werden, ohne Unterschied, ob sie dem Verurtheilten gehören oder nicht.

§ 368. Mit Geldstrafe bis zu sechszig Mark oder mit Haft bis zu vierzehn Tagen wird bestraft:

1) wer den polizeilichen Anordnungen über die Schließung der Weinberge zuwiderhandelt;

2) wer das durch gesetzliche oder polizeiliche Anordnungen gebotene Raupen unterläßt;

3) wer ohne polizeiliche Erlaubniß eine neue Feuerstätte errichtet oder eine bereits vorhandene an einen anderen Ort verlegt;

4) wer es unterläßt, dafür zu sorgen, daß die Feuerstätten in seinem Hause in baulichem und brandsicherem Zustande unterhalten, oder daß die Schornsteine zur rechten Zeit gereinigt werden;

5) wer Scheunen, Ställe, Böden oder andere Räume, welche zur Aufbewahrung feuerfangender Sachen dienen, mit unverwahrtem Feuer oder Licht betritt, oder sich denselben mit unverwahrtem Feuer oder Licht nähert;

6) wer an gefährlichen Stellen in Wäldern oder Haiden, oder in gefährlicher Nähe von Gebäuden oder feuerfangenden Sachen Feuer anzündet;

7) wer in gefährlicher Nähe von Gebäuden oder feuerfangenden Sachen mit Feuergewehr schießt oder Feuerwerke abbrennt;

8) wer die polizeilich vorgeschriebenen Feuerlöschgeräthschaften überhaupt nicht oder nicht in brauchbarem Zustande hält oder andere feuerpolizeiliche Anordnungen nicht befolgt;

9) wer unbefugt über Gärten oder Weinberge, oder vor beendeter Ernte über Wiesen oder bestellte Aecker, oder über solche Aecker, Wiesen, Weiden oder Schonungen, welche mit einer Einfriedigung versehen sind, oder deren Betreten durch Warnungszeichen untersagt ist, oder auf einem durch Warnungszeichen geschlossenen Privatwege geht, fährt, reitet oder Vieh treibt;

10) wer ohne Genehmigung des Jagdberechtigten oder ohne sonstige Befugniß auf einem fremden Jagdgebiete außerhalb des öffentlichen, zum gemeinen Gebrauche bestimmten Weges, wenn auch nicht jagend, doch zur Jagd ausgerüstet, betroffen wird;

11) wer unbefugt Eier oder Junge von jagdbarem Federwild oder von Singvögeln ausnimmt.

§ 369. Mit Geldstrafe bis zu einhundert Mark oder mit Haft bis zu vier Wochen werden bestraft:

1) Schlosser, welche ohne obrigkeitliche Anweisung oder ohne Genehmigung des Inhabers einer Wohnung Schlüssel zu Zimmern oder Behältnissen in der letzteren anfertigen oder Schlösser an denselben öffnen, ohne Genehmigung des Hausbesitzers oder seines Stellvertreters einen Hausschlüssel anfertigen, oder ohne Erlaubniß der Polizeibehörde Nachschlüssel oder Dietriche verabfolgen;

2) Gewerbetreibende, bei denen zum Gebrauche in ihrem Gewerbe geeignete, mit dem gesetzlichen Eichungsstempel nicht versehene oder unrichtige Maße, Gewichte oder Waagen vorgefunden werden, oder welche sich einer anderen Verletzung der Vorschriften über die Maß- und Gewichtspolizei schuldig machen;

3) Gewerbetreibende, welche in Feuer arbeiten, wenn sie die Vorschriften nicht befolgen, welche von der Polizeibehörde wegen Anlegung und Verwahrung ihrer Feuerstätten, sowie wegen der Art und der Zeit, sich des Feuers zu bedienen, erlassen sind.

Im Falle der Nr. 2 ist neben der Geldstrafe oder der Haft auf die Einziehung der vorschriftswidrigen Maße, Gewichte, Waagen oder sonstigen Meßwerkzeuge zu erkennen.

§ 370. Mit Geldstrafe bis zu einhundertfünfzig Mark oder mit Haft wird bestraft:

1) wer unbefugt ein fremdes Grundstück, einen öffentlichen oder Privatweg oder einen Grenzrain durch Abgraben oder Abpflügen verringert;

2) wer unbefugt von öffentlichen oder Privatwegen Erde, Steine oder Rasen oder aus Grundstücken, welche einem

Anderen gehören, Erde, Lehm, Sand, Grand oder Mergel gräbt, Plaggen oder Bülten haut, Rasen, Steine, Mineralien, zu deren Gewinnung es einer Verleihung, einer Konzession oder einer Erlaubniß der Behörde nicht bedarf, oder ähnliche Gegenstände wegnimmt;

3) wer von einem zum Dienststande gehörenden Unteroffizier oder Gemeinen des Heeres oder der Marine ohne die schriftliche Erlaubniß des vorgesetzten Kommandeurs Montirungs- oder Armaturstücke kauft oder zum Pfande nimmt;

4) wer unberechtigt fischt oder krebst;

5) wer Nahrungs- oder Genußmittel von unbedeutendem Werthe oder in geringer Menge zum alsbaldigen Verbrauche entwendet.

Eine Entwendung, welche von Verwandten aufsteigender Linie gegen Verwandte absteigender Linie oder von einem Ehegatten gegen den anderen begangen worden ist, bleibt straflos;

6) wer Getreide oder andere zur Fütterung des Viehes bestimmte oder geeignete Gegenstände wider Willen des Eigenthümers wegnimmt, um dessen Vieh damit zu füttern.

In den Fällen der Nr. 5 und 6 tritt die Verfolgung nur auf Antrag ein. Die Zurücknahme des Antrages ist zulässig.

II.
Polizeistrafgesetzbuch.

Erste Abtheilung.
Anordnungsrecht.

Art. 1. Die in den Landesgesetzen vorbehaltenen allgemein verbindlichen Vorschriften werden durch königliche Verordnungen oder durch ober-, districts- oder ortspolizeiliche Vorschriften erlassen.

In welchen Fällen die in dem Strafgesetzbuche für das Deutsche Reich oder in einem anderen Reichsgesetze vorbehaltenen allgemeinen Verordnungen, Vorschriften, Anordnungen, Gebote oder Verbote im Wege einer königlichen Verordnung oder durch ober-, districts- oder ortspolizeiliche Vorschriften zu erfolgen haben, wird, insoferne hierüber nicht durch Reichs- oder Landesgesetz etwas Besonderes bestimmt ist, durch königliche Verordnung festgesetzt.

Die Zuständigkeit zur Erlassung der zulässigen polizeilichen Anordnungen, Gebote oder Verbote an einzelne Personen oder in bestimmten Fällen richtet sich, soweit das Gesetz nicht hierüber maßgibt, nach den bestehenden oder künftig zu erlassenden Verordnungen über die Zuständigkeit der Behörden.

Art. 2. In Bezug auf die Zuständigkeit zur Erlassung der in Art. 1 bezeichneten allgemeinen Vorschriften für die im Strafgesetzbuche für das Deutsche Reich behandelten Materien wird bestimmt:

1) die in §§ 327 und 328 erwähnten Absperrungs- oder Aufsichtsmaßregeln oder Einfuhrverbote werden durch Verordnung oder oberpolizeiliche Vorschriften erlassen;
2) die in § 360 Ziff. 9 erwähnten gesetzlichen Bestimmungen über die erforderliche Genehmigung der Staatsbehörden zur Errichtung von Aussteuer-, Sterbe- oder Wittwenkassen, Versicherungsanstalten und anderen dergleichen Gesellschaften oder Anstalten, welche bestimmt sind, gegen Zahlung eines Einkaufsgeldes oder gegen Leistung von Geldbeiträgen beim Eintritte gewisser Bedingungen oder Fristen, Zahlungen an Capital oder Rente zu leisten, werden durch Verordnung erlassen;

3) die gemäß § 360 Ziff. 12 zulässigen Anordnungen über die Ausübung des Gewerbes der Pfandleiher können durch oberpolizeiliche Vorschrift des zuständigen Staatsministeriums erlassen werden;
4) die in § 365 vorgesehenen Gebote über die Polizeistunde können durch Verordnung oder nach Maßgabe derselben durch ortspolizeiliche Vorschriften erlassen werden;
5) die in § 366 Ziff. 1 vorgesehenen Anordnungen gegen die Störung der Feier der Sonn- und Festtage werden, unter Beachtung des § 82 der II. Verfassungsbeilage für gemischte Orte, durch Verordnungen oder die auf Grund derselben ergehenden ortspolizeilichen Vorschriften erlassen;
6) die nach § 366 Ziff. 10 zulässigen Polizeiverordnungen zur Erhaltung der Sicherheit, Bequemlichkeit, Reinlichkeit und Ruhe auf den öffentlichen Wegen, Straßen und Plätzen werden durch ober-, districts- oder ortspolizeiliche Vorschriften erlassen;
7) die in § 367 Ziff. 2 erwähnten polizeilichen Anordnungen über vorzeitige Beerdigungen ergehen durch oberpolizeiliche Vorschriften;
8) in Bezug auf § 367 Ziff. 3 ist aus den einschlägigen Verordnungen zu bemessen, wie weit für den Handel mit Gift oder Arzneien polizeiliche Erlaubniß erforderlich ist;
9) in Bezug auf § 367 Ziff. 5 werden die vorgesehenen Verordnungen, soweit es sich um Aufbewahrung oder Beförderung, Zubereitung oder Feilhaltung von Giftwaaren oder Arzneien handelt, durch Verordnung, soweit dieselben die Aufbewahrung, Beförderung, Zubereitung oder Feilhaltung von Schießpulver oder anderen explodirenden Stoffen oder Feuerwerken betreffen, durch Verordnung oder oberpolizeiliche Vorschriften erlassen;
10) die gemäß § 367 Ziff. 9 zulässigen gesetzlichen Verbote des Feilhaltens oder Mitsichführens von Stoß-, Hieb- oder Schußwaffen, welche in Stöcken oder Röhren oder in ähnlicher Weise verborgen sind, können durch Verordnung erlassen werden;
11) in wie weit in dem Falle des § 367 Ziff. 15 für die Führung oder Ausbesserung eines Baues polizeiliche Genehmigung erforderlich ist, wird — — — durch Verordnung bestimmt;
12) die gemäß § 368 Ziff. 1 zulässigen polizeilichen Anordnungen über die Schließung der Weinberge können durch ortspolizeiliche Vorschriften erlassen werden;

13) die gemäß § 368 Ziff. 2 zulässigen polizeilichen Anordnungen über das gebotene Raupen können durch ortspolizeiliche Vorschriften und in deren Ermangelung durch districtspolizeiliche Anordnungen erlassen werden;

14) in Bezug auf § 368 Ziff. 8 werden die Anordnungen über die polizeilich vorgeschriebenen Feuerlöschgeräthschaften, sowie die Feuerlöschordnungen durch districts- oder ortspolizeiliche Vorschriften, sonstige feuerpolizeiliche Anordnungen durch Verordnung oder ortspolizeiliche Vorschrift erlassen;

15) in Bezug auf § 369 Ziff. 2 ist nach dem in Bayern geltenden Gesetze über die Maß- und Gewichtsordnung zu bemessen, in wie weit neben den im Gesetze selbst enthaltenen Vorschriften über die Maß- und Gewichtspolizei derartige Vorschriften durch Verordnung erlassen werden können;

16) die in § 369 Ziff. 3 vorgesehenen Vorschriften über die Anlegung und Verwahrung der Feuerstätten von Gewerbetreibenden, welche in Feuer arbeiten, sowie über die Art und Zeit, sich des Feuers zu bedienen, können durch Verordnung, ober- oder ortspolizeiliche Vorschriften erlassen werden.

Art. 3. Liegt gemäß Art. 1 und 2 die Ermächtigung zur Erlassung ortspolizeilicher Vorschriften vor, so sind innerhalb der Grenzen ihrer Zuständigkeit

1) in den Landestheilen rechts des Rheines die Gemeindeausschüsse, die Magistrate, die Polizeidirection München und die Localbaukommission München,
2) in der Pfalz die Gemeinderäthe

zur Erlassung für den Ortspolizeibezirk verbindlicher Vorschriften berechtigt.

Vor der Erlassung von ortspolizeilichen Vorschriften, welche über Gegenstände der landwirthschaftlichen Polizei eine fortdauernd geltende Anordnung treffen, sind die Feldgeschworenen und soferne in der Gemeinde ein die Grundbesitzer der Markung vertretender Ausschuß besteht, dieser zu vernehmen.

Art. 4. Sind gemäß Art. 1 und 2 districtspolizeiliche Vorschriften zulässig, so sind die Districtspolizeibehörden berechtigt, solche für den Verwaltungsbezirk zu erlassen.

Die Magistrate der unmittelbar den Kreisverwaltungsstellen untergeordneten Städte und die Polizeidirection München sind berechtigt, innerhalb ihrer Zuständigkeit in denselben Fällen ortspolizeiliche Vorschriften zu erlassen.

Art. 5. Hat in einem Falle, in welchem in Ermangelung ortspolizeilicher Vorschriften districtspolizeiliche Anordnungen zulässig sind, die Gemeindebehörde die im öffentlichen Interesse erforderlichen Vorschriften nicht erlassen, so ist dieselbe, soferne nicht Gefahr auf dem Verzuge ist, von Seite der vorgesetzten Districtspolizeibehörde unter Vorsetzung einer angemessenen Frist hiezu aufzufordern.

Bleibt die Aufforderung erfolglos oder besteht Gefahr im Verzuge, so erläßt die Districtspolizeibehörde eine innerhalb des Ortspolizeibezirkes verbindliche districtspolizeiliche Anordnung, auf welche die Vorschriften der Art. 6, dann 10 bis 15 anwendbar sind. Insbesondere steht der betreffenden Gemeindebehörde gegen Erlassung einer solchen Anordnung das Recht der Beschwerde nach Art. 14 zu.

Die districtspolizeiliche Anordnung verliert ihre Wirksamkeit, sobald die Gemeindebehörde über denselben Gegenstand eine entsprechende ortspolizeiliche Vorschrift erlassen hat und diese gemäß Art. 6 Abs. 3 vollziehbar geworden ist.

Art. 6. Orts- oder districtspolizeiliche Vorschriften, welche eine fortdauernd geltende Anordnung enthalten, sind der vorgesetzten Kreisverwaltungsstelle vorzulegen. Die einer Districtspolizeibehörde untergeordneten Ortspolizeibehörden haben durch Vermittlung der vorgesetzten Districtspolizeibehörde, die übrigen Polizeibehörden unmittelbar die Einsendung zu bewirken.

Ueberdies sind die desfallsigen Beschlüsse der Ortsbehörden in Städten und Märkten mit magistratischer Verfassung dem Collegium der Gemeindebevollmächtigten, jene der Districtspolizeibehörden der nächsten Districtsrathsversammlung mitzutheilen.

Solche Anordnungen sind erst nach Ablauf von dreißig Tagen nach der durch Empfangsbestätigung nachgewiesenen Vorlage an die vorgesetzte Verwaltungsbehörde vollziehbar, soferne nicht die betreffende Kreisregierung dieselben früher als vollziehbar erklärt hat.

Art. 7. Wo gemäß Art. 1 und 2 oberpolizeiliche Vorschriften zulässig sind, können solche Vorschriften von der Kreisverwaltungsstelle für den betreffenden Regierungsbezirk, sowie von den zuständigen Staatsministerien für einzelne Regierungsbezirke oder für den Gesammtumfang des Staatsgebietes erlassen werden.

Art. 8. Wo die Landesgesetze auf Verordnungen Bezug nehmen, sind darunter die in jedem Gebietstheile geltenden landesherrlichen Verordnungen, sowie die künftig zu erlassenden königlichen Verordnungen zu verstehen.

Art. 9. Außer den Fällen, in welchen die Gesetze auf Polizeivorschriften oder Verordnungen verweisen, können polizeiliche Vorschriften mit Strafandrohung nur durch königliche Verordnung und nur unter der Voraussetzung erlassen werden:

1) daß der Landtag nicht versammelt ist,
2) daß die Abwendung einer dringenden Gefahr für die Sicherheit des Staates oder für Leben, Gesundheit oder Vermögen der Staatsangehörigen eine solche Vorschrift fordert,
3) daß in keinem Gesetze eine anwendbare Vorschrift oder die Befugniß zur Erlassung derselben vorgesehen ist,
4) daß die Uebertretung nur mit Geldstrafe bis zu fünfzig Thalern oder dreißig Tagen Haft im höchsten Maße bedroht wird.

Solche Verordnungen sind in der nächsten Landtagsversammlung zur Zustimmung vorzulegen und treten außer Wirksamkeit, wenn diese Zustimmung vor dem Schlusse oder der Vertagung des Landtags nicht erfolgt ist.

Art. 10. Keine Verordnung darf mit Gesetzen, keine orts-, districts- oder oberpolizeiliche Vorschrift mit Gesetzen, mit den über denselben Gegenstand zulässigen Verordnungen oder mit competenzmäßigen Vorschriften einer höheren Behörde im Widerspruche stehen.

Art. 11. Jede orts- oder districtspolizeiliche Vorschrift ist in dem Bezirke, in welchem sie zur Anwendung gebracht werden soll, gehörig bekannt zu machen und mit dem Nachweise der geschehenen Bekanntmachung in amtlich beglaubigter Fertigung den Gerichten mitzutheilen, welche die bedrohten Uebertretungen in erster und zweiter Instanz abzuurtheilen haben.

Oberpolizeiliche Vorschriften der Kreisregierungen sind durch die Kreisamtsblätter, oberpolizeiliche Vorschriften der Staatsministerien und königliche Verordnungen durch das Regierungsblatt und, soferne sie für die Pfalz in Wirksamkeit treten sollen, durch das Kreisamtsblatt zu verkünden.

Das Staatsministerium des Innern ist ermächtigt, über die Form der Verkündigung orts- und districtspolizeilicher Vorschriften Anordnungen zu erlassen.

Art. 12. Die Kreisverwaltungsstellen sind berechtigt, orts- und districtspolizeiliche Vorschriften wegen Mangels der gesetzlichen Bedingungen ihrer Erlassung oder wegen Nachtheils für das öffentliche Wohl oder wegen Verletzung der Rechte Dritter außer Kraft zu setzen oder deren Vollzug einzustellen.

Art. 13. Die Staatsministerien sind nach Maßgabe ihrer Zuständigkeit berechtigt, aus denselben Gründen Vorschriften der Orts- und Districtspolizeibehörden und der Kreisverwaltungsstellen außer Kraft zu setzen und den Vollzug einzustellen.

Art. 14. Wer sich durch Erlassung einer polizeilichen Vorschrift für beschwert erachtet, kann innerhalb des für Verwaltungssachen bestehenden gesetzlichen Instanzenzuges hiegegen Abhilfe nachsuchen.

Gleiches Beschwerderecht steht gegen ortspolizeiliche Vorschriften in Städten und Märkten mit magistratischer Verfassung den Gemeindebevollmächtigten, gegen districtspolizeiliche Vorschriften dem Districtsrathe, gegen von der Kreisregierung auf Grund des Art. 12 erlassene Verfügungen den betreffenden Gemeindebehörden zu.

Die an keine Recursfrist gebundene Einlegung der Beschwerde hat auf die Vollziehung der Anordnung nur dann eine Wirkung, wenn die zur Entscheidung berechtigte höhere Stelle die Einstellung des Vollzuges angeordnet hat.

Art. 15. Bei der Aburtheilung der durch polizeiliche Vorschriften in Gemäßheit der Art. 3, 4, 5, 6, 7 und 9 bedrohten Polizeiübertretungen darf nur die gesetzliche Giltigkeit, nicht aber die Nothwendigkeit oder Zweckmäßigkeit der Vorschrift von dem Richter in Erwägung gezogen werden.

Zweite Abtheilung.

Vollzugsmaßregeln und vorläufige Einschreitung.

Art. 16. Unterläßt Jemand innerhalb der dafür bestimmten Zeit dasjenige zu thun, was ihm auf Grund eines wegen einer Uebertretung ergangenen rechtskräftigen Strafurtheils durch die zuständige Polizeibehörde auferlegt worden ist, so ist letztere befugt, diese Handlung auf Kosten des Ungehorsamen vornehmen zu lassen und, vorbehaltlich seiner Verpflichtung zum Ersatze des etwa verursachten Schadens, den von ihr festgestellten Kostenaufwand nach den gesetzlichen Bestimmungen über Beitreibung von Untersuchungskosten, in der Pfalz auf dem Wege des administrativen Zwangsvollzuges, von demselben zu erheben.

Art. 17. Die Einziehung einzelner Sachen und die Schließung von Anstalten ist nur in den von dem Gesetze bestimmten Fällen statthaft und tritt nur dann ein, wenn der Richter ausdrücklich darauf erkannt hat.

Ist die Schließung einer Anstalt im Strafurtheile für zulässig erklärt, so steht die Beschlußfassung über die Anwendung der Maßregel und der Vollzug der Polizeibehörde zu.

Art. 18. Ist in den Fällen, in welchen nach dem gegenwärtigen Gesetzbuche die Einziehung einzelner Sachen oder die Schließung einer Anstalt zulässig ist, die Verfolgung oder Verurtheilung einer bestimmten Person nicht ausführbar, so können die bezeichneten Maßnahmen von dem Richter selbstständig erkannt werden.

Unter denselben Voraussetzungen kann der Richter selbstständig aussprechen, daß die Polizeibehörde berechtigt ist, die in den Art. 73 Abs. III, 105 Abs. I (und 130 Abs. IV) vorgesehenen Verfügungen zu erlassen.

Art. 19. Die Polizeibehörde ist befugt, Thiere, von welchen eine Gefährdung von Menschen zu besorgen ist, tödten zu lassen, soferne ein anderes verlässiges Mittel zur Abwendung der Gefahr nicht besteht oder nicht ausführbar ist.

In Fällen dringender und augenblicklicher Gefahr ist zu dieser Tödtung Jedermann befugt.

Art. 20. In Fällen, welche mit Strafe gesetzlich bedroht sind, ist die zuständige Polizeibehörde, vorbehaltlich der späteren Strafverfolgung, soweit nöthig, zur vorläufigen Einschreitung befugt.

In allen Fällen, in welchen die Einziehung einzelner Sachen gesetzlich zulässig ist, hat sie das Recht, letztere mit vorläufigem Beschlage zu legen.

Sie hat die Befugniß, in jenen Fällen, in welchen die Gesetze bestimmen, daß die Schließung einer Anstalt im Strafurtheile auszusprechen ist oder für zulässig erklärt werden kann, diese Schließung als vorläufige Maßregel zu verfügen, darf jedoch dieselbe nicht über acht Tage fortsetzen, wenn der Richter nicht die Fortdauer als zulässig erklärt hat.

Unterläßt Jemand, dasjenige zu thun, was ihm unter Strafe gesetzlich zu thun geboten ist, so steht der Polizeibehörde die Befugniß zu, diese Handlung statt seiner vorläufig vornehmen zu lassen. Der dadurch verursachte Kostenaufwand kann jedoch von dem Ungehorsamen nur auf Grund eines richterlichen Urtheils zwangsweise beigetrieben werden.

War die vorläufig getroffene Maßregel nicht gerechtfertigt, so bleibt dem Freigesprochenen der allenfallsige Anspruch auf Schadensersatz vorbehalten.

Art. 21. Die Behörden der inneren Verwaltung sind befugt, Verfügungen, die sie innerhalb ihrer Zuständigkeit zum Vollzuge von Gesetzen, deren Uebertretung nicht mit Strafe bedroht ist, an bestimmte Personen erlassen und diesen eröffnet haben, durch Anwendung gesetzlicher Zwangsmittel zur Ausführung zu bringen.

Zu diesem Zwecke sind jene Behörden insbesondere berechtigt, die Nichtbefolgung einer Verfügung der im Abs. I bezeichneten Art mit Ungehorsamsstrafen zu bedrohen und diese im Falle des Ungehorsams für verwirkt zu erklären und zwar die Bürgermeister und Gemeindeausschüsse der Gemeinden mit Landgemeinde-Verfassung in den Landestheilen rechts des Rheines und die Bürgermeister der Landgemeinden der Pfalz bis zu zwei Thalern, die Bürgermeister und Magistrate der einem Bezirksamte untergeordneten Städte und Märkte der Landestheile rechts des Rheines und die Bürgermeister der Städte in der Pfalz bis zu drei Thalern und die übrigen Magistrate, Bürgermeister und Behörden der inneren Verwaltung bis zu fünfzehn Thalern.

Wird nach Verhängung der Ungehorsamsstrafe der erneuerten Verfügung der Behörde nicht Folge geleistet, so ist diese befugt, die nach Abs. II zulässige Ungehorsamsstrafe wiederholt anzudrohen und in angemessener Frist als verwirkt zu erklären, soferne weder die in Abs. IV vorgesehene Vollstreckungsmaßregel, noch ein sonstiges Zwangsmittel zur Durchführung des Vollzuges anwendbar ist.

Unterläßt Jemand innerhalb der dafür bestimmten Frist dasjenige zu thun, was ihm durch eine Verfügung der in Abs. I bezeichneten Art durch die zuständige Behörde auferlegt ist, so ist letztere befugt, diese Handlung auf Kosten des Ungehorsamen vornehmen zu lassen und den von ihr festgestellten Kostenaufwand, vorbehaltlich der Verpflichtung zum Schadensersatze, nach den gesetzlichen Bestimmungen über Beitreibung von Untersuchungskosten beziehungsweise Gemeindegefällen, in der Pfalz auf dem Wege des administrativen Zwangsvollzuges, zu erheben.

Gegen die Androhung oder Vorkehrung der nach Maßgabe des gegenwärtigen Artikels zulässigen Vollzugsmaßregeln ist Beschwerde an die höheren Stellen zulässig. In dringenden Fällen haben solche Beschwerden keine aufschiebende Wirkung.

Die von einer Gemeindebehörde verfügten Ungehorsamsstrafen fließen in die Casse der betreffenden Gemeinde.

Enthält ein Specialgesetz eine Mehrheit von Anordnungen, und ist in demselben nur die Uebertretung eines Theiles der getroffenen Anordnungen unter Strafe gestellt, so findet der gegenwärtige Artikel auf die nicht mit Strafe bedrohten Anordnungen dieses Gesetzes Anwendung.

Art. **22.** Für die Anwendung des Art. 21 sind den Gesetzen nicht allein die zur Zeit bestehenden giltigen Verordnungen, sondern auch diejenigen Verordnungen gleichgestellt, welche künftig zu einem Gesetze auf den Grund eines in diesem enthaltenen Vorbehaltes erlassen werden.

Dasselbe gilt von Verordnungen, welche künftig zum Zwecke der Revision einer bestehenden giltigen Verordnung erlassen werden, insoweit diese letztere nicht unter Zustimmung des Landtages zu Stande gekommen ist, oder sonst die Natur eines Gesetzes an sich trägt.

Enthält in Fällen, in denen das gegenwärtige Gesetz auf Verordnungen Bezug nimmt, eine Verordnung eine Mehrheit von Anordnungen und ist in der betreffenden Verordnung nur die Uebertretung eines Theiles der getroffenen Anordnungen unter Strafe gestellt, so findet Art. 21 auch auf die Uebertretung der übrigen Anordnungen keine Anwendung.

Dritte Abtheilung.

Besondere Strafbestimmungen.

Erstes Hauptstück.

Uebertretungen in Bezug auf einzelne Staatseinrichtungen und öffentliche Verpflichtungen.

Art. **22a.** An Geld bis zu einhundert Mark oder mit Haft bis zu dreißig Tagen wird bestraft, wer den verordnungsmäßigen Bestimmungen zuwiderhandelt, durch welche der Brieftaubenverkehr verboten oder Beschränkungen unterworfen wird. Neben der Geld- oder Haftstrafe kann auf Einziehung der Brieftauben und der Behältnisse erkannt werden, ohne Unterschied, ob sie dem Verurtheilten gehören, oder nicht.

Art. **23.** Wer ohne Erlaubniß der Aufsichtsbeamten mit Gefangenen in Verkehr tritt oder denselben etwas zubringt, wird an Geld bis zu fünf Thalern oder mit Haft bis zu drei Tagen bestraft.

Art. **24.** Wer von einer Verehelichung, Entbindung oder von einem Todesfalle die ihm nach Gesetz oder Verordnung obliegende Anzeige nicht innerhalb der vorgeschriebenen Frist macht, wird, insoferne nicht disciplinäre Ahndung stattfindet, an Geld bis zu fünfzehn Thalern gestraft.

Art. **25.** Wer ohne Bewilligung der Staatsregierung seinen Geschlechtsnamen ändert, wird an Geld bis zu fünfzehn Thalern bestraft.

Derselben Strafe unterliegen Eltern, Pflege-Eltern und Vormünder, welche ohne solche Bewilligung den Geschlechtsnamen ihrer Kinder, Pflegekinder oder Mündel ändern.

Art. 26. An Geld bis zu dreißig Thalern oder mit Haft bis zu vierzehn Tagen wird gestraft, wer seiner Dienerschaft gleiche Livrée wie jene des königlichen Hauses gibt, und wer letztere unbefugt trägt.

Art. 27. Wer Personen, welche bei Unglücksfällen, bei drohender oder bereits eingetretener Feuersgefahr oder anderer öffentlicher Gefahr oder Noth Hilfe oder Dienste leisten, an solcher Hilfe oder Dienstleistung vorsätzlich stört oder ohne hinreichenden Grund von solcher Hilfeleistung abhält, wird an Geld bis zu fünfzig Thalern oder mit Haft gestraft.

Art. 28. Wer, ohne unter Polizeiaufsicht zu stehen, von der zuständigen Polizeibehörde auf Grund bestehender, gesetzlicher Bestimmungen angewiesen ist, einen gewissen Bezirk zu verlassen oder nicht zu betreten, soll, wenn er dieser Anweisung zuwiderhandelt, mit Haft bis zu vierzehn Tagen bestraft werden.

Art. 29. An Geld bis zu fünf Thalern werden Pflichtige oder deren Stellvertreter gestraft, welche die nach Festsetzung der Gemeindeverwaltung sie treffenden Dienste zur Uebernahme der Sicherheitswache, sowie zur Erhaltung der Fahrbarkeit der Gemeindewege und Districtsstraßen ohne genügende Entschuldigung nicht oder nicht zur rechten Zeit oder nicht in gehöriger Weise leisten.

In der Pfalz wird die Verpflichtung zur Leistung solcher Dienste durch ortspolizeiliche Vorschrift geregelt.

Zweites Hauptstück.

Uebertretungen in Bezug auf öffentliche Ruhe, Ordnung und Sicherheit.

Art. 30. Wer vorsätzlich durch falschen Nothruf oder falsche Nothsignale, durch öffentlichen Aufruf, durch aufreizende Reden, Gesänge oder Musikstücke, oder durch den Gebrauch von Partei- oder Loosungszeichen Besorgniß von Gefahren, Noth- oder Unglücksfällen unter den Bewohnern eines Ortes verbreitet oder zu verbreiten sucht, oder an öffentlichen Orten einen Zusammenlauf oder eine Bewegung der bewaffneten Macht verursacht oder zu verursachen sucht, wird, soferne die Bestimmungen des Strafgesetzbuchs für das Deutsche Reich § 360 Ziff. 11 nicht anwendbar sind, an Geld bis zu dreißig Thalern oder mit Haft bis zu vier Wochen gestraft.

Art. 31. An Geld bis zu fünf Thalern werden Wirthe oder deren Stellvertreter gestraft, welche Personen, denen auf Grund gesetzlicher Bestimmungen der Besuch ihrer Wirthshäuser untersagt ist, diesen Besuch ungeachtet des ihnen von der Polizeibehörde bekannt gegebenen Verbotes wissentlich gestatten.

Art. 32. An Geld bis zu fünfzehn Thalern oder mit Haft bis zu acht Tagen wird bestraft:

1) wer ohne die nach Verordnung erforderliche polizeiliche Erlaubniß öffentliche Lustbarkeiten, wie Tanzmusiken, Maskeraden, Schießen, Preiskegelschieben, Feuerwerke, theatralische Aufführungen, Vorstellungen aus dem Gebiete der Kunstreiterei, Gymnastik oder ähnlicher Kunstfertigkeiten veranstaltet;
2) wer ohne die nach Verordnung erforderliche polizeiliche Erlaubniß Menagerien, Wachsfigurencabinete, Sammlungen von Kunst- oder Naturmerkwürdigkeiten, Panoramen, Carousſele oder ähnliche Vorrichtungen aufstellt und dafür Eintrittsgeld erhebt;
3) wer die bei Ertheilung der Erlaubniß zu solchen Unternehmungen von der Polizeibehörde ihm aufgelegten Bedingungen verletzt.

Unabhängig von der Strafverfolgung können solche Unternehmungen von der Polizeibehörde jederzeit eingestellt werden.

Auf Scheibenschießen, welche von anerkannten Schützengesellschaften in ihrem gewöhnlichen Locale oder von kleineren Gesellschaften an erlaubten Schießstätten abgehalten werden, findet die Bestimmung der Ziff. 1 keine Anwendung.

Art. 33. An Geld bis zu fünf Thalern oder mit Haft bis zu 3 Tagen wird gestraft, wer ohne die nach Verordnung erforderliche polizeiliche Erlaubniß oder mit Ueberschreitung der ihm ertheilten Bewilligung gegen Bezahlung in Wirthschaftslocalitäten oder an anderen öffentlichen Orten Musikstücke, Gesänge, Declamationen, Marionettenspiele, Taschenspielerkünste oder ähnliche Kunstfertigkeiten aufführt, oder Thiere, Kunst- oder Naturmerkwürdigkeiten oder ähnliche Gegenstände vorzeigt.

Unabhängig von der Strafverfolgung ist die Polizeibehörde berechtigt, solche Unternehmungen sofort einzustellen.

Die Abhaltung musikalischer Vorträge in Wirthschaftslocalitäten durch hiezu berechtigte Musikgesellschaften ist an eine polizeiliche Bewilligung nicht gebunden.

Art. 34. Wer gegen ortspolizeiliche Vorschrift musikalische Aufführungen, Kegelspiele oder sonstige geräuschvolle Unterhaltungen, welche im Innern der Ortschaften in Wirthschafts- oder Privatgärten oder in sonstigen nicht geschlossenen Räumlichkeiten abgehalten werden, über die von der Polizeibehörde bestimmte Nachtstunde verlängert, wird an Geld bis zu fünf Thalern gestraft.

Die Polizeibehörde ist berechtigt, solche Störungen der Nachtruhe unabhängig von der Strafverfolgung sofort abzustellen.

Art. 35. Vorsteher oder Mitglieder von geselligen Vereinen und geschlossenen Gesellschaften, welche Tanzmusik an jenen Tagen veranstalten, an welchen die öffentliche Abhaltung derselben durch Verordnung untersagt ist, werden an Geld bis zu fünfzehn Thalern gestraft.

Art. 36. An Geld bis zu fünf Thalern wird gestraft:

1) wer ohne ortspolizeiliche Erlaubniß auf öffentlichen Straßen oder Plätzen eine Nachtmusik veranstaltet oder ausführt;
2) wer zu einer durch oberpolizeiliche Vorschriften verbotenen Zeit auf öffentlichen Straßen oder Plätzen maskirt erscheint;
3) wer bei erlaubten Maskeraden der durch die Ortspolizeibehörde festgesetzten Ordnung zuwiderhandelt.

Art. 37. An Geld bis zu fünf Thalern wird gestraft:

1) wer gegen ortspolizeiliches Verbot Ankündigungen oder Bekanntmachungen auf öffentlichen Straßen oder Plätzen ausruft;
2) wer gegen ortspolizeiliches Verbot oder gegen Verbot des Eigenthümers oder seines Stellvertreters an fremdem Eigenthume Privatankündigungen anschlägt oder anheftet;
3) wer fremde Anschläge unbefugt aus Bosheit oder Muthwillen vernichtet, wegnimmt oder unlesbar macht.

Wird im Falle der Ziffer 2 die Uebertretung gegen Verbot des Eigenthümers an fremdem Privateigenthume begangen, so ist dieselbe nur auf Antrag des Eigenthümers oder seines Stellvertreters verfolgbar.

Art. 38. Geldstrafe bis zu fünf Thalern trifft in Fällen, in welchen die Verpflichtung zur Wohnungsräumung nicht streitig ist, die bei einer solchen Räumung Betheiligten, welche den hierauf bezüglichen Anordnungen der Polizeibehörde nicht nachkommen.

Unabhängig von der Strafverfolgung ist die Polizeibehörde befugt, die von ihr getroffenen Anordnungen zwangsweise zu vollziehen.

Art. 39. Wer außer dem Falle des Strafgesetzbuches für das Deutsche Reich § 367 Ziff. 9 den Verordnungen zuwiderhandelt, wodurch zur Verhütung von Gefahren für die Sicherheit der Personen die Führung bestimmter gemeingefährlicher Waffen bestimmten Classen von Personen oder in bestimmten Landestheilen untersagt ist, wird an Geld bis zu fünfzehn Thalern oder mit Haft bis zu acht Tagen bestraft, wobei auf Einziehung der verbotenen Waffen erkannt werden kann, ohne Unterschied, ob sie dem Verurtheilten gehören oder nicht.

Art. **40.** (aufgehoben.)

Art. 41. Wer fremde Kinder unter acht Jahren ohne Bewilligung der Polizeibehörde gegen Bezahlung in Pflege oder Erziehung nimmt oder nach entzogener Bewilligung behält, wird an Geld bis zu fünfzehn Thalern bestraft.

Art. 42. An Geld bis zu fünfzehn Thalern oder mit Haft bis zu acht Tagen wird gestraft, wer verirrte Kinder, wahnsinnige oder sonst hilflose Personen, welche er in Verwahrung genommen hat, ohne genügenden Entschuldigungsgrund länger als vierundzwanzig Stunden in seiner Gewalt behält, ohne hievon der Obrigkeit Anzeige zu machen oder nach Beschaffenheit der Umstände den betheiligten Angehörigen Nachricht zu geben.

Art. 43. An Geld bis zu dreißig Thalern werden Todtenbeschauer und Personen, welche aus dem Reinigen und Ankleiden der Leichen ein Gewerbe machen, bestraft, wenn sie bei Ausübung ihres Berufes von Todesfällen, welche den Verdacht eines gewaltsamen Todes erregen, Kenntniß erlangen und hievon nicht sogleich der Polizeibehörde Anzeige machen.

An Geld bis zu fünfzig Thalern wird gestraft, wer, nachdem er bei der Oeffnung einer Leiche die Spuren eines an dem Verstorbenen verübten Verbrechens entdeckt hat, nicht sogleich mit der Oeffnung der Leiche einhält und der Polizeibehörde oder dem Staatsanwalte Anzeige macht.

Art. 44. An Geld bis zu zwanzig Thalern oder mit Haft bis zu vierzehn Tagen wird bestraft, wer außer den Fällen des § 366 Ziffer 10 des Strafgesetzbuches für das Deutsche Reich den besonders bekannt gemachten polizeilichen Anordnungen zur Aufrechthaltung der öffentlichen Ruhe, Ordnung und Sicherheit bei Volksfesten, religiösen Feierlichkeiten, Truppenbewegungen, Eisenbahnbauten und sonstigen außergewöhnlichen Ansammlungen größerer Menschenmassen zuwiderhandelt.

Die in Absatz I bezeichneten Anordnungen werden durch ober- oder districtspolizeiliche Vorschrift, in dringenden Fällen durch Verfügung der Districts- oder Ortspolizeibehörde erlassen.

Drittes Hauptstück.

Uebertretungen in Bezug auf Reisen und Fremdenpolizei.

Art. 45. Mit Haft bis zu drei Tagen wird gestraft, wer ohne genügende Entschuldigung die ihm von der zuständigen Polizeibehörde zwangsweise vorgeschriebene Reiseroute oder Reisezeit nicht einhält.

Art. 46. Gastwirthe und Herberggeber, welche den oberpolizeilichen Vorschriften über Aufzeichnung und Anzeige der Ankunft und Abreise der von ihnen aufgenommenen Fremden und beherbergten Personen zuwiderhandeln, die vorgeschriebenen Aufzeichnungen der Polizeibehörde oder den obrigkeitlichen Dienern auf Verlangen nicht vorzeigen oder dieselben nicht zu der vorgeschriebenen Zeit vorlegen, werden an Geld bis zu fünf Thalern gestraft.

Andere Personen, welche die durch ortspolizeiliche Vorschrift gebotene Anzeige über Beherbergung von Fremden verabsäumen, unterliegen einer Geldstrafe bis zu fünf Thalern.

Art. 47. Wer, um die Polizeibehörde zu täuschen, bei Gelegenheit der im Art. 46 vorgeschriebenen Aufzeichnung oder Anzeige eine falsche Namensangabe oder andere unwahre Angaben macht, wird an Geld bis zu fünfzehn Thalern oder mit Haft bis zu acht Tagen gestraft.

Art. 48. Unbefugte, gewerbsmäßige Beherbergung von Landstreichern, Bettlern oder sicherheitsgefährlichen Personen wird mit Haft oder an Geld bis zu fünfzig Thalern bestraft.

Art. 49. Wer von der Aufnahme oder Entlassung von Handlungsdienern, Gewerbsgehilfen, Gesellen oder Lehrlingen, von Fabrikarbeitern oder Taglöhnern, welche am Orte keinen festen Wohnsitz haben, die durch Verordnung oder ortspolizeiliche Vorschrift geforderte Anzeige nicht erstattet, wird an Geld bis zu fünf Thalern bestraft.

Art. 50. Personen, welche Wohnungsräume in Miethe oder Aftermiethe geben, unterliegen einer Geldstrafe bis zu fünf Thalern, wenn sie die durch ortspolizeiliche Vorschrift gebotene Anzeige über Ein- und Auszug ihrer Miether verabsäumen.

Viertes Hauptstück.

Uebertretungen in Bezug auf unerlaubte Sammlungen, Gaukelei, Sittenpolizei und Glücksspiele.

Art. 50a. Personen, welche durch fortgesetztes häusliches Zusammenleben in außerehelicher Geschlechtsverbindung zu öffentlichem Aergernisse Veranlassung geben, werden an Geld bis zu fünfundvierzig Mark oder mit Haft bis zu acht Tagen, im Wiederholungsfalle an Geld bis zu einhundertfünfzig Mark oder mit Haft bestraft und sind durch die Polizeibehörde von einander zu trennen.

Art. 51. Wer gegen ortspolizeiliches Verbot zu Weihnachten, Neujahr oder zu anderen Festzeiten zum Zwecke der Erlangung herkömmlicher Geschenke in Wirths- oder Privathäusern oder auf öffentlichen Straßen oder Plätzen herumzieht, ist an Geld bis zu fünf Thalern oder mit Haft bis zu drei Tagen zu bestrafen.

Art. 52. Wer ohne die erforderliche polizeiliche Bewilligung eine Sammlung von Geld oder sonstigen Beiträgen oder von Unterschriften hiezu unternimmt oder die erwirkte Bewilligung überschreitet, wird, vorbehaltlich dessen, was in Ansehung von Sammlungen für besondere Zwecke gesetzlich bestimmt ist, an Geld bis zu fünfzehn Thalern gestraft.

Die Bestimmungen des vorstehenden Absatzes erstrecken sich nicht auf Sammlungen zu erlaubten Zwecken, welche Jemand bei Gelegenheit einer geselligen Zusammenkunft oder in einem Vereine, welchem er angehört, oder im Kreise von Personen veranstaltet, mit welchen er in geselliger oder in Geschäftsberührung, in freundschaftlichen oder verwandtschaftlichen Verhältnissen steht.

Das unbefugt Gesammelte wird zum Besten der Armencasse des Ortes der Betretung eingezogen. War jedoch der Zweck der Sammlung ein angemessener, so ist der Richter berechtigt, die Verwendung für diesen Zweck vorbehaltlich der Zustimmung jener Behörde oder Stelle, deren Erlaubniß für die Vornahme der Sammlung erforderlich gewesen wäre, als zulässig zu erklären.

Art. 53. Die Bestimmungen des Art. 52 finden auch dann Anwendung, wenn ohne polizeiliche Bewilligung ein Aufruf zu Gaben oder Geldbeiträgen für andere als wohlthätige Zwecke mit dem Erbieten zur Empfangnahme in öffentlichen Blättern oder Anschlägen erlassen wird.

(Absatz II und III aufgehoben.)

Art. 54. Wer gegen Lohn oder zur Erreichung eines sonstigen Vortheils sich mit angeblichen Zaubereien oder Geisterbeschwörungen, mit Wahrsagen, Kartenschlagen, Schatzgraben, Zeichen- und Traumdeuten oder anderen dergleichen Gaukeleien abgibt, wird an Geld bis zu fünfzig Thalern oder mit Haft bestraft.

Außerdem kann auf die Einziehung der zur Verübung solcher Uebertretungen bestimmten besonderen Werkzeuge, Anzüge und Geräthschaften erkannt werden, ohne Unterschied, ob sie dem Verurtheilten gehören oder nicht.

Art. 55. Betrunkene, welche öffentliches Aergerniß erregen, oder Unfug treiben und Störungen verursachen, können von öffentlichen Wegen, Plätzen und Versammlungsorten, sowie aus Wirthschafts-Localitäten entfernt werden.

Gefährden dieselben die Sicherheit dritter Personen oder fremden Eigenthums oder verüben sie Störungen der öffentlichen Ruhe, so können sie, soweit es zur Verhütung weiteren Unfuges erforderlich ist, bis auf höchstens vierundzwanzig Stunden in polizeilichen Gewahrsam genommen werden.

Wer binnen Jahresfrist zum dritten oder öfteren Male gemäß Absatz 2 betreten wird, ist mit Haft bis zu vierzehn Tagen zu bestrafen.

Art. 56. Eltern, Pflegeeltern, Vormünder, Dienst- und Lehrherrn, welche ihren schulpflichtigen Kindern, Pflegekindern, Mündeln, Dienstboten oder Lehrlingen den Besuch von Wirthshäusern ohne gehörige Aufsicht oder den Besuch öffentlicher Tanzunterhaltungen gestatten, werden an Geld bis zu zehn Thalern oder mit Haft bis zu acht Tagen gestraft.

Mit Haft bis zu sechs Tagen sind Sonntagsschulpflichtige zu bestrafen, welche öffentlichen Tanzunterhaltungen anwohnen oder ohne Erlaubniß der Eltern, Pflegeeltern, Vormünder, Dienst- oder Lehrherrn Wirthshäuser besuchen.

Art. 57. Mit Geldstrafe bis zu fünfzig Thalern wird bestraft, wer in einer in Bayern nicht zugelassenen Lotterie spielt.

Art. 57a. An Geld bis zu einhundertfünfzig Mark oder mit Haft wird gestraft:

1) wer für eine in Bayern nicht zugelassene Lotterie oder Ausspielung Loose verkauft, oder Theilnehmer sammelt,
2) wer eine in Bayern nicht zugelassene Lotterie oder Ausspielung öffentlich ankündigt, Loose oder Promessen hiezu oder Promessen auf Prämien eines in- oder ausländischen Lotterieanlehens ausbietet, oder zur Theilnahme an einer solchen Unternehmung einladet.

Fünftes Hauptstück.

Uebertretungen in Bezug auf religiöse Einrichtungen, Erziehung und Bildung.

Art. 58. Mit Haft bis zu acht Tagen oder an Geld bis zu fünfzehn Thalern werden auf Anzeige der Schulbehörde Eltern, Pflegeeltern, Vormünder, Dienst- und Lehrherrn gestraft, welche ohne genügende Entschuldigung unterlassen, ihre schulpflichtigen Kinder, Pflegekinder, Mündel, Dienstboten oder Lehrlinge zum Schulbesuche anzuhalten, ungeachtet sie von der Ortsschulbehörde wegen schuldhafter Schulversäumnisse auf Grund der bestehenden Schulordnung mit Geld gestraft und zugleich vor weiteren Schulversäumnissen verwarnt worden sind.

Haft bis zu drei Tagen kann auf Anzeige der Schulbehörden gegen diejenigen Schulpflichtigen erkannt werden, welche aus eigenem Verschulden den Besuch der Sonntagsschule oder der dieselbe vertretenden Fortbildungsschule oder während ihrer allgemeinen Sonntagsschulpflicht den vorgeschriebenen Besuch des öffentlichen Religionsunterrichtes fortgesetzt versäumen, ungeachtet sie von der Ortsschulbehörde wegen schuldhafter Versäumniß auf Grund der bestehenden Schulordnung gestraft oder vor weiteren Versäumnissen verwarnt worden sind.

Die Dauer der Schulpflicht wird bis zur Erlassung eines Schulgesetzes durch Verordnung bestimmt.

Art. 59. An Geld bis zu dreißig Thalern wird bestraft, wer ohne die nach Verordnung erforderliche polizeiliche Bewilligung eine Erziehungs- oder Unterrichtsanstalt gründet oder leitet.

Zugleich ist im Strafurtheile die Zulässigkeit der Schließung solcher Anstalten auszusprechen.

Sechstes Hauptstück.

Uebertretungen in Bezug auf Leben und Gesundheit.

Art. 60. An Geld bis zu dreißig Thalern oder mit Haft bis zu dreißig Tagen wird bestraft, wer zu einer Leichenöffnung schreitet, ehe die vorgeschriebene erste Leichenschau stattgefunden hat und Kennzeichen des erfolgten Todes eingetreten sind.

An Geld bis zu fünfzehn Thalern wird gestraft, wer über die Zeit oder Art des eingetretenen Todes bei der Todtenschau wissentlich falsche Angaben macht.

Art. 61. An Geld bis zu dreißig Thalern oder mit Haft bis zu dreißig Tagen wird gestraft:

1) wer ohne Bewilligung der zuständigen Behörde eine Leiche von dem Sterbeorte an einen anderen, als den ordnungsgemäßen Ort der Beerdigung verbringt oder verbringen läßt oder den bei Ertheilung der Bewilligung getroffenen polizeilichen Anordnungen zuwiderhandelt;
2) wer ohne Bewilligung der zuständigen Behörde eine Leiche an einem andern Orte, als auf einem öffentlichen Kirchhofe oder in einer besonderen gesetzlich zulässigen oder polizeilich genehmigten Gruft oder Begräbnißstätte beerdigt oder beerdigen läßt;
3) wer den ortspolizeilichen Vorschriften oder in Ermanglung solcher den districtspolizeilichen Anordnungen in Bezug auf die Leichenordnung oder Beisetzung der Leichen in Leichenhäusern oder den oberpolizeilichen Vorschriften über Zeit, Ort und Art der Beerdigung, sowie über Verbringung von Leichen vom Sterbeorte an den außerhalb desselben befindlichen ordnungsmäßigen Begräbnißplatz zuwiderhandelt.

Todtengräber, welche eine solche Uebertretung ausführen oder dazu Beihilfe leisten, oder welche den gesetzlichen Vorschriften oder den ihnen besonders bekannt gemachten Anordnungen der Polizeibehörde über Anlage, Tiefe, Ordnung und Oeffnung der Gräber zuwiderhandeln, sind an Geld bis zu fünfzehn Thalern oder mit Haft bis zu acht Tagen zu bestrafen.

Bei wiederholten Verfehlungen kann der Richter aussprechen, daß der Verurtheilte für die Verrichtungen eines Todtengräbers nicht mehr verwendet werden darf.

Art. 62. Einer Geldstrafe bis zu zehn Thalern unterliegt, wer gegen ortspolizeiliches Verbot Leichen öffentlich zur Schau stellt.

(Art. 63. und 64. aufgehoben.)

Art. 65. Familienhäupter und deren Stellvertreter, in deren Wohnung die Blattern ausgebrochen sind und welche nicht innerhalb 12 Stunden, nachdem sie von der Natur der Krankheit Kenntniß erlangt haben, der Polizeibehörde Anzeige machen oder einen approbirten Arzt zu Hilfe rufen, werden an Geld bis zu fünf Thalern bestraft.

Art. 66. Wer wissentlich an einem ansteckenden Uebel leidet und mit Verheimlichung desselben sich als Dienstbote, Amme, Geselle, Gewerbsgehilfe, Lehrling oder Fabrikarbeiter verdingt, desgleichen, wer im Dienste von einem solchen Uebel befallen wird und solches der Dienstherrschaft, dem Meister oder dem Fabrikherrn verheimlicht, wird mit Haft bis zu acht Tagen oder an Geld bis zu fünfzehn Thalern gestraft.

Die Befugniß der Polizeibehörde, die erforderlichen Maßregeln wegen Absonderung und Heilung solcher Personen zu treffen, bleibt vorbehalten.

Art. 67. Wer Kleidungsstücke, Leinenzeug, Betten oder andere zur Verbreitung von Ansteckung geeignete Gegenstände, welche von einem an einer ansteckenden Krankheit Leidenden während derselben gebraucht worden sind, bei polizeilicher Nachfrage verheimlicht oder nicht in der von der Polizeibehörde vorgeschriebenen Weise reinigt oder der polizeilich angeordneten Vernichtung entzieht, desgleichen wer wissentlich solche zur Vernichtung geeignete Gegenstände verkauft, in Umlauf setzt oder an sich bringt, wird an Geld bis zu dreißig Thalern oder mit Haft bis zu vier Wochen gestraft.

Der gleichen Strafe unterliegt, wer außer den Fällen des § 327 und 328 des Strafgesetzbuches für das deutsche Reich den von der zuständigen Behörde zum Schutze gegen den Eintritt oder die Verbreitung einer ansteckenden oder epidemisch auftretenden Krankheit oder Viehseuche angeordneten Sicherheitsmaßregeln zuwiderhandelt.

Die zur Vernichtung bestimmten Gegenstände werden eingezogen.

Art. 68. An Geld bis zu fünf Thalern wird gestraft, wer Schafe oder andere Hausthiere der zur Verhütung der Schafräude oder sonstiger Viehseuchen oberpolizeilich angeordneten Beschau entzieht oder nicht rechtzeitig unterstellt.

Art. 69. An Geld bis zu fünfzehn Thalern wird gestraft, wer, nachdem er Kennzeichen einer ansteckenden Krankheit an einem ihm zugehörigen oder seiner Hut oder Aufsicht anvertrauten Thiere wahrgenommen hat, nicht sofort das Thier von Orten, wo die Gefahr der Ansteckung anderer Thiere besteht, fernehält und der Ortspolizeibehörde Anzeige macht, oder einen approbirten Thierarzt zur Behandlung des erkrankten Thieres beizieht.

Erscheinen an einem Thiere Kennzeichen der Wuth, so muß dasselbe sogleich getödtet oder auf andere Weise unschädlich gemacht werden, widrigenfalls die Eingangs bestimmte Strafe einzutreten hat.

Art. 70. Zuwiderhandlungen gegen die oberpolizeilichen Vorschriften über das Wegschaffen, den Transport und das Vergraben gefallener oder getödteter Thiere, sowie über das Ausgraben verscharrter Thiere und Thierknochen, werden an Geld bis zu fünf Thalern, und wenn dieselben wissentlich in Ansehung eines an einer ansteckenden Krankheit gefallenen oder wegen derselben getödteten Thieres begangen werden, an Geld bis zu fünfzehn Thalern gestraft.

Art. 71. Wasenmeister, welche den ihre Verrichtungen betreffenden oberpolizeilichen Vorschriften zuwiderhandeln, unterliegen einer Geldstrafe bis zu dreißig Thalern.

Der gleichen Strafe unterliegen die im Geschäftsbetrieb des Wasenmeisters verwendeten Personen, welche jenen Vorschriften zuwiderhandeln.

Art. 72. Approbirte Aerzte, Wundärzte, Bader, Hebammen und Thierärzte, welche die ihnen nach Verordnung obliegende Anzeige von dem Ausbruche einer ansteckenden Krankheit unter Menschen oder Thieren nicht sofort der Polizeibehörde erstatten, werden an Geld bis zu dreißig Thalern bestraft.

Art. 73. Wer den Verordnungen, ober- oder ortspolizeilichen Vorschriften oder in Ermangelung der letzteren den districtspolizeilichen Anordnungen über Anlage, Einrichtung oder Abänderung, sowie über Entleerung und bauliche Instandhaltung von Abtritten, Dung- und Versitzgruben in Wohngebäuden oder in unmittelbarer Nähe von Wohnungen, Brunnen oder Brunnquellen zuwiderhandelt, wird an Geld bis zu fünfzehn Thalern gestraft.

Gleicher Strafe unterliegt, wer den ortspolizeilichen Vorschriften über das Beziehen neuhergestellter Wohnungen oder Wohnungsräume zuwiderhandelt.

Im Falle des Abs. I hat der Richter zu erkennen, daß die Polizeibehörde berechtigt ist, die Beseitigung des vorschriftswidrigen Zustandes zu verfügen.

Die nach Maßgabe des gegenwärtigen Artikels erkannten Geldstrafen fließen zu zwei Drittheilen in die Armencasse des Ortes der Uebertretung.

Art. 74. An Geld bis zu fünfzehn Thalern wird gestraft:

1) wer den ober- oder ortspolizeilichen Vorschriften über Beschau des zur menschlichen Nahrung bestimmten Viehes vor und nach der Schlachtung zuwiderhandelt;
2) wer andere verkäufliche Nahrungsmittel, Eßwaaren oder Getränke rc. der durch ober- oder ortspolizeiliche Vorschrift angeordneten Beschau entzieht.

Die nach Maßgabe des gegenwärtigen Artikels erkannten Geldstrafen fließen zu zwei Drittheilen in die Armencasse des Ortes der Uebertretung.

Art. 75. Wer außer den Fällen des § 367 Ziff. 7 des Strafgesetzbuches für das Deutsche Reich den zur Verhütung von Gefahren für die Gesundheit in Bezug auf die Beschaffenheit, Zubereitung und Aufbewahrung oder das Ausmessen und Auswägen verkäuflicher Nahrungsmittel, Eßwaaren und Getränke ergangenen ober- oder ortspolizeilichen Vorschriften zuwiderhandelt, wird an Geld bis zu fünfzehn Thalern gestraft, womit, im Falle die Uebertretung innerhalb zwei Jahren wiederholt wird, Haft bis zu acht Tagen verbunden werden kann.

An Geld bis zu fünf Thalern wird gestraft, wer die ortspolizeilichen Anordnungen über Reinlichkeit in Mühlen, Schlachthäusern, Fleischbänken und auf Märkten übertritt.

Im Strafurtheile ist zugleich die Zulässigkeit der Einziehung der in Abs. I als schädlich bezeichneten Gegenstände auszusprechen.

Art. 76. An Geld bis zu fünfzehn Thalern oder mit Haft bis zu acht Tagen wird gestraft, wer den oberpolizeilichen Vorschriften zur Verhütung von Gefahren für die Gesundheit

1) bei Verfertigung, Aufbewahrung oder Verpackung von Tabak oder bei Verfertigung von Koch-, Eß- oder Trinkgeschirren, Kleidungsstoffen, Kinderspielwaaren, Tapeten oder sonstigen Gegenständen des menschlichen Gebrauches

oder

2) beim Anstreichen oder Bemalen von Wohnungsräumen, zuwiderhandelt.

Gleicher Strafe unterliegt, wer gegen oberpolizeiliches Verbot solche für die Gesundheit gefährliche Gegenstände feilbietet oder verkauft.

Zugleich kann auf Einziehung solcher Gegenstände erkannt werden.

Art. 77. Die in Gemäßheit der Art. 75 und 76 erkannten Geldstrafen, sowie der Erlös der gemäß Art. 75 und 76 eingezogenen und nicht zur Vernichtung bestimmten Gegenstände fließen zu zwei Drittheilen in die Armencasse des Ortes der Betretung.

Art. 78. Mit Geldstrafe bis zu fünfzehn Thalern wird bestraft, wer ohne polizeiliche Bewilligung eine Schießstätte oder einen Schießstand errichtet oder den in Bezug auf die Einrichtung und Benützung einer solchen Vorrichtung von der Polizei im Interesse der öffentlichen Sicherheit getroffenen Anordnungen zuwiderhandelt.

Die Polizeibehörde ist berechtigt, zu jeder Zeit derartige Anordnungen zu erlassen und im Falle der Zuwiderhandlung die fernere Benützung der Anlage zu verbieten.

Art. 79. An Geld bis zu drei Thalern wird gestraft, wer an einem durch ortspolizeiliche Vorschrift verbotenen Orte badet oder gegen ortspolizeiliches Verbot sich auf eine Eisdecke begibt.

Art. 80. Wer mit Gefahr für Personen oder Eigenthum oder für die öffentliche Sittlichkeit Blödsinnige oder Geisteskranke, deren Aufsicht ihm obliegt, frei auf Straßen oder an öffentlichen Orten herumgehen läßt, wird an Geld bis zu fünfzehn Thalern bestraft.

Hat eine solche Person einen Angriff gegen Personen oder fremdes Eigenthum verübt oder die öffentliche Sittlichkeit verletzt und ist wegen Unzurechnungsfähigkeit des Beschuldigten entweder ein Strafverfahren gar nicht eingeleitet worden oder ein das Strafverfahren einstellendes Erkenntniß erfolgt oder ist die Gemeingefährlichkeit einer solchen Person in sonstiger Weise festgestellt, so ist die Polizeibehörde berechtigt, auf den Grund bezirksärztlichen Gutachtens deren Unterbringung in einer Irrenanstalt oder deren sonstige genügende Verwahrung anzuordnen.

Art. 81. Wer ihm angehörige oder anvertraute Kinder, Kranke, Gebrechliche, Blödsinnige oder andere dergleichen hilflose Personen in Bezug auf Schutz, Aufsicht, Verpflegung oder ärztlichen Beistand verwahrlost, wird an Geld bis zu dreißig Thalern oder mit Haft bis zu vier Wochen bestraft.

Im Strafurtheile kann ausgesprochen werden, daß die Polizeibehörde ermächtigt sei, in anderer Weise für die Unterbringung der betreffenden Person auf Kosten des Pflichtigen zu sorgen.

Art. 82. Wer bei Verrichtungen, welche zur Verhütung von Gefahr für Leben und Gesundheit Dritter besondere Vorsicht erfordern, sich betrinkt, wer betrunken solche Verrichtungen außer Nothfällen vornimmt, wird an Geld bis zu fünfzehn Thalern oder mit Haft bis acht Tagen gestraft.

Art. 83. An Geld bis zu fünf Thalern wird gestraft:

1) wer Hunde der durch ober- oder ortspolizeiliche Vorschrift angeordneten und öffentlich bekannt gemachten Visitation entzieht oder nicht rechtzeitig unterstellt oder die ober- oder ortspolizeilich vorgeschriebenen Zeichen für dieselben nicht löst;
2) wer Hunde in Kirchen oder zu Pferderennen mitnimmt;
3) wer gegen ortspolizeiliches Verbot oder in Ermanglung eines solchen gegen districtspolizeiliche Anordnung Hunde auf Leichenhöfe, in öffentliche Wirthschaftslocale, in Theater, Fleischbänke, auf Märkte oder zu öffentlichen Feierlichkeiten mitnimmt, solche während der Nachtzeit auf öffentlichen Straßen frei herumlaufen läßt, läufige Hündinnen nicht gehörig verwahrt oder freilaufende Hunde größerer Gattung nicht mit einem wohlbefestigten Maulkorbe versieht.

Unabhängig von der Strafverfolgung steht der Polizeibehörde die Befugniß zu, die ohne vorgeschriebenes Zeichen oder gegen Verbot frei oder ohne Maulkorb herumlaufenden Hunde einfangen und nach Ablauf eines festgesetzten, öffentlich bekannt gemachten Zeitraumes tödten zu lassen, wenn sich der Besitzer innerhalb dieses Zeitraumes nicht gemeldet hat.

Desgleichen ist die Polizeibehörde berechtigt, Hunde, welche mit ansteckenden oder ekelerregenden Krankheiten behaftet sind, auf Gutachten eines approbirten Thierarztes tödten zu lassen.

(Absatz IV aufgehoben).

Die nach Maßgabe des gegenwärtigen Artikels erkannten Geldstrafen fließen zu zwei Drittheilen in die Armencasse des Ortes der Uebertretung.

Art. 84. Wer an Orten, wo Personen oder fremdes Eigenthum beschädigt werden können, Thiere geflissentlich reizt, scheu oder wild macht, wird an Geld bis zu zwanzig Thalern oder mit Haft bis zu vierzehn Tagen gestraft.

Art. 85. An Geld bis zu fünf Thalern oder mit Haft bis zu drei Tagen wird gestraft, wer scheue oder mit gefährlichen Fehlern behaftete Pferde mit Kenntniß dieses Umstandes einem Anderen ohne Warnung und Belehrung zum Gebrauche überläßt oder an bestellte Fuhren spannt.

Art. 86. Wer ohne Beachtung der erforderlichen Vorsichtsmaßregeln mit Gefahr für Personen oder fremdes Eigenthum

Sprengungen durch explodirende Stoffe vornimmt, wird an Geld bis zu fünfzehn Thalern gestraft.

Art. 87. Mit Haft bis zu vierzehn Tagen oder an Geld bis zu zwanzig Thalern wird gestraft, wer vorsätzlich und unbefugt

1) die zur Verhütung von Unglücksfällen angebrachten Schutzmittel, Sperrungs- oder Warnungszeichen entfernt oder für ihren Zweck unbrauchbar macht oder
2) die zur öffentlichen Beleuchtung bestimmten Laternen von ihrer Stelle entfernt oder auslöscht oder
3) die zur Hilfe bei öffentlichen Nothfällen bestimmten Geräthschaften entfernt, für ihren Zweck unbrauchbar macht oder deren Gebrauch verhindert.

Wer Gegenstände der in Ziff. 1—3 bezeichneten Art aus Fahrlässigkeit beschädigt, oder für ihren Zweck unbrauchbar gemacht hat und nicht sofort für angemessene Wiederherstellung Sorge trägt, wird an Geld bis zu fünf Thalern gestraft.

Art. 88. An Geld bis zu zwanzig Thalern oder mit Haft bis zu vierzehn Tagen wird gestraft, wer den oberpolizeilichen Vorschriften über Schutz der Eisenbahnen und des Bahnbetriebes zuwiderhandelt.

Uebertretungen der oberpolizeilichen Vorschriften über Aufrechthaltung der Ordnung auf der Bahn, in den Bahnhöfen und auf Dampfschiffen unterliegen einer Geldstrafe bis zu zehn Thalern.

Siebentes Hauptstück.

Uebertretungen in Bezug auf Straßen-, Reinlichkeits- und Wasserpolizei.

Art. 89. An Geld bis zu zwanzig Thalern oder mit Haft bis zu vierzehn Tagen wird gestraft, wer außer Nothfällen

1) in den Gräben öffentlicher Straßen reitet oder fährt oder
2) in den Gräben, auf den Böschungen oder Dämmen einer Staats-, Districts- oder kunstmäßig gebauten Gemeindestraße Vieh treibt oder absichtlich weiden läßt, insoferne nicht von Seite der Oberpolizei Ausnahmen zugelassen werden.

Wer Vieh über die Straße und deren Zugehörungen treibt, um auf Grundstücke zu gelangen, auf welchen er Trieb- und Weiderecht hat und bei welchen besondere Uebergänge nicht vorhanden sind, unterliegt keiner Strafe.

Art. 90. Wer außer den durch das Gesetz besonders vorgesehenen Fällen den Anordnungen zuwiderhandelt, welche über die Sicherstellung der öffentlichen Straßen, Wege, Plätze, Brücken und Stege gegen Beschädigungen erlassen sind, wird an Geld bis zu zwanzig Thalern oder mit Haft bis zu vierzehn Tagen gestraft.

Diese Anordnungen werden in Bezug auf Staatsstraßen und deren Zugehörungen durch oberpolizeiliche, in Bezug auf Districtsstraßen und deren Zugehörungen durch districtspolizeiliche, in den übrigen Fällen durch ortspolizeiliche Vorschriften erlassen.

Art. 91. Die auf Grund des § 366 Ziff. 9 des Strafgesetzbuches für das Deutsche Reich, sowie der Artikel 89 und 90 des gegenwärtigen Gesetzes erkannten Geldstrafen werden zur Bildung eines Unterstützungsfondes für das zur Beaufsichtigung der Staats- und Districtsstraßen verpflichtete Unterpersonal verwendet, wenn die Uebertretung in Bezug auf eine Staats- oder Districtsstraße oder deren Zugehörungen verübt worden ist, in den übrigen Fällen fließen sie zu zwei Drittheilen in die Armencasse des Ortes der Uebertretung.

Art. 92. Wer das zum Genusse für Menschen oder Thiere bestimmte Wasser in Brunnen, Cisternen, Leitungen oder in den zum öffentlichen Gebrauche bestimmten Quellen oder Bächen unbefugt verunreinigt oder verdirbt, wird an Geld bis zu fünfzehn Thalern oder mit Haft bis zu acht Tagen gestraft.

Art. 93. An Geld bis zu fünf Thalern wird gestraft, wer außer den im § 366 Ziff. 10 des Strafgesetzbuches für das Deutsche Reich erwähnten Fällen den Anordnungen der Ortspolizeibehörde über das Abladen von Unrath, Bauschutt, Schnee oder Eis zuwiderhandelt und wer solche Gegenstände an fremde Gebäude, in oder auf solche oder auf fremde Grundstücke unbefugt ableert.

Art. 94. Wer außer den Fällen des § 366 Ziff. 10 des Strafgesetzbuches für das Deutsche Reich den ortspolizeilichen Vorschriften oder in Ermangelung von solchen den districtspolizeilichen Anordnungen über öffentliche Reinlichkeit in Städten, Märkten, Dörfern und sonstigen Ortschaften zuwiderhandelt, wird mit Geld bis zu zwanzig Thalern oder mit Haft bis zu vierzehn Tagen gestraft.

Art. 95. Wer öffentliche Denkmale, Statuen, Gemälde oder andere öffentlich aufgestellte Kunstgegenstände, wer öffentliche Spaziergänge oder Anlagen, Friedhöfe, Stadtthore, öffentliche oder Privatgebäude, öffentliche Brunnen, Wasserleitungen, im Freien befindliche und für den öffentlichen Gebrauch bestimmte Sitzbänke, Tische oder dergleichen Gegenstände aus Bosheit oder Muthwillen besudelt, oder den zur Sicherstellung der hier aufgeführten Gegenstände erlassenen ober-, districts- oder ortspolizeilichen Vorschriften und Anordnungen zuwiderhandelt, wird an Geld bis zu zwanzig Thalern oder mit Haft bis zu vierzehn Tagen gestraft.

Art. **96.** Die nach Maßgabe der Art. 92—95 erkannten Geldstrafen fließen zu zwei Drittheilen in die Armencasse des Ortes der Uebertretung.

Art. **97.** Die Uebertretung der verordnungsmäßigen Bestimmungen über die Schiff- und Floßfahrt auf dem Ludwigskanale und über die sonstige Benützung der Anlagen dieses Kanals, sowie über Eichung der denselben befahrenden Schiffe wird mit Geld bis zu zwanzig Thalern oder mit Haft bis zu vierzehn Tagen bestraft.

Die Geldstrafe fließt in die für das Kanal-Unterpersonal errichtete Unterstützungscasse.

Die Uebertretung der oberpolizeilichen Vorschriften über die Schifffahrt auf dem Frankenthaler Kanale und über die sonstige Benützung der Anlagen dieses Kanales unterliegt gleicher Geldstrafe oder Haft.

Die Geldstrafe wird zu Gunsten des Kanal-Unterpersonales verwendet.

Die Uebertretung der durch oberpolizeiliche Vorschrift erlassenen Ordnungen für andere Kanäle wird an Geld bis zu zwanzig Thalern oder mit Haft bis zu vierzehn Tagen gestraft.

Die Verwendung der Geldstrafen zu Gunsten des aufgestellten Kanal-Unterpersonales kann durch Verordnung bestimmt werden.

Art. **98.** Einer Geldstrafe bis zu fünfzehn Thalern unterliegt die Uebertretung der durch ober- oder ortspolizeiliche Vorschriften erlassenen Hafen- und Lände-Ordnungen, soweit nicht nach Maßgabe der Gesetze über die Benützung des Wassers eine höhere Strafe zulässig ist.

Achtes Hauptstück.

Uebertretungen in Bezug auf Brandversicherung.

Art. **99.** (aufgehoben.)

Art. **100.** Ueberversicherungen von Mobilien, welche durch wissentlich unrichtige Werthsangabe in der Art herbeigeführt werden, daß die in demselben Vertrage versicherte Gesammtsumme den wahren Werth der Versicherungsgegenstände mindestens um den vierten Theil übersteigt, werden an den Mobilienbesitzern, sowie an den betheiligten Schätzern und Agenten an Geld bis zu einhundert und fünfundsiebenzig Thalern gestraft.

Gleicher Strafe unterliegen Doppelversicherungen, mittels deren der bei einer Gesellschaft oder Anstalt bereits versicherte Werth einzelner oder mehrerer Mobilien auch noch bei einer anderen Gesellschaft oder Anstalt versichert wird.

Neuntes Hauptstück.

Uebertretung baupolizeilicher Bestimmungen.

Art. 101. In den Landestheilen rechts des Rheins werden Bauherrn, Baumeister und Bauhandwerker an Geld bis zu einhundertfünfzig Mark oder mit Haft gestraft, wenn sie bei einem Neubau oder einer Baureparatur die festgesetzte Baulinie willkürlich abändern oder den in den bestehenden Verordnungen oder ortspolizeilichen Vorschriften begründeten baupolizeilichen Anordnungen zuwiderhandeln.

Baupolizeiliche Vorschriften dürfen, vorbehaltlich der Bestimmung des folgenden Absatzes, nur zu dem Zwecke der Feuersicherheit und Festigkeit der Bauführung, sowie der Gesundheit erlassen werden.

Für Städte von mehr als 20,000 Seelen können im Interesse der Verschönerung baupolizeiliche Anordnungen durch Verordnung oder ortspolizeiliche Vorschrift getroffen werden. Die hierauf gegründeten Abänderungen des Bauplanes dürfen jedoch die Kosten der Bauführung nicht vermehren.

Art. 102. In der Pfalz wird an Geld bis zu fünf Thalern gestraft, wer an einer öffentlichen Straße einer Stadt oder eines Dorfes, an einer Staats- oder Districtsstraße ein neues Gebäude oder einzelne Theile oder Vorsprünge desselben, z. B. Freitreppen u. dgl. oder eine neue Mauer aufführt, ohne sich die Baulinie von der zuständigen Behörde abstecken zu lassen.

An Geld bis zu fünfzig Thalern oder mit Haft wird gestraft:

1) wer an einer der in Abs. I genannten Straßen mit eigenmächtiger Abweichung von der allgemein festgesetzten oder ihm durch die zuständige Behörde besonders abgesteckten Baulinie ein neues Gebäude oder eine neue Mauer aufführt oder ohne oberpolizeiliche Erlaubniß an bestehenden Gebäuden, Gebäude-Vorsprüngen, Freitreppen oder Mauern, insoweit diese der festgesetzten Baulinie nicht entsprechen, eine zur Verstärkung oder Wiederherstellung derselben dienende Bauarbeit unternimmt;
2) wer den zum Zwecke der Feuersicherheit und Festigkeit der Gebäude, sowie der Gesundheit erlassenen Verordnungen, oberpolizeilichen Vorschriften oder den auf deren Grund erlassenen ortspolizeilichen Anordnungen zuwiderhandelt;

3) wer ohne Bewilligung der zuständigen Behörde in einer weniger als 100 Meter betragenden Entfernung von einem im Gebrauche stehenden Leichenacker eine Wohnung errichtet oder einen Brunnen gräbt oder bestehende Wohngebäude erneuert oder vergrößert.

Derselben Strafe unterliegen Bauunternehmer, Bau- und Werkmeister, sowie selbständig arbeitende Paliere, Gesellen und sonstige Bauarbeiter, welche die im gegenwärtigen Artikel verbotenen Handlungen ausführen.

Art. 103. Baumeister und Bauhandwerker, welche die durch ortspolizeiliche Vorschriften festgesetzten besonderen Verpflichtungen ihres Berufes über Anzeige unternommener Bauten und Bauarbeiten vernachlässigen, unterliegen einer Geldstrafe bis zu fünfzehn Thalern.

Art. 104. Obrigkeitlich aufgestellte Sachverständige, welche die ihnen obliegende Untersuchung eines Baues mit Gefahr für Personen oder fremdes Eigenthum fahrlässiger Weise versäumen, werden, insoferne nicht disciplinäre Ahndung stattfindet, an Geld bis zu dreißig Thalern gestraft.

Gleicher Strafe unterliegen andere Sachverständige, welche nach übernommenem obrigkeitlichen Auftrage die Untersuchung eines Baues mit Gefahr für Personen oder fremdes Eigenthum fahrlässiger Weise versäumen.

Art. 105. In den Fällen des § 367 Ziff. 13—15 und § 368 Ziff. 3 und 4 des Strafgesetzbuches für das Deutsche Reich und der Art. 101 und 102 des gegenwärtigen Gesetzes hat der Richter im Strafurtheile auszusprechen, daß die Polizeibehörde berechtigt ist, die Beseitigung des ordnungswidrigen Zustandes anzuordnen und zu diesem Zwecke die Sicherstellung, Abänderung, den gänzlichen oder theilweisen Abbruch des betreffenden Bauwerkes oder der betreffenden Vorrichtung zu verfügen.

Besteht Gefahr auf dem Verzuge, so ist die Polizeibehörde berechtigt, die im vorstehenden Absatze bezeichneten Maßregeln, vorbehaltlich der Strafverfolgung, sofort vorzukehren.

Zehntes Hauptstück.

Uebertretungen in Bezug auf das Dienstboten-Wesen.

Art. 106. Mit Haft bis zu acht Tagen oder Geld bis zu fünfzehn Thalern werden Dienstboten bestraft, welche

1) im Falle sie sich weiter verdingen, ihrer Dienstherrschaft nicht rechtzeitig aufkündigen;
2) sich an mehrere Dienstherrschaften zugleich verdingen;

3) ohne genügenden Rechtfertigungsgrund zur bedungenen oder gesetzlichen Zeit nicht in den Dienst eintreten;
4) ohne genügenden Rechtfertigungsgrund vor Ablauf der bedungenen oder gesetzlichen Dienstzeit den Dienst verlassen;
5) an abgeschafften Feiertagen oder anderen Werktagen das Arbeiten verweigern oder an Sonn- und wirklichen Feiertagen die ihnen obliegenden Geschäfte nicht verrichten;
6) zur Arbeitszeit sich in Wirthshäusern, auf Spielplätzen oder in Winkelkneipen herumtreiben;
7) hartnäckigen Ungehorsam oder Widerspenstigkeit gegen die Befehle der Dienstherrschaft oder deren Stellvertreter sich zu Schulden kommen lassen oder gegen dieselben die Pflicht der schuldigen Achtung gröblich verletzen;
8) ohne Erlaubniß der Dienstherrschaft oder deren Stellvertreter Jemanden beherbergen oder zur Nachtzeit die Behausung ordnungswidrig verlassen.

Landwirthschaftliche Dienstboten oder auf längere Zeit in Beschäftigung genommene Taglöhner, welche ohne genügenden Rechtfertigungsgrund zur Erntezeit oder zur Saat- und Ausbauzeit den Dienst verlassen, können mit Haft bis zu vierzehn Tagen bestraft werden.

Die unter Absatz I Ziff. 3, 4, 5, 7 und Absatz II bezeichneten Uebertretungen werden nur auf Antrag der Dienstherrschaft oder ihres Stellvertreters gestraft.

Unabhängig von der Strafverfolgung steht der Polizeibehörde die Befugniß zu, Dienstboten, welche widerrechtlich den Antritt oder die Fortsetzung des Dienstes verweigern, der Dienstherrschaft auf ihren oder ihres Stellvertreters Antrag zwangsweise vorzuführen.

Gleiche Befugniß hat die Polizeibehörde gegen landwirthschaftliche, auf längere Zeit in Beschäftigung genommene Taglöhner, welche zu der in Absatz II angegebenen Zeit ohne genügenden Rechtfertigungsgrund die Arbeit verlassen.

Hat eine solche Vorführung stattgefunden, und entzieht sich hierauf der Vorgeführte nochmals widerrechtlich demselben Dienste oder Arbeitsverhältnisse, so ist er mit Haft bis zu drei Wochen zu bestrafen.

Art. **107.** An Geld bis zu fünf Thalern werden Dienstherrschaften gestraft, welche den districts- oder ortspolizeilichen Vorschriften über die Anzeige des Ein- und Austrittes von Dienstboten, sowie über die Vorlage und Aufbewahrung der Dienstbücher zuwiderhandeln.

Einer Geldstrafe bis zu fünf Thalern unterliegen Dienstboten, welche von ihrer Dienstherrschaft den Auftrag erhalten haben, anstatt derselben ihren Dienst-Eintritt oder -Austritt bei der Ortspolizeibehörde zur Anzeige zu bringen und diese Anzeige verabsäumen.

Art. **108.** An Geld bis zu fünf Thalern wird gestraft, wer wissentlich einen bereits verdungenen Dienstboten für die nämliche Zeit für sich dingt oder einen Dienstboten bei Auflösung des Dienstverhältnisses polizeilicher Aufforderung ungeachtet die Ausstellung des Zeugnisses im Dienstbotenbuche verweigert.

Art. **109.** Mit Haft bis zu acht Tagen oder an Geld bis zu fünfzehn Thalern werden Dienstherrschaften und Dienstboten gestraft, welche bei Eingehung eines Dienstvertrages unsittliche Bedingungen festsetzen.

Gleicher Strafe unterliegen Diejenigen, welche in einen Scheindienst treten oder einen solchen gestatten.

Art. **110.** Die nach Maßgabe der Art. 106—109 erkannten Geldstrafen fließen zu zwei Drittheilen in die Armencasse des Ortes der Uebertretung.

Elftes Hauptstück.

Uebertretungen in Bezug auf Landwirthschaft, Jagd und Fischerei.

Art. **111.** Einer Geldstrafe bis zu 10 Thalern unterliegt, wer innerhalb einer Ortschaft das Belegen von Pferden oder Rindvieh auf öffentlichen Plätzen oder Straßen vornehmen läßt.

Art. **112.** An Geld bis zu zwanzig Thalern wird bestraft, wer unbefugter Weise

1) aus Gärten, Weinbergen, Obstanlagen oder Alleen oder von Feldern, Aeckern oder Wiesen, Gartenfrüchte, Feldfrüchte oder andere Bodenerzeugnisse von unbedeutendem Werthe oder in geringer Quantität entwendet;
2) Bäume oder Sträucher, welche in Gärten, Obstanlagen, Alleen, auf Aeckern oder sonst außerhalb eines Forstes stehen, oder Hecken und andere zur Einfassung von Grundstücken dienende Anpflanzungen abhaut, abbricht, ausreißt, ausrottet oder beschädigt.

Art. **113.** An Geld bis zu drei Thalern ist zu bestrafen, wer unbefugter Weise

1) fremde auf dem Felde zurückgelassene Ackergeräthe gebraucht;
2) das auf Grenzrainen, Gräben, Wegen oder Triften wachsende Gras oder sonstige Viehfutter abschneidet oder abrupft;
3) Dünger von Aeckern, Wiesen oder Weiden aufsammelt.

Art. 114. Ist in den Fällen der Art. 112 und 113 eine Beschädigung fremden Eigenthums aus Rache oder Bosheit verübt worden, so kommen die Bestimmungen des Strafgesetzbuches zur Anwendung.

Art. 115. Wer unbefugt Vieh auf fremden Grundstücken weidet, die Grenzen fremder Grundstücke durch Mähen oder Ernten überschreitet, fremde Gräben verschüttet oder über die Einfriedungen fremder Gärten steigt, wird an Geld bis zu fünfzehn Thalern gestraft.

Art. 116. Wer gegen ortspolizeiliches Verbot sein Vieh außerhalb geschlossener Höfe oder anderer umfriedeter Räume ohne gehörige Aufsicht umherlaufen läßt, wird an Geld bis zu drei Thalern gestraft.

Art. 117. An Geld bis zu fünf Thalern wird gestraft:

1) wer die Viehweide zur Nachtzeit ausübt;
2) wer das während der Nachtzeit im Freien, in Hürden oder anderen geschlossenen Räumen bleibende Vieh vor Sonnenaufgang auf die Weide bringt oder später als eine Stunde nach Sonnenuntergang wieder eintreibt;
3) wer Weidevieh, welches nicht während der Nachtzeit im Freien, in Hürden oder anderen geschlossenen Räumen verbleibt, später als eine Stunde nach Sonnenuntergang zu Stalle bringt oder früher als eine Stunde vor Sonnenaufgang zur Hut wieder austreibt.

Eine Ausnahme von dem Verbote der Nachtweide tritt bei der Alpenweide und bei der Weide auf jenen Grundstücken ein, welche von allen Seiten so umschlossen sind, daß dadurch das Austreten des Viehes verhindert wird.

Weitere Ausnahmen von dem Verbote der Nachtweide sind von der Kreisverwaltungsstelle für solche Gegenden zu machen, in welchen die Nachtweide auf nicht umschlossenen Grundstücken bisher üblich gewesen ist oder nach den eigenthümlichen wirthschaftlichen Verhältnissen nicht entbehrt werden kann. Hiebei hat die Kreisverwaltungsstelle zugleich die Befugniß, die zum Schutze gegen Beschädigungen und Mißbräuche erforderlichen Vorschriften zu erlassen, deren Uebertretung die in dem gegenwärtigen Artikel bestimmte Strafe nach sich zieht.

Art. 118. An Geld bis zu fünf Thalern wird gestraft, wer Vieh, welches weder durch genügende Umfriedung des Weideplatzes noch durch Anbinden an dem Austreten in fremde Grundstücke gehindert ist, ohne tauglichen Hirten weiden läßt oder die seiner Hut anvertrauten Thiere an dem Austreten in fremde Grundstücke nicht hindert.

Gleicher Strafe unterliegt, wer zur Hut schulpflichtige Kinder mit Versäumung ihrer Schulpflicht verwendet.

Art. 119. Einer Geldstrafe bis zu fünf Thalern unterliegt, wer den ober- oder ortspolizeilichen Vorschriften zuwiderhandelt, welche zur Vermeidung von Mißbräuchen bei der Ausübung der Einzelnhut auf ungeschlossenen, eigenen oder fremden Grundstücken erlassen werden.

Art. 120. Einer Geldstrafe bis zu fünf Thalern unterliegt:

1) wer Hausgeflügel während der durch ortspolizeiliche Vorschrift verbotenen Zeit auf die Felder auslaufen läßt oder Feldtauben zur Saat- und Erntezeit innerhalb des durch die Ortspolizeibehörde bestimmten und öffentlich bekannt gemachten Termines nicht eingeschlossen hält;
2) wer den districts- oder ortspolizeilichen Vorschriften zuwiderhandelt, durch welche den Grundbesitzern gemeinschaftliche Leistungen zum Schutze der Fluren gegen schädliche Thiere auferlegt werden.

Art. 121. Zuwiderhandlungen gegen ortspolizeiliche Vorschriften über die Nachlese in Feldern, Obstbaumpflanzungen und Weinbergen oder gegen sonstige von der Ortspolizeibehörde zum Schutze des landwirthschaftlichen Eigenthums, der Feldwege und der auf der Flurmarkung befindlichen Abzugsgräben erlassene feldpolizeiliche Vorschriften werden an Geld bis zu fünf Thalern bestraft.

Unterläßt die Ortspolizeibehörde, die nöthigen Vorschriften zu treffen, so ist die vorgesetzte Districtspolizeibehörde zur Erlassung von Anordnungen für den Ortspolizeibezirk befugt.

Art. 122. Sind Feldpolizei-Uebertretungen durch Familien-Angehörige, Dienstboten, Taglöhner, Hirten oder in ähnlichen Verhältnissen stehende Personen auf Befehl oder Anordnung des Familienhauptes, Dienstherrn oder Arbeitgebers vorgenommen worden, so ist nur derjenige nach den Bestimmungen dieses Gesetzes strafbar, auf dessen Befehl oder Anordnung die Handlung vorgenommen wurde.

Außerdem haften Eltern, Pflegeeltern und Dienstherrschaften, soferne die von ihren im elterlichen Hause sich aufhaltenden Kindern oder Pflegekindern oder von ihren Dienstleuten begangenen, in den Art. 112, 113 und 115 erwähnten Feldfrevel zu ihrem Vortheile gereichen, für die Kosten, Geldbußen und Entschädigungen.

Kann die Geldstrafe gegen den Thäter nicht vollstreckt werden, so ist sie von den gemäß Abs. II hiefür haftbaren Personen einzuziehen; sind auch diese unvermögend, so wird die Geldstrafe gegenüber dem Verurtheilten in Haft umgewandelt.

Art. 123. Bei der Verfolgung und Aburtheilung der in § 368 Ziff. 1, 2 und 9, und § 370 Ziff. 1 und 2 des Strafgesetzbuches für das Deutsche Reich, dann in Art. 112, 113 und 115 bis 121 gegenwärtigen Gesetzes erwähnten Uebertretungen sind Bedienstete der Districtsgemeinden, sowie Privatpersonen, welche von der Districtsverwaltungsbehörde als Organe des Feldschutzes verpflichtet und anerkannt sind, in Bezug auf den amtlichen Glauben ihrer Aussagen, sowie hinsichtlich der Befugniß zur Vornahme von Pfändungen den von den Gemeinden aufgestellten Flurschutzbediensteten gleichzuachten.

Art. 124. Die auf Grund des § 368 Ziff. 1, 2 und 9 und § 370 Ziff. 1 und 2 des Strafgesetzbuches für das Deutsche Reich, sowie der Art. 112, 113 und 115 bis 122 erkannten Geldstrafen fließen in die Casse derjenigen Gemeinden, in deren Bezirk die Uebertretung verübt wurde, oder insofern eine Ortschaft auf eigene Kosten Flurwächter aufgestellt hat, in die Casse dieser Ortschaft und sind für Zwecke des Flurschutzes zu verwenden.

Art. 125. Die Uebertretung der gesetzlichen Bestimmungen über Ausübung der Jagd und der nach Maßgabe des Gesetzes im Verordnungswege erlassenen jagdpolizeilichen Vorschriften wird nach den hierüber bestehenden Gesetzen bestraft.

Auf Personen, welche bei Ausübung des Jagdrechtes eine gemäß § 367 Ziff. 9 des Strafgesetzbuches für das Deutsche Reich verbotene Waffe führen, sind die Bestimmungen jenes Gesetzes anwendbar.

Unbeschadet der nach Maßgabe des Abs. I verwirkten Strafe unterliegt Wild, welches mit Uebertretung der die Hege oder Hegezeit betreffenden Bestimmungen erlegt wird, desgleichen Wild, welches während der für die betreffende Wildgattung festgesetzten Hegezeit und nachdem seit deren Eintritt vierzehn Tage verstrichen sind, ohne von der Districtspolizeibehörde bewilligte Terminsverlängerung zum Verkaufe gebracht wird, der Einziehung. Der Erlös daraus fließt in die Armencasse des Ortes der Uebertretung.

An Geld bis zu zehn Thalern oder mit Haft bis zu sechs Tagen wird gestraft, wer Vögel, deren Einfangen, Tödten oder Verkauf durch Verordnung verboten ist, einfängt, tödtet oder verkauft oder wer den Verordnungen oder oberpolizeilichen Vorschriften über das Einsammeln oder den Verkauf von Ameisen-Eiern zuwiderhandelt.

Art. 126. An Geld bis zu zwanzig Thalern oder mit Haft bis zu vierzehn Tagen wird bestraft:

1) wer den bestehenden Fischerei-Ordnungen oder den ober-

polizeilichen Vorschriften über die Zeit und Art des Fisch- und Krebsfanges zuwiderhandelt;

2) wer außer der durch Herkommen oder ortspolizeiliche Vorschrift festgesetzten Frist und außer Nothfällen Fischwasser ohne vorgängige rechtzeitige Benachrichtigung des Fischereiberechtigten gänzlich abzapft oder ablaufen läßt;

3) wer unbefugt oder gegen ein ihm besonders eröffnetes districtspolizeiliches Verbot Fischwasser schlämmt oder aus demselben Binsen, Schilfgewächse oder andere Wasserpflanzen räumt oder Wassergräser an den Rinnsalen abmäht.

Ein solches Verbot kann für die zur Nützung des Wassers oder der Wasser- und Uferpflanzen berechtigten Personen nicht auf die Monate August und September erstreckt werden.

Die bei der verbotenen Art der Ausübung des Fisch- und Krebsfanges gebrauchten Geräthe werden eingezogen.

Fische, deren Fang während der Laichzeit verboten ist, oder welche das vorgeschriebene Normalmaß oder Normalgewicht nicht haben, unterliegen der Einziehung, wenn sie zu Markte gebracht oder sonstwie feilgeboten werden.

Zwölftes Hauptstück.

Erwerbs- und Gewerbs-Polizei.

Art. 127. An Geld bis zu fünfzig Thalern wird bestraft, wer, ohne hiezu approbirt zu sein, sich als Landarzt, Chirurg, Bader bezeichnet oder sich einen ähnlichen Titel beilegt, durch den der Glaube erweckt wird, der Inhaber desselben sei eine geprüfte Medizinalperson.

Derselben Strafe unterliegen approbirte Hebammen, wenn sie außer Nothfällen ihre durch Verordnung oder Ministerialvorschrift bestimmten Befugnisse überschreiten.

Die Bezahlung der approbirten Bader und Hebammen bleibt der Vereinbarung vorbehalten. Als Norm für streitige Fälle im Mangel einer Vereinbarung können jedoch für dieselben Taxen durch Verordnung festgesetzt werden.

Art. 128. Aerzte, Wundärzte, Bader, Hebammen und Thierärzte werden an Geld bis zu fünfzehn Thalern gestraft, wenn sie bei der Wahl oder Veränderung ihres Wohnortes den durch Verordnung festgesetzten Verpflichtungen zuwiderhandeln.

Art. 129. und **130.** (aufgehoben).

Art. 131. Wer den Verordnungen über Prüfung, Aufstellung und Gebrauch von Dampf- und anderen sicherheitsgefährlichen Maschinen und dazu gehörigen Vorrichtungen und

Leitungsröhren zuwiderhandelt, wird an Geld bis zu fünfzig Thalern gestraft.

Die Polizeibehörde ist berechtigt, den Gebrauch der in Abs. I bezeichneten Gegenstände bis zur erfolgten Prüfung oder Herstellung des entsprechenden Zustandes zu untersagen.

Art. 132. (aufgehoben).

Art. 133. An Geld bis zu fünfzig Thalern wird gestraft, wer ohne die nach Verordnung erforderliche polizeiliche Bewilligung Auswanderungsgeschäfte betreibt oder eine Auswanderungs-Agentur errichtet oder nach entzogener Bewilligung die Geschäfte einer solchen fortsetzt.

Gleicher Strafe unterliegt, wer unbefugt als Zwischenhändler (Unteragent) solche Geschäfte abschließt oder vermittelt.

In dem Strafurtheile ist zugleich die Zulässigkeit der Schließung solcher unberechtigter Agenturen auszusprechen.

Geldstrafe bis zu zwanzig Thalern trifft berechtigte Agenten, welche den für ihre Geschäftsführung erlassenen Verordnungen oder oberpolizeilichen Vorschriften zuwiderhandeln.

Art. 134. An Geld bis zu einhundertfünfzig Mark wird bestraft, wer für eine auswärtige Kasse, Anstalt oder Gesellschaft der im § 360 Ziff. 9 des Strafgesetzbuches für das Deutsche Reich bezeichneten Art, welche die zur Ausdehnung ihres Geschäftes auf das Königreich Bayern nach Verordnung erforderliche Genehmigung nicht besitzt, Beitritts- oder Versicherungsverträge abschließt oder vermittelt oder seine Vermittlung zur Abschließung solcher Verträge oder zur Ertheilung von Auskunft über dieselben gewerbsmäßig anbietet.

Wer wegen Zuwiderhandlung gegen die Bestimmungen des Abs. I rechtskräftig zu einer Strafe verurtheilt worden ist, und innerhalb zwei Jahren vom Tage der Rechtskraft des verurtheilenden Erkenntnisses an sich der abermaligen Zuwiderhandlung gegen die Bestimmungen des Abs. 1 schuldig macht, wird mit Haft bestraft.

Agenten für Mobiliarbrandversicherung, welche den in Bezug auf ihre Geschäftsführung erlassenen Verordnungen oder oberpolizeilichen Vorschriften zuwiderhandeln, werden an Geld bis zu 60 Mark bestraft.

Art. 135. (aufgehoben.)

Art. 136. Wer den Verordnungen über den Verkauf geschwefelten Hopfens zuwiderhandelt, wird an Geld bis zu fünfzig Thalern gestraft.

Art. 137. Trödler und Inhaber von Versteigerungsbureaus, welche den durch ober- oder ortspolizeiliche Vorschriften zur Ueberwachung ihres Geschäftsbetriebes erlassenen Anordnungen zuwiderhandeln, werden an Geld bis zu dreißig Thalern gestraft.

Art. **138. 139. 140. 141.** (aufgehoben.)

Art. **142.** Soweit nicht für einzelne Fälle etwas Anderes gesetzlich bestimmt ist, werden Gewerbetreibende, welche der für bestimmte Waaren oder Arbeiten von der zuständigen Behörde festgesetzten Taxordnung durch Ueberforderung zuwiderhandeln, an Geld bis zu fünfzig Thalern bestraft.

Die Taxirung von Waaren oder Arbeiten kann nur in denjenigen Fällen vorgeschrieben werden, in denen sie auf Grund von Gesetzen oder Verordnungen bisher zulässig war.

Soferne die Bestimmungen des Strafgesetzbuches für das Deutsche Reich § 263 nicht anwendbar sind, werden Bäcker und Brodhändler, welche Brodwaaren von bestimmtem Gewichte feilbieten, desgleichen Personen, welche Lebensmittel von bestimmtem Gewichte auf öffentlichen Märkten verkaufen, an Geld bis zu fünfzehn Thalern bestraft, wenn die feilgebotenen Brodwaaren oder Lebensmittel das erforderliche Gewicht nicht haben. Zugleich kann auf Einziehung der nicht vollwichtigen Brodwaaren oder Lebensmittel erkannt werden.

Art. **143.** Bäcker, Brod- und Mehlhändler, schenkberechtigte Brauer und Bierwirthe, Metzger und andere zum Feilbieten von Fleisch berechtigte Personen werden:

1) an Geld bis zu zehn Thalern gestraft, wenn sie gegen ortspolizeiliche Vorschrift es unterlassen, die Preise ihrer Verkaufsgegenstände an oder in ihren Gewerbslocalitäten auf eine für die Käufer sichtbare Weise anzuschlagen;
2) an Geld bis zu zwanzig Thalern, wenn sie die von ihnen angezeigten Preise überschreiten oder gegen ortspolizeiliche Vorschrift eine Erhöhung ihrer Preise eintreten lassen, ohne wenigstens drei Tage vorher der Ortspolizeibehörde davon Anzeige gemacht oder deren Bewilligung zur früheren Aenderung ihrer Preise erlangt zu haben.

Art. **144.** Die im vorhergehenden Artikel genannten Gewerbetreibenden unterliegen einer Geldstrafe bis zu fünfzehn Thalern, wenn sie ohne genügenden Entschuldigungsgrund, so lange ihre Vorräthe reichen, einem Käufer die Abgabe ihrer Verkaufsgegenstände gegen Zahlung verweigern.

Bäcker, Metzger, Müller und Bierwirthe, welche den Betrieb ihres Gewerbes ohne genügende Entschuldigung einstellen, ohne solches, wenigstens vierzehn Tage zuvor der Ortspolizeibehörde angezeigt zu haben, werden an Geld bis zu dreißig Thalern gestraft.

Art. 145. An Geld bis zu fünf Thalern werden gestraft:

1) **Bäcker**, welche den ortspolizeilichen Vorschriften über Bezeichnung bestimmter Brodwaaren mit auf denselben aufgedrückten Zeichen und das Ausbacken bestimmter Brodwaaren nach den herkömmlichen oder polizeilich festgestellten Gewichtsgrößen zuwiderhandeln;
2) **Metzger** und andere zum Feilbieten von Fleisch berechtigte oder für ihren Gewerbsbetrieb schlachtende Personen, welche den ortspolizeilichen Vorschriften über das Schlachten von Vieh außer den öffentlichen Schlachthäusern, die Schlachtordnung in den letzteren, den Verkauf des Fleisches außer den öffentlichen Fleischbänken und die Ordnung des Verkaufes in den letzteren, sowie über Güte und Gewicht der Zuwagen zuwiderhandeln;
3) Personen, welche den oberpolizeilichen Vorschriften über den Transport von Schlachtvieh zuwiderhandeln.

Art. 146. Zuwiderhandlungen gegen die durch ortspolizeiliche Vorschriften festgesetzten Ordnungen für den Verkehr mit Getreide auf öffentlichen Schrannen, sowie für den Verkehr auf Messen und Jahrmärkten, auf Vieh-, Holz- und Viktualienmärkten, dann auf Märkten für Rohstoffe oder Waaren irgend einer Art werden an Geld bis zu zehn Thaler gestraft.

(Absatz II aufgehoben).

Art. 147. Die nach Maßgabe der Art. 145 und 146 erkannten Geldstrafen fließen zu zwei Drittheilen in die Armencasse des Ortes der Betretung.

Die auf Grund des Art. 142 eingezogenen Brodwaaren und Lebensmittel sind der Armenpflege desselben Ortes zu überlassen.

Art. 148. 149. 150. (aufgehoben).

Art. 151. Die Uebertretung der durch oberpolizeiliche Vorschrift erlassenen Ordnungen für Lohnkutscher, Stellwagen-Unternehmer, Land- und Wasserboten wird an Geld bis zu fünfzehn Thalern oder mit Haft bis zu acht Tagen bestraft.

Die zur Zeit bestehenden Beschränkungen der Gewerbsbefugnisse der in Abs. I bezeichneten Personen können durch oberpolizeiliche Vorschrift aufgehoben, neue Beschränkungen solcher Befugnisse aber in Zukunft nur durch Gesetz eingeführt werden.

Art. 152. An Geld bis zu fünfzehn Thalern oder mit Haft bis zu acht Tagen werden Personen gestraft, welche den von der Ortspolizeibehörde erlassenen Vorschriften und Anordnungen über die Unterhaltung des öffentlichen Verkehrs innerhalb der Orte durch Wagen aller Art, Sänften, Pferde und andere Transportmittel, sowie über das Gewerbe derjenigen Personen, welche auf öffentlichen Straßen oder Plätzen ihre Dienste anbieten, zuwiderhandeln.

(Absatz II aufgehoben).

Art. 153. Wer ohne die nach ortspolizeilicher Vorschrift erforderliche Bewilligung sich mit der Verdingung von Dienstboten oder mit der Vermittlung oder Nachweisung von Lehrer- oder Erzieherstellen, Verwalterstellen oder ähnlichen höheren Diensten gewerbsmäßig befaßt oder den für dieses Geschäft gegebenen ortspolizeilichen Vorschriften zuwiderhandelt, wird an Geld bis zu fünfzig Thalern bestraft.

Art. 154. Wer außer den im gegenwärtigen Gesetze besonders vorgesehenen Fällen ein Gewerbe, zu dessen Betrieb eine besondere Concession, amtliche Bestellung oder polizeiliche Bewilligung erforderlich ist, ohne eine solche erlangt zu haben, unternimmt oder wer ein solches Gewerbe auszuüben fortfährt, nachdem die Berechtigung hiezu erloschen, oder die Ausübung von der zuständigen Behörde auf bestimmte Zeit eingestellt oder gänzlich eingezogen worden ist, wird an Geld bis zu fünfzig Thalern bestraft.

(Absatz II aufgehoben).

Art. 155. Handwerksgesellen, Gewerbsgehilfen, Lehrlinge und Fabrikarbeiter, welche den sogenannten blauen Montag feiern, werden an Geld bis zu fünfzehn Thalern oder mit Haft bis zu acht Tagen bestraft.

(Absatz II, III und IV aufgehoben).

Art. 156. An Geld bis zu fünfzig Thalern werden bestraft:

1) Fabrik- und Gewerbe-Unternehmer, wenn sie ungeachtet der Aufforderung der zuständigen Behörde unterlassen, diejenigen Einrichtungen herzustellen und zu unterhalten, welche mit Rücksicht auf die besondere Beschaffenheit des Fabrik- oder Gewerbebetriebes und der Betriebsstätte zu thunlichster Sicherung der Arbeiter gegen Gefahr für Leben und Gesundheit nothwendig sind;
2) Personen, welche den in sonstiger Hinsicht zur Verhütung von Gefahren für die Gesundheit bei dem Arbeitsbetriebe und bei Gewerben erlassenen oberpolizeilichen Vorschriften zuwiderhandeln.

Art. 157. und 158. (aufgehoben).

Schlußbestimmung.

Art. 159. Gegenwärtiges Gesetz tritt am 1. Januar 1872 im ganzen Umfange des Königreichs in Wirksamkeit.

Die bis zu diesem Tage bestehenden Verordnungen und Polizeivorschriften bleiben in Kraft bis zu ihrer in legaler

Weise bewirkten Abänderung, wenn und soweit über den Gegenstand, welchen sie betreffen, nach Maßgabe des gegenwärtigen Gesetzes Vorschriften derselben Art erlassen werden können.

In allen Fällen, in welchen gemäß vorstehender Bestimmungen die dermal geltenden polizeilichen Vorschriften auch nach dem 1. Januar 1872 in Kraft bleiben, sind an der Stelle der in denselben angedrohten Strafen bei Aburtheilung der betreffenden Zuwiderhandlungen die Strafbestimmungen des Strafgesetzbuches, beziehungsweise des gegenwärtigen Gesetzes, anzuwenden.

Anhang.

Gesetz vom 18. August 1879 zur Ausführung der Reichsstrafprozeßordnung. (Ges.- u. V.-Bl. S. 781.)

Art. 6. Wer den Verordnungen zuwiderhandelt, durch welche die Staatsregierung bei drohendem oder ausgebrochenem Kriege den Verkehr mit feindlichen Ländern oder feindlich besetzten Theilen des Staats- oder Reichsgebiets verboten, beschränkt oder geregelt, die Sammlung von Nachrichten, die Verbreitung oder Veröffentlichung gewisser Mittheilungen, sowie die Erlassung gewisser Aufforderungen untersagt oder beschränkt oder ähnliche mit der Kriegsgefahr im Zusammenhange stehende Maßregeln angeordnet hat, soll, soferne nicht die in den §§ 15 und 18 des Reichsgesetzes vom 7. Mai 1874 über die Presse enthaltenen Bestimmungen in Anwendung zu kommen haben, mit Gefängniß oder Festungshaft bis zu drei Monaten oder mit Geldstrafe bis zu sechshundert Mark bestraft werden.

Art. 7. Wer ungeachtet erfolgter Warnung durch ungeziemendes Benehmen vor einer öffentlichen Stelle oder Behörde dieselbe in ihrer Dienstverrichtung stört oder die ihr gebührende Achtung verletzt, soll, soweit nicht eine anderweitige gesetzliche Bestimmung in Anwendung zu bringen ist, mit Haft bis zu drei Tagen oder an Geld bis zu fünfzehn Mark bestraft werden.

Art. 9. Wer Telegraphen-Freimarken nach ihrer Entwerthung zur Frankirung einer telegraphischen Depesche benützt, wird mit dem vierfachen Betrage der defraudirten Gebühr, jedoch niemals unter einer Geldsumme von drei Mark, bestraft.

Inwieferne wegen hinzugetretener Vertilgung des Entwerthungszeichens eine härtere Strafe verwirkt ist, wird nach den allgemeinen Strafgesetzen beurtheilt.

Art. 12. Wer ohne polizeiliche Erlaubniß auf Straßen oder öffentlichen Plätzen Bekanntmachungen, Plakate oder Aufrufe anschlägt, anheftet, ausstellt oder öffentlich unentgeltlich vertheilt, desgleichen wer ohne solche Erlaubniß eine der angeführten Handlungen vornehmen läßt, wird mit Haft bis zu 14 Tagen und an Geld bis zu neunzig Mark bestraft.

Sind mildernde Umstände vorhanden, so ist das Gericht befugt, entweder auf Haft bis zu 14 Tagen oder auf Geldstrafe bis zu neunzig Mark zu erkennen.

Neben der Strafe kann auf Einziehung der gesetzwidrig verbreiteten aber noch nicht in fremdes Eigenthum übergegangenen Schriften erkannt werden.

Art. 14. **Der Verleger und, wenn ein solcher nicht vorhanden ist, der Drucker einer nicht periodischen Schrift haften, unbeschadet ihrer eigenen strafrechtlichen Verantwortlichkeit, dem Verletzten für Entschädigung, wenn der Verfasser ein Ausländer ist oder ein Deutscher, der sich im Auslande aufhält.**

Art. 15. **An Geld bis zu sechshundert Mark werden Standesbeamte bestraft, wenn sie eine Ehe für geschlossen erklären, ehe das für den Abschluß derselben gesetzlich erforderliche districtspolizeiliche Zeugniß beigebracht ist.**

Diese Strafbestimmung findet auch Anwendung, wenn der erwähnten Handlung des Standesbeamten nur Fahrlässigkeit zu Grunde liegt.

Art. 103. Beamte, welche glaubhafte Kenntniß von der bevorstehenden Ausführung eines Verbrechens oder Vergehens oder einer strafbaren Zuwiderhandlung gegen die gesetzlichen Vorschriften über Erhebung und Sicherung öffentlicher Abgaben oder Gefälle erlangt haben und vermöge ihres Amtes oder öffentlichen Dienstes die Begehung der Handlung zu verhindern verpflichtet sind, sollen, wenn sie diese Verhinderung vorsätzlich unterlassen und die betreffende strafbare Handlung ausgeführt oder ein strafbarer Versuch derselben begangen worden ist, mit Geld bis zu neunhundert Mark disziplinär bestraft werden, soferne nicht nach sonstigen gesetzlichen Bestimmungen eine anderweitige Strafe Platz greift.

Art. 104. Beamte, welchen die Verübung eines Verbrechens oder eines Vergehens oder einer strafbaren Zuwiderhandlung gegen die gesetzlichen Vorschriften in Bezug auf Erhebung und Sicherung öffentlicher Abgaben oder Gefälle bekannt geworden ist, sollen, wenn sie zur Anzeige dieser strafbaren Handlungen vermöge ihres Amtes verpflichtet sind und diese Anzeige vorsätzlich unterlassen, bei unterlassener Anzeige eines Verbrechens mit Geld bis zu sechshundert Mark und in den übrigen Fällen bis zu dreihundert Mark disziplinär bestraft werden, soweit nicht anderweitige Strafbestimmungen hiefür bestehen.

Art. 105. Ein Beamter, welcher vorsätzlich seiner Dienstpflicht zuwiderhandelt, um dadurch einem Anderen Schaden zuzufügen oder sich oder einem Dritten einen rechtswidrigen Vortheil zu verschaffen, wird, wenn die Handlung unter keine andere Strafbestimmung fällt, disziplinär mit Geld bis zu dreihundert Mark bestraft.

Art. 106. Jeder Beamte ist verpflichtet, über die vermöge seines Amtes ihm bekannt gewordenen Angelegenheiten, deren Geheimhaltung ihrer Natur nach erforderlich oder von seinen Vorgesetzten vorgeschrieben ist, Verschwiegenheit zu beobachten. Diese Verpflichtung dauert fort, auch nachdem das Dienstverhältniß aufgelöst ist.

Zuwiderhandlungen werden, soferne nicht eine anderweitige Strafe verwirkt ist, disziplinär mit Geld bis zu sechshundert Mark bestraft.

Art. 112. Was in den vorstehenden Artikeln 103 bis 106, dann 108 bis 111 von Beamten bestimmt ist, gilt, vorbehaltlich der Bestimmungen des Disziplinargesetzes, von allen königlichen Staatsbeamten und öffentlichen Dienern, sowie von den Beamten und öffentlichen Dienern der Gemeinden, der öffentlichen Korporationen und öffentlichen Stiftungen, ferner von allen Jenen, welche mit den Verrichtungen eines solchen Beamten oder öffentlichen Dieners vorübergehend oder ständig betraut sind, ohne Unterschied, ob sie einen Diensteid geleistet haben oder nicht.

III.

Besondere Vorschriften.

Erster Abschnitt.

Oeffentliche Ordnung und Sicherheit.

A. Sicherheit des Staates.

1. Kgl. Verordnung vom 4. Januar 1872, die Zuständigkeit der Verwaltungsbehörden in Sachen des Strafgesetzbuchs für das Deutsche Reich und des Polizeistrafgesetzbuchs betr. (Reg.-Bl. S. 25.)

§ 2. Die Erlaubniß, Risse von Festungen oder einzelnen Festungswerken aufzunehmen oder zu veröffentlichen (§ 360 Ziff. 1 St.G.B.) kann nur durch das Kriegsministerium erlangt werden.

2. Reichsgesetz gegen den Verrath militärischer Geheimnisse vom 3. Juli 1893. (Reichs-Ges.-Bl. S. 205.)

§ 1. Wer vorsätzlich Schriften, Zeichnungen oder andere Gegenstände, deren Geheimhaltung im Interesse der Landesvertheidigung erforderlich ist, in den Besitz oder zur Kenntniß eines Anderen gelangen läßt, wird, wenn er weiß, daß dadurch die Sicherheit des Deutschen Reiches gefährdet wird, mit Zuchthaus nicht unter zwei Jahren bestraft, neben welchem auf Geldstrafe bis zu fünfzehntausend Mark erkannt werden kann.

Sind mildernde Umstände vorhanden, so tritt Festungshaft nicht unter sechs Monaten ein, neben welcher auf Geldstrafe bis zu zehntausend Mark erkannt werden kann.

§ 2. Wer außer dem Falle des § 1 vorsätzlich und rechtswidrig Gegenstände der daselbst bezeichneten Art in den Besitz oder zur Kenntniß eines Anderen gelangen läßt, wird mit Gefängniß oder mit Festungshaft bis zu fünf Jahren bestraft.

Neben der Freiheitsstrafe kann auf Geldstrafe bis zu fünftausend Mark erkannt werden.

Der Versuch ist strafbar.

§ 3. Wer vorsätzlich den Besitz oder die Kenntniß von Gegenständen der im § 1 bezeichneten Art in der Absicht sich verschafft, davon zu einer die Sicherheit des Deutschen Reiches gefährdenden Mittheilung an Andere Gebrauch zu machen, wird mit Zuchthaus bis zu zehn Jahren bestraft, neben welchem auf Geldstrafe bis zu zehntausend Mark erkannt werden kann.

§ 4. Wer ohne die vorbezeichnete Absicht vorsätzlich und rechtswidrig den Besitz oder die Kenntniß von Gegenständen der im § 1 bezeichneten Art sich verschafft, wird mit Gefängniß bis zu drei Jahren oder mit Festungshaft von gleicher Dauer bestraft.

Neben der Freiheitsstrafe kann auf Geldstrafe bis zu fünftausend Mark erkannt werden.

Sind mildernde Umstände vorhanden, so kann ausschließlich auf die Geldstrafe erkannt werden.

Der Versuch ist strafbar.

§ 5. Haben Mehrere ein Verbrechen der in den §§ 1, 3 bezeichneten Art verabredet, ohne daß es zur Ausführung oder zu einem strafbaren Versuch desselben gekommen ist, so tritt Gefängniß nicht unter drei Monaten ein.

Neben der Freiheitsstrafe kann auf Geldstrafe bis zu fünftausend Mark erkannt werden.

Straflos bleibt der an einer Verabredung der vorbezeichneten Art Betheiligte, wenn er von derselben zu einer Zeit, wo die Behörde nicht schon anderweit davon unterrichtet ist, in einer Weise Anzeige macht, daß die Verhütung des Verbrechens möglich ist.

§ 6. In den Fällen der §§ 1, 3, 5 kann neben Gefängniß auf Verlust der bekleideten öffentlichen Aemter und der aus öffentlichen Wahlen hervorgegangenen Rechte, neben jeder Freiheitsstrafe auf Zulässigkeit von Polizeiaufsicht erkannt werden.

§ 7. Wer aus Fahrlässigkeit Gegenstände der im § 1 bezeichneten Art, die ihm amtlich anvertraut oder Kraft seines Amtes oder eines von amtlicher Seite ertheilten Auftrages zugänglich sind, in einer die Sicherheit des Deutschen Reiches gefährdenden Weise in den Besitz oder zur Kenntniß eines Anderen gelangen läßt, wird mit Gefängniß oder Festungshaft bis zu drei Jahren oder mit Geldstrafe bis zu dreitausend Mark bestraft.

Neben der Freiheitsstrafe kann auf Geldstrafe bis zu dreitausend Mark erkannt werden.

§ 8. Wer den von der Militärbehörde erlassenen, an Ort und Stelle erkennbar gemachten Anordnungen zuwider Befestigungsanlagen, Anstalten des Heeres oder der Marine, Kriegsschiffe, Kriegsfahrzeuge oder militärische Versuchs- oder Uebungsplätze betritt, wird mit Geldstrafe bis zu einhundertfünfzig Mark oder mit Haft bestraft.

§ 9. Wer von dem Vorhaben eines der in den §§ 1 und 3 vorgesehenen Verbrechen zu einer Zeit, in welcher die Verhütung des Verbrechens möglich ist, glaubhafte Kenntniß erhält und es unterläßt, hiervon der Behörde zur rechten Zeit Anzeige zu machen, ist, wenn das Verbrechen oder ein strafbarer Versuch desselben begangen worden ist, mit Gefängniß zu bestrafen.

§ 10. Die Bestimmungen im § 4 Absatz 2 Nr. 2 des Strafgesetzbuches für das Deutsche Reich finden auch auf die in den §§ 1, 3, 5 dieses Gesetzes vorgesehenen Verbrechen und Vergehen Anwendung.

3. Reichsgesetz, betr. den Schutz der Brieftauben und den Brieftaubenverkehr im Kriege v. 28. Mai 1894. (Reichs-Ges.-Bl. S. 463.)

§ 1. Die Vorschriften der Landesgesetze, nach welchen das Recht, Tauben zu halten, beschränkt ist, und nach welchen im Freien betroffene Tauben der freien Zueignung oder der Tödtung unterliegen, finden auf Militär-Brieftauben keine Anwendung.

Dasselbe gilt von landesgesetzlichen Vorschriften, nach welchen Tauben, die in ein fremdes Taubenhaus übergehen, dem Eigenthümer des letzteren gehören.

§ 2. Insoweit auf Grund landesgesetzlicher Bestimmungen Sperrzeiten für den Taubenflug bestehen, finden dieselben auf die Reiseflüge der Militärbrieftauben keine Anwendung. Die Sperrzeiten dürfen für Militärbrieftauben nur einen zusammenhängenden Zeitraum von höchstens je zehn Tagen im Frühjahre und Herbste umfassen. Sind längere als zehntägige Sperrzeiten eingeführt, so gelten für Militärbrieftauben immer nur die ersten zehn Tage.

§ 3. Als Militärbrieftauben im Sinne dieses Gesetzes gelten Brieftauben, welche der Militär- (Marine-) Verwaltung gehören oder derselben gemäß den von ihr erlassenen Vorschriften zur Verfügung gestellt und welche mit dem vorgeschriebenen Stempel*) versehen sind.

Privatpersonen gehörige Militärbrieftauben genießen den Schutz dieses Gesetzes erst dann, wenn in ortsüblicher Weise bekannt gemacht worden ist, daß der Züchter seine Tauben der Militärverwaltung zur Verfügung gestellt hat.

§ 4. Für den Fall eines Krieges kann durch kaiserliche Verordnung bestimmt werden, daß alle gesetzlichen Vorschriften, welche das Tödten und Einfangen fremder Tauben gestatten, für das Reichsgebiet oder einzelne Theile desselben außer Kraft treten, sowie daß die Verwendung von Tauben zur Beförderung von Nachrichten ohne Genehmigung der Militärbehörde mit Gefängniß bis zu drei Monaten zu bestrafen ist.

*) Anmerkung: Als Stempel zur Bezeichnung der Militärbrieftauben dient das kaiserliche Wappen. (Reichsadler.)
Die Orts-Polizeibehörden haben die Befolgung der gesetzlichen Vorschriften und dieser Ausführungsvorschriften seitens der Privatpersonen zu überwachen, insbesondere jeden Mißbrauch des Stempels zur strafrechtlichen Verfolgung zu bringen. (Amtsblatt des k. Staatsministeriums des Innern 1894 S. 432.)

4. Kgl. Verordnung vom 31. Mai 1894, den Brieftaubenverkehr betreffend. (Ges.- u. V.-Bl. S. 268.)

§ 1. Die Beförderung und das Auflassen ausländischer Brieftauben innerhalb des Regierungsbezirkes der Pfalz, sowie im Bereiche der Festung Ingolstadt und der Festung Ulm rechten Donauufers, wird verboten.*)

Die Einführung solcher Brieftauben für Zwecke der Züchtung in diese Bezirke kann jedoch gestattet werden. Die Genehmigung hiezu ertheilt die Districtsverwaltungsbehörde.

§ 2. Als ausländisch gelten jene Brieftauben, deren Heimathstationen außerhalb des Deutschen Reiches gelegen sind.

§ 3. Das k. Staatsministerium des Innern wird ermächtigt, im Einvernehmen mit dem k. Kriegsministerium, die zum Bereiche der Festungen im Sinne des § 1 Abs. 1 der gegenwärtigen Verordnung gehörigen Bezirke festzustellen und die zum Vollzuge des Absatz 2 desselben Paragraphen weiter erforderlichen Bestimmungen zu treffen.

*) Anmerkung: Strafbestimmung Art. 22a des Polizeistrafgesetzbuchs.

B. Oeffentliche Ruhe.

1. Gesetz vom 4. Mai 1851, das Einschreiten der bewaffneten Macht zur Erhaltung der gesetzlichen Ordnung betr. (Ges.-Bl. S. 9.)

Art. 1. Wenn die zuständige Civilbehörde*) zur Erhaltung der inneren Sicherheit oder der gesetzlichen Ordnung die bewaffnete Macht aufbietet, so muß das Aufgebot schriftlich erfolgen.

In Nothfällen kann dasselbe mündlich gestellt, muß aber so bald als möglich schriftlich wiederholt werden.

Art. 2. Die Militärbehörde hat zu bestimmen, in welcher Stärke und aus welchen Waffengattungen die bewaffnete Macht abgeordnet werden soll.

Zu diesem Zwecke ist die Militärbehörde mit allen erforderlichen Aufschlüssen zu versehen.

Art. 3. Bevor die wirkliche Einschreitung der bewaffneten Macht erfolgt, sind die Zusammengerotteten durch einen Abgeordneten der Civilbehörde dreimal im Namen des Gesetzes zum ruhigen Auseinandergehen aufzufordern.

Der Abgeordnete der Civilbehörde soll in seiner Amtstracht erscheinen, oder doch mit einer weißen Schärpe ausgezeichnet sein.

Können die Aufforderungen nicht durch einen Abgeordneten der Civilbehörde erfolgen, so sind sie durch eine von dem Befehlshaber der bewaffneten Macht abzuordnende Militärperson vorzunehmen.

Jeder Aufforderung geht, in soweit es möglich ist, ein Signal voraus.

Art. 4. Bleibt auch die dritte Aufforderung ohne Erfolg, so hat die bewaffnete Macht von ihren Waffen den erforderlichen Gebrauch zu machen.

Die Art und Dauer dieses Gebrauches hat der Befehlshaber, unter eigener Verantwortlichkeit, allein zu bestimmen.

Art. 5. Auch ohne Signal und Aufforderung (Art. 3) und insoweit sie bereits stattgefunden haben, ohne deren Wiederholung ist die bewaffnete Macht zu dem erforderlichen Gebrauch der Waffen befugt, wenn die Zusammengerotteten

1) auf die bewaffnete Macht eindringen, oder dieselbe auf irgend eine Weise, angreifen, oder
2) Barrikaden errichten, oder
3) in öffentliche oder Privatgebäude eindringen oder einzudringen suchen, oder
4) Gewaltthaten an Personen verüben, oder
5) fremdes Eigenthum gewaltsam wegnehmen, beschädigen oder zerstören.

Art. 6. Von den Waffen kann in allen Fällen auch gegen denjenigen der erforderliche Gebrauch gemacht werden, welcher sich der Entwaffnung oder Verhaftung mit Gewalt widersetzt.

Art. 7. Personen, welche auf dem Wege zum Orte der Zusammenrottung betreten werden, können zurückgewiesen und, wenn sie bewaffnet sind, entwaffnet und zu Haft gebracht werden.

Art. 8. Auch nach erfolgter Wiederherstellung der Ordnung hat die bewaffnete Macht zu den nothwendigen Verhaftungen, sowie zur Ablieferung der Gefangenen mitzuwirken.

*) Anmerkung: Zur Aufbietung der bewaffneten Macht im Sinne des Gesetzes vom 4. Mai 1851 sind in der Regel die Districtspolizeibehörden berufen.

Die Ortspolizeibehörden sind hiezu nicht zuständig. Dagegen fällt ihnen die wichtige Aufgabe zu, von allen Vorkommnissen, welche geeignet sind, zu einem solchen Aufgebote Anlaß zu geben, möglichst frühzeitig der vorgesetzten Districtspolizei-Behörde Anzeige zu erstatten und zugleich mit den ihnen zu Gebote stehenden Machtmitteln vorläufig alle jene Maßnahmen zu treffen, welche zur Erhaltung der bedrohten oder zur Wiederherstellung der gestörten gesetzlichen Ordnung dienlich sind. Die gleiche Aufgabe obliegt der k. Gendarmerie gemäß den Allerhöchsten Organisationsverordnungen und den Dienstesinstruktionen.

2. Oberpolizeiliche Vorschriften zur Aufrechthaltung der öffentlichen Ruhe, Ordnung und Sicherheit bei Eisenbahnbauten vom 7. April 1897. (Ges.- u. V.-Bl. S. 63.)

§ 1. Jeder arbeitsfähige Inländer und Ausländer, welcher gesund, mit der nothdürftigen Kleidung sowie mit einer entsprechenden Legitimation, — insbesondere Paß, Heimathschein, Dienstboten- oder Arbeitsbuch, Militärpaß — versehen ist, darf zu Bahnbauarbeiten zugelassen werden. Für solche Personen, welche in dem nämlichen Districtspolizeibezirke arbeiten, in welchem sie heimathberechtigt sind, genügt als Legitimation ein Vorweis der Ortspolizeibehörde.

Arbeiter aus Ländern, in welchen der Impfzwang nicht besteht, haben vor Einstellung in die Arbeit einen Impfnachweis zu erbringen.

§ 2. Werktagsschulpflichtige Kinder sind von der Zulassung zu Eisenbahnbauarbeiten ausgeschlossen.

§ 3. Jeder, der bei Eisenbahnbauten Arbeit sucht, hat sich

a) für staatliche Eisenbahnbauten,

1. soweit es sich um Regiebauarbeiten handelt, bei der betreffenden k. Eisenbahnbausektion oder bei dem von dieser aufgestellten Bauführer oder bei dem betreffenden k. Staatsbahningenieur des einschlägigen k. Oberbahnamtes oder dem von letzterem aufgestellten Bauführer (Bahnmeister),
2. soweit es sich um verakkordirte Bauarbeiten handelt, bei dem betreffenden Bahnbauakkordanten oder dem von diesem aufgestellten Stellvertreter,

b) für konzessionirte Privatbahnbauunternehmungen,
   1. soweit es sich um Regiebauarbeiten handelt, bei dem von diesen Privatbahnbauunternehmungen aufgestellten Bahnbauleiter oder dessen Stellvertreter,
   2. soweit es sich um verakkordirte Bauarbeiten handelt, bei dem betreffenden Bahnbauakkordanten oder dem von diesem aufgestellten Stellvertreter

zu melden und seine Legitimation vorzuzeigen.

Wird der Arbeiter angenommen, so erhält er eine nur für die sieben auf den Ausstellungstag folgenden Tage giltige Aufnahmskarte, mit welcher er sich zunächst bei dem Bahnarzte oder dessen Stellvertreter zu melden hat; dieser hat seinen Gesundheitszustand zu untersuchen und das Ergebniß auf der Rückseite der Aufnahmskarte zu vermerken.

Hierauf hat sich der Arbeiter sofort bei der Ortspolizeibehörde seines Wohnortes zu melden, derselben die Aufnahmskarte sowie seine Legitimation zu übergeben und seine Wohnung anzugeben.

Wenn seiner Annahme ein Hinderniß nicht im Wege steht, so erhält er eine mit dem Stempel desjenigen der unter Abs. I aufgeführten Arbeitgeber, bei welchem er Arbeit sucht, versehene polizeiliche Controlkarte unter Siegelung und Fertigung der Ortspolizeibehörde. Bis zur Aushändigung dieser Controlkarte dient die mit dem bahnärztlichen Vermerke versehene Aufnahmskarte als Legitimation.

Bei Minderjährigen ist auf der Controlkarte anzugeben, welche Legitimation (Arbeitsbuch oder sonstige Legitimation) bei der Ortspolizeibehörde hinterlegt ist.

§ 4. Mit der Controlkarte hat sich der Arbeiter spätestens an dem auf ihre Aushändigung folgenden Tage bei dem einschlägigen Arbeitgeber oder dessen Stellvertreter zu melden; der Arbeitgeber oder dessen Stellvertreter hat die Controlkarte in sein Arbeiterverzeichniß einzutragen und den Eintrag auf der Rückseite der Controlkarte durch Beisetzung der Nummer des Verzeichnisses und seiner Unterschrift vorzumerken.

Controlkarten, welche diese Vormerkung nicht an sich tragen, sind als ungiltig zu betrachten und den Besitzern abzunehmen.

§ 5. Kein Arbeitgeber oder dessen Stellvertreter darf einen Arbeiter vor der Beibringung der polizeilichen Controlkarte beschäftigen.

Den Arbeitern ist es verboten, ihre Controlkarte zu verpfänden oder an einen Dritten zu überlassen; sie haben diese Karte beständig bei sich zu führen und ihrem Arbeitgeber oder dessen Stellvertreter, sowie, wenn sie im Dienste eines Bahnbauakkordanten stehen, auch jedem Beamten oder Bediensteten der unter § 3 Abs. I Buchstabe a Ziff. 1 genannten Eisenbahnbaubehörden oder der unter Buchstabe b Ziff. 1 bezeichneten Privatbahnbauunternehmung, ferner jedem Polizeibeamten — Bürgermeister, Polizeidiener, Gendarmen u. s. w. — auf Verlangen vorzuzeigen.

§ 6. Den Wohnunggebern ist es untersagt, Arbeiter und Arbeiterinnen zusammen in Einem Wohnungsraume zu beherbergen, mit Ausnahme von Familien.

§ 7. Verändert der Arbeiter seine Wohnung, so hat er hievon der Ortspolizeibehörde Anzeige zu erstatten, welche die Wohnungsveränderung auf der Controlkarte vormerkt; die mit dieser Vormerkung versehene Controlkarte hat der Arbeiter seinem Arbeitgeber oder dessen Stellvertreter vorzuzeigen.

§ 8. Die Bahnbauakkordanten und ihre Stellvertreter sind verpflichtet, alle Vorkehrungen und Sicherheitsmaßregeln zu treffen, welche nach Anordnung der Polizeibehörde

a) bei staatlichen Eisenbahnbauten im Benehmen mit der einschlägigen k. Eisenbahnbaubehörde (k. Oberbahnamt oder k. Eisenbahnbausektion),

b) bei konzessionirten Privateisenbahnbauunternehmungen im Benehmen mit diesen oder mit dem von ihnen aufgestellten Bauleiter,

oder aber welche von den unter a und b bezeichneten k. Eisenbahnbaubehörden und Privateisenbahnbauunternehmungen allein zur Vermeidung von Unglücksfällen für erforderlich erachtet werden; die Arbeiter haben den bezüglichen sowie sonstigen zur Aufrechthaltung der öffentlichen Ruhe, Ordnung und Sicherheit getroffenen dienstlichen Anordnungen ihrer Vorgesetzten unbedingten Gehorsam zu leisten.

Art. 9. Der gewerbsmäßige Verkauf von Eßwaaren und Getränken auf den Bauplätzen ohne Bewilligung der Gewerbepolizeibehörde ist verboten. Marketendereien sind von der Gewerbepolizeibehörde nach vorgängigem Benehmen mit den in § 8 bezeichneten k. Eisenbahnbaubehörden und Privateisenbahnbauunternehmungen stets nur widerruflich und nur für solche Bauplätze zu bewilligen, welche von den bestehenden Schankstellen zu weit entfernt sind. In jeder Marketenderei muß ein mit der Fertigung der Ortspolizeibehörde versehenes Verzeichniß der Preise der daselbst feilgehaltenen Speisen und Getränke angeschlagen sein.

Den Arbeitern ist es gestattet, ihren täglichen Lebensmittelbedarf auf die Bauplätze mitzubringen, sowie behufs Erlangung besserer Kost Vereinigungen (Menagen) zu bilden.

Die Arbeitgeber oder deren Stellvertreter sind verpflichtet, dafür zu sorgen, daß auf den Bauplätzen stets gutes Trinkwasser in ausreichender Menge vorhanden sei.

§ 10. Wird ein Arbeiter entlassen, so hat der Arbeitgeber oder dessen Stellvertreter dies unter Angabe des Grundes der Entlassung auf der Rückseite der Controlkarte vorzumerken.

Der Entlassene hat sich spätestens am folgenden Tage bei der Ortspolizeibehörde abzumelden; steht seinem Abgange ein polizeiliches Hinderniß nicht entgegen, so ist ihm gegen Uebergabe seiner Controlkarte die von ihm hinterlegte Legitimation zurückzugeben.

§ 11. Die Nichtbefolgung der vorstehenden Vorschriften, sowie der in § 8 erwähnten, jeweils besonders bekannt gemachten Anordnungen zieht vorbehaltlich der etwa außerdem verwirkten Einschreitung die in Art. 44 des Polizeistrafgesetzbuches angedrohten Strafen nach sich.

§ 12. Die vorstehenden Vorschriften finden auf Eisenbahnbauten des Staates und von Privaten gleichmäßige Anwendung.

Soweit bei Eisenbahnbauten der letzteren Art Bahnärzte nicht aufgestellt sind, sind die in § 3 Abs. II vorgesehenen Geschäfte durch die k. Bezirksärzte oder deren Stellvertreter zu besorgen.

C. Presse, Versammlungen und Vereine.

1. Reichsgesetz über die Presse vom 7. Mai 1874 (in der Fassung des § 43 Abs. VI der Reichsgewerbeordnung). (Reichs-Ges.-Bl. 1874 S. 65, 1883 S. 192.)

§ 2. Das gegenwärtige Gesetz findet Anwendung auf alle Erzeugnisse der Buchdruckerpresse, sowie auf alle anderen, durch mechanische oder chemische Mittel bewirkten, zur Verbreitung bestimmten Vervielfältigungen von Schriften und bildlichen Darstellungen mit oder ohne Schrift, und von Musikalien mit Text oder Erläuterungen.

Was im Folgenden von „Druckschriften“ verordnet ist, gilt für alle vorstehend bezeichneten Erzeugnisse.

§ 3. Als Verbreitung einer Druckschrift im Sinne dieses Gesetzes gilt auch das Anschlagen, Ausstellen oder Auslegen derselben an Orten, wo sie der Kenntnißnahme durch das Publikum zugänglich ist.

§ 5. Die nichtgewerbsmäßige öffentliche Verbreitung von Druckschriften kann durch die Ortspolizeibehörde denjenigen

Personen verboten werden, welchen nach §§ 57 Nr. 1, 2, 4, 57a, 57b Nr. 1 und 2 der Gewerbeordnung ein Legitimationsschein versagt werden darf.

Zuwiderhandlungen gegen ein solches Verbot werden nach § 148 der Gewerbeordnung bestraft.

§ 6. Auf jeder im Geltungsbereich dieses Gesetzes erscheinenden Druckschrift muß der Name und Wohnort des Druckers und, wenn sie für den Buchhandel, oder sonst zur Verbreitung bestimmt ist, der Name und Wohnort des Verlegers, oder — beim Selbstvertriebe der Druckschrift — des Verfassers oder Herausgebers genannt sein. An Stelle des Namens des Druckers oder Verlegers genügt die Angabe der in das Handelsregister eingetragenen Firma.

Ausgenommen von dieser Vorschrift sind die nur zu den Zwecken des Gewerbes und Verkehrs, des häuslichen und geselligen Lebens dienenden Druckschriften, als Formulare, Preiszettel, Visitenkarten und dergleichen, sowie Stimmzettel für öffentliche Wahlen, sofern sie nichts weiter als Zweck, Zeit und Ort der Wahl und die Bezeichnung der zu wählenden Personen enthalten.

§ 7. Zeitungen und Zeitschriften, welche in monatlichen oder kürzeren, wenn auch unregelmäßigen Fristen erscheinen (periodische Druckschriften im Sinne dieses Gesetzes), müssen außerdem auf jeder Nummer, jedem Stücke oder Hefte den Namen und Wohnort des verantwortlichen Redakteurs enthalten.

Die Benennung mehrerer Personen als verantwortliche Redakteure ist nur dann zulässig, wenn aus Form und Inhalt der Benennung mit Bestimmtheit zu ersehen ist, für welchen Theil der Druckschrift jede der benannten Personen die Redaktion besorgt.

§ 8. Verantwortliche Redakteure periodischer Druckschriften dürfen nur Personen sein, welche verfügungsfähig, im Besitze der bürgerlichen Ehrenrechte sind und im Deutschen Reiche ihren Wohnsitz oder gewöhnlichen Aufenthalt haben.

§ 9. Von jeder Nummer (Heft, Stück) einer periodischen Druckschrift muß der Verleger, sobald die Austheilung oder Versendung beginnt, ein Exemplar gegen eine ihm sofort zu ertheilende Bescheinigung an die Polizeibehörde des Ausgabeorts unentgeltlich abliefern.

Diese Vorschrift findet keine Anwendung auf Druckschriften, welche ausschließlich Zwecken der Wissenschaft, der Kunst, des Gewerbes oder der Industrie dienen.

§ 10. Der verantwortliche Redakteur einer periodischen Druckschrift, welche Anzeigen aufnimmt, ist verpflichtet, die ihm von öffentlichen Behörden mitgetheilten amtlichen Bekanntmachungen auf deren Verlangen gegen Zahlung der üblichen Einrückungsgebühren in eine der beiden nächsten Nummern des Blattes aufzunehmen.

§ 11. Der verantwortliche Redakteur einer periodischen Druckschrift ist verpflichtet, eine Berichtigung der in letzterer mitgetheilten Thatsachen auf Verlangen einer betheiligten öffentlichen Behörde oder Privatperson ohne Einschaltungen oder Weglassungen aufzunehmen, sofern die Berichtigung von dem Einsender unterzeichnet ist, keinen strafbaren Inhalt hat und sich auf thatsächliche Angaben beschränkt.

Der Abdruck muß in der nach Empfang der Einsendung nächstfolgenden, für den Druck nicht bereits abgeschlossenen Nummer und zwar in demselben Theile der Druckschrift und mit derselben Schrift, wie der Abdruck des zu berichtigenden Artikels geschehen.

Die Aufnahme erfolgt kostenfrei, soweit nicht die Entgegnung den Raum der zu berichtigenden Mittheilung überschreitet; für die über dieses Maß hinausgehenden Zeilen sind die üblichen Einrückungsgebühren zu entrichten.

§ 13. Die auf mechanischem oder chemischem Wege vervielfältigten periodischen Mittheilungen (lithographirte, autographirte, metallographirte, durchschriebene Korrespondenzen) unterliegen, sofern sie ausschließlich an Redaktionen verbreitet werden, den in diesem Gesetze für periodische Druckschriften getroffenen Bestimmungen nicht.

§ 14. Ist gegen eine Nummer (Stück, Heft) einer im Auslande erscheinenden periodischen Druckschrift binnen Jahresfrist zwei Mal eine Verurtheilung auf Grund der §§ 41 und 42 des Strafgesetzbuches erfolgt, so kann der Reichskanzler innerhalb zwei Monaten nach Eintritt der Rechtskraft des letzten Erkenntnisses das Verbot der ferneren Verbreitung dieser Druckschrift bis auf zwei Jahre durch öffentliche Bekanntmachung aussprechen.

Die in den einzelnen Bundesstaaten auf Grund der Landesgesetzgebung bisher erlassenen Verbote ausländischer periodischer Druckschriften treten außer Wirksamkeit.

§ 15. In Zeiten der Kriegsgefahr oder des Krieges können Veröffentlichungen über Truppenbewegungen oder Vertheidigungsmittel durch den Reichskanzler mittelst öffentlicher Bekanntmachung verboten werden.

§ 16. Oeffentliche Aufforderungen mittelst der Presse zur Aufbringung der wegen einer strafbaren Handlung erkannten

Geldstrafen und Kosten, sowie öffentliche Bescheinigungen mittelst der Presse über den Empfang der zu solchen Zwecken gezahlten Beiträge sind verboten.

Das zufolge solcher Aufforderungen Empfangene oder der Werth desselben ist der Armencasse des Orts der Sammlung für verfallen zu erklären.

§ 17. Die Anklageschrift oder andere amtliche Schriftstücke eines Strafprozesses dürfen durch die Presse nicht eher veröffentlicht werden, als bis dieselben in öffentlicher Verhandlung kundgegeben worden sind oder das Verfahren sein Ende erreicht hat.

§ 18. Mit Geldstrafe bis zu eintausend Mark oder mit Haft oder mit Gefängniß bis zu sechs Monaten werden bestraft:

1) Zuwiderhandlungen gegen die in den §§ 14, 15, 16 und 17 enthaltenen Verbote;
2) Zuwiderhandlungen gegen die Bestimmungen der §§ 6, 7 und 8, welche durch falsche Angaben mit Kenntniß der Unrichtigkeit begangen werden.

Dieselbe Strafe trifft den Verleger einer periodischen Druckschrift auch dann, wenn er wissentlich geschehen läßt, daß auf derselben eine Person fälschlich als Redakteur benannt wird.

§ 19. Mit Geldstrafe bis zu einhundertundfünfzig Mark oder mit Haft werden bestraft:

1) Zuwiderhandlungen gegen die §§ 6, 7 und 8, welche nicht durch § 18 Ziffer 2 getroffen sind;
2) Zuwiderhandlungen gegen den § 9;
3) Zuwiderhandlungen gegen die §§ 10 und 11.

In den Fällen der Ziffer 3 tritt die Verfolgung nur auf Antrag ein, und hat das Strafurtheil zugleich die Aufnahme des eingesandten Artikels in die nächstfolgende Nummer anzuordnen. Ist die unberechtigte Verweigerung im guten Glauben geschehen, so ist unter Freisprechung von Strafe und Kosten lediglich die nachträgliche Aufnahme anzuordnen.

§ 20. Die Verantwortlichkeit für Handlungen, deren Strafbarkeit durch den Inhalt einer Druckschrift begründet wird, bestimmt sich nach den bestehenden allgemeinen Strafgesetzen.

Ist die Druckschrift eine periodische, so ist der verantwortliche Redakteur als Thäter zu bestrafen, wenn nicht durch besondere Umstände die Annahme seiner Thäterschaft ausgeschlossen wird.

§ 21. Begründet der Inhalt einer Druckschrift den Thatbestand einer strafbaren Handlung, so sind der verantwortliche Redakteur, der Verleger, der Drucker, derjenige, welcher die

Druckschrift gewerbsmäßig vertrieben oder sonst öffentlich verbreitet hat (Verbreiter), soweit sie nicht nach § 20 als Thäter oder Theilnehmer zu bestrafen sind, wegen Fahrlässigkeit mit Geldstrafe bis zu eintausend Mark oder mit Haft oder mit Festungshaft oder Gefängniß bis zu einem Jahre zu belegen, wenn sie nicht die Anwendung der pflichtgemäßen Sorgfalt oder Umstände nachweisen, welche diese Anwendung unmöglich gemacht haben.

Die Bestrafung bleibt jedoch für jede der benannten Personen ausgeschlossen, wenn sie als den Verfasser oder den Einsender, mit dessen Einwilligung die Veröffentlichung geschehen ist, oder, wenn es sich um eine nichtperiodische Druckschrift handelt, als den Herausgeber derselben, oder als einen der in obiger Reihenfolge vor ihr Benannten eine Person bis zur Verkündigung des ersten Urtheils nachweist, welche in dem Bereich der richterlichen Gewalt eines deutschen Bundesstaates sich befindet, oder falls sie verstorben ist, sich zur Zeit der Veröffentlichung befunden hat; hinsichtlich des Verbreiters ausländischer Druckschriften außerdem, wenn ihm dieselben im Wege des Buchhandels zugekommen sind.

§ 22. Die Strafverfolgung derjenigen Verbrechen und Vergehen, welche durch die Verbreitung von Druckschriften strafbaren Inhalts begangen werden, sowie derjenigen sonstigen Vergehen, welche in diesem Gesetze mit Strafe bedroht sind, verjährt in sechs Monaten.

§ 23. Eine Beschlagnahme von Druckschriften ohne richterliche Anordnung findet nur statt:

1) wenn eine Druckschrift den Vorschriften der §§ 6 und 7 nicht entspricht, oder den Vorschriften des § 14 zuwider verbreitet wird,
2) wenn durch eine Druckschrift einem auf Grund des § 15 dieses Gesetzes erlassenen Verbot zuwider gehandelt wird,
3) wenn der Inhalt einer Druckschrift den Thatbestand einer der in den §§ 85, 95, 111, 130 oder 184 des deutschen Strafgesetzbuchs mit Strafe bedrohten Handlungen begründet, in den Fällen der §§ 111 und 130 jedoch nur dann, wenn dringende Gefahr besteht, daß bei Verzögerung der Beschlagnahme die Aufforderung oder Anreizung ein Verbrechen oder Vergehen unmittelbar zur Folge haben werde.

§ 24. Ueber die Bestätigung oder Aufhebung der vorläufigen Beschlagnahme hat das zuständige Gericht zu entscheiden.

Diese Entscheidung muß von der Staatsanwaltschaft binnen vierundzwanzig Stunden nach Anordnung der Beschlagnahme beantragt und von dem Gericht binnen vierundzwanzig Stunden nach Empfang des Antrages erlassen werden.

Hat die Polizeibehörde die Beschlagnahme ohne Anordnung der Staatsanwaltschaft verfügt, so muß sie die Absendung der Verhandlungen an die letztere ohne Verzug und spätestens binnen zwölf Stunden bewirken. Die Staatsanwaltschaft hat entweder die Wiederaufhebung der Beschlagnahme mittelst einer sofort vollstreckbaren Verfügung anzuordnen, oder die gerichtliche Bestätigung binnen zwölf Stunden nach Empfang der Verhandlungen zu beantragen.

Wenn nicht bis zum Ablaufe des fünften Tages nach Anordnung der Beschlagnahme der bestätigende Gerichtsbeschluß der Behörde, welche die Beschlagnahme angeordnet hat, zugegangen ist, erlischt die letztere und muß die Freigabe der einzelnen Stücke erfolgen.

§ 27. Die Beschlagnahme von Druckschriften trifft die Exemplare nur da, wo dergleichen zum Zwecke der Verbreitung sich befinden. Sie kann sich auf die zur Vervielfältigung dienenden Platten und Formen erstrecken; bei Druckschriften im engeren Sinne hat auf Antrag des Betheiligten statt Beschlagnahme des Satzes das Ablegen des letzteren zu geschehen.

Bei der Beschlagnahme sind die dieselbe veranlassenden Stellen der Schrift unter Anführung der verletzten Gesetze zu bezeichnen. Trennbare Theile der Druckschrift (Beilagen einer Zeitung &c.), welche nichts Strafbares enthalten, sind von der Beschlagnahme auszuschließen.

§ 28. Während der Dauer der Beschlagnahme ist die Verbreitung der von derselben betroffenen Druckschrift oder der Wiederabdruck der die Beschlagnahme veranlassenden Stellen unstatthaft.

Wer mit Kenntniß der verfügten Beschlagnahme dieser Bestimmung entgegenhandelt, wird mit Geldstrafe bis fünfhundert Mark oder mit Gefängniß bis zu sechs Monaten bestraft.

2. Gesetz vom 26. Februar 1850, die Versammlungen und Vereine betreffend. (Ges.-Bl. S. 53.)

I. Von den Versammlungen.

Art. 1. Alle Staatsangehörigen haben das Recht, sich friedlich und ohne Waffen zu versammeln; einer besonderen Erlaubniß dazu bedarf es nicht.

Art. 2. Wer zu einer Versammlung, in welcher öffentliche Angelegenheiten erörtert werden sollen, öffentliche oder allgemeine Einladungen erläßt, und wer den Platz zu deren Abhaltung einräumt, ist verpflichtet, mindestens 24 Stunden vor dem Beginne der Versammlung unter Angabe des Ortes, der Zeit und des Zweckes derselben Anzeige bei der Ortspolizeibehörde zu machen, welche darüber sofort eine Bescheinigung zu ertheilen und ohne Säumniß der königlichen Districtspolizeibehörde Nachricht zu geben hat.

Alle Einladungen oder Aufforderungen zu solchen Versammlungen, mögen sie in öffentlichen Anschlägen enthalten, oder in öffentlichen Blättern eingerückt, oder sonst durch Schrift oder Druck verbreitet sein, müssen mit den Unterschriften derjenigen, welche sie ergehen lassen, versehen werden.

Art. 3. Versammlungen, welche unter freiem Himmel abgehalten werden sollen, können bei dringender Gefahr für die öffentliche Ordnung und Sicherheit durch schriftlichen Erlaß der Districtspolizeibehörde verboten werden.

Art. 4. Zu Versammlungen, welche auf öffentlichen Plätzen und Straßen in Städten und Ortschaften stattfinden sollen, sowie zu öffentlichen Aufzügen in Städten und Ortschaften hat der Unternehmer, Leiter oder Ordner die Zustimmung der betreffenden Gemeindeverwaltung zu erholen und sodann die Genehmigung der Districtspolizeibehörde nachzusuchen, welche den Bescheid möglichst schleunig und spätestens am folgenden Tage schriftlich zu ertheilen hat.

Herkömmliche kirchliche Processionen, Wallfahrten und Bittgänge, gewöhnliche Leichenbegängnisse, Züge der Hochzeitsversammlungen und hergebrachte Umzüge der Innungen unterliegen dieser Bestimmung nicht.

Art. 5. Den Ordnern, Leitern einer Versammlung liegt ob, für Aufrechthaltung der Ordnung und des Gesetzes Sorge zu tragen. Sie haben Sprechern, welche durch ihren Vortrag das Gesetz verletzen oder zu Gesetzesverletzungen auffordern, das Wort zu entziehen, und, wenn ihren Anordnungen zur Aufrechthaltung des Gesetzes keine Folge gegeben wird, die Versammlung aufzuheben.

Art. 6. Den Versammlungen ist nicht gestattet, Adressen oder Petitionen in Masse zu überbringen, oder durch Abordnung von mehr als zehn Personen zu übersenden.

Art. 7. Die Polizeibehörde ist befugt, zu jeder Versammlung einen oder zwei Polizeibeamte oder durch besondere Abzeichen erkennbare Abgeordnete zu senden, denen ein angemessener Platz einzuräumen ist.

Art. 8. Die Abgeordneten der Polizeibehörde sind befugt, zu verlangen, daß Versammlungen, in denen Vorträge gehalten,

Anträge oder Vorschläge erörtert werden, mittelst welcher zu Gesetzesverletzungen aufgefordert oder aufgereizt wird, sofort durch die Ordner oder Leiter aufgehoben werden, unbeschadet des gegen die Uebertreter des Gesetzes einzuleitenden Strafverfahrens.

Art. 9. Wird dem Verlangen der Abgeordneten der Polizeibehörde nicht augenblicklich entsprochen, so erklären diese die Versammlung für aufgelöst und alle Anwesenden sind verpflichtet, sich sogleich zu entfernen.

Wird dieser Verpflichtung nicht nachgekommen und einer wiederholten Aufforderung nicht Folge geleistet, so kann die Auflösung durch die bewaffnete Macht zur Ausführung gebracht werden.

Art. 10. Solange der Landtag versammelt ist, dürfen innerhalb der Entfernung von sechs Stunden von dem Orte seines Sitzes Volksversammlungen unter freiem Himmel nicht abgehalten werden.

II. Von den Vereinen.

1. Von den Vereinen im Allgemeinen.

Art. 11. Die Staatsangehörigen haben das Recht, Vereine ohne vorgängige Erholung polizeilicher Erlaubniß zu bilden.

2. Von den nicht politischen Vereinen.

Art. 12. Vereine, deren Zweck sich nicht auf die öffentlichen Angelegenheiten bezieht, sind, wenn sie Vorsteher und Satzungen haben, verpflichtet, ihre Gründung und jede Veränderung ihrer Vorstandschaft oder ihrer Zwecke der vorgesetzten Polizeibehörde binnen drei Tagen anzuzeigen.

Art. 13. Sobald ein nicht politischer Verein zugleich politische Zwecke zu verfolgen oder in den Bereich seiner Verhandlungen zu ziehen beginnt, unterliegt er allen Anordnungen und Strafbestimmungen über politische Vereine.

3. Von den politischen Vereinen.

Art. 14. Vereine, deren Zweck sich auf die öffentlichen Angelegenheiten bezieht, sind verpflichtet, Vorsteher zu wählen, und diese haben Satzungen über Verfassung und Wirksamkeit des Vereins binnen drei Tagen nach dessen Errichtung, alle Abänderungen aber binnen drei Tagen, nachdem sie zu Stande gekommen, der Districts-Polizeibehörde zur Kenntnißnahme einzureichen, derselben auch auf Verlangen jede darauf bezügliche Auskunft zu ertheilen.

Art. 15. Frauenspersonen und Minderjährige können weder Mitglieder politischer Vereine sein, noch den Versammlungen derselben beiwohnen.

Art. 16. Auf Versammlungen solcher Vereine finden die Bestimmungen der Art. 1 bis 9 des gegenwärtigen Gesetzes volle Anwendung.

Insbesondere liegt den Vorstehern der Vereine die vorgängige Anzeige bei der Districtspolizeibehörde nach der Vorschrift des Art. 2 dieses Gesetzes bezüglich aller Versammlungen ob, für welche Zeit und Ort nicht bereits satzungsmäßig feststehen.

Art. 17. Politischen Vereinen ist nicht gestattet, mit anderen in der Art in Verbindung zu treten, daß entweder die einen den Beschlüssen und Organen des andern unterworfen oder mehrere solche Vereine unter einem gemeinsamen Organe zu einem gegliederten Ganzen vereinigt werden.

Art. 18. Den politischen Vereinen ist untersagt, Beschlüsse in der Form von Gesetzen, Verordnungen, Rechtssprüchen oder anderen Erlassen der öffentlichen Behörden zu fassen.

Art. 19. Jede Polizeistelle oder Behörde ist befugt, Vereine zu schließen, wenn dieselben

1. den Bestimmungen des Art. 14 dieses Gesetzes nicht genügen,
2. dem Art. 16 zuwider nicht angezeigte, sohin geheime Versammlungen halten, oder
3. die Abgeordneten der Polizeibehörde dem Art. 7 zuwider von Versammlungen ausschließen, oder
4. dem Art. 17 oder dem Art. 18 entgegen handeln, oder
5. die religiösen, sittlichen, gesellschaftlichen Grundlagen des Staates zu untergraben drohen, oder endlich
6. wenn ihre Zwecke oder Beschlüsse den Strafgesetzen zuwiderlaufen.

In dem letzteren Falle haben die Gerichte, welchen die verfügte Schließung des Vereins binnen acht Tagen anzuzeigen ist, über die Fortdauer der Schließung zu entscheiden.

Recursen gegen Beschlüsse auf Schließung von Vereinen kommt ein Suspensiv-Effekt nicht zu.

Die Schließung eines Vereines ist öffentlich bekannt zu machen.

III. Strafbestimmungen.*)

Art. 20. Handlungen oder Unterlassungen, welche den Bestimmungen der Art. 2, 5, 7 beziehungsweise Art. 16 Abs. 1, dann Art. 12, 14 und 15 des gegenwärtigen Gesetzes zuwiderlaufen, sind mit Geldstrafen bis zu hundert Gulden (180 Mark) zu ahnden.

Art. 21. Wer den Bestimmungen des Art. 1 dieses Gesetzes zuwider in einer Versammlung bewaffnet erscheint, ohne durch Dienstleistung in seinem Amte hiezu berechtigt zu sein, oder darin Waffen vertheilt, wer den Bestimmungen der Art. 3, 6, 9 und 10 zuwider bei Versammlungen oder Abordnungen sich betheiligt, welche durch gegenwärtiges Gesetz oder gehörig verkündetes Verbot untersagt sind, oder wer im Falle des Art. 4 ohne vorgängige polizeiliche Bewilligung eine Versammlung oder einen öffentlichen Aufzug veranlaßt, dazu einladet, dieselben ordnet oder leitet, soll mit einer Gefängnißstrafe bis zu einem Jahre, oder falls mildernde Umstände vorliegen, mit einer Geldstrafe bis zu 100 Gulden (180 Mark) belegt werden.

Art. **22.** Mitglieder politischer Vereine, welche einer der im Art. 19 Ziff. 2, 3, 4 und 6 aufgezählten Uebertretungen sich schuldig machen, sind, sofern nicht nach den Bestimmungen des Strafgesetzbuches eine höhere Strafe verwirkt ist, mit Gefängniß bis zu sechs Monaten, oder falls mildernde Umstände vorliegen, mit einer Geldstrafe bis zu 100 Gulden (180 Mark) zu beahnden.

IV. Schlußbestimmungen.

Art. **26.** Auf die durch das Gesetz oder durch die gesetzlichen Autoritäten angeordneten Versammlungen, sowie auf die Vorberathungen von Mitgliedern dieser Versammlungen während der Dauer ihrer Sitzungen, dann auf Wahl vorversammlungen der Wahlmänner und Urwähler für den Landtag, die Kreis- oder Gemeindevertretung nach erlassenem Wahlausschreiben finden die Bestimmungen der Art. 2—25 gegenwärtigen Gesetzes keine Anwendung.

Vereine, welche Capital durch Actien aufzubringen, Creditpapiere in Umlauf zu setzen beabsichtigen, Anstalten für den öffentlichen Verkehr, für Sicherung des Vermögens, für Ersparung und Versorgung, für Auswanderung, endlich Vereine, welche den Betrieb von Erwerbsgeschäften zum Zwecke haben, sowie überhaupt alle diejenigen Vereine, welche unter den Begriff von civilrechtlichen oder Handelsgesellschaften fallen, unterliegen den hierüber bestehenden Gesetzen und Vorschriften.

*) Anmerkung: Die im Art. 20 bezeichneten Handlungen sind Uebertretungen, die im Art. 21 und 22 bezeichneten sind Vergehen.

D. Fremden- und Paßpolizei.

1. Gesetz über Heimath, Verehelichung und Aufenthalt vom 16. April 1868. (Ges.-Bl. S. 357.)

Art. **44.** Wer sich in einer fremden Gemeinde aufhält, hat binnen 8 Tagen nach der Ankunft hievon der Ortspolizeibehörde, in München der k. Polizeidirection, nach Maßgabe der oberpolizeilichen oder ortspolizeilichen Vorschriften Anzeige zu erstatten.

Nichtbeachtung dieser Vorschrift, welche auf die im Art. 48 bezeichneten Personen keine Anwendung findet, wird an Geld bis zu 10 Gulden bestraft.

Art. 48. Angehörige des bayerischen Staates, welche auf Grund ihrer Anstellung im Dienste des Staates, der Kirche, der Gemeinde, einer öffentlichen Körperschaft oder Stiftung, oder zur Erfüllung einer gesetzlichen Pflicht in einer Gemeinde sich aufzuhalten genöthigt sind, oder welche in der Gemeinde das Bürgerrecht ohne Heimathrecht besitzen, können aus dieser Gemeinde nicht weggewiesen werden.

2. Bundesgesetz vom 12. Oktober 1867 über das Paßwesen. (Ges.-Bl. 1870/71 Beil. S. 6.)

§ 1. Bundesangehörige bedürfen zum Ausgange aus dem Bundesgebiete, zur Rückkehr in dasselbe, sowie zum Aufenthalte und zu Reisen innerhalb desselben keines Reisepapieres.

Doch sollen ihnen auf ihren Antrag Pässe oder sonstige Reisepapiere ertheilt werden, wenn ihrer Befugniß zur Reise gesetzliche Hindernisse nicht entgegenstehen.

§ 2. Auch von Ausländern soll weder beim Eintritt, noch beim Austritt über die Grenze des Bundesgebietes, noch während ihres Aufenthaltes oder ihrer Reisen innerhalb desselben ein Reisepapier gefordert werden.

§ 3. Bundesangehörige wie Ausländer bleiben jedoch verpflichtet, sich auf amtliches Erfordern über ihre Person genügend auszuweisen.

§ 4. Pässe oder sonstige Reisepapiere, sowie andere Legitimationsurkunden, welche von der zuständigen Behörde eines Bundesstaates ausgestellt sind, haben, wenn sie nicht eine ausdrückliche Beschränkung in dieser Beziehung enthalten, Gültigkeit für das ganze Bundesgebiet.

§ 5. Eine Verpflichtung zur Vorlegung der Reisepapiere behufs der Visirung findet nicht statt.

§ 6. Zur Ertheilung von Pässen an Bundesangehörige zum Eintritt in das Bundesgebiet sind befugt:

1) die Bundesgesandten und Bundeskonsuln;
2) die Gesandten jedes Bundesstaates, jedoch für Angehörige anderer Bundesstaaten nur insoweit, als die letzteren in ihrem Bezirke nicht vertreten sind;
3) so lange solche noch vorhanden sind (Art. 56 der Reichsverfassung), die Konsuln jedes Bundesstaates, soweit ihnen

nach den in demselben geltenden Bestimmungen diese Befugniß zusteht.

Zur Ertheilung von Auslandspässen und sonstigen Reisepapieren sind diejenigen Behörden befugt, welche nach den in den einzelnen Bundesstaaten geltenden Bestimmungen diese Befugniß haben, oder welchen dieselbe von Bundeswegen oder von den Regierungen der einzelnen Bundesstaaten fernerhin beigelegt wird.

§ 7. Zu Pässen und sonstigen Reisepapieren sind übereinstimmende Formulare einzuführen und zu benutzen.

§ 9. Wenn die Sicherheit des Bundes oder eines einzelnen Bundesstaates, oder die öffentliche Ordnung durch Krieg, innere Unruhen oder sonstige Ereignisse bedroht erscheint, kann die Paßpflichtigkeit überhaupt oder für einen bestimmten Bezirk, oder zu Reisen aus und nach bestimmten Staaten des Auslandes, durch Anordnung des Bundespräsidiums vorübergehend eingeführt werden.

3. Kgl. Verordnung vom 9. Dez. 1865, 21. Nov. 1881, das Paßwesen betr. (Reg.-Bl. 1865 S. 1409, Ges.- u. V.-Bl. 1881 S. 1316.)

§ 3. Reisepapiere werden weder bei dem Eintritte in das Königreich, noch beim Austritte aus demselben, noch während des Aufenthaltes und der Reisen im Inlande vidirt, vorbehaltlich jedoch der Bestimmung des § 4 Abs. 1.

Dieselben bedürfen auch nicht das Visum einer bayerischen Gesandtschaft oder eines sonstigen bayer. diplomatischen Agenten im Auslande.

§ 4. Die besonderen Vorschriften bezüglich der Legitimirung und Meldung der ein Gewerbe oder eine Erwerbsart im Umherziehen betreibenden Personen bleiben unverändert aufrecht.

§ 6. Das Institut der Paßkarten bleibt unverändert aufrecht und richtet sich die Ausstellung dieser Karten nach den einschlägigen besonderen Bestimmungen.

§ 8. Ausländern, welche kein Reisepapier besitzen, jedoch auf sonstige Weise sich genügend zu legitimiren vermögen, kann auf Verlangen ein Paß zu Reisen im Inlande und in den übrigen Paßvereinsstaaten oder zur Rückreise in das Ausland bis auf die Dauer von vier Wochen ertheilt werden, soferne hiegegen sich kein Bedenken geltend macht.

§ 9. Die Reisepässe sind nach gleichmäßigen, für dieselben vorgeschriebenen Formularien auszustellen.

§ 10. Der ausgestellte Reisepaß soll enthalten: Vor- und Zunamen, Stand oder Beschäftigung, Wohnort, Reiseziel, Unterschrift, Personalbeschreibung des Reisenden, Giltigkeitsdauer.

§ 11. Der Reisepaß darf in der Regel nur für eine Person ausgestellt werden.

Bezüglich der Begleitung des Reisenden, welche dessen Ehegattin, Kinder, Pflegbefohlene oder minderjährige Anverwandte, Gefolge und Dienerschaft begreift, genügt jedoch deren namentliche Erwähnung unter Angabe ihres bezüglichen Verhältnisses zu dem Reisenden in dem Passe des Letzteren.

Ebenso ist bei der Schiffmannschaft auf Schiffen und Flößen genügend, wenn das namentliche, die Personalbeschreibung enthaltende Verzeichniß dieser Mannschaft dem Passe des Schiff- oder Floßführers beigefügt oder in die von der zuständigen Districtspolizeibehörde beglaubigte Equipagen-Rolle eingetragen wird.

§ 12. Die Dauer der Reisepässe ist nach den maßgebenden Verhältnissen jedes einzelnen Falles festzusetzen, soll jedoch in keinem Falle über fünf Jahre erstreckt werden.

§ 13. Die Ausstellung der Pässe, welche nur für das Inland gelten sollen, steht

1. den Kreisregierungen, Kammern des Innern,
2. der k. Polizeidirection München,
3. den einer Kreisregierung unmittelbar untergeordneten Magistraten mit Ausnahme jenes von München,
4. den k. Bezirksämtern und exponirten Bezirksamtsassessoren

bezüglich der Inländer zu, welche in dem betreffenden Regierungs- beziehungsweise Polizeibezirke heimathberechtigt sind oder zeitlich sich aufhalten.

§ 14. Zur Ausstellung von Pässen, welche nicht bloß für das Inland gelten, sind ermächtigt:

1. das Staatsministerium des k. Hauses und des Aeußern an alle Inländer ohne Ausnahme;
2. die Kreisregierungen, Kammern des Innern, an die in dem betreffenden Regierungsbezirke Wohnenden;
3. die im § 13 genannten Districtspolizeibehörden an die Personen, welche in dem betreffenden Polizeibezirke ihren Wohnsitz haben.

Diese Ermächtigung erstreckt sich auch auf die Ertheilung von Pässen an Ausländer.

§ 15. Die an auswärtigen Höfen beglaubigten königlichen Gesandtschaften sind berechtigt, den im Auslande befindlichen bayerischen Staatsangehörigen Pässe zur Rückreise nach Bayern oder zur Weiterreise in das Ausland zu ertheilen, sowie die denselben im Königreiche ausgestellten Pässe zu verlängern oder auf andere, in letzteren nicht angeführten Staaten auszudehnen.

§ 17. Jeder Reisende — Inländer sowohl als Ausländer — ist verpflichtet, auf Auffordern der Orts- oder Districtspolizeibehörden oder der mit Handhabung der Sicherheitspolizei beauftragten öffentlichen Diener über seine Person genügend sich auszuweisen.

Personen, welche dieser Verpflichtung nicht genügen, haben, abgesehen von der allenfalls begründeten Strafeinschreitung, nach Umständen die Hemmung ihrer Weiterreise, die Vorführung an die nächste Districtspolizeibehörde, die Zurückweisung oder andere gesetzlich zulässige Maßregeln zu gewärtigen.

4. Kgl. Verordnung vom 14. Januar 1851, die Einführung von Paßkarten betreffend. (Reg.-Bl. S. 25.)

Art. 1. Die sämmtlichen Deutschen Staaten und das Kaiserthum Oesterreich gehören zum Paßkarten-Vereine. In diesen sämmtlichen Staaten werden Paßkarten ausgestellt, durch welche sich der Inhaber auch in jedem dieser Staaten legitimiren kann.

Art. 3. Ehefrauen und Kinder, welche mit ihren Ehegatten und Eltern, sowie Dienstboten, welche mit ihren Herrschaften reisen, werden durch die Paßkarten der letzteren legitimirt.

Art. 4. Die Paßkarten bleiben allen denjenigen versagt, welche

1. nach den bestehenden Gesetzen auch bei Reisen im Inlande paßpflichtig sind, jedenfalls den Handwerksgesellen und Gewerbegehilfen,
2. den Dienstboten und Gewerbesuchenden aller Art,
3. denen, welche ein Gewerbe im Umherziehen betreiben.

Art. 5. Die Paßkarten sind nur auf die Dauer eines Kalenderjahres giltig.

In der äußeren Form wird die möglichste Uebereinstimmung zwischen allen dem Paßkarten-Vereine angehörigen Regierungen beobachtet, und für jedes Kalenderjahr zwischen denselben eine gleiche Farbe verabredet, in welcher die Paßkarten überall gleichmäßig ausgefertigt werden.

Art. 6. Die Ausstellung von Paßkarten in Unserem Königreiche steht zu:

1. Unserem Staatsministerium des königlichen Hauses und des Aeußern bezüglich aller Inländer ohne Ausnahme,
2. Unseren Kreisregierungen, Kammern des Innern, bezüglich der in dem betreffenden Regierungsbezirke Wohnenden,
3. Unseren mit den Paßgeschäften gesetzlich beauftragten Districtspolizeibehörden bezüglich derjenigen Personen, welche in dem betreffenden Polizeibezirke ihren Wohnsitz haben.

Die von den Districtspolizeibehörden ausgestellten Paßkarten erfordern nicht die bestätigende Gegenzeichnung der vorgesetzten Regierung, Kammer des Innern. Die von den zuständigen Behörden ausgestellten Paßkarten werden in den Gebietstheilen der dem Paßkarten-Vereine angehörigen Staaten gleichmäßig respektirt.

Art. 7. Eine Visirung der Paßkarten findet nicht statt.

Art. 8. Die vereinbarten Paßkarten enthalten

auf der ersten Seite:

1. das Wappenschild des betreffenden Staates,
2. das Kalenderjahr, auf welches die Paßkarte lautet,
3. den Namen, Stand und Wohnort des Inhabers,
4. die Fertigung der ausstellenden Behörde mit Namensunterschrift und beigedrucktem Siegel,
5. die Nummer des gesondert zu führenden Paßkarten-Journales,

auf der zweiten Seite:

6. das in seinen 4 Rubriken sorgfältig auszufüllende Signalement des Inhabers,
7. dessen eigenhändige Namens-Unterschrift, endlich
8. die Hinweisung auf die in dem betreffenden Staate gegen Fälschung oder Mißbrauch der Pässe und Paßkarten zu verhängenden Strafbestimmungen.

5. Entschließung der k. Staatsministerien des k. Hauses und des Aeußern, des Innern, der Finanzen, dann des Handels und der öffentlichen Arbeiten vom 9. Mai 1871, den Vollzug des Gesetzes vom 12. Oktober 1867 über das Paßwesen betreffend.

III. Zu den Reisepapieren sind von nun an — abgesehen von den hier nicht in Betracht kommenden Zwangspässen und beschränkten Reiserouten — nur

a) die Paßkarten, hinsichtlich deren es bei den Bestimmungen der Allerhöchsten Verordnung vom 14. Januar 1851 „die Einführung der Paßkarten betr." und den Vollzugsvorschriften hiezu vom 18. Januar 1851 bewendet, und

b) die eigentlichen Reisepässe

zu rechnen.

6. Entschließung des k. Staatsministeriums des Innern vom 11. April 1885, die Handhabung der Sicherheitspolizei in Bezug auf Zigeuner betreffend. (Min.-Amtsbl. S. 101.)

Die in letzter Zeit häufiger auftauchenden Zigeunerbanden und die Klagen, welche über deren sicherheitsgefährliches Treiben laut werden, geben dem k. Staatsministerium des Innern Veranlassung, die Polizeibehörden zur energischen Bekämpfung des Zigeunerunwesens neuerdings anzuweisen und denselben die strengste Handhabung der zu diesem Zwecke zu Gebote stehenden Mittel einzuschärfen.

Hiebei wird unter Bezug auf die Ministerial-Entschließung vom 13. März 1882 (Min.-Amtsbl. S. 52) auf nachstehendes zur Beachtung hingewiesen:

1. Von den Polizeibehörden, deren Bezirke die Grenzen der benachbarten Staaten berühren, ist darauf zu achten, daß Zigeuner sofort beim Ueberschreiten der Grenze bezw. im Grenzgebiete angehalten, und falls sie sich nicht durch völlig bedenkenfreie Legitimationen auszuweisen vermögen oder sich nicht im Besitze entsprechender Unterhaltungsmittel befinden, vom Eintritte in den bayerischen Staat abgehalten und unverzüglich in dasjenige Land zurückgeschafft werden, welches sie bei Ueberschreitung der Grenze verlassen haben.

Diese Maßregeln sind auch gegen diejenigen Zigeunerbanden in Vollzug zu setzen, deren Mitglieder deutsche Bundesangehörige zu sein behaupten, sich aber über die Bundesangehörigkeit nicht entsprechend zu legitimiren vermögen. (§ 2 des Reichsgesetzes vom 1. November 1867, die Freizügigkeit betr.)

2. Werden Zigeuner im Lande betroffen, so sind deren Legitimationsurkunden einer genauen Prüfung zu unterstellen.

Falls sich hiebei Anstände ergeben, oder wenn die Mitglieder solcher herumziehender Banden überhaupt nicht im Besitze von Legitimationspapieren sich befinden, so ist deren Detentation behufs Feststellung ihrer Staatsangehörigkeit zulässig und in hiezu geeigneten Fällen auch anzuordnen.

3. Abgesehen hievon sind diese Banden der strengsten polizeilichen Ueberwachung zu unterwerfen; etwaige Gesetzesübertretungen von Mitgliedern derselben sind sorgfältig festzustellen und behufs strafrechtlicher Einschreitung zur Anzeige zu bringen.

Zur Einleitung einer Strafverfolgung von Zigeunern wird häufig nicht nur wegen Landstreicherei oder Bettels, sondern auch wegen Nichtabhaltens der Kinder oder anderer Schutzbefohlenen von Bettel und Diebstahl rc. (§ 361 Ziff. 4 und 9 des Reichsstrafgesetzbuches), sowie wegen Uebertretung des § 148 Ziff. 7e der Reichsgewerbeordnung Veranlassung gegeben sein. Auf die Herbeiführung einer Bestrafung von Zigeunern wegen Landstreicherei wird übrigens auch dann Bedacht zu nehmen sein, wenn legitimationslos umherziehende Zigeuner die erforderlichen Unterhaltsmittel besitzen, da eine Verurtheilung in derartigen Fällen mit Rücksicht darauf erwartet werden darf, daß über den rechtmäßigen Erwerb der im Besitze der Zigeuner befindlichen Unterhaltsmittel, sowie darüber, daß sie sich auf redliche Weise fortbringen, die gegründetsten Zweifel entstehen.

7. Den gemachten Wahrnehmungen zufolge werden auch an-

steckende Pferdekrankheiten nicht selten durch die Pferde umherziehender Zigeuner eingeschleppt und weiter verbreitet. Mit Rücksicht hierauf wird gemäß § 1 der Instruktion zur Ausführung des Gesetzes, betr. die Abwehr und Unterdrückung der Viehseuchen hiemit angeordnet, daß die Pferde von Zigeunern, so oft es veranlaßt erscheint, der bezirksthierärztlichen Untersuchung unterworfen werden, und nach dem Ergebnisse derselben das Weitere verfügt werde.

9. Das unter Ziffer 1—8 Bemerkte ist auch in Ansehung derjenigen Personen entsprechend zu beachten, welche, ohne Zigeuner zu sein, nach Zigeunerart bandenweise umherziehen.

Gegen Personen dieser Art wird eine strafrichterliche Einschreitung nicht selten auch wegen Uebertretung der §§ 62 bezw. 148 Ziff. 7 d und 149 Ziff. 5 der Reichsgewerbeordnung zu erwirken sein; ferner wird in manchen Fällen auf Grund des § 58 a. a. O. die Zurücknahme der solchen Personen ausgestellten Wandergewerbescheine sich ermöglichen lassen.

7. Entschließung des k. Staatsministeriums des Innern vom 9. Oktober 1886, die Handhabung der Sicherheitspolizei in Bezug auf Zigeuner betreffend. (Min.-Amtsbl. S. 271.)

Anläßlich einer an die Bundesregierungen ergangenen, das Vorgehen gegen Zigeuner betreffenden Anregung des Reichsamtes des Innern wird im Nachgange zu Ziff. 1 der Ministerial-Entschließung vom 11. April 1885 (Min.-Amtsbl. S. 101) hinsichtlich der ausländischen, d. h. im Besitze der Reichsangehörigkeit nicht befindlichen Zigeuner hiemit angeordnet, daß die Polizeibehörden der an der Reichsgrenze gelegenen Amtsbezirke solchen Zigeunern den Eintritt in das Staatsgebiet unbedingt zu verwehren und demgemäß auch dann nicht zu gestatten haben, wenn die betreffenden Zigeuner sich über den Besitz genügender Legitimation und Subsistenzmittel sollten ausweisen können, ferner daß, wenn ausländischen Zigeunern gleichwohl der Uebertritt über die Reichsgrenze gelungen sein sollte, deren sofortige Fortschaffung im Wege des Zwangstransportes, und zwar in der Regel auf dem nächsten Wege in der Richtung nach deren Heimath beziehungsweise nach dem am zweckmäßigsten erreichbaren Punkte der Reichsgrenze zu erfolgen hat.

Dieses Verfahren ist nicht nur gegenüber den bandenweise auftretenden Zigeunern, sondern je nach Lage der Umstände auch gegen kleinere Abtheilungen, sowie gegen einzelne nach ihrer äußeren Erscheinung als Zigeuner sich kennzeichnende Individuen in Anwendung zu bringen, da Fälle konstatirt sind, in denen derartige Banden, um die Grenzbehörden zu täuschen, sich vorher getrennt, die Grenze in kleineren Abtheilungen oder einzeln überschritten und demnächst auf einem vorher verabredeten Punkte des Inlandes sich wieder vereinigt haben.

Im übrigen ist sowohl gegen ausländische als auch gegen die sogenannten inländischen, d. h. diejenigen Zigeuner, welche im Reichsgebiete ihren dauernden Aufenthalt genommen haben und unter zeitweisem Verlassen ihres regelmäßigen Wohnsitzes gemeinschaftlich in größerer Zahl in Deutschland umherzustreifen pflegen, auch fernerhin nach den Bestimmungen der eingangs erwähnten Ministerial-Entschließung vom 11. April 1885 zu verfahren.

E. Waffen und Sprengstoffe.

1. Kgl. Verordnung vom 4. Januar 1872, die Zuständigkeit der Verwaltungsbehörden in Sachen des Strafgesetzbuches für das Deutsche Reich und des Polizeistrafgesetzbuches betreffend.

(Reg.-Bl. S. 27.)

§ 3. Zum Erlasse eines Verbotes der Aufsammlung von Vorräthen an Waffen oder Schießbedarf (§ 360 Ziff. 2 St.G.B.) sind die Districtspolizeibehörden, in München die Polizeidirection zuständig.

2. Kgl. Verordnung vom 19. Nov. 1887, das Verbot des Feilhaltens und Führens von Waffen zur Verhütung von Gefahren für die Sicherheit der Personen betr. (Ges.- u. V.-Bl. S. 655.)

§ 1. Die Führung nachstehender Waffen:

1. von Dolchen, Stileten und anderen im Griff feststehenden oder mittelst einer Vorrichtung feststellbaren, sowie von solchen Messern, deren Klinge wegen Mangels einer Einschlagrinne in den Griff nicht einfallen kann;
2. von zugespitzten Streichern und Pfriemen:
3. von Revolvern, Terzerolen und Sackpistolen;
4. von Abschraubgewehren;
5. von Raufringen, Schlageisen, Schleudern und Todtschlägern jeder Art

ist Bettlern und Landstreichern, Zigeunern und allen nach Zigeunerart umherziehenden Personen untersagt.

Demselben Verbote unterliegen die wegen Geisteskrankheit entmündigten Personen.

Das gleiche Verbot gilt für Personen unter 18 Jahren, für Lehrlinge, für die bei Eisenbahnbauten beschäftigten Arbeiter, dann für ledige Dienstboten, Taglöhner, Gewerbsgehilfen, Fabrikarbeiter und in der Hausindustrie beschäftigte Personen, endlich für die noch im Brode des Familienhauptes stehenden ledigen Haussöhne.

§ 2. Das Verbot des § 1 findet keine Anwendung auf Personen, welche Messer, Streicher oder Pfriemen der in § 1 Ziff. 1 und 2 bezeichneten Art zur Ausübung des Berufes nothwendig haben, insoferne sie solche während dieser Ausübung mit sich führen.

Außerdem können die Districtspolizeibehörden, in München die Polizeidirection, einzelnen Personen der in § 1 Abs. 3 aufgeführten Klassen das Tragen bestimmt bezeichneter Waffen der fraglichen Art in stets widerruflicher Weise oder auf bestimmte Zeit durch gebührenfrei auszustellenden Erlaubnißschein gestatten, welchen der Inhaber während des Waffentragens bei sich zu führen hat.

§ 3. Das Feilhalten oder Mitsichführen von Schußwaffen, welche in Stöcken oder Röhren oder in ähnlicher Weise verborgen sind, ist nur mit Bewilligung der Districtspolizeibehörden, in München der Polizeidirection, zulässig.

Das Mitsichführen von Stoß- oder Hiebwaffen dieser Art ist den in § 1 aufgeführten Klassen von Personen untersagt, kann jedoch einzelnen Personen der in § 1 Abs. 3 bezeichneten Klassen nach Maßgabe des § 2 Abs. 2 gestattet werden.

§ 4. Das k. Staatsministerium des Innern ist ermächtigt, bezüglich der in § 1 Abs. 3 aufgeführten Klassen von Personen, den Vollzug der in § 1 und § 3 Abs. 2 enthaltenen Verbote auf Antrag der einschlägigen Regierung, Kammer des Innern, entweder für den ganzen Regierungsbezirk oder für einzelne Amtsdistricte zeitweise zu suspendiren, soweit der Stand der öffentlichen Sicherheit solches gestattet.

Anmerkung: Strafbestimmung zu §§ 1 und 2: Art. 39 des Polizeistrafgesetzbuchs, Strafbestimmung zu § 3: § 367 Ziff. 9 des Reichsstrafgesetzbuchs.

3. Reichsgesetz, betreffend die Prüfung der Läufe und Verschlüsse der Handfeuerwaffen vom 19. Mai 1891. (Reichs-Ges.-Bl. S. 109.)

§ 1. Handfeuerwaffen jeder Art dürfen nur dann feilgehalten oder in den Verkehr gebracht werden, wenn ihre Läufe und Verschlüsse nach den Vorschriften dieses Gesetzes in amtlichen Prüfungsanstalten geprüft und mit Prüfungszeichen versehen sind.

§ 4. Wird an einer bereits geprüften Waffe während oder nach der Herstellung in dem Kaliber oder an dem Verschlusse eine Veränderung vorgenommen, so ist eine erneute Prüfung erforderlich. Dieselbe richtet sich bei Waffen, welche der Regel nach einer zweimaligen Prüfung unterliegen, nach dem Stande der Herstellung, in welchem die Waffe sich befindet.

§ 6. Auf Handfeuerwaffen,

1. welche mit dem Vorrathszeichen versehen sind,
2. welche aus dem Auslande eingeführt und mit den vollständigen, den inländischen gleichwerthigen Prüfungszeichen eines auswärtigen Staates versehen sind;
3) welche durch eine Militärverwaltung oder im Auftrage einer solchen hergestellt und geprüft worden sind,

finden die Vorschriften dieses Gesetzes so lange keine Anwendung, als an den Waffen keine Veränderung des Kalibers oder des Verschlusses vorgenommen wird. Wird eine solche Veränderung vorgenommen, so bedürfen Waffen dieser Art der im § 4 vorgeschriebenen Prüfung, die unter 3 bezeichneten jedoch nur dann, wenn die Veränderung nicht durch eine Militärverwaltung ausgeführt oder geprüft worden ist.

Der Bundesrath bestimmt, welche Prüfungszeichen eines auswärtigen Staates als den inländischen gleichwerthig anzuerkennen sind.

§ 9. Mit Geldstrafe bis zu eintausend Mark oder mit Gefängniß bis zu sechs Monaten wird bestraft:

wer Handfeuerwaffen feilhält oder in den Verkehr bringt, deren Läufe oder Verschlüsse nicht mit den vorgeschriebenen oder zugelassenen (§ 6) Prüfungszeichen versehen sind.

4. Reichsgesetz gegen den verbrecherischen und gemeingefährlichen Gebrauch von Sprengstoffen v. 9. Juni 1884. (Reichs-Ges.-Bl. S. 61.)

§ 1. Die Herstellung, der Vertrieb und der Besitz von Sprengstoffen, sowie die Einführung derselben aus dem Auslande ist unbeschadet der bestehenden sonstigen Beschränkungen nur mit polizeilicher Genehmigung zulässig.

Wer sich mit der Herstellung oder dem Vertriebe von Sprengstoffen befaßt, hat ein Register zu führen, aus welchem die Mengen der hergestellten, aus dem Auslande eingeführten oder sonst zum Zwecke des Vertriebes angeschafften Sprengstoffe, sowie die Bezugsquellen und der Verbleib derselben ersichtlich sein müssen. Dieses Register ist der zuständigen Behörde auf Erfordern jederzeit vorzulegen.

Auf Sprengstoffe, welche vorzugsweise als Schießmittel gebraucht werden, finden vorbehaltlich abweichender landesrechtlicher Vorschriften die Bestimmungen des ersten und des zweiten Absatzes keine Anwendung. Die Bezeichnung dieser Stoffe erfolgt durch Beschluß des Bundesraths.*)

Insoweit Sprengstoffe zum eigenen Gebrauch durch Reichs- oder Landesbehörden von der zuständigen Verwaltung hergestellt, besessen, eingeführt oder vertrieben werden, bleiben die Vorschriften des ersten und zweiten Absatzes ebenfalls ausgeschlossen.

§ 5. Wer vorsätzlich durch Anwendung von Sprengstoffen Gefahr für das Eigenthum, die Gesundheit oder das Leben eines Anderen herbeiführt, wird mit Zuchthaus bestraft.

Ist durch die Handlung eine schwere Körperverletzung verursacht worden, so tritt Zuchthausstrafe nicht unter fünf Jahren, und wenn der Tod eines Menschen verursacht worden ist, Zuchthausstrafe nicht unter zehn Jahren oder lebenslängliche Zuchthausstrafe ein.

Ist durch die Handlung der Tod eines Menschen herbeigeführt worden und hat der Thäter einen solchen Erfolg voraussehen können, so ist auf Todesstrafe zu erkennen.

§ 6. Haben mehrere die Ausführung einer oder mehrerer nach § 5 zu ahndender strafbarer Handlungen verabredet oder sich zur fortgesetzten Begehung derartiger, wenn auch im Einzelnen noch nicht bestimmter Handlungen verbunden, so werden dieselben, auch ohne daß der Entschluß der Verübung des Verbrechens durch Handlungen, welche einen Anfang der Ausführung enthalten, bethätigt worden ist, mit Zuchthaus nicht unter fünf Jahren bestraft.

§ 7. Wer Sprengstoffe herstellt, anschafft, bestellt, oder in seinem Besitze hat, in der Absicht, durch Anwendung derselben Gefahr für das Eigenthum, die Gesundheit oder das Leben eines Anderen entweder selbst herbeizuführen oder andere Personen zur Begehung dieses Verbrechens in den Stand zu setzen, wird mit Zuchthaus bis zu zehn Jahren bestraft.

Der gleichen Strafe verfällt, wer Sprengstoffe, wissend, daß dieselben zur Begehung eines in dem § 5 vorgesehenen Verbrechens bestimmt sind, an andere Personen überläßt.

§ 8. Wer Sprengstoffe herstellt, anschafft, bestellt, wissentlich in seinem Besitze hat, oder an andere Personen überläßt unter Umständen, welche nicht erweisen, daß dies zu einem erlaubten Zwecke geschieht, wird mit Zuchthausstrafe bis zu fünf Jahren oder mit Gefängniß nicht unter einem Jahre bestraft. Diese Bestimmung findet auf die gemäß § 1 Abs. 3 vom Bundesrath bezeichneten Stoffe nicht Anwendung.

§ 9. Wer der Vorschrift in dem ersten Absatz des § 1 zuwider es unternimmt, ohne polizeiliche Ermächtigung Sprengstoffe herzustellen, vom Auslande einzuführen, feilzuhalten, zu verkaufen oder sonst an Andere zu überlassen, oder wer im Besitze derartiger Stoffe betroffen wird, ohne polizeiliche Erlaubniß hierzu nachweisen zu können, ist mit Gefängniß von drei Monaten bis zu zwei Jahren zu bestrafen.

Gleicher Strafe verfällt, wer die Vorschriften des § 1 Absatz 2, die von den Zentralbehörden in Gemäßheit des § 2 getroffenen

Anordnungen oder die bereits bestehenden oder noch zu erlassenden sonstigen polizeilichen Bestimmungen über den Verkehr mit Sprengstoffen, auf welche § 1 Absatz 1 Anwendung findet, übertritt.

§ 10. Wer öffentlich vor einer Menschenmenge oder wer durch Verbreitung oder öffentlichen Anschlag oder öffentliche Ausstellung von Schriften oder anderen Darstellungen, oder wer in Schriften oder anderen Darstellungen zur Begehung einer der in den §§ 5 und 6 bezeichneten strafbaren Handlungen oder zur Theilnahme an denselben auffordert, wird mit Zuchthaus bestraft.

Gleiche Strafe trifft denjenigen, welcher auf die vorbezeichnete Weise zur Begehung der im Absatz 1 gedachten strafbaren Handlungen insbesondere dadurch anreizt oder verleitet, daß er dieselben anpreist oder als etwas Rühmliches darstellt.

§ 13. Der in dem § 139 des Strafgesetzbuches für das Deutsche Reich angedrohten Strafe verfällt, wer von dem Vorhaben eines im § 5 vorgesehenen Verbrechens oder von einer im § 6 vorgesehenen Verabredung oder von dem Thatbestande eines im § 7 des gegenwärtigen Gesetzes unter Strafe gestellten Verbrechens in glaubhafter Weise Kenntniß erhält und es unterläßt, der durch das Verbrechen bedrohten Person oder der Behörde rechtzeitig Anzeige zu machen.

*) Anmerkung: Auf Grund des § 1 Absatz 3 wurden vom Bundesrath die nachfolgenden Sprengstoffe als solche, welche vorzugsweise als Schießmittel gebraucht werden, bezeichnet:

1. alle zum Schießen aus Jagd- oder Scheibengewehren oder zu Sprengungen in Bergwerken, Steinbrüchen u. s. w. dienenden, aus Salpeter, Schwefel und Kohle hergestellten Pulversorten;
2. die zur Entzündung von Gewehrladungen dienenden Sprengstoffe, soweit sie in Zündhütchen für Gewehre oder Zündspiegeln für dergleichen verarbeitet sind;
3. die Vereinigung der unter 1 und 2 genannten Stoffe in fertige Gewehr-, Pistolen- oder Revolverpatronen, einschließlich der unter Verwendung von Knallquecksilber ohne Pulver hergestellten Patronen für Teschingewehre, Pistolen oder Revolver; (Reichs-Ges.-Bl. 1885 S. 78.)
4. fertige Gewehr-, Pistolen- und Revolverpatronen, welche rauchschwaches, aus nitrirter Pflanzenfaser ohne Zusatz anderer explosiver Stoffe hergestelltes Pulver enthalten;
5. zum Schießen aus Jagd- oder Scheibengewehren dienende rauchschwache Pulver, die aus gelatinirter Schießwolle oder sonstiger nitrirter Pflanzenfaser ohne Zusatz anderer explosiver Stoffe hergestellt sind und gekörnt (in Körnern von nicht über 5 Millimeter Dicke) oder in Plättchen von nicht über 4 Millimeter Seitenlänge und 0,1 Millimeter Dicke, bezw. von nicht mehr als 1,6 Kubikmillimeter Inhalt, in den Handel gebracht werden. (Reichs-Ges. Bl. 1891 S. 105, 1896 S. 698.)

5. Bekanntmachung des k. Staatsministeriums des Innern vom 15. Februar 1894, den Verkehr mit Sprengstoffen betreffend.
(Ges.- u. V.-Bl. S. 86.)

§ 1. Die nachstehenden Bestimmungen begreifen:

1. Die Versendung von Sprengstoffen auf Land- und Wasserwegen — mit Ausnahme des Eisenbahn- und Postverkehrs, und des Verkehrs mit Sprengstoffen und Munitionsgegenständen der Militär- und Marineverwaltung, sowie der Versendung von Sprengstoffen in Kauffahrteischiffen —,
2. den Handel mit Sprengstoffen,
3. die Aufbewahrung und Verausgabung von Sprengstoffen innerhalb des Betriebes von Bergwerken, Steinbrüchen, Bauten und gewerblichen Anlagen,
4. die Lagerung von Sprengstoffen — mit Ausnahme der Lagerung in Niederlagen oder Magazinen der Militär- und Marineverwaltung —.

Zu den Sprengstoffen, im Sinne dieser Bestimmungen gehören nicht:

a) die in dem Heer und in der Marine vorgeschriebenen, nicht sprengkräftigen Zündungen,
b) die für Feuerwaffen benutzten Zündhütchen, Zündspiegel und Patronen für Feuerwaffen,
c) Zündschnüre.

I. Allgemeine Bestimmungen.

§ 2. Zum Verkehr im Sinne des § 1 Ziffer 1 bis 3 sind zugelassen:

1. Pulver — Sprengsalpeter, brennbarer Salpeter — (ein sehr inniges Gemisch aus neutral reagirenden Salpeterarten und Kohle oder Stoffen, deren wesentliche Bestandtheile Kohlenstoff, Wasserstoff und Sauerstoff sind, mit oder ohne Schwefel);
2. folgende Nitroglycerin enthaltende Präparate:
   a) Dynamit I (ein bei mittlerer Temperatur plastisches, nicht abtropfbares Gemisch von Nitroglycerin mit pulverförmigen, an sich nicht sprengkräftigen und nicht selbstentzündlichen Stoffen),
   b) Dynamit II und III (Kohlendynamit, ein Gemisch von Nitroglycerin mit schießpulverähnlichen Gemengen),
   c) Sprenggelatine (ein bei mittlerer Temperatur zähelastisches Gemisch, bestehend aus Nitroglycerin, welches durch Nitrocellulose gelatinirt ist, mit oder

ohne kohlensauren Alkalien [beziehungsweise alkalischen Erden] oder neutral reagirenden Salpeterarten),

d) Gelatinedynamit (ein bei mittlerer Temperatur plastisches Gemisch, bestehend aus Nitroglycerin, welches durch Nitrocellulose gelatinirt ist, und Holzmehl, Salpeter und kohlensauren Alkalien [beziehungsweise alkalischen Erden]),

e) Karbonit (ein Gemisch von Nitroglycerin mit schießpulverähnlichen Gemengen und mit flüssigen, an sich nicht sprengkräftigen oder nicht selbstentzündlichen Stoffen);

3. Nitrocellulose (lockere mit mindestens 20 Prozent Wassergehalt und gepreßte, nicht gelatinirte), insbesondere Schießbaumwolle und Collodiumwolle, sowie Gemische von Nitrocellulose mit neutral reagirenden Salpeterarten;

4. folgende Gemische, welche Nitroverbindungen von Stoffen der aromatischen Reihe enthalten:

a) Sekurit (ein Gemenge von Ammoniaksalpeter, Kalisalpeter und Dinitrobenzol oder ähnlichen Stoffen),

b) Roburit (ein Gemisch von Chlordinitrobenzol, Chlornitronaphtalin oder Nitrochlorbenzol und Ammoniaksalpeter);

5. Kartuschen, Petarden, Feuerwerkskörper, sprengkräftige Zündungen, welche zum Entzünden von Ladungen dienen (z. B. Sprengkapseln), Zündplättchen (amorces);

6. alle jeweilig zur Versendung auf den Eisenbahnen zugelassenen Sprengstoffe.

Zu Versuchszwecken kann die Versendung neuer, hier nicht aufgeführter Sprengstoffe auf bestimmten Wegen, sowie die Aufbewahrung und Verausgabung derselben von der betreffenden k. Regierung, Kammer des Innern, für ihren Bezirk gestattet werden.

§ 3. Vom Verkehr im Sinne des § 1 Ziffer 1 bis 3 sind ausgeschlossen die nicht nach § 2 zugelassenen Sprengstoffe, insbesondere:

1. Nitroglycerin als solches und in Lösungen;
2. Knallgold, trocken in fester oder Pulverform, Knallquecksilber, Knallsilber und die damit dargestellten Präparate;
3. Nitrozuckerarten, Nitrostärkearten und die damit hergestellten Gemische;
4. Gemische, welche Nitroglycerin abtropfen lassen;
5. Sprengstoffe, welche entweder

a) sauer reagiren (mit Ausnahme des Pulvers, Sprengsalpeters und brennbaren Salpeters [§ 2 Nr. 1],

des Sekurits [§ 2 Nr. 4a] und des Roburits [§ 2 Nr. 4b]), oder
b) bei einer Temperatur bis zu + 40° C zur Selbstzersetzung neigen, oder
c) welche enthalten:
aa) chlorsaure Salze (mit Ausnahme der Sprengkapseln und Zündplättchen [§ 2 Nr. 5]), oder
bb) pikrinsaure Salze, oder
cc) Phosphor (mit Ausnahme der Zündplättchen [§ 2 Nr. 5]), oder
dd) Schwefelkupfer;

6. **Sprengstoffe in Patronenhüllen, sofern diese äußerlich mit Nitroglycerin (Ziffer 1) oder mit anderer Sprengflüssigkeit benetzt, oder äußerlich mit festen Sprengstoffen behaftet sind;**
7. **Sprengpräparate, bei welchen die einzelnen an und für sich nicht sprengkräftigen Bestandtheile in einem geschlossenen Behälter durch leicht brechbare Scheidewände oder Hahnvorrichtungen solange getrennt gehalten werden, bis die Explosion, durch Zertrümmerung, Verschiebung der Scheidewände oder Oeffnen der Hahnvorrichtungen veranlaßt, stattfinden soll.**

§ 4. Wer Sprengstoffe in Mengen von mehr als 35 Kilogramm Bruttogewicht versendet, muß unter Angabe der Bestimmungsorte der Ortspolizeibehörde des Versendungsortes den Frachtschein zur Visirung vorlegen. Der Empfang der Sendung ist vom Empfänger auf dem dem Frachtschein beigefügten Lieferschein zu bescheinigen. Die bescheinigten Lieferscheine sind der Ortspolizeibehörde des Versendungsortes jederzeit auf Verlangen vorzulegen.

§ 5. Wer an der Versendung von solchen Sprengstoffen, welche den Vorschriften des Reichsgesetzes vom 9. Juni 1884 gegen den verbrecherischen und gemeingefährlichen Gebrauch von Sprengstoffen (Reichs-Ges.-Bl. S. 61) unterliegen, in der Weise theilnimmt, daß er dabei in den Besitz von Sprengstoffen gelangt (Spediteur, Transportführer, Transportbegleiter), muß den vorgeschriebenen Erlaubnißschein zum Besitz von Sprengstoffen oder beglaubigte Abschrift desselben während der Dauer seines Besitzes stets bei sich führen und auf Verlangen vorzeigen.

§ 6. Für die Versendung auf Land- und Wasserwegen sind Sprengstoffe in hölzerne, haltbare und dem Gewicht des Inhalts entsprechend starke Kisten oder Tonnen, deren Fugen so gedichtet sind, daß ein Ausstreuen nicht stattfinden kann, und welche nicht mit eisernen Reifen oder Bändern versehen sind, fest zu verpacken. Statt der hölzernen Kisten oder Tonnen können auch aus mehrfachen Lagen sehr starken und steifen, gefirnißten Pappdeckels gefertigte Fässer (sogenannte amerikanische Fässer) verwendet werden. Die zum Transport von Pulver, Sprengsalpeter und brennbarem Salpeter (§ 2 Ziffer 1) verwendeten Behälter dürfen keine eisernen Nägel, Schrauben oder sonstige eiserne Befestigungsmittel haben.

Pulver, Sprengsalpeter, brennbarer Salpeter (§ 2 Ziffer 1) und das aus gelatinirter Nitrocellulose mit oder ohne Salpeter hergestellte Pulver (§ 2 Ziffer 3) darf in metallene Behälter, ausgenommen solche von Eisen, verpackt werden. Vor der Verpackung in Tonnen oder Kisten müssen diese Stoffe entweder in Packete (Blechbehälter) bis zu höchstens $2^1/_2$ Kilogramm Gewicht verpackt, oder in dichte, aus haltbaren Stoffen gefertigte Säcke, Mehlpulver in Säcke aus Leder oder dichtem Kautschuckstoff geschüttet werden.

Die im § 2 Ziffer 2 und 4 aufgeführten Sprengstoffe dürfen nur in Patronen, nicht auch in loser Masse versendet werden. Diese Patronen, sowie Patronen aus gepreßter Schießbaumwolle mit oder ohne Paraffinüberzug (§ 2 Ziffer 3) sind durch eine Umhüllung von Papier in Packete zu vereinigen. Das Gleiche gilt für die nach § 2 Ziffer 6 zugelassenen Sprengstoffe, soweit die Versendung auf Eisenbahnen nur in Patronenform erfolgen darf.

Gepreßte Schießwollkörper mit mindestens 15 Prozent Wassergehalt, sowie Sekurit- und Roburit-Patronen (§ 2 Ziffer 4) dürfen auch in dichtschließende Blechbüchsen oder Pappschachteln verpackt werden.

Für die Versendung loser Nitrocellulose mit mindestens 20 Prozent Wassergehalt ist feste Verpackung in starkwandige, luftdichte Behälter erforderlich.

Sprengstoffe jeder Art dürfen weder mit Zündungen oder Zündschnüren versehen, noch mit solchen oder mit Patronen für Feuerwaffen (§ 1 b) in dieselben Behälter verpackt werden.

Die zur Verpackung von Sprengstoffen dienenden Behälter müssen je nach ihrem Inhalt mit der Aufschrift: Pulver, Sprengsalpeter, brennbarer Salpeter, Pulver aus Nitrocellulose und Salpeter, Kartuschen, Petarden, Feuerwerkskörper, Zündungen, Dynamitpatronen, Kohlendynamitpatronen, Sprenggelatinepatronen, Gelatinedynamitpatronen, Karbonitpatronen, Schießbaumwolle u. s. w. versehen sein. Außerdem müssen dieselben mit der Firma oder der Marke der Fabrik, aus welcher die Sprengstoffe herrühren, bezeichnet sein, oder eine von dem k. Staatsministerium des Innern gebilligte und öffentlich bekannt gemachte Bezeichnung der Fabrik tragen.

Das Bruttogewicht der Versendungsstücke darf bei Pulver, Sprengsalpeter, brennbarem Salpeter (§ 2 Ziffer 1), bei Schießbaumwolle (§ 2 Ziffer 3), bei Kartuschen, Petarden, Feuerwerkskörpern oder Zündungen (§ 2 Ziffer 5) 90 Kilogramm, bei sonstigen Sprengstoffen 35 Kilogramm nicht übersteigen. Auf prismatisches Geschützpulver in Kartuschen finden diese Gewichtsbestimmungen keine Anwendung.

Die für den Eisenbahnverkehr jeweilig vorgeschriebene Verpackung genügt auch für die Versendung auf Land- und Wasserwegen.

II. Besondere Bestimmungen für den Landverkehr.

§ 7. Die Beförderung von Sprengstoffen auf Fuhrwerken, welche Personen befördern, ist verboten.

Eine Ausnahme findet nur statt, wenn in dringenden Fällen allgemeiner Gefahr, z. B. bei Eisstopfungen, die nöthigen Sprengbüchsen und das zu deren Füllung erforderliche Material unter zuverlässiger Begleitung in kürzester Frist nach dem Bestimmungsorte geschafft werden soll.

§ 8. Bei dem Verpacken und Verladen, sowie bei dem Abladen und Auspacken darf Feuer oder offenes Licht nicht gehalten, Tabak nicht geraucht werden.

Das Verladen und Abladen hat unter sorgfältiger Vermeidung von Erschütterungen zu erfolgen. Die Versendungsstücke dürfen deßhalb nie gerollt oder abgeworfen werden.

Soll das Verladen oder Abladen ausnahmsweise nicht vor der Fabrik oder dem Lagerraum oder innerhalb dieser Räume geschehen, so ist hierzu die Genehmigung der Ortspolizeibehörde einzuholen.

§ 9. Die Versendungsstücke müssen auf dem Fuhrwerke so fest verpackt werden, daß sie gegen Scheuern, Rütteln, Stoßen, Umkanten und Herabfallen aus ihrer Lage gesichert sind, insbesondere dürfen Tonnen nicht aufrecht gestellt, müssen vielmehr gelegt und durch Holzunterlagen unter Haar- oder Strohdecken gegen jede rollende Bewegung gesichert werden.

§ 10. Sprengstoffe dürfen nicht mit Zündhütchen, Zündpräparaten oder sonstigen leicht entzündlichen oder selbstentzündlichen Gegenständen zusammen verladen werden.

Die im § 2 Ziffer 2, 3 und 4 aufgeführten Stoffe dürfen nicht mit Pulver, Sprengsalpeter, brennbarem Salpeter (§ 2 Ziffer 1), Kartuschen, Petarden, Feuerwerkskörpern, Zündungen (§ 2 Ziffer 5), oder mit Patronen für Feuerwaffen (§ 1 b) zusammen verladen werden.

§ 11. Zur Beförderung von Sprengstoffen dienende Fuhrwerke müssen so dicht schließende Wagenkasten besitzen, daß die Sprengstoffe nicht verstreut werden können. Sind die Wagenkasten oben offen, so müssen sie mit einem dichtschließenden, feuersicheren Plantuche (z. B. imprägnirter Leinwand) überspannt sein.

Auch die Vorder- und Hinterseite der Fuhrwerke sind mit demselben Material zu schließen.

Zum Sperren der Räder dürfen nur hölzerne Radschuhe angewendet werden; bei Eisbahn ist eine eiserne Sperrvorrichtung (Krätzer) gestattet, sofern sie ganz vom Radschuh bedeckt ist.

Die Fuhrwerke müssen als Warnungszeichen eine von weitem erkennbare, stets ausgespannt gehaltene schwarze Flagge mit einem weißen P führen.

§ 12. Fuhrwerke, welche Sprengstoffe führen, dürfen niemals ohne Bewachung bleiben.

Auf denselben darf Feuer oder offenes Licht nicht gehalten, Tabak nicht geraucht werden. Auch in der Nähe der Fuhrwerke ist das Anzünden von Feuer oder Licht, sowie das Tabakrauchen verboten.

§ 13. Fuhrwerke, welche Sprengstoffe führen, dürfen nur im Schritt fahren und von Fuhrwerken, sowie von Reitern nur im Schritt passirt werden.

Besteht ein Transport aus mehreren Fuhrwerken, so müssen diese während der Fahrt eine Entfernung von mindestens 50 Meter unter einander innehalten.

§ 14. Bei jedem Aufenthalt von mehr als einer halben Stunde ist eine Entfernung von mindestens 300 Meter von Fabriken, Werkstätten und bewohnten Gebäuden einzuhalten.

Die Ortspolizeibehörde darf, falls eine geeignete Haltestelle in solcher Entfernung nicht zu finden ist, gestatten, daß eine Haltestelle in einer geringeren, wenn aber nicht ein anderer Schütz geboten ist, mindestens 200 Meter betragenden Entfernung von Fabriken, Werkstätten und bewohnten Gebäuden gewählt wird.

Bei einem Aufenthalt von mehr als einer halben Stunde in der Nähe von Ortschaften ist überdies der Ortspolizeibehörde thunlichst schleunig Anzeige zu erstatten; die Ortspolizeibehörde hat darauf die ihr nothwendig erscheinenden Vorsichtsmaßregeln zu treffen.

§ 15. Fuhrwerke, welche Sprengstoffe führen, müssen von Eisenbahnzügen oder geheizten Lokomotiven, Dampfwalzen, Dampfpflügen und ähnlichen Maschinen möglichst weit entfernt bleiben.

Neben der Eisenbahn herlaufende Wege, sowie Wege, auf welchen Dampfstraßenbahnen liegen, dürfen nur dann von solchen Fuhrwerken befahren werden, wenn der Bestimmungsort von Frachtfuhrwerk auf einem anderen gut fahrbaren Wege nicht zu erreichen ist.

§ 16. Der Transport durch zusammenhängend gebaute Ortschaften ist nur gestattet, wenn diese nicht von Frachtfuhrwerk auf gut fahrbaren Wegen umfahren werden können. Ist die Durchfahrt unvermeidlich, so hat der Transportführer der Ortspolizeibehörde Anzeige zu erstatten und deren Bestimmungen vor der Einfahrt in den Ort abzuwarten. Die Ortspolizeibehörde hat den zu nehmenden Straßenzug zu bestimmen und von anderen Fahrzeugen möglichst frei zu halten, auch Sorge zu tragen, daß die Durchfahrt ohne unnöthigen Aufenthalt und mit Vermeidung besonderer Gefahren erfolgt.

§ 17. Werden zur Beförderung von Sprengstoffen Fuhrwerke verwendet, welche mit festen, dicht schließenden und feuersicher hergestellten, während des Transportes unter Verschluß gehaltenen Wagenkasten versehen sind, so finden hinsichtlich der Beförderung solcher Transporte nur die Vorschriften im § 11 Absatz 3 und 4, § 12, § 13 Absatz 1 und § 14 Anwendung, und zwar die des § 14 mit der Maßgabe, daß die regelmäßig einzuhaltende Entfernung 200 Meter beträgt.

§ 18. Geräth eine Sprengstoffsendung unterwegs in einen Zustand, daß der weitere Versandt bedenklich erscheint, so hat die Ortspolizeibehörde, welcher von dem Transportführer thunlichst schleunig Anzeige zu erstatten ist, die zur gefahrlosen weiteren Behandlung der Sendung nöthigen Anordnungen zu treffen, und zwar je nach den Umständen unter Zuziehung eines auf ihre Aufforderung von dem Absender zu entsendenden Sachverständigen.

Ist Gefahr im Verzuge, so erfolgt die Vernichtung der Sprengstoffe durch die Ortspolizeibehörde auf Kosten des Absenders ohne vorherige Benachrichtigung desselben, wenn möglich nach der Angabe und unter Aufsicht eines Sachverständigen.

§ 19. Werden Sprengstoffe in Mengen von nicht mehr als 35 Kilogramm Bruttogewicht versendet, so finden auf dergleichen Sendungen von den Vorschriften dieses Abschnitts nur die §§ 7 bis 10 Anwendung.

III. Besondere Bestimmungen für den Wasserverkehr.

§ 20. Auf Dampfschiffen, welche Personen befördern, dürfen Sprengstoffe nicht transportirt, an Schießpulver oder Feuerwerkskörpern jedoch darf soviel mitgeführt werden, als zur Abgabe von Signalen nothwendig ist.

Die im § 7 enthaltene Ausnahmebestimmung findet auch hier Anwendung.

Fähren, welche Fuhrwerk mit Sprengstoffen übersetzen, dürfen nicht andere Fuhrwerke oder Personen befördern.

§ 21. Die §§ 7 bis 10, 11 Absatz 4, 12 Absatz 1, 13 Absatz 2, 14, 18 und 19 finden für den Schiffsverkehr sinngemäße Anwendung.

Werden zur Beförderung von Sprengstoffen eiserne oder stählerne Schiffe verwendet, welche mit dicht schließenden und feuersicher hergestellten, während des Transportes unter Verschluß gehaltenen Laderäumen versehen sind, so finden von den im Absatz 1 angezogenen Vorschriften nur die §§ 8, 11 Absatz 4, 12 Absatz 1, 14, 18 und 19 sinngemäße Anwendung, und zwar die des § 14 mit der Maßgabe, daß die regelmäßig einzuhaltende Entfernung 200 Meter beträgt.

Zur Versendung auf Schiffen sind Patronen der im § 2 Ziffer 2 aufgeführten Stoffe außerdem mit einer das Eindringen von Wasser oder Feuchtigkeit verhindernden Umhüllung (z. B. mit Gummilösung verklebtem Gummibeutel) zu versehen. Auf den Transport auf Fähren findet dies keine Anwendung.

Das Ein- und Ausladen darf nur an einer von der Ortspolizeibehörde dazu angewiesenen Stelle, welche mindestens 300 Meter von bewohnten Gebäuden entfernt sein muß, erfolgen.

Die Ladestelle darf während ihrer Benutzung dem Publikum nicht zugänglich sein und ist, wenn ausnahmsweise das Aus- oder Einladen bei Dunkelheit stattfindet, mit fest- und hochstehenden Laternen zu erleuchten. Die mit Sprengstoffen gefüllten Behälter dürfen nicht eher auf die Ladestelle gebracht oder zugelassen werden, bis die Verladung beginnen soll.

§ 22. Die Sprengstoffe müssen auf dem Schiffe in einem abgeschlossenen Raume, welcher bei Dampfschiffen möglichst weit von den Kesselräumen entfernt ist, unter Deck fest verstaut werden. Bei Verladung in offenen Booten müssen letztere mit einem dichtschließenden feuersicheren Plantuche (z. B. imprägnirte Leinwand) überspannt sein.

Weder in den so benutzten, noch in den unmittelbar daran stoßenden Räumen dürfen Zündhütchen oder Zündschnüre verpackt sein.

Leicht entzündliche oder selbst entzündliche Stoffe, zu welchen Steinkohlen und Kokes nicht gerechnet werden, sind von der gleichzeitigen Beförderung überhaupt ausgeschlossen.

§ 23. Sind zu öffnende Brücken oder Schleusen zu passiren, so hat der Transportführer dem Brücken- oder

Schleusenwärter Anzeige zu erstatten und vor der Durchfahrt dessen Bestimmungen abzuwarten. Der Brücken- oder Schleusenwärter hat Sorge zu tragen, daß die Durchfahrt ohne unnöthigen Aufenthalt und mit Vermeidung besonderer Gefahren erfolgt.

Das Anlegen darf nur an Orten geschehen, welche während des Aufenthalts dem Publikum nicht zugänglich sind.

Die Ortspolizeibehörde ist stets vorher in Kenntniß zu setzen und hat Vorschriften über Ort und Zeit zu geben und Vorsichtsmaßregeln im Einzelnen zu treffen.

IV. Bestimmungen über den Handel mit Sprengstoffen, sowie über deren Aufbewahrung und Verausgabung.

§ 24. Wer Sprengstoffe feilhalten will, muß davon der Ortspolizeibehörde Anzeige machen. Wer Sprengstoffe feilhalten will, welche den Vorschriften des Reichsgesetzes vom 9. Juni 1884 unterliegen, bedarf dazu der polizeilichen Erlaubniß gemäß § 1 dieses Gesetzes.

Sprengpatronen dürfen von den Fabriken und Händlern und ihren Beauftragten nicht einzeln und lose, sondern nur in den nach § 6 dafür vorgesehenen Behältern abgegeben werden. Diese Behälter müssen mit der Jahreszahl der Abgabe aus der Fabrikationsstätte und mit einer durch das Jahr der Abgabe fortlaufenden Nummer versehen sein. Dieselbe Zahl und Nummer müssen auch an jeder in den Behältern verpackten Sprengpatrone angebracht sein. Außerdem muß an jeder Sprengpatrone der Name des Sprengstoffs, sowie die Firma oder Marke der Fabrik oder eine von dem k. Staatsministerium des Innern gebilligte und öffentlich bekannt gemachte Bezeichnung der Fabrik angebracht sein. Die Angabe der Jahreszahl und Nummer auf den Behältern und Patronen kann auch in chiffrirter Form erfolgen; letztere ist vor der Anwendung dem k. Staatsministerium des Innern zur Genehmigung vorzulegen.

In dem gemäß § 1 Absatz 2 des Reichsgesetzes vom 9. Juni 1884 zu führenden Register sind Jahreszahl und Nummer der gekauften und abgegebenen Sprengpatronen zu vermerken.

§ 25. Wer sich mit der Anfertigung oder dem Verkaufe von Sprengstoffen befaßt, welche dem Reichsgesetz vom 9. Juni 1884 nicht unterliegen, ist verpflichtet, über alle An- und Verkäufe dieser Stoffe in Mengen von mehr als 1 Kilogramm ein Buch zu führen, welches den Namen der Verkäufer und der Abnehmer, den Zeitpunkt des Ankaufs und der Abgabe, die Mengen der gekauften und abgegebenen Stoffe, sowie bei

Sprengpatronen deren Jahreszahl und Nummer angibt. Dieses Buch ist auf Verlangen der Polizeibehörde zur Einsicht vorzulegen. Hinsichtlich der Buchführung greifen im Uebrigen die auf Grund des Reichsgesetzes vom 9. Juni 1884 erlassenen Vorschriften Platz.

§ 26. Die Abgabe von Sprengstoffen an Personen, von welchen ein Mißbrauch derselben zu befürchten ist, insbesondere an Personen unter 16 Jahren ist verboten. Auf Spielwaaren, welche ganz geringe Mengen von Sprengstoffen enthalten, findet diese Vorschrift keine Anwendung.

Die Abgabe von Sprengstoffen, welche den Vorschriften des Reichsgesetzes vom 9. Juni 1884 unterliegen, darf Seitens der Fabriken und Händler und ihrer Beauftragten nur an solche Personen erfolgen, welche nach den gemäß § 2 dieses Gesetzes erlassenen Anordnungen zum Besitz von Sprengstoffen berechtigt sind. Bei Staatswerken, welche besonderer Erlaubniß zum Besitz von Sprengstoffen nicht bedürfen, kann die Abgabe an solche Personen erfolgen, welche von der Verwaltung des Werkes zu der Annahme ausdrücklich ermächtigt sind.

§ 27. Die Verausgabung von Sprengstoffen, welche den Vorschriften des Reichsgesetzes vom 9. Juni 1884 unterliegen, an die in Bergwerken, Steinbrüchen, Bauten und gewerblichen Anlagen beschäftigten Bergleute, Arbeiter u. s. w. darf nur von denjenigen Betriebsleitern, Beamten oder Aufsehern bewirkt werden, welche nach den gemäß § 2 dieses Gesetzes erlassenen Anordnungen zum Besitz von Sprengstoffen berechtigt sind. Diese Personen sind verpflichtet, über die Verausgabung ein Buch zu führen, welches den Namen der Empfänger, den Zeitpunkt der Verausgabung, die Menge der verausgabten Stoffe, sowie bei Sprengpatronen deren Jahreszahl und Nummer angibt. Bei Staatswerken, welche besonderer Erlaubniß zum Besitz von Sprengstoffen nicht bedürfen, kann die Verausgabung von solchen Personen bewirkt werden, welche von der Verwaltung des Werkes zu der Verausgabung ausdrücklich ermächtigt sind.

Die Leiter der Bergwerke, Steinbrüche, Bauten und gewerblichen Anlagen sind verpflichtet, Maßregeln zu treffen, welche eine Verwendung der zum Verbrauch im Betriebe verausgabten Sprengstoffe durch die Bergleute, Arbeiter u. s. w. zu anderen Zwecken ausschließen.

V. Bestimmungen über die Lagerung von Sprengstoffen.

§ 28. Gerathen Sprengstoffe auf ihrem Lager in einen Zustand, daß die weitere Lagerung bedenklich erscheint, so finden die Vorschriften des § 18 entsprechende Anwendung.

§ 29. Wer mit Pulver, Sprengsalpeter, brennbarem Salpeter (§ 2 Ziff. 1), Feuerwerkskörper und Zündplättchen — amorces — (§ 2 Ziff. 5) Handel treibt, darf:

1. im Kaufladen nicht mehr als 2½ Kilogramm,
2. im Hause außerdem nicht mehr als 10 Kilogramm vorräthig halten.

Auf Nachweis eines besonderen Bedürfnisses kann die Erhöhung des Vorraths unter 2 zeitweilig bis auf 15 Kilogramm gestattet werden.

Die Aufbewahrung muß in einem auf dem Dachboden (Speicher) belegenen, mit keinem Schornsteinrohre in Verbindung stehenden abgesonderten Raume erfolgen, welcher beständig unter Verschluß gehalten und mit Licht nicht betreten wird. Die Behälter müssen den Bestimmungen im § 6 Absatz 1 und 2 entsprechen und mit stets fest geschlossenen Deckeln versehen sein.

§ 30. Personen, welche nicht unter die Bestimmung des § 29 fallen, bedürfen für die Aufbewahrung von mehr als 2½ Kilogramm der daselbst genannten Sprengstoffe der ortspolizeilichen Erlaubniß.

§ 31. Größere als die im § 29 angegebenen Mengen dieser Sprengstoffe sind außerhalb der Ortschaften in besonderen Magazinen aufzubewahren, von deren Sicherheit die Districtspolizeibehörde sich überzeugt hat. Diese Magazine müssen sich, wenn sie über Tage liegen, im Wirkungsbereiche sachgemäß ausgeführter und unter Aufsicht stehender Blitzableiter befinden.

Handelt es sich um Magazine, welche zu einem der Aufsicht der Bergbehörde unterstehenden Werke gehören, so hat die Districtspolizeibehörde die Prüfung in Gemeinschaft mit der Bergbehörde vorzunehmen.

Es kann angeordnet werden, daß die Schlüssel zu diesen Magazinen in den Händen der Behörde bleiben.

§ 32. Die Aufbewahrung der im § 29 genannten Sprengstoffe an der Herstellungsstätte sowie an der Verbrauchsstätte unterliegt den im § 33 gegebenen Vorschriften.

§ 33. Die im § 2 aufgeführten Sprengstoffe dürfen — abgesehen von den im § 29 vorgesehenen Ausnahmen — nur an der Herstellungsstätte oder an denjenigen Orten, wo sie innerhalb eines Betriebes zur unmittelbaren Verwendung gelangen, oder in besonderen Magazinen gelagert werden.

Für die Lagerung an der Herstellungsstätte sind, in Ermangelung besonderer, bei Genehmigung der Anlage gemäß § 16 der Gewerbeordnung vorgeschriebener Bedingungen, die Weisungen der Ortspolizeibehörde zu beachten.

Die Niederlagen an der Verbrauchsstätte, sowie die besonderen Magazine bedürfen der districtspolizeilichen Genehmigung und sind nach den von der Districtspolizeibehörde zu ertheilenden Vorschriften einzurichten.

Für solche Niederlagen oder Magazine, welche zu einem der Aufsicht der Bergbehörde unterstehenden Werke gehören, tritt diese an die Stelle der Districtspolizeibehörde.

Es kann angeordnet werden, daß die Schlüssel zu den Niederlagen oder Magazinen in den Händen der Behörde bleiben.

§ 34. Andere als die im § 2 aufgeführten, insbesondere die im § 3 genannten Sprengstoffe, dürfen nur an der Herstellungsstätte gelagert werden.

Zu Versuchszwecken kann die Lagerung neuer Sprengstoffe an anderen Orten von der k. Regierung, Kammer des Innern, gestattet werden.

VI. Strafbestimmungen.

§ 35. Zuwiderhandlungen gegen vorstehende Vorschriften werden nach § 367 Nr. 5 des Strafgesetzbuchs bestraft, soweit nicht härtere Strafen nach dem Reichsgesetz vom 9. Juni 1884 verwirkt sind.

Schlußbestimmung.

§ 36. Weitergehende bergpolizeiliche Vorschriften und Anordnungen über die Verwendung von Sprengstoffen beim Bergbau, dann die internationalen Verabredungen über den Verkehr mit Sprengstoffen werden durch die vorstehenden Bestimmungen nicht berührt.

6. Bekanntmachung des k. Staatsministeriums des Innern vom 15. Februar 1894, die Versendung von Sprengstoffen und Munitionsgegenständen der Militär- und Marineverwaltung auf Land- und Wasserwegen (Sprengstoff-Versendungsvorschrift) betr.

(Ges.- u. V.-Bl. S. 98.)

In Bezug auf die Versendung von Sprengstoffen und Munitionsgegenständen der Militär- und Marineverwaltung auf Lagd- und Seewegen wird die Bekanntmachung vom 15. Februar 1894, den Verkehr mit Sprengstoffen betreffend (Ges.- u. V.-Bl. S. 86), durch nachstehende vom Bundesrathe vereinbarte Zusätze ergänzt:

Zu §§ **12** u. **13.** a. Den von den Begleitkommandos militärischer Sendungen von Sprengstoffen und Munitionsgegenständen behufs Verhütung der Gefährdung der Sendungen ergehenden Aufforderungen zu Handlungen oder Unterlassungen — insbesondere zum Anhalten, zum langsamen Vorbeifahren oder Vorbeireiten, zum Ausweichen, zum Unterlassen des

Rauchens, zum Auslöschen von Feuer — haben Wagenführer, Reiter und andere Personen ungesäumt Folge zu leisten.

Zuwiderhandlungen werden, unbeschadet des nöthigenfalls von den Begleitkommandos zur Anwendung zu bringenden unmittelbaren Zwanges, nach § 367 Nr. 5 des Strafgesetzbuchs für das Deutsche Reich bestraft.

b. Entgegenkommende oder den Transport einholende Fuhrwerke oder Reiter müssen den mit Sprengstoffen ꝛc. beladenen Wagen ganz ausweichen.

c. Dem Führer des Begleitkommandos ist es gestattet, erforderlichenfalls neben den mit Sprengstoffen ꝛc. beladenen Wagen in schneller Gangart zu reiten.

d. Besteht die Sendung aus einer größeren Anzahl von Wagen, so können Gruppen von zwei bis drei Wagen gebildet werden, in welchen die einzelnen Wagen nur 10 m Abstand erhalten; die Gruppen müssen jedoch in mindestens 50 m Entfernung von einander bleiben.

7. Bekanntmachung der k. Staatsministerien des Innern und des Handels und der öffentlichen Arbeiten vom 6. August 1870, die Verfertigung von Schießpulver, Schießbaumwolle und Feuerwerksgegenständen betreffend. (Reg.-Bl. S. 1425.)

§ 2. Wer sich mit der Verfertigung von Schießpulver, Schießbaumwolle oder Feuerwerksgegenständen befassen will, hat, und zwar vor dem Beginne des Betriebes, bei der Districtspolizeibehörde hievon Anzeige zu erstatten, und den hienach von dieser ergehenden Anordnungen sich zu unterwerfen.

§ 3. Außer den bei Genehmigung derartiger Arbeitsanlagen und Beschäftigungen ergehenden besonderen Bestimmungen sind folgende Vorschriften einzuhalten:

1) Für die Aufbewahrung sowohl der Rohstoffe, als auch der fertigen Fabrikate müssen besondere Räume bereit gehalten und dürfen hiezu die Fabrikationslokale nicht benützt werden.

2) Die bei den verschiedenen Arbeiten zum Mischen der Pulverbestandtheile oder für den bereits gemischten Pulversatz zu benützenden Arbeitsgeräthe dürfen nicht von Eisen, auch die Räder der Karren und Wagen, welche zum Transporte innerhalb der Fabrik dienen, nicht mit Eisen beschlagen sein.

3) Fässer und andere Gefäße, welche zur Benützung in Pulverfabriken dienen, dürfen keine eisernen Reife oder Nägel haben und müssen dicht schließend gearbeitet und fest gebunden sein.

4) Die zum Transporte von Pulver oder Pulversatz aus einem Lokale der Fabrik in ein anderes dienenden Gefäße müssen außerdem mit gut angepaßten Deckeln versehen sein.

5) Wenn Reparaturen an Maschinen oder Theilen der Fabrik nöthig werden, hat den Ausbesserungsarbeiten die Entfernung der Pulvermassen in den betreffenden Räumen und sodann eine starke Durchnässung letzterer vorauszugehen.

Bei den Reparaturen muß immer der Inhaber oder ein sachkundiger Werkmeister der Fabrik die Aufsicht führen.

6) In jeder Pulverfabrik muß für Wasservorrath und für Feuerlöschgeräthe, dann für entsprechende Bewachung auch außer der Arbeitszeit und bei Nacht vorgesorgt sein; diese Bewachung kann bei kleinen und isolirt gelegenen Werken von der Districtspolizeibehörde erlassen werden.

7) In Pulverfabriken dürfen nur erwachsene, zuverlässige und nüchterne Personen verwendet werden.

Nicht zum Geschäftsbetrieb gehörige Personen dürfen nur unter Begleitung eines Aufsehers zugelassen werden.

8) Für jede Pulverfabrik muß eine Betriebsordnung erlassen und in derselben zu Jedermanns Kenntnißnahme angeheftet werden. Für kleinere Werke kann die Aufstellung einer Betriebsordnung von der Districtspolizeibehörde nachgesehen werden. Die Betriebsordnung muß den Geschäftsbetrieb so regeln, daß jeder Arbeiter seinen bestimmten Geschäftskreis hat.

In den einzelnen Arbeitslokalen dürfen immer nur diejenigen sich aufhalten, welche nach der Betriebsordnung in denselben beschäftigt sind.

Den Arbeitern bei den Feuerungsanlagen, wie den Salpetersiedern, Köhlern, Heizern, dürfen keine Geschäfte übertragen werden, bei deren Ausführung sie von den Feuerungsanlagen weg Lokale betreten müßten, in welchen Pulver bereitet wird, und ebenso müssen die in letzteren Lokalen Beschäftigten während ihrer Arbeitszeit den Feuerungsanlagen fern bleiben.

Die Heizung der Fabriklokale darf nur von außen geschehen und muß so eingerichtet sein, daß die zu verarbeitenden Materialien unter keinen Umständen weder mit offenem Feuer, noch mit überhitzten Flächen in Berührung kommen können. Für das Trocknen des Pulvers ist nur Dampf- oder Warm-Wasserheizung zulässig.

9) Alle in Arbeits- oder Lagerräume einer Pulverfabrik Eintretenden müssen vorher ihre Fußbekleidung ablegen oder über dieselbe Filzschuhe anziehen.

An der Fußbekleidung der Arbeiter dürfen sich eiserne Nägel oder Absatzeisen nicht befinden.

10) Das Tabakrauchen ist nicht blos in den Fabrikräumen, sondern auch in der Nähe der Fabrik auf eine Entfernung von 340 Fuß (100 Metern) von den äußeren Grenzen verboten.

Die Arbeiter dürfen in der Fabrik weder Rauchtabake oder Cigarren, noch Tabakspfeifen, Feuerzeuge oder sonstige zum Rauchen dienende Gegenstände mit sich führen.

11) In den Pulverbereitungs-Lokalen muß während der Arbeit alles Schlagen, Stoßen und Reiben sorgfältig vermieden und jedes Gefäß behutsam gehoben, getragen und niedergesetzt werden.

Gleiche Vorschrift gilt für alle Fabrikräume, in welchen Pulversatz, Pulvermasse oder fertiges Pulver gelagert ist.

12) Fertiges Pulver darf in den Bereitungs-Lokalen nicht in größeren Quantitäten angehäuft, sondern muß alsbald aus denselben in die Verwahrungslokale gebracht, auch darf das zu verarbeitende Material nur allmählich nach dem Fortschritte der Arbeit in die Arbeitsräume genommen werden.

13) Die Pulverkohle darf erst mindestens zwei Tage nach ihrer Darstellung pulverisirt werden und ist sodann in mit Eisenblech gefütterten oder blechenen Behältern mit gut schließenden Deckeln in ein eigens hiefür bestimmtes Lokal zur Aufbewahrung zu verbringen.

14) Die Pulverarbeit darf nur bei Tageslicht oder Nachts unter Anwendung von zweckmäßig konstruirten Sicherheitslampen stattfinden.

Sogleich nach dem Schlusse der Arbeit ist fertiges Pulver in das hiefür bestimmte Aufbewahrungslokal zu verbringen.

15) Aus Unvorsichtigkeit verschüttete Satzmaterialien oder Pulvermassen dürfen nicht weiter zur Fabrikation verwendet, sondern müssen sogleich zusammengekehrt und in mit Wasser gefüllte Auslauge-Bottiche geschüttet oder vollständig unter die Erde gebracht werden.

Wenigstens wöchentlich einmal müssen alle Betriebsräume gründlich gereinigt und sammt den Maschinen gut abgestaubt werden; das Kehricht ist wie verschüttetes Satzmaterial zu behandeln.

16) Wird bei den in Pulverfabriken benützten Maschinen eine Schadhaftigkeit oder unregelmäßiger Gang wahrgenommen, so ist die Benützung sogleich einzustellen, bis die Maschine wieder in guten Stand gesetzt ist.

17) Kann der Inhaber einer Pulverfabrik die nöthige Ueberwachung der Arbeiter nicht selbst führen, so hat er einen sachkundigen Werkmeister aufzustellen.

18) Droht einer Pulverfabrik von außen Feuersgefahr, so sind vor Allem Pulver und Pulversatz aus dem Bereiche der Gefahr zu bringen.

§ 4. Werkzeuge aus Funken erzeugenden Metallen dürfen bei der Verpackung in den Verwahrungsräumen nicht benützt werden.

Soweit die Benützung vou Messern, Bohrern und Zangen bei der Verpackung unvermeidlich ist, sind die betreffenden Verrichtungen außerhalb der Verwahrungsräume vorzunehmen.

§ 5. Die in den §§ 3 und 4 getroffenen Bestimmungen haben, soweit es nach der Beschaffenheit der Objekte thunlich ist, auch auf die Verfertigung von Schießbaumwolle und von Feuerwerks-Gegenständen Anwendung zu finden.

Anmerkung. Strafbestimmung: §367 Ziff. 5 d. Reichsstrafgesetzbuches.

F. Bau- und Feuerpolizei.

1. Kgl. Verordnung vom 31. Juli 1890, die Bauordnung (für die Landestheile rechts des Rheins mit Ausnahme der Haupt- und Residenzstadt München) betreffend. (Ges.- u. V.-Bl. S. 531.)

§ 6. Baupolizeiliche Genehmigung ist zu erholen:
zur Herstellung von neuen Haupt- und Nebengebäuden, zur Verlegung von solchen an einen anderen Ort, sowie zur Vornahme einer Hauptreparatur oder Hauptänderung an denselben.

Baupolizeiliche Genehmigung ist nicht erforderlich:

a) in Städten für die Herstellung von Kegelstätten und Sommerhäuschen ohne Feuerungsanlagen, von offenen Schutzdächern, unheizbaren Federviehställen, Taubenschlägen und dergleichen geringfügigen Bauwerken für wirthschaftliche Zwecke;

b) in Märkten und auf dem Lande außerdem:

1. für offene oder nur mit Latten und dergleichen geschlossene Schupfen, Holzhütten und Remisen, für gewöhnliche Schweineställe und für sonstige Bauten ohne Feuerungsanlagen mit nur einem Geschoße und höchstens 70 qm Grundfläche, soferne solche Bauten nicht zur Lagerung besonders feuergefährlicher Materialien, wie Pech, Petroleum, Spiritus und dergleichen bestimmt sind, dann mit Ausnahme der Feldkapellen;
2. für Ziegeltrockenstädel und Getreide- und Heuschupfen außerhalb der Ortschaften, für Alpen-, Jagd- und Waldhütten.

§ 7. Als Hauptreparaturen oder Hauptänderungen an Bauten sind zu betrachten:

1. Die Veränderung der Höhe, Länge oder Breite eines Gebäudes;
2. Die Schwächung, Versetzung, Beseitigung oder Erneuerung von Umfassungen, soferne die Aenderung auf eine ganze Gebäudeseite sich erstreckt oder von solcher Bedeutung ist, daß bei ordnungsmäßigem Verfahren besondere technische Vorsichtsmaßregeln hiezu erforderlich werden;
3. Die Anlegung neuer und die Versetzung oder konstruktive Aenderung bestehender Feuerstätten oder Kamine, soweit es sich nicht lediglich um das Setzen von Oefen oder Herden zum häuslichen Gebrauche handelt;
4. in Städten und in Märkten mit geschlossener Bauweise die Erneuerung oder konstruktive Aenderung eines Dachstuhles, sowie die Wohnbarmachung von Räumen im Kellergeschoße oder im Dachraume;
5. in Städten von mehr als 20000 Seelen die bauliche Aenderung der Facaden von Gebäuden an Straßen und öffentlichen Plätzen.

§ 8. Durch ortspolizeiliche Vorschrift kann angeordnet werden, daß auch zur Herstellung oder wesentlicher Veränderung von Brunnenschachten, Kellern, Haus- und Straßenkanälen, von Abtritten, Dung- und Versitzgruben, von Zäunen und Einfriedungen aus Mauer- oder geschlossenem Holzwerk oder Metall an öffentlichen Plätzen, Straßen oder Wegen, oder wo Baulinien in Frage kommen, dann in Städten zum Anbau von Balkonen, Altanen, Erkern, Gallerien und Gängen polizeiliche Genehmigung zu erwirken, oder daß der Ortspolizeibehörde zur Wahrung bestehender Vorschriften binnen bestimmter Frist vor dem Beginne der Ausführung dieser baulichen Anlagen Anzeige zu erstatten ist.

§ 12. Sämmtliche Bauarbeiten bei Bauführungen jeder Art, insbesondere auch an Gerüsten und anderen provisorischen Bauvorrichtungen müssen fest und sicher und den Rücksichten auf Leben und Gesundheit entsprechend nach Maßgabe des genehmigten Planes und der etwaigen besonderen Anordnungen und unter Einhaltung sämmtlicher baupolizeilicher Vorschriften ausgeführt werden.

Die in den bestehenden Verordnungen oder ortspolizeilichen Vorschriften begründeten baupolizeilichen Anordnungen müssen auch bei solchen Bauten eingehalten werden, zu deren Herstellung, Reparatur oder Abänderung eine polizeiliche Genehmigung oder eine vorgängige Anzeige nicht erforderlich ist.

§ 72. Erst wenn die Bescheidung eines Baugesuches rechtskräftig ist, darf mit den Bauarbeiten, zu denen auch die Herstellung der Baugruben zu rechnen ist, begonnen werden.

Der Bauherr ist verpflichtet, vor dem Baubeginne sowohl der Orts- als auch der Baupolizeibehörde den mit der Ausführung betrauten Baumeister oder Bauhandwerker namhaft zu machen. Diese Namhaftmachung hat durch besondere Anzeige zu erfolgen, wenn der betreffende Baumeister oder Bauhandwerker nicht schon auf dem Bauplane angegeben ist.

Anmerkung. Strafbestimmungen: § 367 Ziff. 15, § 368 Ziff. 3 und 8 des Reichsstrafgesetzbuches, Art. 101 des Polizeistrafgesetzbuches.

2. Kgl. Verordnung vom 30. August 1890, die Bauordnung für die Pfalz betreffend. (Ges.- u. V.-Bl. S. 583.)

§ 16. 1. Die im Abschnitt II bezeichneten Bauten*), dann die übrigen Fabrik-, Mühl- und Schneidsägegebäude, sowie Brauereien dürfen nur auf Grund rechtskräftig genehmigter Baupläne ausgeführt werden.

4. Gleicher Behandlung wie Neubauten unterliegen als Hauptänderungen: die Erneuerung und konstruktive Aenderung des Dachstuhles, dann die Aenderung an den Brandmauern, Kaminen und größeren Feuerstätten mit Ausnahme der gewöhnlichen Koch- und Zimmerfeuerungen.

*) Anmerkung. Zu diesen Bauten gehören:
a) Größere Fabrikgebäude und Wohngebäude von größerer Ausdehnung oder in der Höhe von 22 Meter;
b) Lokale, welche für größere Versammlungen oder öffentliche Lustbarkeiten bestimmt sind;
c) Gebäude, welche zur Herstellung, Bearbeitung oder Lagerung größerer Quantitäten leicht entzündlichen oder schwer zu löschenden Materials bestimmt sind, mit Ausnahme von Stallungen, Scheunen und Schupfen;.
d) Theater mit Schnürboden und Versenkungen.

Strafbestimmungen: § 367 Ziff. 15 und § 368 Ziff. 3 des Reichsstrafgesetzbuches.

3. Kgl. Verordnung vom 27. Juni 1862, 31. Dezember 1867, die Verhütung von Feuersgefahren betreffend. (Reg.-Bl. 1862 S. 1573, 1868 S. 5.)

§ 1. Feuer darf in Gebäuden nicht außer den bauordnungsmäßig hergestellten und erhaltenen offenen oder geschlossenen Feuerstätten angezündet werden.

§ 2. In Lokalen, in welchen Vorräthe von Holz oder sonstigen leicht entzündlichen Stoffen lagern oder verarbeitet werden, sind offene Feuerstätten unzulässig. Die Oefen in solchen Lokalen müssen von außen heizbar, oder, wo dies unthunlich ist, mit verschließbaren Vorgelägen versehen sein.

§ 3. Ist die Benützung von offenem Feuer oder von Gluth in solchen Lokalen unvermeidlich, so müssen hiebei feuerfeste, von hölzernen Unterlagen, Wänden und Decken isolirte, gegen Ausstreuen von Gluth und Asche und Verbreitung der Flamme Sicherheit bietende Behältnisse und Vorrichtungen in gehöriger Entfernung von leicht entzündlichen Stoffen und Abfällen angewendet werden. Feuer und Gluth müssen bei zeitweiser Aussetzung oder Beendigung der Arbeit völlig ausgelöscht oder die Reste der Feuerung in einem sicheren Lokale verwahrt werden. Gleiches hat zu gelten, wenn Feuer oder Gluth auf oder an Gebäuden gebraucht wird.

Das Anmachen offenen Feuers im Freien innerhalb der Ortschaft ist außer Nothfällen nur mit ortspolizeilicher Genehmigung zulässig.

§ 4. Feuerstätten müssen stets unter Aufsicht gehalten und so abgeschlossen und verwahrt werden, daß eine Verstreuung der Brandstoffe nicht erfolgen kann.

§ 5. Asche darf von den Feuerstätten nur in Gefäße aus feuersicherem Material gebracht, oder nur in solchen Gefäßen oder in gemauerten Räumen, niemals aber in Holzlegen, Schupfen, Dachräumen und überhaupt an Orten verwahrt werden, wo brennbare Materialien gelagert sind.

Torfasche ist nur nach sorgfältigem Begießen mit Wasser in's Freie zu bringen.

§ 6. Gluthhäfen und Pfannen, sowie Räucherpfannen dürfen in geschlossenen Räumen, in Marktbuden und Stallungen nur benützt werden, wenn sie aus feuersicherem Material bestehen und Gluthhäfen und Pfannen überdies feuersicher geschlossen sind.

Derlei Behältnisse dürfen nicht auf oder an brennbarem Material niedergestellt werden.

§ 7. Der zum Unterhalte von Feuer und Gluth nöthige Vorrath von Brennmaterial muß so verwahrt werden, daß eine Entzündung desselben von der Feuerstätte aus nicht stattfinden kann.

§ 10. 1) In Getreide-, Oel-, Farb- und Lohmühlen, Lack- und Firnißsiedereien, Branntweinbrennereien, Fournirschneidereien, Strohflechtereien und ähnlichen Arbeitsstätten ist zur Beleuchtung nur geschlossenes, durch Laternen, Glaskugeln oder Cylinder gegen die Berührung mit feuerfangenden Stoffen gesichertes Licht zu benützen.

2) In Schreiner-, Wagner- und Drechsler-Werkstätten darf auch offenes Licht verwendet werden; dasselbe muß jedoch entweder feststehend an durchaus feuersicheren Stellen der Werkstätten angebracht sein oder sich auf einem eisenblechernen Leuchter befinden, welcher eine Unterlage von wenigstens 6 Zoll Breite im Durchmesser und einen Umfassungsrand von einem Zoll Höhe hat.

Licht in den vorbezeichneten Lokalen ohne Aufsicht zu lassen, ist verboten.

§ 11. Holzspähne, Schleissen und ähnliche Gluth und Aschenabfall ergebende Materialien dürfen zur Beleuchtung nur in Wohnstuben und Küchen und auch da nur gebraucht werden, wenn die Stelle, wo die Beleuchtung unterhalten wird, von Holzwänden und Decken genügend entfernt ist.

§ 12. Fackeln, Windlichter, Pechkränze und Leuchtpfannen dürfen in der Nähe von Gebäuden nur mit ortspolizeilicher Bewilligung und unter Beobachtung der hiebei ergehenden Bestimmungen gebraucht werden.

Das Abschlagen von Fackeln und Windlichter an anderen als feuersicheren Stellen ist verboten.

§ 13. Die Aufbewahrung von Reibfeuerzeigen in den Haushaltungen hat in Behältern von Stein, Metall, Thon, oder wenigstens gut schließenden dichten Schächtelchen unter gehöriger Entfernung von leicht entzündbaren Gegenständen an nicht zu warmen Orten stattzufinden.

In Scheunen, Stallungen, Holzlegen, Werkstätten von Holz-, Flachs-, Wolle-Arbeiten, in Mühlen und überhaupt in allen zur Aufbewahrung leicht entzündbarer Gegenstände benützten Gebäuden und Lagerplätzen dürfen Reibzünder nur mit gehöriger Vorsicht und nur an Stellen gebraucht werden, welche von brennbarem Material genügend entfernt sind.

§ 14. Leicht entzündliche Gegenstände, wie Oel, Pech, Talg, Camphin, Spiritus und dgl., sowie Brennzeug der Branntweiner, dürfen nicht in offenen Höfen und Lokalen gelagert werden. Mit solchen Stoffen, dann mit Heu, Stroh, Wolle, Hanf und dgl. beladene Wagen sollen innerhalb der Ortschaften zur Nachtzeit in geschlossene Räume gebracht oder, wenn sie im Freien stehen bleiben, überwacht werden.

§ 15. In Scheunen, Stallungen, Schupfen, Holzlegen, Futter- und Dachböden, dann sonstigen Räumen, Plätzen und Werkstätten, in welchen leicht entzündliche Stoffe oder größere Massen brennbaren Materials sich befinden, ist das Tabakrauchen verboten.

§ 16. Gebrannte Kalksteine an oder in hölzernen Gebäuden ohne sichere Bewahrung vor Benetzung zu lagern, ist verboten.

§ 17. Aus Dachlucken, Fenstern und Zuglöchern dürfen nirgends brennbare Stoffe hervorragen, Stroh und ähnliches Material darf zur Verstopfung derselben, mit Ausnahme der Kellerfenster, nicht verwendet werden.

§ 18. Das Auslassen größerer Quantitäten von Schmalz und Talg, das Sieden von Oel, Pech, Lack, Firniß und dgl. darf nur bei geschlossenem Feuer oder in feuersicher gewölbtem Raume unter Bereithaltung gutschließender, feuerfester Deckel vorgenommen werden.

§ 19. Das Auspichen der Fässer darf nur auf ortspolizeilich bestimmten Plätzen abseits von Gebäuden vorgenommen werden.

§ 20. Geringe Vorräthe von Brennmaterial in Heizungsvorlagen an Kaminen oder sonst in Räumen aufzubewahren, wo besondere Gefahr durch Feuer und Licht zu besorgen steht, ist verboten.

§ 21. Größere Vorräthe von Futter, unausgedroschenem Getreide, Streu- und Brennmaterial, sowie von gewerblichen Fahrnissen und Rohstoffen leicht entzündlicher oder schwer zu löschender Beschaffenheit, wie Werk- und Nutzholz, Fässer, Rinden, Talg, Pech und Wachs dürfen nur in solchen Räumen gelagert werden, welche den einschlägigen Bauvorschriften entsprechen.

Die Bestimmung über die zulässige Quantität solcher Lagerungen, sowie über deren Statthaftigkeit im Freien bleibt in Städten und Märkten der ortspolizeilichen Zuständigkeit vorbehalten.

Auf dem Lande sind dieselben im Freien auf solchen Stellen ausgeschlossen, welche polizeilich als feuergefährlich erklärt worden sind.

§ 22. Das Flachs- und Hanfdörren darf niemals mittels Feuerstätten in oder an Wohngebäuden, sondern nur in isolirt gelegenen, bauordnungsmäßig hergestellten und erhaltenen Backöfen oder in eigenen Dörrlokalen außer den Ortschaften geschehen.

Das Bläuen, Brechen, Schwingen und Hecheln des Flachses und Hanfes soll nur bei Tag vorgenommen werden.

Nur wenn zu solchen Arbeiten feuersichere Lokale oder isolirte Räume benützt werden, dürfen die Arbeiten bei Licht in Laternen unter den oben § 9 enthaltenen Bedingungen vorgenommen werden.

Für die Lagerung von rohem oder bearbeitetem Flachs und Hanf gelten die in § 21 gegebenen Bestimmungen.

§ 23. Das Ausbrennen von Kaminen darf nur durch Kaminkehrer und nach Anzeige bei der Ortspolizeibehörde vorgenommen werden.

Anmerkung. Strafbestimmung: § 368 Ziff. 8 d. Reichsstrafgesetzbuches.

4. Kgl. Verordnung vom 10. Januar 1872, die Verhütung von Feuersgefahren betreffend. (Reg.-Bl. S. 127.)

§ 1. Dienstherrschaften, Arbeitgebern und Familienhäuptern ist verboten, feuergefährliche Handlungen ihrer Dienstleute oder

Arbeiter, Familienglieder oder Hausgenossen zu dulden; desgleichen ist verboten, Kindern, Blödsinnigen, Wahnsinnigen oder Betrunkenen Feuer, Licht oder leicht entzündliche Stoffe anzuvertrauen.

§ 2. Kaminkehrer und deren Gehilfen haben in den ihnen angewiesenen Bezirken die Reinigung der Kamine rechtzeitig und gründlich vorzunehmen und bei der Wahrnehmung feuergefährlicher Zustände sofort Anzeige bei der Ortspolizeibehörde zu machen.

§ 3. Die zur Feuerbeschau zugezogenen Sachverständigen haben die ihnen obliegende Untersuchung mit der erforderlichen Sorgfalt vorzunehmen und die wahrgenommenen Mängel der Wahrheit gemäß anzugeben.

§ 4. Wer in seiner Wohnung oder in einem dazu gehörigen Gebäude oder Hofraum einen ausgebrochenen Brand wahrnimmt, hat alsbald die öffentliche Hilfe anzurufen.

Jede zur Entdeckung von Feuersbrünsten dienstlich verpflichtete Person hat von einem von ihr wahrgenommenen Brande sofort die ihr obliegende Anzeige zu erstatten.

Anmerkung. Strafbestimmung: § 368 Ziff. 8 d. Reichsstrafgesetzbuches.

5. Kgl. Verordnung vom 19. März 1874, 22. Dezember 1882, die Verhütung von Feuersgefahren durch leicht Feuer fangende Gegenstände betr. (Ges.- u. V.-Bl. 1874 S. 109, 1882 S. 607.)

§ 1. Als Stoffe, auf welche die nachstehenden Vorschriften Anwendung zu finden haben, werden erklärt:

I. Ungereinigtes Petroleum, Petroleum-Aether, Benzin, Ligroin, Camphin, Pinolin, Photogen, Schwefeläther und andere flüssige Aetherarten, Schwefelkohlenstoff (Schwefelalkohol);

II. Weingeist, Holzgeist, Terpentinöl, gereinigtes Petroleum, Solaröl;

III. Phosphor und Reibfeuerzeuge.

Das Staatsministerium des Innern ist ermächtigt, auch andere hier nicht genannte Stoffe als unter gegenwärtige Verordnung fallend zu erklären.

§ 3. Wer sich mit der Zubereitung oder Verarbeitung jener Stoffe befassen will, hat überdies und zwar vor dem Beginne des Betriebes bei der Districtspolizeibehörde hievon Anzeige zu erstatten und den von letzterer hierauf ergehenden Anordnungen sich zu unterwerfen.

§ 4. Außer den bei Genehmigung derartiger Arbeits-Anlagen und Beschäftigungen ergehenden besonderen Bestimmungen sind folgende Vorschriften einzuhalten:

1. Die Fabrikräume sollen in besonderen, nach allen Richtungen freistehenden, von anderen Gebäuden wenigstens 25 m entfernten Gebäuden angelegt werden.

3. Die Aufbewahrung der Rohstoffe, soweit diese entzündlich sind, wie der fertigen Produkte muß in besonderen, ausschließlich hiezu bestimmten Räumen geschehen; die Fabrikationsräume dürfen hiezu nicht benützt werden.

4. Die Verfrachtung größerer, 50 kg oder darüber betragender Quantitäten von rohem oder gereinigtem Petroleum, von Weingeist, Holzgeist, Photogen, Solaröl und Terpentinöl muß in starken, der Ausschwitzung und Verdunstung des Inhaltes möglichst widerstehenden und sorgfältigst verschlossenen Fässern oder Blechgefäßen geschehen; kleinere Quantitäten dieser Stoffe dürfen nur in Gefäßen aus hinreichend starkem Blech oder in Flaschen aus Stein oder Glas versendet werden. Findet die Versendung in steinernen oder gläsernen Flaschen statt, so müssen diese noch in Blechbüchsen oder in hölzernen Kisten oder in Körben mit Kleie, Sägmehl oder Stroh oder ähnlichen Stoffen eingefüttert und vollkommen fest verpackt sein.

Auf die Versendung von nicht über zwei Kilogramm betragenden Quantitäten, welche nicht feuergefährlichen Waaren beigepackt sind, finden vorstehende Vorschriften keine Anwendung.

6. Wenn mit diesen Stoffen beladene Wagen beim Transporte längere Zeit in einem Orte anhalten oder übernachten, hat der Fuhrmann hievon ohne Verzug der Ortspolizeibehörde Anzeige zu erstatten; diese Behörde hat die erforderlichen Sicherungsmaßregeln anzuordnen und insbesondere dafür Sorge zu tragen, daß kein offenes Feuer in die Nähe der Wagen gebracht wird; werden die Wagen eingestellt, so sind sie in bedeckten, verschlossenen Räumen unterzubringen, welche mit einem brennenden Gegenstande nicht betreten werden dürfen.

7. Alle mit dem Auf- und Abladen und dem Transporte solcher Stoffe beschäftigten Personen haben sich dabei des Tabakrauchens und jeder sonstigen feuergefährlichen Handlung zu enthalten.

9. Für die Lagerung der in § 1 Ziff. I und II genannten Stoffe innerhalb bewohnter Orte gelten folgende Vorschriften:

a) Die in § 1 Ziff. I erwähnten Stoffe dürfen nur in massiv gewölbten Kellern oder in feuersicheren, zu ebener Erde gelegenen Räumen in Quantitäten von höchstens 100 kg aufbewahrt werden und müssen von anderen Waaren getrennt sein. Die Keller dürfen, wenn künstliches Licht nothwendig ist, nur mit einer Sicherheitslampe betreten werden.

Ein Auf- oder Abfüllen dieser Stoffe darf nur bei Tageslicht stattfinden.

b) Die in § 1 Ziff. II genannten Stoffe dürfen in gewölbten Kellern oder in feuersicheren, zu ebener Erde gelegenen Räumen in Quantitäten bis zu 750 kg, Weingeist bis zu 5000 l aufbewahrt werden.

Das Auf- und Abfüllen dieser Stoffe darf nur bei Tageslicht oder unter Benützung von Sicherheitslampen geschehen.

c) Bei den zur Aufbewahrung der im § 1 Ziff. I und II aufgeführten Stoffe dienenden Lokalitäten muß die Thürschwelle aus Stein hergestellt und circa 20 cm über dem Fußboden erhöht, die Thüren müssen von Eisen und die Fensteröffnungen mit gut schließenden eisernen, von außen schließbaren Läden versehen sein.

In allen Räumen, in welchen Stoffe der in § 1 Ziff. I und II bezeichneten Art gelagert werden, muß stets ein der gelagerten Menge entsprechendes Quantum Sand vorräthig gehalten werden.

Die Lagergefäße müssen mit einer deutlichen Bezeichnung des Inhaltes versehen sein.

d) Welche Quantitäten dieser Stoffe in den eigentlichen Verkaufslokalitäten vorräthig gehalten werden dürfen, bleibt der ortspolizeilichen Regelung vorbehalten.

e) Die Districtspolizeibehörden sind ermächtigt, in einzelnen Fällen und unter den von ihr festzusetzenden Bedingungen eine Erhöhung der unter lit. a und b bezeichneten Lagerungsquantitäten zu gestatten.

Im Uebrigen können von den Ortspolizeibehörden in einzelnen Fällen ausnahmsweise Erleichterungen von vorstehenden Bestimmungen gestattet werden.

10. Petroleum darf im Verkaufslokale nicht in den Originalfässern, sondern nur in Behältern von Blech oder Steingut aufbewahrt werden.

12. Größere Quantitäten der in § 1 Ziff. I und II bezeichneten Stoffe müssen außerhalb der Ortschaften in einzeln stehenden, nicht bewohnten Gebäuden, welche von anderen Häusern mindestens 25 m entfernt sind, gelagert werden.

Die Lagerräume müssen kühl sein, einer etwa eintretenden Verdunstung raschen Abzug gestatten, dürfen mit Licht nur unter Benützung einer Sicherheitslampe betreten und nicht gleichzeitig zur Verwahrung von explodirenden Gegenständen benützt werden.

Größere Lagerhäuser müssen mittelst 15 cm dicker steinerner Wände in Abtheilungen getrennt werden, deren jede ihre besondere Eingangsthüre von der äußeren Seite des Gebäudes haben muß.

Das Rauchen in den Lagerräumen ist verboten.

Entsteht Feuer, welches den gelagerten Stoffen gefährlich werden könnte, so sind dieselben möglichst rasch aus dem Bereiche der Gefahr zu bringen.

§ 5. Hinsichtlich der Reibfeuerzeuge werden folgende besondere Vorschriften erlassen:

a) Die zur Fabrikation von Reibfeuerzeugen dienenden Lokalitäten müssen 25 m entfernt von bewohnten Gebäuden sein.

b) Die Magazinirung der Rohstoffe und der Fabrikate hat je in besonderen, von den Arbeitslokalitäten durch Mauern getrennten Räumlichkeiten zu geschehen und im Falle die Aufbewahrungs- und Arbeits-Lokalitäten unter einem Dache sich befinden, in gewölbten Räumen, welche eiserne Thüren und Fenster mit von außen schließbaren eisernen Läden haben.

c) Bei der Aufbewahrung und Behandlung des Phosphors, bei der Bereitung der Zündmasse, bei dem Auftragen derselben, endlich bei dem Trocknen und Verpacken der Hölzer sind alle Vorsichtsmaßregeln zu beachten, welche zur Verhütung von Feuersgefahren nothwendig sind.

Insbesondere sind im Trockenraum die aufrechtstehenden Reihen von mit Reibfeuerzeugen beladenen Rahmen durch Schirme von Blech zu trennen.

d) Reibfeuerzeuge aller Art müssen in Behältnissen von starkem Eisenblech oder mindestens in sehr festen hölzernen Kisten von nicht über 1 cbm Größe sorgfältig und fest verpackt sein und zwar der Art, daß der Raum der Kisten völlig ausgefüllt ist.

Diese Kisten sind äußerlich mit rothen Signaturen zu versehen, auf welchen der Inhalt deutlich zu bezeichnen ist.

e) Die zum Detailverkaufe kommenden Reibfeuerzeuge aller Art müssen durch sorgfältige Verpackung vor Reibung und Verstreuung geschützt sein.

f) In den Verkaufsläden dürfen Vorräthe von Reibfeuerzeugen nur bis höchstens 100000 Stück aufbewahrt werden und zwar an einem von leicht brennbaren Stoffen, z. B. Weingeist, Aether, Petroleum u. dgl. entfernten Platze.

Reibfeuerzeuge, welche nur in Papier eingeschlagen sind, müssen in den Verkaufsläden in einer mit Blech ausgeschlagenen und mit einem Blechdeckel versehenen Kiste aufbewahrt werden.

In Lagerhäusern und Magazinen dürfen in gut zugenagelten Kisten bis zu fünf Millionen Stück aufbewahrt werden.

Darüber hinaus gehende Quantitäten sind in besonderen, außerhalb bewohnter Orte gelegenen, frei stehenden Magazinen zu lagern.

Anmerkung. Strafbestimmung: § 368 Ziff. 8 des Reichsstrafgesetzbuches. Vgl. auch die kaiserliche Verordnung über das gewerbsmäßige Verkaufen und Feilhalten von Petroleum vom 24. Februar 1882 im zweiten Abschnitte lit. B Ziff. 2 unten.

6. Kgl. Verordnung vom 27. Februar 1869, die Regelung der Verhältnisse der Kaminkehrer betreffend. (Reg.-Bl. S. 289.)

§ 1. Jedem Kaminkehrer ist ein bestimmter Bezirk zugewiesen, in welchem er ausschließend berechtigt ist, die Reinigung der Kamine und der Feuerzüge der Malzdörren, dann das Abziehen und Ausbrennen der Kamine, sowie das Ausbrennen der Rauchrohre mit seinen Gehilfen vorzunehmen und die hiefür festgesetzten Löhne zu beziehen.

Die Reinigung der Rohre, welche den Rauch aus den Heizungen in die Kamine leiten, dann der Feuerzüge in Herden, Oefen und sonstigen Heizungen kann von dem Besitzer der Feuerungsanlage oder dessen Stellvertreter auch anderen hiezu befähigten Personen übertragen werden.

§ 2. Die Verpflichtungen der Kaminkehrer bemessen sich nach folgenden Bestimmungen:

1) Der Kaminkehrer ist bezüglich der Ausübung seines Geschäftes auf den ihm zugewiesenen Bezirk beschränkt. Nur in Nothfällen oder in Folge besonderer polizeilicher Anordnung kann er in einem anderen Bezirke thätig sein.

2) An den festgesetzten Kehrterminen hat er alle Kamine und die Feuerzüge der Malzdörren in seinem Bezirke zu reinigen. Zur Reinigung der Rauchrohre, dann der Feuerzüge in Herden, Oefen und sonstigen Heizungen ist er nur dann verpflichtet, wenn der Besitzer der Feuerungsanlage oder dessen Stellvertreter sie von ihm verlangt.

   Wird die Reinigung der Rohre, welche den Rauch aus den Heizungen in die Kamine leiten, von anderen Personen besorgt, so hat der Kaminkehrer bei Vornahme der Reinigung der Kamine die Art und Weise jener Reinigung genau zu untersuchen.

8) Jeder neue Kamin muß vor der Benützung abgezogen werden. Diese Verrichtung sowie das Ausbrennen der Kamine und Rauchrohre hat der Kaminkehrer jedesmal persönlich zu leiten und bei letzterem sich nach den einschlägigen feuerpolizeilichen Vorschriften zu richten.

Anmerkung. Strafbestimmung: § 368 Ziff. 8 d. Reichsstrafgesetzbuches.

G. Straßen- und Wasserpolizei.

1. Bekanntmachung des k. Staatsministeriums des Innern vom 4. Januar 1872, die Sicherheit und Bequemlichkeit auf öffentlichen Wegen, Straßen und Plätzen betreffend. (Reg.-Bl. S. 73.)

§ 1. Es ist verboten, auf Brücken, die ganz oder theilweise aus Holz oder Eisen hergestellt sind, anders als im Schritte zu reiten oder zu fahren.

§ 2. Das Fahren mit mehreren an einander gehängten Wägen auf öffentlichen Straßen oder Wegen ist nur mit Bewilligung der Districtspolizeibehörde, in München der k. Polizeidirection gestattet.

Das Aneinanderhängen zweier Wägen bei landwirthschaftlichen Fuhrwerken bedarf jedoch keiner Erlaubniß.

§ 3. Mit Ausnahme von Nothfällen und insoweit durch oberpolizeiliche Vorschriften der k. Kreisregierungen, K. d. J., für bestimmte Gegenden eine Ausnahme nicht zugelassen ist, dürfen auf öffentlichen Straßen oder Wegen nicht mehr als zwei Schlitten an dem Haupt- oder Vorschlitten angebracht werden; jeder angebrachte Schlitten muß aber so befestigt werden, daß derselbe das Geleise des vorhergehenden Schlittens einhalten muß.

§ 4. Bei dem Bergabfahren an jenen Stellen, wo solches durch obrigkeitlichen Anschlag geboten ist, sind die Fuhrwerke durch Einlegung des Radschuhes, durch Anwendung von Radsperrschleifen oder Bremsvorrichtungen und bei Glatteis durch Anbringung von Eisketten zu hemmen.

§ 5. Personen, welche die Leitung eines Fuhrwerkes übernommen haben, dürfen sich weder durch Schlafen noch durch sonstiges Verschulden in eine Lage bringen, daß sie ihr Gespann nicht mehr zu leiten im Stande sind.

§ 6. Wege, Brücken und Stege, welche dem öffentlichen Verkehr gewidmet sind, sowie die zur Verhütung von Unglücksfällen erforderlichen Geländer und sonstigen Sicherheitsmittel an solchen Wegen, Brücken und Stegen müssen von den hiezu Verpflichteten in sicherem Zustande erhalten werden. Deßgleichen sind bei eingetretenen Beschädigungen solcher Wege, Brücken und Stege, oder bei Hemmungen des Verkehrs auf denselben die von der Polizeibehörde angeordneten oder sonst nöthigen Warnungs- und Leitungszeichen von den hiezu Verpflichteten auszustecken.

§ 7. Die Benützung von Straßen oder Wegstrecken, welche von der zuständigen Behörde durch aufgeworfene Gräben, aufgestellte Tafeln oder sonstige Zeichen als gesperrt oder verboten erklärt sind, ist untersagt.

Die Befugniß, Straßen oder Wegstrecken als gesperrt oder verboten zu erklären, steht zu:

a) bei Staatsstraßen der Districtspolizeibehörde, beziehungsweise der einschlägigen Baubehörde;
b) bei Districtsstraßen der Districtspolizeibehörde;
c) in allen übrigen Fällen der Ortspolizeibehörde, — in München der Polizeidirection, und in den Fällen des § 18 Abs. 2 der Allerh. Verordnung vom 2. Oktober 1869 „die Ausscheidung der Zuständigkeiten der Polizeidirection, des Magistrates und der Lokalbaukommission München bezüglich der Polizei- und Districtsverwaltung betr." dem Magistrate.

§ 8. Es ist verboten, auf den abgegrenzten Fußbänken öffentlicher Straßen, oder auf den Trottoirs der Straßen in Städten, Märkten oder Dörfern zu reiten, zu fahren oder größere Lasten fortzubewegen.

Anmerkung. Strafbestimmung: § 366 Ziff. 10 des Reichsstrafgesetzbuches. Vgl. auch Gesetz vom 25. Juli 1850 (1. Juli 1856), die Einrichtung des die Kunststraßen im Königreiche Bayern befahrenden Fuhrwerkes betr., Ges.-Bl. 1850 S. 322, 1856 S. 137.

2. Bekanntmachung des Staatsministeriums des Innern, dann des Handels und der öffentlichen Arbeiten, vom 23. Juni 1862, das Ausweichen der Reiter, Fuhrwerke und Viehheerden auf öffentlichen Straßen, Wegen und Plätzen betr. (Reg.-Bl. S. 1465.)

§ 1. Fuhrwerke und Reiter dürfen den zu Wagen oder Pferde befindlichen Mitgliedern des königl. Hauses nicht vorfahren oder vorreiten.

Begegnen Fuhrwerke oder Reiter Seiner Majestät dem Könige, oder Ihrer Majestät der Königin, wenn Allerhöchstdieselben sich zu Wagen oder Pferde befinden, so haben sie rasch auf die Seite zu fahren oder zu reiten und so lange zu halten, bis Ihre Majestäten vorüber sind.

Fuhrwerke und Reiter, welche andern, zu Wagen oder zu Pferde befindlichen Mitgliedern des königl. Hauses begegnen, haben nach der entgegengesetzten Seite ganz auszuweichen.

§ 2. Alle sich entgegenkommenden Postfuhrwerke haben wechselseitig zur rechten Hand auszuweichen.

§ 3. Den Extraposten und Postfuhrwerken jeder Art haben alle Nichtpostfuhrwerke nach der entgegengesetzten Richtung, welche der Postillon befährt, auf das von dem letzteren gegebene

Zeichen ganz auszuweichen. Große Lastwagen haben hiebei nach Beschaffenheit des Wagens zeitig auf die Seite zu lenken. Dieselben können zwar, wenn es ohne Sperrung des bequemen Vorüberkommens geschehen kann, gegen zweispännige leichte Postfuhren die Mitte der Straße behaupten, müssen aber in diesem Falle stillhalten, um das Postfuhrwerk ohne Aufenthalt und Unfall vorüber passiren zu lassen.

Als Zeichen zum Ausweichen stößt der Postillon in's Horn und erneuert den Postruf, wenn es nöthig ist, in kurzen Pausen.

Wer das Ausweichen auf wiederholten Postruf unterläßt, ist straffällig.

§ 4. Der Extrapost darf nicht vorgefahren werden, es sei denn, daß ein besonderer Umstand deren Weiterkommen hindern oder deren ununterbrochenen postordnungsmäßigen Lauf aufhalten sollte.

§ 5. Abgesehen von den in §§ 1—4 behandelten Fällen gelten nachstehende Vorschriften:

I. wenn die Breite und Beschaffenheit des Weges das Ausweichen gestattet:

1. Reiter und Viehheerden haben jedem ihnen begegnenden Fuhrwerke auszuweichen.

   Das Fuhrwerk hat jedoch bei engen Wegen den ihm begegnenden Reitern und Heerden den zum Passiren nothwendigen Platz zu lassen und muß beim Vorbeitreiben einer Heerde erforderlichen Falles so lange anhalten, bis die Heerde vorbeigetrieben ist.

2. Kommen zwei Fuhrwerke, sowie Viehheerden oder Reiter einander entgegen, so haben sich die Begegnenden zeitig zur Hälfte rechts auszuweichen, d. h. rechts auf die Seite soweit einzulenken, daß die Hälfte des Weges frei bleibt.

3. Langsam fahrende Fuhrwerke, sowie Viehheerden haben die nachkommenden schneller fahrenden Fuhrwerke und die nachkommenden Reiter auf das gegebene herkömmliche Zeichen links vorbeizulassen und daher auf die rechte Seite so auszuweichen, daß das andere Fuhrwerk oder der Reiter auf der andern Seite vorbeikommen kann.

II. Wenn die Breite und Beschaffenheit des Weges das Ausweichen nicht gestattet:

1. Derjenige Leiter eines Fuhrwerkes, welcher das ihm entgegenkommende Fuhrwerk zuerst bemerken kann, hat an einem passenden Orte oder da, wo eigene Aus-

weichestellen bestehen, an einer solchen Stelle mit seinem Fuhrwerke so lange zu halten, bis das andere Fuhrwerk vorübergefahren ist.

Fuhrleute haben sich auf solchen Wegen durch Rufen oder durch Klatschen mit der Peitsche, die Postillons mit dem Horne Zeichen zu geben.

2. Die Bestimmung unter Ziff. 1 findet auch bei Hohlwegen Anwendung. Kommen aber zwei Fuhrwerke in einem Hohlwege da zusammen, wo ein Ausweichen nicht möglich ist, so muß dasjenige zurückfahren, für welches dieses nach Richtung, Entfernung und Ladung mit den wenigsten Schwierigkeiten verbunden ist.

3. Treffen Viehheerden oder Reiter auf Wegen, wo sie nicht ausweichen können, mit Fuhrwerken zusammen, so müssen sie umkehren.

Anmerkung. Strafbestimmung: § 366 Ziff. 10 des Reichsstraf-Gesetzbuches.

3. Bekanntmachung des k. Staatsministeriums des Innern vom 9. Januar 1878, die Sicherheit und Bequemlichkeit auf öffentlichen Wegen, Straßen und Plätzen betreffend. (Ges.- u. V.-Bl. S. 10.)

Fuhrwerken mit Ladungen von so bedeutender Länge, daß die Last auf getheilten Wägen oder Schlitten oder auf zwei getrennten Schlitten ruht, muß beim Verkehr auf öffentlichen Wegen, Straßen oder Plätzen eine eigene kräftige Person zur Leitung an der Rückseite beigegeben werden.

Die Districtspolizeibehörden, in München die kgl. Polizeidirection, sind jedoch ermächtigt, insoferne besondere örtliche Verhältnisse eine derartige Leitung der Fuhrwerke nicht zulassen, je für die ganze Transportstrecke von der Aufladestelle bis an den Bestimmungsort Ausnahmen von der Einhaltung gegenwärtiger Vorschrift in widerruflicher Weise zu bewilligen.

Anmerkung. Strafbestimmung: § 366 Ziff. 10 des Reichsstraf-Gesetzbuches.

4. Gesetz vom 28. Mai 1852 über die Benützung des Wassers. (Ges.-Bl. S. 489.)

Oeffentliche Gewässer.

Art. 1. Die öffentlichen Gewässer bilden ein zur allgemeinen Benützung bestimmtes Staatsgut.

Die Regelung und Leitung dieser Benützung und die Festsetzung besonderer Beschränkungen derselben stehen der Staatsregierung zu. Sie erläßt zu diesem Behufe Schiffahrts- und Floßordnungen, sowie auch andere zum Schutze der öffentlichen Gewässer und ihrer Ufer erforderliche polizeiliche Anordnungen.

Art. 2. Als öffentliche Flüsse werden diejenigen betrachtet, welche und soweit sie zur Schiffahrt oder zur Floßfahrt mit gebundenen Flößen dienen.

Die Nebenarme solcher Flüsse gelten, selbst wenn sie nicht der Schiff- oder Floßfahrt dienen, als öffentliche Gewässer, soweit nicht entgegenstehende Rechte erworben sind und unbeschadet der Bestimmung des Art. 33 Ziff. 3.

Flüsse, welche aufhören, zur Schiff- und Floßfahrt zu dienen, verlieren dadurch die Eigenschaft öffentlicher Gewässer nicht.

Art. 8. Von dem Staate errichtete Kanäle sind nur insoweit dem freien Gebrauche eröffnet, als dieses durch die Staatsregierung bestimmt wird.

Art. 9. Der Gebrauch des Wassers aus öffentlichen Gewässern durch Schöpfen, Baden, Waschen und Tränken ist, vorbehaltlich der Polizeivorschriften, jedem unverwehrt.

Hiebei dürfen jedoch fremde Grundstücke in Ermangelung einer besonderen Berechtigung nicht betreten, und es müssen insbesondere hinsichtlich des Tränkens und Schwemmens des Viehes die dazu bestimmten Plätze benützt werden.

Art. 10. Ohne Erlaubniß der Verwaltungsbehörde dürfen innerhalb des Ueberschwemmungsgebietes eines öffentlichen Flusses keine Dämme oder ähnliche Anlagen errichtet werden, welche auf den Lauf des Wassers oder die Höhe des Wasserstandes Einfluß haben können.

An und in dem Flusse selbst dürfen ohne solche Erlaubniß keine Triebwerke, Wasserleitungen, Abzugsgräben, Schöpfwerke, Bade- oder Waschhäuser, noch sonstige, den freien Wasserlauf störende Anlagen errichtet werden.

Art. 11. Die Abänderung bestehender Einrichtungen und Anlagen von der im Art. 10 bezeichneten Art bedarf der gleichen Erlaubniß.

Art. 12. Die Verwaltungsbehörde bestimmt bei Ertheilung der Erlaubniß das Maß und die Art der Benützung. Sie ist zu jeder Zeit befugt, auf Kosten des Benützenden die Ueberschreitungen der ertheilten Erlaubniß unterdrücken und die versäumten Leistungen vornehmen zu lassen.

Art. 15. Das Abführen von Steinen, Sand, Schlamm, Erde und Pflanzen aus dem Flußbette ist nur nach Maßgabe der deßfalls zu ertheilenden Erlaubniß und an den hiezu bezeichneten Plätzen gestattet.

Art. 16. Brücken und Stege über öffentliche Flüsse dürfen nur mit Bewilligung der Kreisregierung und nach der von derselben festzusetzenden Bauweise angelegt oder abgeändert werden.

Art. 17. Neue Ueberfahrts-Anstalten über öffentliche Flüsse mittels Fähren oder Nähen (Prahmen) oder fliegenden Brücken können nur in Gemäßheit einer Bewilligung der Kreisregierung und unter den von derselben festzusetzenden Bestimmungen errichtet werden.

Art. 18. Die Ufer der öffentlichen Flüsse gehören den Eigenthümern der anliegenden Grundstücke.

Diese dürfen jedoch den freien Lauf und den gemeinen Gebrauch des Flusses nicht hindern und haben das Begehen der Ufer durch das Aufsichtspersonal, das Landen und Befestigen der Schiffe und Flöße und in Nothfällen die Aussetzung der Ladung während der zur Weiterbeförderung erforderlichen Zeit zu gestatten.

Auch können die Ufer bei der Ausführung von Wasserbauten zur Ablagerung und Bereitung von Materialien vorübergehend benützt werden.

Art. 19. Die Uferlinie bestimmt sich nach dem mittleren Wasserstande des Flusses.

Dieser wird von der Verwaltungsbehörde festgesetzt und, wo es nothwendig ist, auf angemessene Weise bezeichnet.

Privat-Gewässer.

1. Geschlossenes Wasser, Quellen, Regenwasser, Kanäle.

Art. 33. Zum Privateigenthume des Grundbesitzers gehören, soweit nicht entgegengesetzte Rechte erworben sind:

1. Das Wasser, welches sich in Teichen, Cisternen, Brunnen und anderen Behältern befindet;
2. das auf einem Grundstücke entspringende oder darauf sich natürlich sammelnde Wasser, so lange solches von dem Grundstücke nicht abgeflossen ist;
3. die künstlich angelegten Wasserleitungen und Kanäle.

Hinsichtlich der Salzquellen bleibt es bei dem bestehenden Rechte.

Art. 34. Dem Eigenthümer steht ausschließlich die Verfügung über solches Wasser zu; er ist aber nicht befugt, dem Wasser, welches auf seinem Grundstücke entspringt oder sich darauf natürlich sammelt, zum Abflusse auf fremdes Eigenthum eine dasselbe belästigende andere Leitung zu geben, als wohin nach Beschaffenheit des Bodens der natürliche Lauf geht.

Art. 35. Der Eigenthümer des niedriger liegenden Grundstückes ist nicht befugt, den natürlichen Ablauf des Wassers von dem höher liegenden Grundstücke zu dessen Nachtheil zu hindern.

2. Privatflüsse.

Art. 52. Die Verwaltungsbehörden haben den Gebrauch der Privatflüsse zu überwachen; sie können im allgemeinen Interesse, namentlich aus gesundheitspolizeilichen Rücksichten, zur Verhütung von Ueberschwemmungen oder Versumpfungen, zur Offenhaltung des Verkehrs u. s. w. polizeiliche Anordnungen erlassen.

Sie haben die Aufsicht über die zum Schutze der Ländereien mehrerer Eigenthümer dienenden Deiche und andere Schutzbauten.

Art. 53. Der Gebrauch des Wassers der Privatflüsse und Bäche zum Baden, Waschen, Schöpfen mit Handgefäßen und Tränken, soweit derselbe ohne rechtswidrige Betretung des Privateigenthums geschehen kann, ist einem Jeden gestattet.

Die Verwaltungsbehörde kann polizeiliche Anordnungen über diesen Gebrauch treffen.

Art. 58. Die Benützung des Wassers zum Betriebe von Gerbereien, chemischen Fabriken, Bleichen, zu Flachs- und Hanfrösten und zu anderen Bestimmungen, durch welche die Eigenschaften des Wassers auf schädliche Art verändert werden, unterliegt der besonderen Bewilligung und Beschränkung durch die Verwaltungsbehörde, wobei jedoch etwaige Entschädigungs-Ansprüche Dritter vorbehalten bleiben.

Triftgewässer.

Art. 72. Der Staatsregierung bleibt es vorbehalten, zur Regelung und Leitung der Flößerei Triftordnungen zu erlassen und insbesondere die Entschädigungen und Gebühren für den Stillstand der Triebwerke und die bei denselben zu leistende Beihilfe, sowie für die Benützung der bestehenden besonderen Vorrichtungen für die Flößerei festzusetzen.

Besondere Bestimmungen über Triebwerke oder andere Stauvorrichtungen.

Art. 73. Wer eine Stauvorrichtung an einem öffentlichen Flusse oder an einem Privatflusse, an welchem sich Triebwerke befinden, oder wer ein Triebwerk mit gespannter Wasserkraft an einem öffentlichen oder Privatflusse errichten will, ingleichen wer an bestehenden Vorrichtungen und Werken solcher Art eine Abänderung vornehmen will, welche auf den Verbrauch des Wassers oder die Höhe des Oberwassers Einfluß hat, ist gehalten, der Verwaltungsbehörde eine genaue Beschreibung der beabsichtigten Einrichtung, soweit sie sich auf die unmittelbare Wasserbenützung bezieht, nebst den erforderlichen Plänen vorzulegen.

Art. 77. Bei jedem Triebwerke und jeder anderen Stauvorrichtung der im Art. 73 bezeichneten Art soll ein bleibendes Höhenmaß (Aichpfahl, Pegel) aufgestellt werden, auf welchem die zuständige Wasserhöhe auf eine in die Augen fallende Weise zu bezeichnen ist.

Art. 78. Ueber die der Bewilligung entsprechende Ausführung des Wasserwerks hat die Verwaltungsbehörde unter Zuziehung eines Sachverständigen eine Ortsbesichtigung vorzunehmen, wozu die Betheiligten vorzuladen sind.

Hiebei ist eine genaue Beschreibung aller auf den Wasserlauf Einfluß übenden Vorrichtungen mit Bezugnahme auf das eingesetzte Höhenmaß aufzunehmen.

Die Ortsbesichtigung kann auf Verlangen der betheiligten Grund- und Triebwerksbesitzer zuerst bei der Legung des Fach- und Grundbaumes vorgenommen und nach Vollendung des Werkes wiederholt werden.

Strafbestimmungen.

Art. 96. In eine Geldstrafe bis zu zehn Gulden verfällt:

1. wer in öffentlichen Gewässern an andern, als den von der Polizeibehörde bestimmten Orten Vieh tränkt oder schwemmt (Art. 9);
2. wer ohne Erlaubniß oder an andern, als den hiezu bezeichneten Plätzen aus dem Bette öffentlicher Flüsse Steine, Sand, Schlamm, Erde oder Pflanzen abführt (Art. 15).

Art. 97. Mit einer Geldstrafe bis zu fünfzig Gulden oder mit Arrest (Haft) bis zu vierzehn Tagen ist zu belegen:

1. wer ohne Erlaubniß der Verwaltungsbehörde innerhalb des Ueberschwemmungsgebietes eines öffentlichen Flusses Dämme oder ähnliche Anlagen, welche auf den Lauf des Wassers oder die Höhe des Wasserstandes Einfluß haben können, Triebwerke, Wasserleitungen, Abzugsgräben, Schöpfwerke, Bade- oder Waschhäuser oder sonstige den freien Wasserlauf störende Anlagen errichtet, abändert oder das bei Ertheilung der Erlaubniß von der Verwaltungsbehörde bestimmte Maß überschreitet (Art. 10 und 11);
2. wer Brücken, Stege oder Ueberfahrtsanstalten über öffentliche Flüsse mittels Fähren oder Nähen (Prahmen) oder fliegender Brücken ohne Bewilligung der Kreisregierung oder in anderer, als der bei der Bewilligung bestimmten Weise errichtet oder abändert (Art. 16 und 17);
3. wer an dem Ufer öffentlicher Flüsse Anlagen macht, welche den freien Lauf oder den gemeinen Gebrauch des Flusses hindern (Art. 18);

4. wer die von der Verwaltungsbehörde zur Bestimmung der Uferlinie angebrachten Zeichen absichtlich entfernt, abändert oder beschädigt (Art. 19);
5. wer das Wasser eines Privatflusses oder Baches zum Betriebe von Gerbereien, chemischen Fabriken, Bleichen, zu Flachs- und Hanfrösten, oder zu anderen Bestimmungen, durch welche die Eigenschaften des Wassers auf schädliche Art verändert werden, ohne besondere Bewilligung der Verwaltungsbehörde benützt oder den bei der Bewilligung ihm auferlegten Beschränkungen zuwiderhandelt (Art. 58).

Art. **98.** **Einer Geldstrafe bis zu einhundert Gulden oder einer Arreststrafe (Haftstrafe) bis zu einem Monate unterlieget:**
1. **wer ein zur Sicherung des richtigen Vollzuges der ertheilten Erlaubniß bestimmtes Höhenmaß oder sonstige Zeichen absichtlich entfernt, abändert oder beschädigt** (Art. 12);
2. **wer ein nach Art.** 77 **aufgestelltes Höhenmaß oder einen** Fach- **oder** Grundbaum (Art. 78) **absichtlich entfernt, abändert oder beschädigt.**

Art. **100.** Die Staatsregierung, **beziehungsweise die Verwaltungs-Stellen und Behörden sind befugt, in den Verordnungen und Vorschriften, welche sie in Gemäßheit des gegenwärtigen Gesetzes** erlassen, Polizeistrafen gegen die Zuwiderhandelnden festzusetzen.

Diese Strafen dürfen jedoch bei den nach Art. 1 zu erlassenden Schiffahrts- und Floßordnungen einhundert Gulden Geldstrafe und einen Monat Arrest (Haft), bei den Verordnungen und Vorschriften, welche in Gemäßheit der Art. 52, 56, 68 und 72 erlassen werden, fünfzig Gulden Geldstrafe und vierzehn Tage Arrest (Haft), und in allen anderen Fällen zehn Gulden Geldstrafe nicht übersteigen.

5. **Gesetz vom 28. Mai 1852 über den Uferschutz und den Schutz gegen Ueberschwemmungen.** (Ges.-Bl. S. 578.)

Art. **7.** Der Schutz von Anlagen oder Gebäuden, welche einem Triebwerke oder einer Bewässerungs- oder Entwässerungs-Anstalt dienen, liegt den Eigenthümern derselben ob.

Sie können hiezu durch die Verwaltungsbehörde angehalten werden, wenn aus der Unterlassung für andere oder für die Flußbenützung Schaden entsteht.

Art. **17.** Sind zur Abwendung drohender oder bereits eingetretener Wassergefahr augenblickliche Vorkehrungen nothwendig, so sind alle benachbarten Besitzer und Gemeinden zu

Hand- und Spanndiensten, ohne Rücksicht darauf, ob sie innerhalb des vom Wasser bedrohten Gebietes liegen oder nicht, verbunden.

Jede Polizeibehörde hat in solchem Falle in ihrem Districte die augenblicklich nöthigen Vorkehrungen zu treffen und vollziehen zu lassen, wogegen keine Einsprache, sondern nur nachträgliche Beschwerde zulässig ist.

Die Gemeindebehörden sind verpflichtet, den Polizei- und Baubehörden die nöthige Beihilfe zu leisten und für die schnellste Stellung von Mannschaften und Lieferung von Materialien zu sorgen.

Art. 18. Damm- oder Deichbauten zum Schutze von Ortsfluren oder Ortschaften gegen Ueberschwemmungen liegen, soferne nicht nach Gesetz, besonderen Rechtsverhältnissen oder Herkommen anders bestimmt ist, den betreffenden Gemeinden ob.

Die Verpflichteten können bei nachgewiesenem Bedürfnisse zu deren Herstellung oder Unterhaltung von der Verwaltungsbehörde angehalten werden.

Art. 26. Uebertretungen dieses Gesetzes und der in Anwendung der Art. 7 Abs. 2, Art. 17 und Art. 18 Abs. 2 desselben getroffenen polizeilichen Anordnungen unterliegen, soferne sie nicht schon durch andere Gesetze mit höherer Strafe bedroht sind, einer Polizeistrafe bis zu dreißig Tagen Arrest (Haft) oder einhundert Gulden in Geld.

Auch sind die Kreisregierungen befugt, zur Verhütung der Beschädigung von Uferschutz-, Damm- und Deichbauten Polizeiverordnungen unter Androhung von Polizeistrafen, welche jedoch dreißig Tage Arrest (Haft) oder einhundert Gulden in Geld nicht übersteigen können, zu erlassen.

H. Oeffentliche Sittlichkeit.

1. Kgl. Verordnung vom 21. Mai 1897, die Feier der Sonn- und Festtage betreffend. (Ges.- u. V.-Bl. S. 197.)

§ 1. Alle öffentlich vorgenommenen oder öffentliches Aergerniß erregenden oder geräuschvollen Arbeiten

a) des Gewerbe-, Handels- und Fabrikbetriebes,
b) der Land- und Forstwirthschaft, der Viehzucht, Berufsgärtnerei und Berufsfischerei

sind an Sonn- und Festtagen ohne Unterschied, ob letztere als Festtage im Sinne der Gewerbeordnung bestimmt sind oder nicht, untersagt.

Dem Verbote unterliegen nicht

1. die Arbeiten im Gewerbe-, Handels- und Fabrikbetriebe, bei welchen auf Grund der Gewerbeordnung für das Deutsche Reich oder der hiezu erlassenen Anordnungen an Sonn- und Festtagen Arbeiter verwendet werden dürfen, und zwar auch an den nicht unter die Gewerbeordnung fallenden Festtagen,

2. die Arbeiten im Verkehrsgewerbe, welche ohne Nachtheil nicht aufgeschoben oder unterbrochen werden können,

3. die Arbeiten in Apotheken, Badeanstalten, Gast- und Schankwirthschaftsbetrieben und im Vergnügungsgewerbe (Darbietung von Musikaufführungen, Schaustellungen, theatralischen Vorstellungen oder sonstigen Lustbarkeiten), vorbehaltlich der in § 4 und 5 gegenwärtiger Verordnung bezeichneten Beschränkungen,

4. die dringenden sowie die zur Befriedigung täglicher oder an Sonn- und Festtagen besonders hervortretender Bedürfnisse der Bevölkerung nöthigen Arbeiten in der Land- und Forstwirthschaft, Viehzucht, Berufsgärtnerei und Berufsfischerei, die durch ungünstige Witterung gebotenen Erntearbeiten, die Arbeiten der Weinlese, dann die Arbeiten, welche in landwirthschaftlichen Nebenbetrieben, wie Branntweinbrennereien, Molkereien, ohne Nachtheil nicht aufgeschoben oder unterbrochen werden können, bei der Berufsfischerei in den mehreren Staaten gemeinsamen Gewässern auch jene Arbeiten, welche den Fischern der anderen Staaten gestattet sind.

Bezüglich der Feier der Sonn- und Festtage im Betriebe der Staatsverkehrsanstalten sind die hierüber von den zuständigen Behörden erlassenen Anordnungen maßgebend.

Der Ministerial-Instanz bleibt vorbehalten, bei erheblichen Veranlassungen bezüglich des Arbeitens in Fabriken für einzelne Festtage Ausnahmen in widerruflicher Weise zu bewilligen.

§ 2. Die offenen Verkaufsstellen sind:

1. am ersten Weihnachtstage,
2. an dem Oster- und Pfingstsonntage,
3. in katholischen Orten am Fronleichnamstage, in protestantischen Orten am Charfreitage

den ganzen Tag über geschlossen zu halten, soweit nicht nach der Gewerbeordnung und den hiezu erlassenen Anordnungen Ausnahmen gestattet sind; für die unter Ziffer 3 genannten Festtage dürfen in der Regel keine weiteren Ausnahmen als für jene unter Ziffer 1 und 2 zugelassen werden.

Im Uebrigen bemißt sich das Offenhalten der Verkaufsstellen an den Sonntagen und den unter die Gewerbeordnung fallenden Festtagen ausschließend nach den Bestimmungen der Gewerbeordnung und den hiezu erlassenen Anordnungen.

An den nicht unter die Gewerbeordnung fallenden Festtagen dürfen die Verkaufsstellen während des vormittägigen Pfarrgottesdienstes nicht geöffnet werden. Ausgenommen sind jene Geschäftsbetriebe, welche an den der Gewerbeordnung unterstellten Festtagen einer solchen Beschränkung nicht unterliegen.

Vorstehende Bestimmungen gelten auch hinsichtlich des Oeffnens der Marktbuden an den auf einen Sonn- oder Festtag fallenden Messen und Jahrmärkten.

Apotheken dürfen an sämmtlichen Sonn- und Festtagen den ganzen Tag über geöffnet sein.

Die Beschränkungen, welchen der Gewerbebetrieb im Umherziehen sowie der ambulante Gewerbebetrieb im Gemeindebezirke des Wohnsitzes oder der gewerblichen Niederlassung an den Sonn- und Festtagen nach der Gewerbeordnung und den hiezu erlassenen Anordnungen unterworfen ist, gelten im gleichen Umfange auch für diese Betriebe an den nicht unter die Gewerbeordnung fallenden Festtagen.

§ 3. Die Abhaltung von Getreide- und Viehmärkten, von Treibjagden und öffentlichen Versteigerungen an Sonn- und Festtagen ist verboten.

§ 4. Lärmendes Zechen und Spielen, lärmende Zusammenkünfte und Lustbarkeiten in Wirthschaftslokalitäten, lärmende Unterhaltungen in der Nähe von Kirchen an Sonn- und Festtagen während des vor- und nachmittägigen Pfarrgottesdienstes sind untersagt.

§ 5. Es ist verboten, Scheiben- und Vogelschießen und andere öffentliche Lustbarkeiten, sowie Schau- und Vorstellungen (Art. 32 Abs. I Ziff. 1 und 2, Art. 33 Absatz 1 des Polizeistrafgesetzbuches) an Sonn- und Festtagen vor Beendigung des vormittägigen Pfarrgottesdienstes zu veranstalten.

§ 6. Das Austreiben und Hüten des Weideviehes darf an Sonn- und Festtagen zur Zeit des vormittägigen Pfarrgottesdienstes nicht stattfinden.

An Orten, wo bisher eine abweichende Uebung bestand, kann dieselbe durch ortspolizeiliche Vorschrift aufrecht erhalten werden.

Auf die Alpenweide findet die vorstehende Bestimmung in Absatz 1 keine Anwendung.

§ 7. Durch ortspolizeiliche Vorschrift können die Stunden, auf welche sich die in § 2 Absatz III, §§ 4, 5 und 6 Absatz I enthaltenen Verbote erstrecken, näher bezeichnet werden.

§ 8. Die Vorschriften der §§ 1—7 mit Ausnahme jener des § 2 Absatz I Ziffer 3 finden bezüglich der Sonntage und der den christlichen Konfessionen gemeinschaftlichen Festtage auch in konfessionell gemischten Orten Anwendung.

In Ansehung der besonderen Feiertage eines Religionstheiles sind die Bestimmungen des § 82 der II. Verfassungsbeilage maßgebend.

Insolange in konfessionell gemischten Orten bezüglich der Einstellung der Arbeits- und Gewerbsthätigkeit und der Schließung der Ortsläden an den einem Religionstheil eigenthümlichen Feiertagen eine Vereinbarung besteht, ist sich hiernach zu achten.

Anmerkung. Strafbestimmung: § 366 Ziff. 1 des Reichsstrafgesetzbuches.

2. Kgl. Verordnung vom 4. Januar 1872, die Zuständigkeit der Verwaltungsbehörden in Sachen des Strafgesetzbuches für das Deutsche Reich und des Polizeistrafgesetzbuches betr. (Reg.-Bl. S. 25.)

§ 15. Zur Veranstaltung öffentlicher Lustbarkeiten und dergl. — Art. 32 P.St.G.B. — ist, insoweit nicht für einzelne Arten derselben andere Bestimmungen bestehen, die Erlaubniß der Ortspolizeibehörde, in München der Polizeidirection erforderlich.

3. Kgl. Verordnung vom 18. Juni 1862, die Abhaltung öffentlicher Tanzmusik betreffend. (Reg.-Bl. S. 1391.)

§ 1. Zur Veranstaltung öffentlicher Tanzmusik ist polizeiliche Erlaubniß erforderlich. Die von geselligen Vereinen und geschlossenen Gesellschaften veranstalteten Tanzunterhaltungen sind an eine polizeiliche Erlaubniß nur dann gebunden, wenn sie sich nach der Art der Veranstaltung oder der gestatteten Theilnahme oder in sonstiger Weise als öffentliche darstellen.

Tanzmusik aus Anlaß von Hochzeiten, wobei die Theilnahme auf die von dem Hochzeitpaare zum Mahle oder Tanze besonders geladenen Personen sich beschränkt, ist als von einer geschlossenen Gesellschaft ausgehend zu betrachten.

§ 2. In der Pfalz ertheilen die Erlaubniß die Bezirksämter, beziehungsweise die Bürgermeister.

§ 3. Die Bezirksämter haben für jeden einzelnen Ortspolizeibezirk die Tage, an welchen in sämmtlichen oder einzelnen Wirthschaften die Abhaltung öffentlicher Tanzmusik bewilligt werden kann, und die zulässige längste Dauer der letzteren festzusetzen, sowie über die den Unternehmern nach Maßgabe der örtlichen Verhältnisse allenfalls aufzulegenden besonderen Bedingungen Anordnung zu erlassen. Den Ortspolizeibehörden steht sodann innerhalb der von den Bezirksämtern getroffenen Bestimmungen die Bescheidung der angebrachten Gesuche zu.

Wird die Abhaltung einer öffentlichen Tanzmusik für einen vom Bezirksamte nicht festgesetzten Tag oder für eine längere, als von dieser Behörde bestimmte Dauer nachgesucht, so hat die Ortspolizeibehörde das Gesuch mit gutachtlicher Aeußerung an das Bezirksamt zur Bescheidung einzusenden.

§ 4. Jede Erlaubniß zur Veranstaltung einer öffentlichen Tanzmusik ist schriftlich auszufertigen.

§ 5. In der schriftlichen Ausfertigung sind die Stunde des Beginnes und der Beendigung der Tanzmusik, sowie die dem Unternehmer allenfalls aufgelegten weiteren Bedingungen genau auszudrücken.

§ 6. Die Abhaltung öffentlicher Tanzmusiken ist untersagt:

I. an katholischen Orten:

1. vom ersten Sonntage im Advent bis zum Feste der heiligen drei Könige einschließlich, mit Ausnahme des Sylvesterabends, und wenn dieser auf einen Freitag fällt, des Neujahrstages an Orten, wo die Abhaltung öffentlicher Tanzmusik an diesem Abende Herkommen ist;
2. vom Aschermittwoche bis zum ersten Sonntage nach Ostern einschließlich;
3. am Christi Himmelfahrtstage und am Pfingstsonntage, sowie an den Vorabenden dieser Tage;
4. in der Oktave des Frohnleichnamsfestes mit Ausnahme der einfallenden Kirchweihtage und in der Oktave des Allerseelenfestes, sowie an den Vorabenden dieser beiden Feste und des Allerheiligenfestes;
5. an den Freitagen;
6. a) an den Frauentagen, welche zugleich gebotene Feiertage sind;
   b) am Feste der heiligen Apostel Peter und Paul;
   c) am Feste Johannes des Täufers;
   d) an den Festen der Landes- und Diözesan-Patrone und
   e) an den Vorabenden dieser Feste mit Ausnahme der auf diese Tage (a — e) einfallenden Kirchweihtage und wenn an einem dieser Tage bisher schon die Abhaltung öffentlicher Tanzmusik hergebracht und gestattet war.

Fällt der Vorabend obiger Festtage auf einen Sonntag, so kann an diesem Tage öffentliche Tanzmusik bis zur Polizeistunde, jedoch nicht über die Mitternachtsstunde, zugelassen werden.

II. an protestantischen Orten:

1. vom ersten Sonntage im Advent bis zum ersten Weihnachtstage einschließlich;
2. am Sylvesterabende mit der unter Nr. I. Ziff. 1 bestimmten Ausnahme;

3. vom Aschermittwoch bis zum Ostersonntage einschließlich;
4. am Christi Himmelfahrtstage, am Pfingstsonntage, an Buß- und Bettagen, am Tage des Ernte- und Reformationsfestes und an den Vorabenden dieser Tage und Feste;
5. an den Freitagen.

An konfessionell gemischten Orten haben die unter Nr. I. oder die unter Nr. II. aufgeführten Bestimmungen Anwendung zu finden, je nachdem die Mehrzahl der Einwohner der katholischen oder der protestantischen Konfession angehört.

§ 7. Aus Anlaß der Kirchweihfeste darf die polizeiliche Erlaubniß zur Veranstaltung öffentlicher Tanzmusik in der Regel für zwei Tage ertheilt werden, ausnahmsweise auch für drei Tage.

§ 9. Der Beginn der öffentlichen Tanzmusik an Sonn- und Feiertagen darf vor der Beendigung des nachmittägigen Gottesdienstes nicht gestattet werden.

Die festgesetzte längste Dauer soll in der Regel die festgestellte Polizeistunde nicht überschreiten; Ausnahmen können jedoch an bestimmten Tagen gestattet werden. Die Verlängerung über die Polizeistunde darf am Fastnachtsdienstage sich niemals über die Mitternachtstunde erstrecken.

4. Entschließung des k. Staatsministeriums des Innern vom 13. November 1867, die Abhaltung von Tanzmusiken am Gründonnerstage und Charfreitage betreffend.

Im Einverständnisse mit dem kgl. Staatsministerium des Innern für Kirchen- und Schulangelegenheiten wird hiemit angeordnet, daß die polizeiliche Bewilligung zur Veranstaltung der im Art. 32 Abs. I Ziff. 1 des Polizeistrafgesetzbuches bezeichneten öffentlichen Lustbarkeiten an dem Charfreitage und an dem Gründonnerstage, wo dieser herkömmlicher Weise als Festtag gefeiert wird, im Hinblick auf die Bedeutung dieser Tage für die gesammte Christenheit künftighin im Königreiche nicht ertheilt werden darf.

5. Kgl. Verordnung vom 3. Juli 1868, die Schau- und Vorstellungen betreffend. (Reg.-Bl. S. 1162.)

§ 1. Die Veranstaltung von Schau- und Vorstellungen, bei welchen ein höheres wissenschaftliches oder ein Kunst-Interesse obwaltet und eigens dazu eingerichtete Lokale in größeren Städten bedingt, kann von den Ortspolizeibehörden bewilligt werden.

§ 2. Die Abhaltung von musikalischen Vorträgen in Wirthschaftslokalitäten durch hiezu berechtigte Musikgesellschaften — welche die Befugniß erlangt haben, in ihrer Eigenschaft als Gesellschaften musikalische Produktionen zu veranstalten — ist an eine polizeiliche Bewilligung nicht gebunden.

§ 3. Die Genehmigung zur Abhaltung von Passionsvorstellungen erfolgt vom Staatsministerium des Innern.

Unternehmer von öffentlichen theatralischen Vorstellungen mit Einschluß der sog. Bauerntheater, von Sing- und Spielhallen, Cafés chantants bedürfen einer Erlaubniß der einschlägigen Kreisregierung, Kammer des Innern. Diese Erlaubniß darf umherziehenden Schauspielern nur vorbehaltlich ortspolizeilicher Bewilligung ertheilt werden.

Die Bewilligung zur Veranstaltung öffentlicher theatralischer Vorstellungen zu wohlthätigen oder sonst gemeinnützigen Zwecken durch Dillettanten wird der Ortspolizei vorbehalten.

§ 4. Wer außer den vorstehend bezeichneten Fällen Schau- und Vorstellungen veranstalten, insbesondere in Wirthschaftslokalitäten oder an anderen öffentlichen Orten gegen Bezahlung Musikstücke oder Gesänge, ferner Deklamationen, Marionettenspiele, Taschenspielerkünste oder ähnliche Kunstfertigkeiten aufführen, sich mit der Veranstaltung von Feuerwerken oder mit Vorstellungen aus dem Gebiete der Kunstreiterei, Gymnastik oder ähnlicher Kunstfertigkeiten befassen, oder Menagerien, Wachsfigurenkabinette, Sammlungen von Kunst- oder Naturmerkwürdigkeiten, Panoramen, Karoussclle oder ähnliche Vorrichtungen aufstellen und dafür Eintrittsgeld erheben will, bedarf hiezu eines ortspolizeilichen Erlaubnißscheines.

Anmerkung: Strafbestimmungen: Art. 32 und 33 des Polizeistrafgesetzbuches. Siehe auch die einschlägigen Bestimmungen der Gewerbeordnung: §§ 32, 33a, 33b, 33c, 55 Ziff. 4, 60a, 60d Abs. 4, 147 Ziff. 1, 148 Ziff. 5, 7, 7b, 149 Ziff. 3.

6. Kgl. Verordnung vom 18. Juni 1862, die Polizeistunde betreffend. (Reg.-Bl. S. 1387.)

§ 1. Die Polizeistunde wird für die Städte des Königreiches auf 12 Uhr Mitternacht, für die Märkte und die Landgemeinden auf 11 Uhr Abends festgestellt. Dieselbe kann durch ortspolizeiliche Vorschrift auf eine frühere Abendstunde herabgesetzt werden.

§ 2. In Märkten und Landgemeinden, welche unmittelbar an dem Burgfrieden einer Stadt gelegen sind, oder als Vergnügungsort der benachbarten Stadtbewohner in Betracht kommen, kann die Polizeistunde für sämmtliche oder einzelne Wirthschaften auf die Zeit des ganzen Jahres oder bestimmter Monate durch ortspolizeiliche Vorschrift auf 12 Uhr Mitternacht festgestellt werden.

§ 3. Die Ortspolizeibehörden sind berechtigt, am Geburts- und Namenstage des Königs und der Königin, an den Haupttagen von Volksfesten, am Sylvesterabende, am Fastnachts-

Sonntage und Montage und in den Märkten und Landgemeinden auch am Fastnachtsdienstage die Polizeistunde allgemein oder für einzelne Wirthschaften zu verlängern. Außerdem darf letztere von den Ortspolizeibehörden nur bei Hochzeiten und bei sonstigen besonderen, die Zulassung einer Ausnahme vollständig rechtfertigenden Anlässen auf Ansuchen eines Wirthes für die betreffende Wirthschaft und für einen bestimmten einzelnen Tag verlängert werden. Die verfügte Verlängerung darf am Fastnachtsdienstage niemals die Mitternachtsstunde überschreiten.

§ 4. Wird auf Grund der einschlägigen Verordnung vom Heutigen die längste Dauer der öffentlichen Tanzmusik von dem Bezirksamte über die Polizeistunde ausgedehnt, so ist hiedurch auch die Polizeistunde für die betreffende Wirthschaft als gleichheitlich verlängert zu erachten.

§ 5. Die Verlängerung erfordert, wenn sie auf Ansuchen eines Wirthes erfolgt, jederzeit eine schriftliche Ausfertigung, in welcher die Veranlassung zur Verlängerung und die Dauer der letzteren genau angeführt werden muß.

§ 6. Gesellige Vereine und geschlossene Gesellschaften sind von der Einhaltung der festgestellten Polizeistunde nur dann befreit, wenn sie ein besonderes, mit öffentlichen Wirthschaftsräumen nicht verbundenes Gesellschaftslokal besitzen. Die Ortspolizeibehörden sind jedoch berechtigt, geselligen Vereinen und geschlossenen Gesellschaften, welche in einem Wirthshause ein von den allgemein zugänglichen Wirthschaftsräumen getrenntes und ausschließend für sie bestimmtes Gesellschaftslokal haben, eine verlängerte Polizeistunde in widerruflicher Weise zu bewilligen, insoferne diese Maßregel nach den örtlichen Verhältnissen mit der Aufrechthaltung der öffentlichen Ruhe und sittlichen Ordnung vereinbar ist.

Anmerkung: Strafbestimmung: § 365 des Reichsstrafgesetzbuches. Die Handhabung und Ueberwachung der Bestimmungen über die Polizeistunde fällt zunächst in den Wirkungskreis der Ortspolizei. Die kgl. Gendarmerie ist jedoch verpflichtet, derartige Uebertretungen, von welchen sie bei Ausübung ihres Dienstes Kenntniß erhält, zur Anzeige zu bringen. Dagegen ist sie innerhalb ihres ordentlichen Dienstes vorbehaltlich besonderer vorübergehender Anordnungen der k. Regierungen, Kammer des Innern, oder der Civildienstbehörden nicht gehalten, den fraglichen Uebertretungen besonders nachzuforschen.

7. Kgl. Verordnung vom 10. Juli 1867, die Bewilligung zur Veranstaltung öffentlicher Lotterien und Ausspielungen und zur Aufstellung von Glücksbuden an öffentlichen Orten betr. (Reg.-Bl. S. 809.)

§ 1. Die Bewilligung zu öffentlichen Lotterien oder Ausspielungen beweglicher Sachen oder zur Aufstellung von Glücksbuden an öffentlichen Orten wird ertheilt:

1. von der einschlägigen Kreisregierung, K. d. J., wenn der Absatz der Loose sich nur auf den Regierungsbezirk erstreckt;
2. von dem Staats-Ministerium des Innern, wenn dieser Absatz auf mehrere oder alle Regierungsbezirke ausgedehnt oder die Bewilligung zu periodisch wiederkehrenden Lotterien oder Ausspielungen nachgesucht wird.

Bei Ertheilung der Bewilligung zur Veranstaltung öffentlicher, aus Anlaß von Jahrmärkten, Kirchweihen oder Volksfesten unternommener Lotterien oder Ausspielungen unbedeutender Gegenstände ohne Geldgewinnste und gegen geringen Einsatz ist die Zustimmung den betreffenden Ortspolizeibehörden vorzubehalten.

§ 2. Von den Bestimmungen des § 1 sind die in Wirthshäusern veranstalteten Lotterien oder Ausspielungen von Eßwaaren ausgenommen, zu welchen die Bewilligung von der Ortspolizeibehörde ertheilt wird.

§ 3. Die Allerhöchste Bewilligung ist erforderlich
1. zu öffentlichen Lotterien oder Ausspielungen von unbeweglichen und denselben gleichgeachteten Sachen;
2. zu Lotterie-Anlehen;
3. zur Zulassung von Lotterien, Lotterie-Anlehen oder Ausspielungen des Auslandes.

Auf auswärtige Staatsanlehen, sowie auf im Auslande mit Genehmigung der betreffenden Staatsregierung negocirte Privat-Geldanlehen, deren Verzinsung und Tilgung mit einer Verloosung und mit Prämien verbunden ist, findet die vorstehende Bestimmung nicht Anwendung, vielmehr ist der An- und Verkauf der Loose solcher auswärtiger Anlehen im Königreiche gestattet, sofern nicht von dem Staatsministerium des Innern bezüglich des Verkehrs mit Loosen einzelner solcher Lotterie-Anlehen Verbote oder beschränkende Bestimmungen erlassen werden.

Anmerkung: Strafbestimmungen: § 286 und § 360 Ziff. 14 des Reichsstrafgesetzbuches. Art. 57 und 57a des Polizeistrafgesetzbuches.

Nach den älteren, in den einzelnen Gebietstheilen geltenden Verordnungen sind als verbotene Glücksspiele benannt: Das Würfeln, Häufeln, Halbzwölf, Trischaken, Färbeln, Landsknecht, die Thurm- und Drehspiele, das Trieb-, Reiter- und Sinsspiel, sowie überhaupt alle Schilderspiele mit Reitern, Drehbrett, blinden oder anderen Paschen, das Riemenstechen, Biribi, Pharao, Bassette, Lanzuenet, Treize, Maccao, Quince, Trente et Quarante, Vingt un, Rouge et Noir und zwar ohne Unterschied ob um Geld oder andere Gegenstände gespielt wird.

J. Oeffentliche Gefälle.

1. Vereins-Zollgesetz vom 1. Juli 1869 / 26. September 1869, (Ges.-Bl. S. 1385.)

Einrichtungen zur Beaufsichtigung und Erhebung des Zolles.

§ 16. Die Landesgrenzen gegen das Vereinsausland, bilden die Zollgrenze oder Zoll-Linie.

Der zunächst innerhalb der Zoll-Linie belegene Raum, dessen Breite nach der Oertlichkeit bestimmt wird, bildet den Grenzbezirk, welcher von dem übrigen Vereinsgebiete durch die besonders zu bezeichnende Binnenlinie getrennt ist.

§ 17. Zollstraßen sind:

a) alle die Grenze gegen das Vereinsausland überschreitenden oder an der Grenze beginnenden, dem öffentlichen Verkehre dienenden Eisenbahnen für den Eisenbahntransport;

c) die aus dem Vereinsauslande in und durch den Grenzbezirk führenden Land- und Wasserstraßen, welche einen erheblichen Waarenverkehr mit dem Auslande vermitteln und als solche ausdrücklich zu bezeichnen sind.

Wo die Zollgrenze durch ein schiffbares Wasser gebildet wird, sollen die erforderlichen Landungsplätze bestimmt werden.

§ 18. Zur Sicherung, Feststellung und Erhebung der Ein- und Ausgangszölle werden Zoll- oder Steuerämter, und da, wo die Grenzzollämter nicht nahe genug an der Zolllinie liegen, an dieser besondere Ansageposten errichtet.

§ 19. Die Aufsicht auf den Waaren-Ein- und Ausgang wird längs der Zollgrenze und im Grenzbezirke durch eine uniformirte und bewaffnete Grenzwache geübt, die zum Gebrauche ihrer Waffen nach den darüber bestehenden besonderen Bestimmungen befugt ist.

§ 20. Andere Staatsbeamte, sowie die Communalbeamten, namentlich die Polizei- und Forstbediensteten, sind zur Unterstützung der Grenzwache verpflichtet. Sie haben insbesondere Uebertretungen der Zollvorschriften, welche bei Ausübung ihres Dienstes zu ihrer Kenntniß kommen, möglichst zu hindern und jedenfalls zur näheren Untersuchung sofort anzuzeigen.

Allgemeine Bestimmungen für die Waaren-Ein-, Aus- und Durchfuhr.

§ 21. Wer zollpflichtige Waaren oder solche Gegenstände mit sich führt, welche zwar zollfrei, aber dergestalt verpackt sind, daß ihre Beschaffenheit nicht sogleich erkannt werden kann, darf über die Zolllinie zu Wasser und zu Lande in der Regel nur während der Tageszeit und nur auf einer Zollstraße (§ 17) eintreten, auch Fälle dringender Gefahr oder höherer Gewalt ausgenommen, nur bei einem erlaubten Landungsplatze anlanden.

Als Tageszeit wird angesehen:

in den Monaten Januar und Dezember die Zeit von 7 Uhr Morgens bis 6 Uhr Abends;

in den Monaten Februar, Oktober und November die Zeit von 6 Uhr Morgens bis 6 Uhr Abends;

in den Monaten März, April, August und September die Zeit von 5 Uhr Morgens bis 8 Uhr Abends;

in den Monaten Mai, Juni und Juli die Zeit von 4 Uhr Morgens bis 10 Uhr Abends.

(Auszug.) Ausgenommen von Einhaltung der Tageszeit sind die Transporte der Eisenbahnen und der gewöhnlichen Fahrposten, dann die Einfuhr von Waaren der Reisenden mit Ausschluß der zum Handel bestimmten.

Eine Ausnahme von Einhaltung der Tageszeit und der Zollstraße tritt in besonderen Fällen ein, wenn vor dem Transporte ein Erlaubnißschein der zuständigen Zollbehörde ertheilt ist.

Der Weg von der Zoll-Linie bis zum Grenzzollamte muß auf der Zollstraße ohne Abweichung und willkürlichen Aufenthalt und ohne daß die Ladung eine Veränderung erleidet, fortgesetzt werden.

Bei dem Grenz-Zollamt ist die eingegangene Ladung nach Menge und Gattung anzugeben (zu declariren), sie unterliegt der zollamtlichen Besichtigung (Revision) und wird auf Grund derselben als zollfrei oder nach Entrichtung des Zolles (Zollquittung) in den freien Verkehr gesetzt oder unter Zollverschluß zum Durchgange oder zum Anweise an ein inneres Zollamt, oder auf Vormerkschein zur Bearbeitung u. dgl. abgefertigt.

Fragliche Begleitpapiere, Vormerkscheine, Zollquittungen und zollamtlich abgestempelte Frachtbriefe dienen den Waarenführern zum Ausweise.

§ 124. Hausirgewerbe, zu welchen auch das Halten von Wanderlagern gehört, dürfen im Grenzbezirke nur mit besonderer Erlaubniß und unter den zum Zwecke des Zollschutzes erforderlichen, von der obersten Landes-Behörde anzuordnenden Beschränkungen betrieben werden.

Auf Material- und Spezereiwaaren, auf Wein, Branntwein und Liqueure, sowie auf Zeuge, ganz oder theilweise aus Baumwolle, Wolle oder Seide, soll sich der Regel nach die Erlaubniß nicht erstrecken. Es können indeß von der obersten Landes-Behörde für einzelne Grenzstrecken in Bezug auf solche Waaren, welche dort keinen Gegenstand des Schleichhandels bilden, Ausnahmen zugelassen werden.

Strafbestimmungen.

§ 134. Wer es unternimmt, Gegenstände, deren Ein-, Aus- oder Durchfuhr verboten ist, diesem Verbote zuwider ein-, aus- oder durchzuführen, macht sich einer Contrebande schuldig und hat die Confiscation der Gegenstände, in Bezug auf welche die Contrebande verübt worden ist, und, insofern nicht in besonderen Gesetzen eine höhere Strafe festgesetzt ist, zugleich eine Geldbuße verwirkt, welche dem doppelten Werth jener Gegenstände, und wenn solcher nicht zehn Thaler (30 Mark) beträgt, dieser Summe gleichkommen soll.

§ 135. Wer es unternimmt, die Ein- oder Ausgangsabgaben zu hinterziehen, macht sich einer Defraudation schuldig und hat die Confiscation der Gegenstände, in Bezug auf welche die Defraudation verübt worden ist, und zugleich eine dem vierfachen Betrage der vorenthaltenen Abgaben gleichkommende Geldbuße verwirkt. Diese Abgaben sind außerdem zu entrichten.

§ 136. Die Contrebande, beziehungsweise Zolldefraudation, wird insbesondere dann als vollbracht angenommen:

1. a) wenn verbotene Gegenstände von Frachtführern, Spediteuren oder anderen Gewerbetreibenden — von letzteren, insofern die Gegenstände zu ihrem Gewerbe in Bezug stehen — unrichtig oder gar nicht declarirt, oder
   b) von anderen Personen wider besseres Wissen unrichtig declarirt oder bei der Revision verheimlicht werden;
   c) wenn in Fällen der speciellen Declaration zollpflichtige Gegenstände von den unter a. bezeichneten Personen gar nicht oder in zu geringer Menge oder in einer Beschaffenheit, welche eine geringere Abgabe würde begründet haben, declarirt werden;
   d) wenn in anderen Fällen von den unter a. bezeichneten Personen Colli, welche zollpflichtige Gegenstände enthalten, oder dergleichen unverpackte Gegenstände überhaupt nicht declarirt werden;
   e) wenn von anderen als den unter a. bezeichneten Personen wider besseres Wissen zollpflichtige Gegenstände unrichtig declarirt oder bei der Revision verschwiegen werden;
2. wenn bei einer Revision ohne vorherige Declaration verbotene oder zollpflichtige Gegenstände
   a) nicht zur Revision gestellt, oder
   b) durch getroffene Anstalten verheimlicht werden;
3. wenn beim Eingange mittelst der Eisenbahn
   a) verbotene oder zollpflichtige Gegenstände in den Personenwagen, oder sonst anderswo als in den Güterwagen, oder
   b) andere zollpflichtige Gegenstände, als solche, welche die Angestellten oder Arbeiter der Eisenbahnverwaltung

auf der Fahrt selbst zum eigenen Gebrauch oder zu dienstlichen Zwecken nöthig haben, auf den Lokomotiven oder in den dazu gehörigen Tendern sich befinden,

c) verbotene oder zollpflichtige Gegenstände vor der Ankunft des Zuges am Grenzzollamte ausgeladen oder ausgeworfen werden;

4. wenn ausgangszollpflichtige Gegenstände ohne vorherige Anmeldung und Entrichtung oder Sicherstellung des Ausgangszolles zur Beförderung nach dem Auslande verladen worden sind;

5. wenn beim Transport verbotener oder zollpflichtiger Gegenstände im Grenzbezirke

a) die Zollstätte, bei welcher dieselben bei dem Ein- oder Ausgange hätten angemeldet oder gestellt werden sollen, ohne solche Anmeldung überschritten oder umgangen,

b) die vorgeschriebene Zollstraße oder der im Zollausweis bezeichnete Weg nicht inne gehalten,

c) der Transport ohne Erlaubniß der Behörde außer der gesetzlichen Tageszeit bewirkt wird, oder

d) Gegenstände ohne den vorschriftsmäßigen Zollausweis betroffen werden, oder mit diesem nicht übereinstimmen;

6. wenn über verbotene oder zollpflichtige Gegenstände, welche aus dem Auslande eingehen, vor der Anmeldung und Revision bei der Zollstätte, oder wenn über derartige zur Durchfuhr oder zur Versendung nach einer öffentlichen Niederlage declarirte oder sonst unter Zollcontrole befindliche Gegenstände auf dem Transporte eigenmächtig verfügt wird;

7. wenn Gewerbetreibende im Grenzbezirke sich nicht in Gemäßheit der getroffenen Anordnungen über die erfolgte Verzollung oder die zollfreie Abstammung der bezogenen Gegenstände ausweisen können;

8. wenn unverzollte Waaren aus einer Niederlage ohne vorschriftsmäßige Declaration (Abmeldung) entfernt werden;

9. wenn Gewerbetreibende, denen zur Beförderung ihres Gewerbes und unter der Bedingung der Verwendung zu diesem Zwecke der Bezug zollpflichtiger Gegenstände ganz frei oder gegen eine geringere Abgabe verwilligt wurde, dieselben ohne vorherige Nachzahlung der vollen Abgabe anderweit verwenden oder veräußern; oder wenn Personen, denen Waaren von der Zollverwaltung unverzollt anvertraut wurden, über dieselben zur Verkürzung der Zollgefälle gegen die Zollgesetze oder Verordnungen verfügen.

2. Reichsgesetz vom 3. Juli 1878, den Spielkartenstempel betreffend. (Reichs-Ges.-Bl. S. 133.)

§ 1. Spielkarten unterliegen einer nach Vorschrift dieses Gesetzes zu erhebenden, zur Reichskasse fließenden Stempelabgabe, welche beträgt:

0,30 Mark für jedes Kartenspiel von 36 oder weniger Blättern,

0,50 Mark für jedes andere Spiel.

Spielkarten, welche unter amtlicher Kontrole in das Ausland ausgeführt werden, unterliegen der Abgabe nicht.

§ 10. Spielkarten, welche der Vorschrift dieses Gesetzes zuwider mit dem erforderlichen Stempel nicht versehen sind, unterliegen der Einziehung, gleichviel wem sie gehören und ob gegen eine bestimmte Person Anklage erhoben wird.

Wer der Vorschrift dieses Gesetzes zuwider Karten, welche mit dem erforderlichen Stempel nicht versehen sind, feilhält, veräußert, vertheilt, erwirbt, damit spielt oder solche wissentlich in Gewahrsam hat, verfällt für jedes Spiel in eine Strafe von dreißig Mark.

Wirthe und andere Personen, welche Gäste halten, haben dieselbe Strafe verwirkt, wenn in ihren Wohnungen oder Lokalen mit ungestempelten Karten gespielt und nicht nachgewiesen wird, daß dies ohne ihr Wissen geschehen sei.

3. Reichsgesetz, betreffend die Besteuerung des Branntweines, vom 24. Juni 1887 / 16. Juni 1895. (Reichs-Ges.-Bl. 1887 S. 253, 1895 S. 276.)

§ 43 c. Der Bundesrath wird ermächtigt:

a) den Kleinhandel mit denaturirtem Spiritus abweichend von den Vorschriften des § 33 der Gewerbeordnung zu regeln;

b) dahin Bestimmung zu treffen, daß beim Kleinhandel mit denaturirtem oder undenaturirtem Spiritus die Alkoholstärke des abzugebenden Spiritus durch Aushang an der Verkaufsstelle dem Publikum ersichtlich zu machen ist.

Zuwiderhandlungen gegen die vom Bundesrathe erlassenen Bestimmungen werden mit einer Geldstrafe bis zu einhundertfünfzig Mark oder mit Haft bestraft.

4. Bestimmungen des Bundesraths vom 27. Februar 1896 über den Handel mit denaturirtem Branntwein. (Min.-Amtsbl. S. 91.)

1. Auf den Kleinhandel mit denaturirtem Branntwein findet § 33 der Gewerbeordnung keine Anwendung.

2. Wer mit denaturirtem Branntwein handeln will, hat dies 14 Tage vor Eröffnung des Handels der zuständigen Steuerbehörde und der Ortspolizeibehörde anzumelden. Ueber die erfolgte Anmeldung ertheilt die Steuerbehörde eine Bescheinigung.

4. Wer mit denaturirtem Branntwein handelt, hat in seinem Verkaufslokal an einer in die Augen fallenden Stelle und in deutlicher Schrift eine Bekanntmachung auszuhängen, wonach es verboten ist;

a) denaturirten Branntwein, dessen Stärke weniger als 80 Gewichtsprozente beträgt, zu verkaufen oder feilzuhalten;

b) aus denaturirtem Branntwein das Denaturirungsmittel ganz oder theilweise wieder auszuscheiden, oder dem denaturirten Branntwein Stoffe beizufügen, durch welche die Wirkung des Denaturirungsmittels in Bezug auf Geschmack oder Geruch verändert wird, und solchen Branntwein zu verkaufen oder feilzuhalten.

6. Die Beamten der Zoll- und Steuer-, sowie der Polizeiverwaltung sind befugt, in die Räumlichkeiten, in welchen denaturirter Branntwein feilgehalten wird, während der üblichen Geschäftsstunden oder während die Räumlichkeiten dem Verkehre geöffnet sind, einzutreten, den daselbst feilgehaltenen oder verkauften, denaturirten oder undenaturirten Branntwein zu untersuchen und Proben zum Zweck der Untersuchung gegen Empfangsbescheinigung zu entnehmen. Auf Verlangen ist dem Besitzer ein Theil der Probe amtlich verschlossen oder versiegelt zurückzulassen. Für die entnommene Probe ist Entschädigung in Höhe des üblichen Kaufpreises zu leisten.

Die weitergehenden Befugnisse, welche der Steuerverwaltung im § 15 Abs. 2 des Regulativs, betreffend die Steuerfreiheit des Branntweins zu gewerblichen Zwecken, eingeräumt sind, werden hiervon nicht berührt.

5. Gesetz vom 16. November 1867, die Erhebung einer Abgabe von Salz betreffend. (Ges.-Bl. S. 217.)

§ 11. Wer es unternimmt, dem Staate die Abgabe von inländischem Salze zu entziehen, ist der Uebertretung der Salzabgabendefraudation schuldig und soll mit der Confiscation der Gegenstände, in Bezug auf welche die Defraudation verübt ist, und mit einer Geldbuße, welche dem vierfachen Betrage der vorenthaltenen Abgabe gleichkommt, mindestens aber 27 Mark beträgt, bestraft werden. Kann die Confiscation selbst nicht vollzogen werden, so ist auf Erlegung des Werthes der Gegenstände zu erkennen. Daneben ist die Abgabe mit drei Gulden dreißig Kreuzer (sechs Mark) für den Centner zu entrichten.

Ist die Defraudation durch unerlaubte Gewinnung oder Raffinirung von Salz verübt, so verfallen auch die dazu benützten Geräthe der Confiscation.

§ 13. Die Defraudation wird als vollbracht angenommen:

6. wenn über das unter Steuercontrole oder unter Controle der Verwendung befindliche Salz eigenmächtig verfügt oder das steuerfrei oder gegen Controlgebühr abgelassene Salz zu anderen als den gestattenen Zwecken verwendet wird.

§ 20. Befreit von der Salzabgabe ist:

2. das zu landwirthschaftlichen Zwecken d. h. zur Fütterung des Viehes und zur Düngung bestimmte Salz;

4. das zu allen sonstigen gewerblichen Zwecken bestimmte Salz, jedoch mit Ausnahme des Salzes für solche Gewerbe, welche Nahrungs- und Genußmittel für Menschen bereiten, namentlich auch mit Ausnahme des Salzes für die Herstellung von Tabaksfabrikaten, Mineralwassern und Bädern.

Anmerkung. Gemäß Bekanntmachung der Staatsministerien des Innern und der Finanzen vom 15. Juni 1880, die Controle des Bezuges und der Verwendung denaturirten Salzes betr. Ges.- u. V.-Bl. S. 467, haben zur Controle der rechtmäßigen Verwendung denaturirten Salzes sämmtliche Polizeibehörden, einschließlich der Ortspolizeibehörden, mitzuwirken; dieselben sind daher auch verpflichtet, die zu ihrer Kenntniß gelangenden Zuwiderhandlungen gegen das Gesetz vom 16. November 1867, die Erhebung einer Abgabe von Salz betreffend, zu der nach diesem Gesetz und gegebenen Falles nach § 10 des Reichsgesetzes vom 14. Mai 1879, den Verkehr mit Lebensmitteln, Genußmitteln und Verbrauchsgegenständen betreffend, veranlaßten Bestrafung zu bringen.

6. Gesetz vom 2. Juni 1876 / 31. Januar 1888, die Erhebung einer Gebühr für das Halten von Hunden betreffend. (Ges.- u. V.-Bl. 1876 S. 353, 1888 S. 73.)

Art. 1. Für jeden über 4 Monate alten Hund hat der Besitzer für das Kalenderjahr eine Gebühr an die Staatskasse zu entrichten, welche festgesetzt wird:

1. in Gemeinden von mehr als 15000 Einwohner auf fünfzehn Mark,
2. in Gemeinden von mehr als 1500 Einwohner auf neun Mark,

3. in Gemeinden von mehr als 300 Einwohnern auf sechs Mark,
4. in kleineren Gemeinden auf drei Mark.

Für Weiler, Einöden und einzelnstehende Anwesen beträgt die Gebühr ohne Rücksicht auf den Gemeindeverband drei Mark.

Im Sinne dieses Gesetzes ist eine Einöde oder ein einzelnstehendes Anwesen eine menschliche Wohnung, welche von jedem bewohnten fremden Gebäude über einhundert Meter entfernt ist, — ein Weiler eine zusammen nicht mehr als 300 Einwohner zählende Mehrzahl näher beisammenliegender Anwesen, deren bewohnte Gebäude über einhundert Meter von jeder anderen Gruppe menschlicher Wohnungen entfernt sind. Bei der Bemessung der Entfernung einer Gruppe von der anderen sind Einöden und einzelnstehende Anwesen nicht in Betracht zu ziehen.

Art. 3. Im Monate Januar oder Februar jeden Jahres haben die Besitzer der Gebühr unterliegender Hunde dieselben bei der Ortspolizeibehörde zur Eintragung in das hierüber anzulegende Verzeichniß anzumelden.

Zeit und Ort für diese Anmeldung sind wenigstens vierzehn Tage vorher öffentlich bekannt zu machen.

Hunde, welche nach diesem Termine in Besitz genommen werden, sind innerhalb vierzehn Tagen nach der Besitzerlangung, junge Hunde, welche nach jenem Termine in das Alter von vier Monaten eintreten, innerhalb vierzehn Tagen nach diesem Zeitpunkte anzumelden.

Bei Aenderung des Wohnsitzes hat die Anmeldung innerhalb vierzehn Tagen nach Einbringung des Hundes in den neuen Wohnort bei der Ortspolizeibehörde dieses letzteren zu erfolgen.

Für einen Hund, welcher von dem Besitzer eines im Laufe des Kalenderjahres nach Entrichtung der Gebühr nachweislich verendeten Hundes zum Ersatze desselben angeschafft wird und für diejenigen Hunde, bezüglich welcher die Verpflichtung zur Anmeldung erst in den Monaten November und Dezember entsteht, wird eine Gebühr bei der Anmeldung nicht erhoben.

Art. 7. Hundebesitzer, welche die ihnen obliegende Anmeldung unterlassen, haben außer der Gebühr den doppelten Betrag derselben für jeden Hund als Strafe zu entrichten. Erfolgt die Anmeldung nicht rechtzeitig, jedoch zu einer Zeit, zu welcher die Unterlassung der Anmeldung bei der zur Strafeinschreitung zunächst zuständigen Behörde noch nicht zur Anzeige gelangt ist, so findet nur eine Ordnungsstrafe bis zu fünfzehn Mark statt.

7. **Bekanntmachung der Staatsministerien des Innern und der Finanzen vom 19. Juni 1876, die Vorschriften behufs der Controle für die Entrichtung der Hundegebühr betr.** (Ges.- u. V.-Bl. S. 366.)

§ 1. Jeder der gesetzlichen Gebühr unterliegende Hund muß fortwährend mit dem für denselben ertheilten giltigen Hundezeichen versehen sein.

§ 2. Auf Erfordern ist den amtlichen Aufsichtsorganen das Hundezeichen oder die Gebührenquittung vorzuzeigen.

§ 3. Uebertretungen gegenwärtiger Vorschriften haben für den betheiligten Hundebesitzer Geldstrafe bis zu fünfzehn Mark zur Folge.

Zweiter Abschnitt.

Medicinal- und Veterinärwesen.

A. Medicinal- und Veterinärpersonal.

Vorbemerkung.

Vgl. hieher namentlich in Bezug auf Titelführung §§ 29 und 147 Ziff. 3 der Reichsgewerbeordnung, sowie Art. 127 des Polizeistrafgesetzbuches, dann in Bezug auf gegenseitige Zulassung der an der Grenze wohnhaften Medicinalpersonen zur Ausübung der Praxis:

Uebereinkunft mit Oesterreich-Ungarn vom 30. September 1882, Reichs-Ges.-Bl. 1883 S. 39,

Uebereinkunft mit der Schweiz vom 29. Februar 1884, Reichs-Ges.-Bl. S. 45,

und insbesondere bezüglich gegenseitiger Zulassung der in der Nähe der Grenzen wohnhaften Hebammen zur Ausübung der Praxis in den einzelnen Bundesstaaten

Ministerialbekanntmachung vom 20. Juli 1887 Ges.- u. V.-Bl. S. 370.

1. **Kgl. Verordnung vom 11. August 1873, die Ausübung der Heilkunde betreffend.** (Reg.-Bl. S. 1313.)

§ 1. Wer sich in Bayern als Arzt (Wundarzt, Augenarzt, Geburtshelfer und Zahnarzt) niederlassen will, hat von der Wahl seines Wohnortes bei der Distriktspolizeibehörde des letzteren unter Nachweisung seiner Berechtigung gemäß § 29 der Gewerbe-Ordnung vom 21. Juni 1869 bei Beginn seiner Praxis Anzeige zu erstatten.

Aerzte, welche ihren Wohnort verändern wollen, haben der Districtspolizeibehörde ihres bisherigen Wohnortes hievon Anzeige zu machen.

Aerzte, welche eine Subvention aus Staats-, Kreis-, Districts-, Gemeinde- oder Stiftungsmitteln beziehen, haben bei Veränderung ihres Wohnortes über die vorher erfolgte Lösung der durch jene Bezüge für sie begründeten Verpflichtungen sich auszuweisen.

Zuwiderhandlungen gegen obige Vorschriften unterliegen der Strafbestimmung in Art. 128 des Polizeistrafgesetzbuches für Bayern vom 26. Dezember 1871.

2. Kgl. Verordnung vom 24. Juni 1884, die Verhältnisse der Bader betreffend. (Ges. u. V.-Bl. S. 419.)

§ 1. Die nach Maßgabe der Verordnungen vom 21. Juni 1843, vom 15. März 1866 und vom 25. Juni 1868 gebildeten, sowie die nach gegenwärtiger Verordnung künftig zu bildenden Personen sind berechtigt, den Titel „Bader" zu führen.

Die Befugnisse der Bader umfassen:

1. Die Unterstützung der Aerzte bei Ausübung der Heilkunde durch chirurgische und andere technische Hilfeleistungen in Gemäßheit des § 2 dieser Verordnung;
2. die selbstständige Vornahme chirurgischer Verrichtungen (§ 3);
3. die ersten Vorkehrungen in Erkrankungs- und sonstigen Nothfällen nach den näheren Bestimmungen der §§ 4 und 5;
4. die Leichenschau nach Maßgabe der hierüber bestehenden besonderen Vorschriften und
5. die Hilfeleistung bei Leichenöffnungen.

§ 6. a) Wer sich in Bayern als Bader niederlassen will, hat von der Wahl seines Wohnortes bei der Districtspolizeibehörde des letzteren, unter Nachweisung seiner Berechtigung (§ 10), bei Beginn seiner Thätigkeit Anzeige zu erstatten und sich dem zuständigen Bezirksarzte vorzustellen.

Bader, welche ihren Wohnort verändern, haben der Districtspolizeibehörde ihres bisherigen Wohnortes hievon Anzeige zu erstatten.

Bader, welche einen Unterhaltsbeitrag aus Staats-, Kreis-, Districts-, Gemeinde- oder Stiftungsmitteln beziehen, haben sich bei Veränderung ihres Wohnortes über die vorher erfolgte Lösung der durch jene Bezüge für sie begründeten Verpflichtungen auszuweisen.

Zuwiderhandlungen gegen diese Vorschriften unterliegen den Strafbestimmungen des Art. 128 des Polizeistrafgesetzbuches vom 26. Dezember 1871.

Allgemeine Bestimmungen.

§ 10. Zur selbstständigen Ausübung der Befugnisse eines Baders sind jene Angehörigen des Deutschen Reiches berechtigt, welche nach Erfüllung der verordnungsmäßigen Voraussetzungen die Approbation (§§ 24 ff.) erlangt haben.

§ 11. Außerdem ist die Ausübung der Befugnisse eines Baders noch bedingt:

a) durch ständigen Wohnsitz in Bayern, von welchem aus der Beruf ausgeübt wird;

b) durch Erfüllung der in § 6 a bezeichneten Obliegenheiten.

3. Kgl. Verordnung vom 23. April 1874, die gewerblichen Verhältnisse der Hebammen betreffend. (Gef.- u. V.-Bl. S. 219.)

§ 2. Jede Hebamme, welche im Königreiche behufs der Ausübung ihres Berufes sich niederlassen will, hat die Wahl ihres Wohnortes der Districtspolizeibehörde des letzteren unter Vorlage des Prüfungszeugnisses anzuzeigen.

Hebammen, welche ihren Wohnort verändern wollen, haben hievon bei der Districtspolizeibehörde des bisherigen Wohnortes Anzeige zu erstatten.

Hebammen, welche eine Subvention aus Staats-, Kreis-, Districts-, Gemeinde- oder Stiftungsmitteln beziehen, haben bei Veränderung ihres Wohnortes sich über die vorher erfolgte Lösung der durch jene Bezüge für sie begründeten Verpflichtungen auszuweisen.

Zuwiderhandlungen gegen obige Vorschriften unterliegen der Strafbestimmung des Art. 128 des Polizeistrafgesetzbuches für Bayern vom 26. Dezember 1871.

4. Bekanntmachung des Staatsministeriums des Innern vom 3. Dezember 1875, die Instruction für die Hebammen betreffend.
(Ges.- u. V.-Bl. S. 757.)

Auf Grund des Art. 127 Abs. II des Polizeistrafgesetzbuches wird hinsichtlich des Umfanges der Befugnisse und der Verpflichtungen der Hebammen Nachstehendes bestimmt:

§ 1. Die Hebammen haben solche Beschäftigungen zu meiden, durch welche die Tüchtigkeit zur Ausübung ihres Berufes beeinträchtigt wird.

§ 2. Denselben ist untersagt, die Dienste einer Leichenfrau oder sogenannten Seelnonne zu verrichten.

§ 4. Den Hebammen ist bei Ausübung ihres Berufes, abgesehen von der Anwendung des Katheters, der Klystirspritze und der in ihrem Apparate enthaltenen Arzneien,*) die Vornahme ärztlicher Verrichtungen ohne Anordnung von Seite eines approbirten Arztes, die Ertheilung von ärztlichen Rathschlägen und das Verordnen von Arzneien nicht gestattet.

§ 5. Die Hebamme darf eine Gebärende, welche ihre Hilfe in Anspruch genommen hat, bis zur völligen Beendigung der Geburt nicht verlassen und zwar auch dann nicht, wenn sie zu einer anderen Gebärenden gerufen werden sollte. Bei solchem Zusammentreffen hat die Hebamme vielmehr die zweite Gebärende unverzüglich an eine andere Hebamme oder an einen approbirten Arzt zu verweisen.

*) Anmerkung: Vgl. § 28 der Verordnung vom 8. Dezember 1890, lit. c Ziff. 1.

5. Kgl. Verordnung vom 22. Juli 1891, die Verpflichtung der Medicinalpersonen zur Anzeige ansteckender Krankheiten unter Menschen betreffend. (Ges.- u. V.-Bl. S. 229.)

§ 1. Aerzte, Wundärzte (Chirurgen) und Bader haben von jedem bei Ausübung ihres Berufes zu ihrer Kenntniß gelangenden Auftreten nachstehender Krankheiten, nämlich: Blattern (Variolen und Varioloiden), Cerebrospinalmeningitis, Cholera, Dysenterie, Puerperalfieber, Typhus abdominalis und Typhus recurrens, Milzbrand, Rotzkrankheit, Trichinose und Wuth, Anzeige zu erstatten.

Bei allen übrigen kontagiösen oder epidemischen Krankheiten, wie insbesondere bei Diphtherie, Scharlach, Masern, Keuchhusten, ägyptische Augenentzündung, Influenza, sind die unter Abs. 1 bezeichneten Medicinalpersonen ebenfalls zur Anzeige verpflichtet, wenn eine derartige Krankheit in größerer Verbreitung oder in besonderer Heftigkeit auftritt.

Hebammen haben über jede in ihrem Berufe wahrgenommene Erkrankung an Puerperalfieber Anzeige zu machen.

Die Anzeigen nach vorstehenden drei Absätzen haben innerhalb längstens 24 Stunden nach erlangter Kenntniß von der bezüglichen Krankheit an jene Districtspolizeibehörde, in deren Bezirk die Krankheit auftritt, in den Fällen des Abs. 1 aber auch zugleich an die einschlägige Ortspolizeibehörde zu erfolgen.

§ 2. Etwaige weitere Anordnungen, welche auf Grund des Art. 67 Abs. II des Polizeistrafgesetzbuches über die Anzeige einer kontagiösen oder epidemischen Krankheit bestehen oder durch die zuständige Behörde ergehen, werden von der gegenwärtigen Verordnung nicht berührt.

Die Anzeigepflicht der Militärärzte über das Auftreten von Infektionskrankheiten in Militärgebäuden ist den besonderen Vorschriften vorbehalten.

Anmerkung. Strafbestimmung: Art. 72 des Polizeistrafgesetzbuches.

6. Kgl. Verordnung vom 20. Juli 1872, das Civilveterinärwesen betreffend. (Reg.-Bl. S. 1585.)

§ 2. Wer sich in Bayern als Thierarzt niederlassen will, hat von der Wahl seines Wohnortes bei der Districtspolizeibehörde des letzteren unter Nachweisung seiner Approbation noch vor Beginn seiner Praxis Anzeige zu erstatten.

Thierärzte, welche ihren Wohnsitz ändern wollen, haben der Districtspolizeibehörde ihres bisherigen Wohnsitzes hievon Anzeige zu machen.

Thierärzte, welche einen Bezug aus Staats-, Kreis-, Districts-, Gemeinde- oder Stiftungs-Mitteln genießen, haben bei Veränderung ihres Wohnsitzes über die vorher erfolgte Lösung der durch jene Bezüge für sie begründeten Verpflichtungen sich auszuweisen.

Anmerkung. Strafbestimmung: Art. 128 des Polizeistrafgesetzbuches.

B. Nahrungsmittel, Genußmittel und Gebrauchsgegenstände.

1. Reichsgesetz vom 14. Mai 1879, betreffend den Verkehr mit Nahrungsmitteln, Genußmitteln und Gebrauchsgegenständen. (Reichs-Ges.-Bl. S. 145.)

§ 1. Der Verkehr mit Nahrungs- und Genußmitteln, sowie mit Spielwaaren, Tapeten, Farben, Eß-, Trink- und Kochgeschirr und mit Petroleum unterliegt der Beaufsichtigung nach Maßgabe dieses Gesetzes.

§ 2. Die Beamten der Polizei sind befugt, in die Räumlichkeiten, in welchen Gegenstände der § 1 bezeichneten Art feilgehalten werden, während der üblichen Geschäftsstunden oder während die Räumlichkeiten dem Verkehr geöffnet sind, einzutreten.

Sie sind befugt, von den Gegenständen der in § 1 bezeichneten Art, welche in den angegebenen Räumlichkeiten sich befinden, oder welche an öffentlichen Orten, auf Märkten, Plätzen, Straßen oder im Umherziehen verkauft oder feilgehalten werden, nach ihrer Wahl Proben zum Zwecke der Untersuchung gegen Empfangsbescheinigung zu entnehmen. Auf Verlangen ist dem Besitzer ein Theil der Probe amtlich verschlossen oder versiegelt zurückzulassen. Für die entnommene Probe ist Entschädigung in Höhe des üblichen Kaufpreises zu leisten.

§ 3. Die Beamten der Polizei sind befugt, bei Personen, welche auf Grund der §§ 10, 12, 13 dieses Gesetzes zu einer

Freiheitsstrafe verurtheilt sind, in den Räumlichkeiten, in welchen Gegenstände der in § 1 bezeichneten Art feilgehalten werden, oder welche zur Aufbewahrung oder Herstellung solcher zum Verkaufe bestimmter Gegenstände dienen, während der in § 2 angegebenen Zeit Revisionen vorzunehmen.

Diese Befugniß beginnt mit der Rechtskraft des Urtheils und erlischt mit dem Ablaufe von drei Jahren von dem Tage an gerechnet, an welchem die Freiheitsstrafe verbüßt, verjährt oder erlassen ist.

§ 5. Für das Reich können durch Kaiserliche Verordnung mit Zustimmung des Bundesraths zum Schutze der Gesundheit Vorschriften erlassen werden, welche verbieten:

1. bestimmte Arten der Herstellung, Aufbewahrung und Verpackung von Nahrungs- und Genußmitteln, die zum Verkaufe bestimmt sind;
2. das gewerbsmäßige Verkaufen und Feilhalten von Nahrungs- und Genußmitteln von einer bestimmten Beschaffenheit oder unter einer der wirklichen Beschaffenheit nicht entsprechenden Bezeichnung;
3. das Verkaufen und Feilhalten von Thieren, welche an bestimmten Krankheiten leiden, zum Zwecke des Schlachtens, sowie das Verkaufen und Feilhalten des Fleisches von Thieren, welche mit bestimmten Krankheiten behaftet waren;
4. die Verwendung bestimmter Stoffe und Farben zur Herstellung von Bekleidungsgegenständen, Spielwaaren, Tapeten, Eß-, Trink- und Kochgeschirr, sowie das gewerbsmäßige Verkaufen und Feilhalten von Gegenständen, welche diesem Verbote zuwider hergestellt sind;
5. das gewerbsmäßige Verkaufen und Feilhalten von Petroleum von einer bestimmten Beschaffenheit.

§ 6. Für das Reich kann durch Kaiserliche Verordnung mit Zustimmung des Bundesraths das gewerbsmäßige Herstellen, Verkaufen und Feilhalten von Gegenständen, welche zur Fälschung von Nahrungs- oder Genußmitteln bestimmt sind, verboten oder beschränkt werden.

§ 8. Wer den auf Grund der §§ 5, 6 erlassenen Verordnungen zuwiderhandelt, wird mit Geldstrafe bis zu einhundertfünfzig Mark oder mit Haft bestraft.

Landesrechtliche Vorschriften dürfen eine höhere Strafe nicht androhen.

§ 9. Wer den Vorschriften der §§ 2 bis 4 zuwider den Eintritt in die Räumlichkeiten, die Entnahme einer Probe oder die Revision verweigert, wird mit Geldstrafe von fünfzig bis zu einhundertfünfzig Mark oder mit Haft bestraft.

§ 10. Mit Gefängniß bis zu sechs Monaten und mit Geldstrafe bis zu eintausendfünfhundert Mark oder mit einer dieser Strafen wird bestraft:

1. wer zum Zwecke der Täuschung im Handel und Verkehr Nahrungs- oder Genußmittel nachmacht oder verfälscht;
2. wer wissentlich Nahrungs- oder Genußmittel, welche verdorben oder nachgemacht oder verfälscht sind, unter Verschweigung dieses Umstandes verkauft oder unter einer zur Täuschung geeigneten Bezeichnung feilhält.

§ 11. Ist die im § 10 Nr. 2 bezeichnete Handlung aus Fahrlässigkeit begangen worden, so tritt Geldstrafe bis zu einhundertfünfzig Mark oder Haft ein.

§ 12. Mit Gefängniß, neben welchem auf Verlust der bürgerlichen Ehrenrechte erkannt werden kann, wird bestraft:

1. wer vorsätzlich Gegenstände, welche bestimmt sind, Anderen als Nahrungs- oder Genußmittel zu dienen, derart herstellt, daß der Genuß derselben die menschliche Gesundheit zu beschädigen geeignet ist, ingleichen wer wissentlich Gegenstände, deren Genuß die menschliche Gesundheit zu beschädigen geeignet ist, als Nahrungs- oder Genußmittel verkauft, feilhält oder sonst in Verkehr bringt;
2. wer vorsätzlich Bekleidungsgegenstände, Spielwaaren, Tapeten, Eß-, Trink- oder Kochgeschirr oder Petroleum derart herstellt, daß der bestimmungsgemäße oder vorauszusehende Gebrauch dieser Gegenstände die menschliche Gesundheit zu beschädigen geeignet ist, ingleichen wer wissentlich solche Gegenstände verkauft, feilhält oder sonst in Verkehr bringt.

Der Versuch ist strafbar.

Ist durch die Handlung eine schwere Körperverletzung oder der Tod eines Menschen verursacht worden, so tritt Zuchthausstrafe bis zu fünf Jahren ein.

§ 13. War in den Fällen des § 12 der Genuß oder Gebrauch des Gegenstandes die menschliche Gesundheit zu zerstören geeignet und war diese Eigenschaft dem Thäter bekannt, so tritt Zuchthausstrafe bis zu zehn Jahren, und wenn durch die Handlung der Tod eines Menschen verursacht worden ist, Zuchthausstrafe nicht unter zehn Jahren oder lebenslängliche Zuchthausstrafe ein.

Neben der Strafe kann auf Zulässigkeit von Polizeiaufsicht erkannt werden.

§ 14. Ist eine der in den §§ 12, 13 bezeichneten Handlungen aus Fahrlässigkeit begangen worden, so ist auf Geldstrafe bis zu eintausend Mark oder Gefängnißstrafe bis zu sechs

Monaten und, wenn durch die Handlung ein Schaden an der Gesundheit eines Menschen verursacht worden ist, auf Gefängnißstrafe bis zu einem Jahre, wenn aber der Tod eines Menschen verursacht worden ist, auf Gefängnißstrafe von einem Monate bis zu drei Jahren zu erkennen.

§ 15. In den Fällen der §§ 12 bis 14 ist neben der Strafe auf Einziehung der Gegenstände zu erkennen, welche den bezeichneten Vorschriften zuwider hergestellt, verkauft, feilgehalten oder sonst in Verkehr gebracht sind, ohne Unterschied, ob sie dem Verurtheilten gehören oder nicht; in den Fällen der §§ 8, 10, 11 kann auf die Einziehung erkannt werden.

Ist in den Fällen der §§ 12 bis 14 die Verfolgung oder die Verurtheilung einer bestimmten Person nicht ausführbar, so kann auf die Einziehung selbstständig erkannt werden.

2. Kaiserl. Verordnung über das gewerbsmäßige Verkaufen und Feilhalten von Petroleum vom 24. Februar 1882. (Reichs-Ges.-Bl. S. 40.)

§ 1. Das gewerbsmäßige Verkaufen und Feilhalten von Petroleum, welches, unter einem Barometerstande von 760 Millimetern, schon bei einer Erwärmung auf weniger als 21 Grade des hunderttheiligen Thermometers entflammbare Dämpfe entweichen läßt, ist nur in solchen Gefäßen gestattet, welche an in die Augen fallender Stelle auf rothem Grunde in deutlichen Buchstaben die nicht verwischbare Inschrift „Feuergefährlich" tragen.

Wird derartiges Petroleum gewerbsmäßig zur Abgabe in Mengen von weniger als 50 Kilogramm feilgehalten oder in solchen geringeren Mengen verkauft, so muß die Inschrift in gleicher Weise noch die Worte: „Nur mit besonderen Vorsichtsmaßregeln zu Brennzwecken verwendbar" enthalten.

§ 3. Diese Verordnung findet auf das Verkaufen und Feilhalten von Petroleum in den Apotheken zu Heilzwecken nicht Anwendung.

§ 4. Als Petroleum im Sinne dieser Verordnung gelten das Rohpetroleum und dessen Destillationsprodukte.

Anmerkung. Strafbestimmung: § 8 des Nahrungsmittelgesetzes Ziffer 1 oben).

3. Reichsgesetz, den Verkehr mit Butter, Käse, Schmalz und deren Ersatzmittel betr. vom 15. Juni 1897. (Reichs-Ges.-Bl. S. 475.)

§ 1. Die Geschäftsräume und sonstigen Verkaufsstellen, einschließlich der Marktstände, in denen Margarine, Margarinekäse oder Kunstspeisefett gewerbsmäßig verkauft oder feilgehalten wird, müssen an in die Augen fallender Stelle die deutliche, nicht verwischbare Inschrift „Verkauf von Margarine", „Verkauf von Margarinekäse", „Verkauf von Kunstspeisefett" tragen.

Margarine im Sinne dieses Gesetzes sind diejenigen, der Milchbutter oder dem Butterschmalz ähnlichen Zubereitungen, deren Fettgehalt nicht ausschließlich der Milch entstammt.

Margarinekäse im Sinne dieses Gesetzes sind diejenigen käseartigen Zubereitungen, deren Fettgehalt nicht ausschließlich der Milch entstammt.

Kunstspeisefett im Sinne dieses Gesetzes sind diejenigen, dem Schweineschmalz ähnlichen Zubereitungen, deren Fettgehalt nicht ausschließlich aus Schweinefett besteht. Ausgenommen sind unverfälschte Fette bestimmter Thier- oder Pflanzenarten, welche unter den ihrem Ursprung entsprechenden Bezeichnungen in den Verkehr gebracht werden.

§ 2. Die Gefäße und äußeren Umhüllungen, in welchen Margarine, Margarinekäse oder Kunstspeisefett gewerbsmäßig verkauft oder feilgehalten wird, müssen an in die Augen fallenden Stellen die deutliche, nicht verwischbare Inschrift „Margarine", „Margarinekäse", „Kunstspeisefett" tragen. Die Gefäße müssen außerdem mit einem stets sichtbaren, bandförmigen Streifen von rother Farbe versehen sein, welcher bei Gefäßen bis zu 35 cm Höhe mindestens 2 cm, bei höheren Gefäßen mindestens 5 cm breit sein muß.

Wird Margarine, Margarinekäse oder Kunstspeisefett in ganzen Gebinden oder Kisten gewerbsmäßig verkauft oder feilgehalten, so hat die Inschrift außerdem den Namen oder die Firma des Fabrikanten, sowie die von dem Fabrikanten zur Kennzeichnung der Beschaffenheit seiner Erzeugnisse angewendeten Zeichen (Fabrikmarke) zu enthalten.

Im gewerbsmäßigen Einzelverkaufe müssen Margarine, Margarinekäse und Kunstspeisefett an den Käufer in einer Umhüllung abgegeben werden, auf welcher die Inschrift „Margarine", „Margarinekäse", „Kunstspeisefett" mit dem Namen oder der Firma des Verkäufers angebracht ist.

Wird Margarine oder Margarinekäse in regelmäßig geformten Stücken gewerbsmäßig verkauft oder feilgehalten, so müssen dieselben von Würfelform sein, auch muß denselben die Inschrift „Margarine", „Margarinekäse" eingepreßt sein.

§ 3. Die Vermischung von Butter oder Butterschmalz mit Margarine oder anderen Speisefetten zum Zweck des Handels mit diesen Mischungen ist verboten.

Unter diese Bestimmung fällt auch die Verwendung von

Milch oder Rahm bei der gewerbsmäßigen Herstellung von Margarine, sofern mehr als 100 Gewichtstheile Milch oder eine dementsprechende Menge Rahm auf 100 Gewichtstheile der nicht der Milch entstammenden Fette in Anwendung kommen.

§ 4. In Räumen, woselbst Butter oder Butterschmalz gewerbsmäßig hergestellt, aufbewahrt, verpackt oder feilgehalten wird, ist die Herstellung, Aufbewahrung, Verpackung oder das Feilhalten von Margarine oder Kunstspeisefett verboten. Ebenso ist in Räumen, woselbst Käse gewerbsmäßig hergestellt, aufbewahrt, verpackt oder feilgehalten wird, die Herstellung, Aufbewahrung, Verpackung oder das Feilhalten von Margarinekäse untersagt.

In Orten, welche nach dem endgültigen Ergebnisse der letztmaligen Volkszählung weniger als 5000 Einwohner hatten, findet die Bestimmung des vorstehenden Absatzes auf den Kleinhandel und das Aufbewahren der für den Kleinhandel erforderlichen Bedarfsmengen in öffentlichen Verkaufsstätten, sowie auf das Verpacken der daselbst im Kleinhandel zum Verkauf gelangenden Waaren keine Anwendung. Jedoch müssen Margarine, Margarinekäse und Kunstspeisefett innerhalb der Verkaufsräume in besonderen Vorrathsgefäßen und an besonderen Lagerstellen, welche von den zur Aufbewahrung von Butter, Butterschmalz und Käse dienenden Lagerstellen getrennt sind, aufbewahrt werden.

Für Orte, deren Einwohnerzahl erst nach dem endgültigen Ergebniß einer späteren Volkszählung die angegebene Grenze überschreitet, wird der Zeitpunkt, von welchem ab die Vorschrift des zweiten Absatzes nicht mehr Anwendung findet, durch die nach Anordnung der Landes-Centralbehörde zuständigen Verwaltungsstellen bestimmt. Mit Genehmigung der Landes-Centralbehörde können diese Verwaltungsstellen bestimmen, daß die Vorschrift des zweiten Absatzes von einem bestimmten Zeitpunkte ab ausnahmsweise in einzelnen Orten mit weniger als 5000 Einwohnern nicht Anwendung findet, sofern der unmittelbare räumliche Zusammenhang mit einer Ortschaft von mehr als 5000 Einwohnern ein Bedürfniß hierfür begründet.

Die auf Grund des dritten Absatzes ergehenden Bestimmungen sind mindestens sechs Monate vor dem Eintritt des darin bezeichneten Zeitpunktes öffentlich bekannt zu machen.

§ 5. In öffentlichen Angeboten, sowie in Schlußscheinen, Rechnungen, Frachtbriefen, Konnossementen, Lagerscheinen, Ladescheinen und sonstigen im Handelsverkehr üblichen Schriftstücken, welche sich auf die Lieferung von Margarine, Margarinekäse oder Kunstspeisefett beziehen, müssen die diesem Gesetze entsprechenden Waarenbezeichnungen angewendet werden.

§ 6. Margarine und Margarinekäse, welche zu Handelszwecken bestimmt sind, müssen einen die allgemeine Erkennbarkeit der Waare mittels chemischer Untersuchung erleichternden, Beschaffenheit und Farbe derselben nicht schädigenden Zusatz enthalten.

Die näheren Bestimmungen hierüber werden vom Bundesrath erlassen und im Reichs-Gesetzblatte veröffentlicht.

§ 7. Wer Margarine, Margarinekäse oder Kunstspeisefett gewerbsmäßig herstellen will, hat davon der nach den landesrechtlichen Bestimmungen zuständigen Behörde Anzeige zu erstatten, hierbei auch die für die Herstellung, Aufbewahrung, Verpackung und Feilhaltung der Waaren dauernd bestimmten Räume zu bezeichnen und die etwa bestellten Betriebsleiter und Aufsichtspersonen namhaft zu machen.

Für bereits bestehende Betriebe ist eine entsprechende Anzeige binnen zwei Monaten nach Inkrafttreten dieses Gesetzes zu erstatten.

Veränderungen bezüglich der der Anzeigepflicht unterliegenden Räume und Personen sind nach Maßgabe der Bestimmung des Absatzes 1 der zuständigen Behörde binnen drei Tagen anzuzeigen.

§ 8. Die Beamten der Polizei und die von der Polizeibehörde beauftragten Sachverständigen sind befugt, in die Räume, in denen Butter, Margarine, Margarinekäse oder Kunstspeisefett gewerbsmäßig hergestellt wird, jederzeit, in die Räume, in denen Butter, Margarine, Margarinekäse oder Kunstspeisefett aufbewahrt, feilgehalten oder verpackt wird, während der Geschäftszeit einzutreten und daselbst Revisionen vorzunehmen, auch nach ihrer Auswahl Proben zum Zweck der Untersuchung gegen Empfangsbescheinigung zu entnehmen. Auf Verlangen ist ein Theil der Probe amtlich verschlossen oder versiegelt zurückzulassen und für die entnommene Probe eine angemessene Entschädigung zu leisten.

§ 9. Die Unternehmer von Betrieben, in denen Margarine, Margarinekäse oder Kunstspeisefett gewerbsmäßig hergestellt wird, sowie die von ihnen bestellten Betriebsleiter und Aufsichtspersonen sind verpflichtet, der Polizeibehörde oder deren Beauftragten auf Erfordern Auskunft über das Verfahren bei Herstellung der Erzeugnisse, über den Umfang des Betriebes und über die zur Verarbeitung gelangenden Rohstoffe, insbesondere auch über deren Menge und Herkunft zu ertheilen.

§ 10. Die Beauftragten der Polizeibehörde sind, vorbehaltlich der dienstlichen Berichterstattung und der Anzeige von Gesetzwidrigkeiten, verpflichtet, über die Thatsachen und Einrichtungen, welche durch die Ueberwachung und Kontrole der Betriebe zu ihrer Kenntniß kommen, Verschwiegenheit zu beobachten und sich der Mittheilung und Nachahmung der von den Betriebsunternehmern geheim gehaltenen, zu ihrer Kenntniß gelangten Betriebseinrichtungen und Betriebsweisen, so lange als diese Betriebsgeheimnisse sind, zu enthalten.

Die Beauftragten der Polizeibehörde sind hierauf zu beeidigen.

§ 11. Der Bundesrath ist ermächtigt, das gewerbsmäßige Verkaufen und Feilhalten von Butter, deren Fettgehalt nicht eine bestimmte Grenze erreicht oder deren Wasser- oder Salzgehalt eine bestimmte Grenze überschreitet, zu verbieten.

§ 12. Der Bundesrath ist ermächtigt,

1. nähere, im Reichs-Gesetzblatt zu veröffentlichende Bestimmungen zur Ausführung der Vorschriften des § 2 zu erlassen,
2. Grundsätze aufzustellen, nach welchen die zur Durchführung dieses Gesetzes, sowie des Gesetzes vom 14. Mai 1879, betreffend den Verkehr mit Nahrungsmitteln, Genußmitteln und Gebrauchsgegenständen (Reichs-Gesetzblatt S. 145) erforderlichen Untersuchungen von Fetten und Käsen vorzunehmen sind.

§ 13. Die Vorschriften dieses Gesetzes finden auf solche Erzeugnisse der im § 1 bezeichneten Art, welche zum Genusse für Menschen nicht bestimmt sind, keine Anwendung.

§ 14. Mit Gefängniß bis zu sechs Monaten und mit Geldstrafe bis zu eintausendfünfhundert Mark oder mit einer dieser Strafen wird bestraft:

1. wer zum Zwecke der Täuschung im Handel und Verkehr eine der nach § 3 unzulässigen Mischungen herstellt;
2. wer in Ausübung eines Gewerbes wissentlich solche Mischungen verkauft, feilhält oder sonst in Verkehr bringt;
3. wer Margarine oder Margarinekäse ohne den nach § 6 erforderlichen Zusatz vorsätzlich herstellt oder wissentlich verkauft, feilhält oder sonst in Verkehr bringt.

Im Wiederholungsfalle tritt Gefängnißstrafe bis zu sechs Monaten ein, neben welcher auf Geldstrafe bis zu eintausendfünfhundert Mark erkannt werden kann; diese Bestimmung findet nicht Anwendung, wenn seit dem Zeitpunkte, in welchem die für die frühere Zuwiderhandlung erkannte Strafe verbüßt oder erlassen ist, drei Jahre verflossen sind.

§ 15. Mit Geldstrafe bis zu eintausendfünfhundert Mark oder mit Gefängniß bis zu drei Monaten wird bestraft, wer als Beauftragter der Polizeibehörde unbefugt Betriebsgeheimnisse, welche kraft seines Auftrages zu seiner Kenntniß gekommen sind, offenbart, oder geheimgehaltene Betriebseinrichtungen oder Betriebsweisen, von denen er kraft seines Auftrages Kenntniß erlangt hat, nachahmt, solange dieselben noch Betriebsgeheimnisse sind.

Die Verfolgung tritt nur auf Antrag des Betriebsunternehmers ein.

§ 16. Mit Geldstrafe von fünfzig bis zu einhundertfünfzig Mark oder mit Haft wird bestraft:

1. wer den Vorschriften des § 8 zuwider den Eintritt in die Räume, die Entnahme einer Probe oder die Revision verweigert;
2. wer die in Gemäßheit des § 9 von ihm erforderte Auskunft nicht ertheilt oder bei der Auskunftertheilung wissentlich unwahre Angaben macht.

§ 17. Mit Geldstrafe bis zu einhundertfünfzig Mark oder mit Haft bis zu vier Wochen wird bestraft:

1. wer den Vorschriften des § 7 zuwiderhandelt;
2. wer bei der nach § 9 von ihm erforderten Auskunftertheilung aus Fahrlässigkeit unwahre Angaben macht.

§ 18. Außer den Fällen der §§ 14 bis 17 werden Zuwiderhandlungen gegen die Vorschriften dieses Gesetzes sowie gegen die in Gemäßheit der §§ 11 und 12 Ziffer 1 ergehenden Bestimmungen des Bundesraths mit Geldstrafe bis zu einhundertfünfzig Mark oder mit Haft bestraft.

Im Wiederholungsfalle ist auf Geldstrafe bis zu sechshundert Mark, oder auf Haft, oder auf Gefängniß bis zu drei Monaten zu erkennen. Diese Bestimmung findet keine Anwendung, wenn seit dem Zeitpunkte, in welchem die für die frühere Zuwiderhandlung erkannte Strafe verbüßt oder erlassen ist, drei Jahre verflossen sind.

§ 19. In den Fällen der §§ 14 und 18 kann neben der Strafe auf Einziehung der verbotswidrig hergestellten, verkauften, feilgehaltenen oder sonst in Verkehr gebrachten Gegenstände erkannt werden, ohne Unterschied, ob sie dem Verurtheilten gehören oder nicht.

Ist die Verfolgung oder Verurtheilung einer bestimmten Person nicht ausführbar, so kann auf die Einziehung selbstständig erkannt werden.

§ 20. Die Vorschriften des Gesetzes, betreffend den Verkehr mit Nahrungsmitteln, Genußmitteln und Gebrauchsgegenständen, vom 14. Mai 1879 (Reichs-Gesetzbl. S. 145) bleiben unberührt.

§ 21. Die Bestimmungen des § 4 treten mit dem 1. April 1898 in Kraft.

Im Uebrigen tritt dieses Gesetz am 1. Oktober 1897 in Kraft. Mit diesem Zeitpunkte tritt das Gesetz, betreffend den Verkehr mit Ersatzmitteln für Butter, vom 12. Juli 1887 (Reichs-Gesetzbl. S. 375) außer Kraft.

4. Oberpolizeiliche Vorschrift vom 15. Juli 1887, den Verkehr mit Milch betreffend. (Ges.- u. V.-Bl. S. 365.)

§ 1. Als Milch im Sinne dieser oberpolizeilichen Vorschrift gilt die Kuhmilch.

§ 2. Das Verkaufen und Feilhalten der Milch von Kühen, welche vor weniger als 8 Tagen gekalbt haben (Colostrum, Biestmilch), sowie der Milch von kranken Kühen ist verboten.

Als krank im Sinne des Abs. 1 gelten Kühe, wenn sie an Maul- und Klauenseuche, Milzbrand, Tuberkulose (Perlsucht, Lungensucht), Rauschbrand, Tollwuth oder Tollwuthverdacht, Gelbsucht, an Krankheiten des Euters, an fauliger Gebärmutterentzündung, an Vergiftung leiden, ferner wenn und solange sie unter Anwendung giftiger oder starkwirkender Mittel in Behandlung stehen.

§ 3. Abgesehen von dem gesetzlichen Verbote des Verkaufes verdorbener, gesundheitsschädlicher oder gefälschter Milch (§ 10 ff. des Reichsgesetzes, betreffend den Verkehr mit Nahrungsmitteln, Genußmitteln und Gebrauchsgegenständen, vom 14. Mai 1879, dann § 367 Abs. I Ziff. 7 des Reichsstrafgesetzbuches) ist das Verkaufen und Feilhalten von unreiner, schleimiger, übelschmeckender oder übelriechender, rother oder blaufleckiger Milch, deßgleichen von Milch, welcher fremdartige Bestandtheile, gleichviel zu welchem Zwecke, zugesetzt worden sind, verboten.

§ 4. Abgerahmte Milch (Magermilch), d. i. Milch, welcher nach dem Melken mehr oder weniger Rahm entzogen worden ist, darf auf Märkten, auf der Straße und in Verkaufsläden nur in solchen Gefäßen feilgehalten werden, welche mit der deutlichen in die Augen fallenden Aufschrift: „Abgerahmte Milch" oder „Magermilch" versehen sind. Die Aufschrift muß in einer Weise angebracht sein, welche deren willkürliche zeitweilige Beseitigung ausschließt.

§ 5. Gefäße aus Kupfer oder Messing dürfen weder zur Aufbewahrung und Versendung noch zum Ausmessen der zum Verkaufe bestimmten Milch benützt werden.

In Bezug auf Milchgefäße aus Blei oder bleihaltigen Metalllegirungen sind die Bestimmungen des Reichsgesetzes, betreffend den Verkehr mit blei- und zinkhaltigen Gegenständen, vom 25. Juni 1887 maßgebend.

Sämmtliche Milchgeschirre, deßgleichen die Milchverkaufsräume, sind jederzeit reinlich zu halten.

Vorbehaltlich der nach den besonderen örtlichen Verhältnissen etwa veranlaßten ortspolizeilichen Vorschriften (§ 7 Abs. 2) darf zum Verkaufe bestimmte Milch nur in reinlich gehaltenen, gut zu lüftenden Räumen aufgestellt werden. Insbesondere ist die Aufstellung in Räumen verboten, welche als Krankenzimmer im Gebrauche stehen, deßgleichen in übelriechenden und in solchen Räumen, woselbst in Zersetzung begriffene Gegenstände aufbewahrt oder feilgehalten werden.

§ 6. Ergibt sich der Verdacht einer Milchfälschung, so ist die Polizeibehörde befugt, in der Stallung, aus welcher die beanstandete Milch stammt, eine Milchbeschau — die sog. Stallprobe — vorzunehmen. Diese Stallprobe besteht darin, daß die Kühe, welche zur Gewinnung verkäuflicher Milch dienten, unter polizeilicher Aufsicht gemolken und aus der hiebei gewonnenen Milch Proben zum Zwecke der Untersuchung und der Vergleichung mit der beanstandeten Milch entnommen werden.

Die Stallprobe soll nur stattfinden, wenn dringender Verdacht der Fälschung besteht und zur Feststellung der letzteren die Vornahme der Stallprobe unerläßlich nothwendig ist. Außerdem kann dieselbe auf Antrag des betreffenden Viehbesitzers eintreten.

Der Viehbesitzer ist verpflichtet, die Vornahme der polizeilich angeordneten Stallprobe zu gestatten.

Anmerkung. Strafbestimmung: Art. 74 Abs. I Ziff. 2 und Art. 75 Abs. I des Polizeistrafgesetzbuches.

Schlußbemerkung.

In Bezug auf den Verkehr mit Nahrungsmitteln, Genußmitteln und Gebrauchsgegenständen sind noch zu erwähnen:

a) Reichsgesetz vom 25. Juni 1887, betreffend den Verkehr mit blei- und zinkhaltigen Gegenständen, Reichs-Ges. Bl. S. 273,

b) Reichsgesetz vom 5. Juli 1887, betreffend die Verwendung gesundheitsschädlicher Farben bei der Herstellung von Nahrungsmitteln, Genußmitteln u. Gebrauchsgegenständen, Reichs-Ges.-Bl. S. 277,

c) Reichsgesetz vom 20. April 1892, betreffend den Verkehr mit Wein, weinhaltigen und weinähnlichen Getränken, Reichs-Ges.-Bl. S. 597,

d) Kaiserl. Verordnung vom 1. Februar 1891, betreffend das Verbot von Maschinen zur Herstellung künstlicher Kaffeebohnen, Reichs Ges.-Bl. S. 11,

e) Oberpolizeiliche Vorschriften vom 6. Juni 1863, 17. Juni 1877 und 10. Juli 1881, gesundheitspolizeiliche Vorschriften in Bezug auf Gegenstände des menschlichen Gebrauches betreffend, Reg.-Bl. 1863 S. 809, Ges.- u. V.-Bl. 1877 S. 371, 1881 S. 823, f. Oberpolizeiliche Vorschriften vom 25. Juni 1892 in Bezug auf die Beschau der mit Erscheinungen von Tuberkulose (Perlsucht, Lungensucht) behafteten Rinder und Schweine, Ges. u. V.-Bl. S. 277.

C. Arzneien und Gifte.

Vorbemerkung: Strafbestimmungen: § 367 Ziff. 3 und 5 des Reichsstrafgesetzbuches.

1. Kgl. Verordnung vom 8. Dezember 1890 / 19. März 1895, das Arzneibuch für das deutsche Reich, dann die Zubereitung und Feilhaltung von Arzneien betreffend. (Ges.- u. V.-Bl. 1890 S. 635, 1895 S. 131.)

§ 20. 1. Die Apotheker haben sich alles Ordinirens unbedingt zu enthalten.

§ 28. 1. Das zur Führung einer Handapotheke nicht berechtigte ärztliche Personal darf bei Ausübung der Praxis nach Maßgabe seiner Ordinationsbefugnisse die in Nothfällen gebotenen oder von dem Arzte selbst örtlich zu applizirenden Arzneien abgeben beziehungsweise anwenden.

2. Dem niederärztlichen Personale ist verboten, ohne ärztliche Ordination

a) Schwefeläther, Chloroform, Luftgas, Amylnitrit und Bromäthyl sowie andere Mittel zur Hervorrufung einer Narkose,

b) Morphium zu innerlichem Gebrauche wie auch zu Einspritzungen (Injektionen)

anzuwenden oder abzugeben.

Die nach Maßgabe der Verordnungen vom 21. Juni 1843, vom 15. März 1866, vom 25. Juni 1868 und 24. Juni 1884 gebildeten und geprüften Bader dürfen von den Arzneien nur Heftpflaster, Bleiwasser, Höllenstein, Borlösung, Salmiakgeist, Eisenchloridlösung, Theeaufgüsse von Kamillen, Malvenblüthen, Hollunderblüthen, Lindenblüthen, Wollblumen, Pfeffermünze bei Ausübung ihrer Befugnisse anwenden.*)

3. Die Thierärzte sind befugt die bei Ausübung der Thierheilkunde nothwendigen Arzneien nach Maßgabe ihrer Ordinationsbefugnisse abzugeben, unterliegen jedoch bezüglich der Aufstellung und Aufbewahrung ihrer Arzneien und der zu den Arzneien erforderlichen Geräthschaften denselben Bestimmungen, wie die Besitzer ärztlicher Handapotheken.

4. Die Hebammen dürfen Hoffmann'schen Liqueur, 90%ige Karbolsäure und Kaliumpermanganat führen und diese Arzneien nach Maßgabe der für ihren Dienst bestehenden Vorschriften anwenden; die Abgabe und Anwendung von Mutterkorn und dessen Präparaten ohne ärztliche Anordnung ist verboten.

5. Die zur Führung einer Handapotheke nicht berechtigten approbirten Aerzte sowie das niederärztliche Personal und die

Hebammen müssen die Arzneien, deren Abgabe oder Anwendung ihnen zusteht, aus einer Apotheke beziehen.

*) Anmerkung: Gemäß Ministerial-Bekanntmachung vom 28. Juni 1884, die Baderordnung betreffend (Ges.- u. V.-Bl. S. 432), dürfen übrigens die Bader mit Karbolsäure, Borsäure und Salicylsäure präparirte Verbandstoffe anwenden und sich außerdem zu Verbänden der 2½ %igen Karbolsäurelösung, der 4 %igen Borsäurelösung und des Borvaselins bedienen.

2. Kgl. Verordnung vom 16. Juni 1895, den Verkehr mit Giften betreffend. (Ges.- u. V.-Bl. S. 267.)

§ 1. Der gewerbsmäßige Handel mit Giften unterliegt den Bestimmungen der §§ 2 bis 18.

§ 2. Vorräthe von Giften müssen übersichtlich geordnet, von anderen Waaren getrennt, und dürfen weder über noch unmittelbar neben Nahrungs- oder Genußmitteln aufbewahrt werden.

§ 3. Vorräthe von Giften, mit Ausnahme der auf abgeschlossenen Giftböden verwahrten giftigen Pflanzen und Pflanzentheile (Wurzeln, Kräuter u. s. w.), müssen sich in dichten, festen Gefäßen befinden, welche mit festen, gut schließenden Deckeln oder Stöpseln versehen sind.

Außerhalb der Vorrathsgefäße darf Gift, unbeschadet der Ausnahmebestimmung im Abs. 1, sich nicht befinden.

§ 4. Die Vorrathsgefäße müssen mit der Aufschrift „Gift“, sowie mit der Angabe des Inhalts deutlich und dauerhaft bezeichnet sein.

§ 10. Gifte dürfen nur von dem Geschäftsinhaber oder den von ihm hiermit Beauftragten abgegeben werden.

§ 11. Ueber die Abgabe der Gifte der Abtheilungen 1 und 2*) sind in einem mit fortlaufenden Seitenzahlen versehenen Giftbuche die daselbst vorgesehenen Eintragungen zu bewirken. Die Eintragungen müssen sogleich nach Verabfolgung der Waaren von dem Verabfolgenden selbst, und zwar immer in unmittelbarem Anschluß an die nächst vorhergehende Eintragung ausgeführt werden. Das Giftbuch ist zehn Jahre lang nach der letzten Eintragung aufzubewahren.

Die vorstehenden Bestimmungen finden nicht Anwendung auf die Abgabe der Gifte, welche von Großhändlern an Wiederverkäufer, an technische Gewerbetreibende oder an staatliche Untersuchungs- oder Lehranstalten abgegeben werden, sofern über die Abgabe dergestalt Buch geführt wird, daß der Verbleib der Gifte nachgewiesen werden kann.

§ 12. Gift darf nur an solche Personen abgegeben werden, welche als zuverlässig bekannt sind und das Gift zu einem erlaubten gewerblichen, wirthschaftlichen, wissenschaftlichen oder künstlerischen Zwecke benutzen wollen. Sofern der Abgebende von dem Vorhandensein dieser Voraussetzungen sichere Kenntniß nicht hat, darf er Gift nur gegen Erlaubnißschein abgeben.

Die Erlaubnißscheine werden von der Ortspolizeibehörde nach Prüfung der Sachlage ausgestellt. Dieselben werden in der Regel nur für eine bestimmte Menge, ausnahmsweise auch für den Bezug einzelner Gifte während eines, ein Jahr nicht übersteigenden Zeitraumes gegeben. Der Erlaubnißschein verliert mit dem Ablaufe des vierzehnten Tages nach dem Ausstellungstage seine Gültigkeit, sofern auf demselben etwas Anderes nicht vermerkt ist.

An Kinder unter 14 Jahren dürfen Gifte nicht ausgehändigt werden.

§ 13. Die in Abtheilung 1 und 2 bezeichneten Gifte*) dürfen nur gegen schriftliche Empfangsbescheinigung (Giftschein) des Erwerbers verabfolgt werden. Wird das Gift durch einen Beauftragten abgeholt, so hat der Abgebende (§ 10) auch von diesem sich den Empfang bescheinigen zu lassen.

Die Bescheinigungen sind mit den entsprechenden Nummern des Giftbuchs zu versehen und zehn Jahre lang aufzubewahren.

Die Empfangsbestätigung desjenigen, welchem das Gift ausgehändigt wird, darf in einer Spalte des Giftbuchs abgegeben werden.

Im Falle des § 11 Abs. 2 ist die Ausstellung eines Giftscheines nicht erforderlich.

§ 15. Es ist verboten, Gifte in Trink- oder Kochgefäßen oder in solchen Flaschen oder Krügen abzugeben, deren Form oder Bezeichnung die Gefahr einer Verwechslung des Inhalts mit Nahrungs- oder Genußmitteln herbeizuführen geeignet ist.

§ 16. Auf die Abgabe von Giften als Heilmittel in Apotheken finden die Vorschriften der §§ 11 bis 14 nicht Anwendung.

§ 17. Auf gebrauchsfertige Oel-, Harz- oder Lackfarben, soweit sie nicht Arsenfarben sind, finden die Vorschriften der §§ 2 bis 14 nicht Anwendung. Das Gleiche gilt für andere giftige Farben, welche in Form von Stiften, Pasten oder Steinen oder in geschlossenen Tuben zum unmittelbaren Gebrauch fertig gestellt sind, sofern auf jedem einzelnen Stück oder auf dessen Umhüllung entweder das Wort „Gift“ beziehungsweise „Vorsicht“ und der Name der Farbe oder eine das darin enthaltene Gift erkennbar machende Bezeichnung deutlich angebracht ist.

§ 18. Bei der Abgabe der unter Verwendung von Gift hergestellten Mittel gegen schädliche Thiere (sogenannte Ungeziefermittel) ist jeder Packung eine Belehrung über die mit einem unvorsichtigen Gebrauche verknüpften Gefahren beizufügen. Der Wortlaut der Belehrung kann von der Districtspolizeibehörde im Benehmen mit dem kgl. Bezirksarzte vorgeschrieben werden.

Arsenhaltiges Fliegenpapier feilzuhalten oder abzugeben, ist verboten. Andere arsenhaltige Ungeziefermittel dürfen nur mit einer in Wasser leicht löslichen grünen Farbe vermischt feilgehalten oder abgegeben werden; dieselben dürfen nur gegen Erlaubnißschein (§ 12) verabfolgt werden.

Strychninhaltige Ungeziefermittel dürfen nur in Form von vergiftetem Getreide, welches in tausend Gewichtstheilen höchstens fünf Gewichtstheile salpetersaures Strychnin enthält und dauerhaft dunkelroth gefärbt ist, feilgehalten oder abgegeben werden.

Vorstehende Beschränkungen können durch die Districtspolizeibehörde zeitweilig außer Wirksamkeit gesetzt werden, wenn und soweit es sich darum handelt, unter polizeilicher Aufsicht außerordentliche Maßnahmen zur Vertilgung von schädlichen Thieren, z. B. Feldmäusen, zu treffen. Dabei ist das in der Verordnung vom 3. März 1873, die Verwendung von Gift zur Vertilgung der Feldmäuse betreffend, vorgeschriebene Verfahren einzuhalten.

§ 19. Personen, welche gewerbsmäßig schädliche Thiere vertilgen (Kammerjäger), müssen ihre Vorräthe von Giften und gifthaltigen Ungeziefermitteln unter Beachtung der Vorschriften in den §§ 2, 3, 4, 7 und, soweit sie die Vorräthe nicht bei Ausübung ihres Gewerbes mit sich führen, in verschlossenen Räumen, welche nur ihnen und ihren Beauftragten zugänglich sind, aufbewahren. Sie dürfen die Gifte und die Mittel an Andere nicht überlassen.

§ 21. Die Befugniß zur Zubereitung und Abgabe von Giften der Abtheilungen 1 und 2 des Verzeichnisses*) erfordert eine besondere **Genehmigung**; diese Genehmigung ist zu ertheilen, wenn der Nachsuchende über seine Zuverlässigkeit in Bezug auf den beabsichtigten Betrieb sich ausgewiesen hat.

§ 22. Von der Bestimmung des § 21 sind ausgenommen:

1. Inhaber von Apotheken einschließlich der Hand- und Hausapotheken, sowie die Aerzte und Thierärzte nach Maßgabe der besonderen für ihre Befugnisse bestehenden Bestimmungen,
2. die Besitzer von Berg- und Hüttenwerken, welche Gifte durch den Betrieb dieser Werke als Haupt- oder Nebenprodukte gewinnen,

3. die Besitzer von chemischen Fabriken, sowie von solchen Fabriken und Gewerben, bei deren Betrieb sich Gifte als Nebennutzung ergeben,
4. Personen, welche mit der Vertilgung von Ungeziefer, sowie von Ratten und Mäusen sich gewerbsmäßig befassen, in Bezug auf die Gifte, die bei der Zubereitung der zu ihrem Geschäfte erforderlichen und zugelassenen Mittel in Verwendung kommen,
5. Personen, welche mit dem Einsammeln giftiger Kräuter, Samen und Wurzeln, sowie der Kanthariden sich gewerbsmäßig befassen.

§ 23. Jeder, der Handel mit Giften treiben will, hat, wenn er nicht konzessionirter Apotheker ist oder nach Maßgabe der §§ 21 und 22 ohnehin einer Genehmigung bedarf, von seinem Vorhaben der Ortspolizeibehörde seines Wohnorts Anzeige zu machen. Die Ortspolizeibehörde hat über die erfolgte Anzeige eine Bescheinigung auszustellen.

§ 24. Die Zubereitung, sowie die Verarbeitung von Giften der Abtheilungen 1 und 2 des Verzeichnisses*) darf nur in hiezu geeigneten, von den Wohnungsräumen abgesonderten und für Unberufene unzugänglichen Lokalitäten und unter Anwendung der zur Verhütung von Unglücksfällen und Mißbrauch nothwendigen Vorsichtsmaßregeln stattfinden.

Nach beendigter Arbeit sind diese Lokalitäten jedesmal sorgfältig zu verschließen. Die zur Zubereitung und Verarbeitung von Giften dienenden Geräthschaften, Löffel, Waagen, Siebe, Trichter ꝛc. sind sorgfältig aufzubewahren, überdieß mit der Bezeichnung „Gift" zu versehen und zu anderen Zwecken nicht zu verwenden.

Besondere Vorschriften für bestimmte Gewerbe- und Fabrikbetriebe in Bezug auf den Umgang mit Giften bleiben hiebei unberührt.

§ 25. Die Beförderung von Giften der Abtheilungen 1 und 2 des Verzeichnisses*) hat in hiezu tauglicher, haltbarer, sorgfältig angelegter und hinreichend fester Verpackung, welche ein jedes Durchdringen oder Zerstreuen des Inhaltes vollkommen ausschließt, zu geschehen. Der Behälter oder die Umhüllung muß mit der deutlichen Aufschrift des Namens des Giftes und mit dem in die Augen fallenden Beisatze „Gift" versehen und versiegelt sein. Die Verladung zum Transporte muß abgesondert von Verzehrungsgegenständen und so geschehen, daß der Behälter von außen nicht verletzt wird.

Auf die zufolge ärztlicher Ordination in Arzneiform gebrachten Gifte finden obige Vorschriften keine Anwendung.

Soweit über die Beförderung von Giften im Eisenbahn-, Post- und Schifffahrtsverkehre besondere Vorschriften bestehen, bleiben diese unberührt.

§ 26. Abgesehen von dem gewerblichen Verkehre hat jeder, der sonst in den Besitz von Giften gelangt, dieselben in einer gegen Mißbrauch und Unglücksfälle sichernden Weise sorgfältigst zu verwahren.

*) Anmerkung. Es handelt sich hier um die heftigeren Gifte, welche in dem der Verordnung beigefügten, hier jedoch nicht abgedruckten Verzeichnisse unter Abtheilung 1 und 2 namentlich aufgeführt sind.

3. Kgl. Verordnung vom 3. März 1873, die Verwendung von Gift zur Vertilgung der Feldmäuse betreffend. (Reg.-Bl. S. 345.)

§ 1. Die Vergiftung der Feldmäuse mittels Arsenik oder Strychnin kann von der Districtspolizeibehörde ausnahmsweise gestattet werden, wenn dieselben in der Markung einer Gemeinde derart überhand genommen haben, daß die gewöhnlichen, zu ihrer Vertilgung dienlichen Maßregeln nach dem Gutachten des landwirthschaftlichen Bezirkskomitees als unzulänglich zu erachten sind.

§ 2. Das Gesuch um die Bewilligung zur Vergiftung der Feldmäuse ist in den einem Bezirksamte untergeordneten Gemeinden von der Gemeindebehörde anzubringen.

Im Falle der Genehmigung, welche schriftlich auszufertigen ist, hat die Districtspolizeibehörde zugleich mit Rücksicht auf die gutachtlichen Vorschläge des hierüber einzuvernehmenden Bezirksarztes die etwa weiter erforderlichen Maßregeln anzuordnen.

§ 3. Die Bereitung und Abgabe von Arsenik oder Strychnin zur Vertilgung der Feldmäuse steht ausschließlich den Apothekern zu; die Abgabe darf nur auf Grund der in § 2 vorgeschriebenen districtspolizeilichen Bewilligung an die Ortspolizeibehörde erfolgen.

§ 4. Die Verwendung des Giftes hat innerhalb der von der Districtspolizeibehörde bestimmten Frist durch verlässige, hiefür besonders aufgestellte Männer unter Aufsicht und Leitung der Ortspolizeibehörde in der Art stattzufinden, daß die Löcher, in welche das Gift gelegt wurde, zugestampft oder zugetreten werden.

In die unmittelbare Nähe von Quellen und Brunnen dürfen die bezeichneten Gifte nicht gelegt werden; auch ist ihre Verwendung zur Vertilgung der Feldmäuse während des Zeitraumes vom 1. Mai bis 31. Oktober verboten.

Das etwa unverwendet gebliebene Gift ist sofort zu vernichten.

§ 5. Wenigstens drei Tage vor Legung des Giftes sind die Einwohner der Gemeinde, in deren Markung sie stattfinden soll, sowie jene der benachbarten Gemeinden durch öffentliche ortsübliche Bekanntmachung hievon in Kenntniß zu setzen.

D. Leichen- und Begräbnißpolizei.

1. Oberpolizeiliche Vorschriften über die Leichenschau und die Zeit der Beerdigung vom 20. November 1885. (Ges.= u. V.=Bl. S. 655.)

§ 1. Jede menschliche Leiche ist vor der Beerdigung nach Maßgabe der folgenden Bestimmungen der Leichenschau zu unterstellen.

Die Leichen neugeborener Kinder unterliegen der Leichenschau nur dann, wenn die Frucht nach zurückgelegtem siebenten Monate der Schwangerschaft von der Mutter getrennt wurde.

§ 8. Jeder Todesfall ist alsbald, oder wenn der Tod zur Nachtzeit und nicht gewaltsam erfolgte, spätestens am folgenden Morgen dem Leichenschauer anzuzeigen.

Zur Anzeige verpflichtet ist das Familienhaupt und, wenn solches nicht vorhanden oder an der Anzeige behindert ist, derjenige, in dessen Wohnung oder Behausung der Todesfall sich ereignet hat.

Bis zur Ankunft des Leichenschauers ist die Leiche in unveränderter Lage, mit unverhülltem Gesichte und frei von beengenden Kleidern zu belassen.

Den von dem Leichenschauer zur Wiederbelebung eines muthmaßlichen Scheintodten allenfalls getroffenen Anordnungen ist pünktliche Folge zu leisten.

Anmerkung. Strafbestimmung: Art. 61 Ziff. 3 des Polizeistrafgesetzbuches.

2. Bekanntmachung des Staatsministeriums des Innern vom 17. Februar 1888, die Beförderung von Leichen betreffend. (Ges.= u. V.=Bl. S. 123.)

§ 1. Die Verbringung einer Leiche vom Sterbeorte nach einem anderen als dem ordnungsmäßigen Orte der Beerdigung darf nur auf Grund einer von der zuständigen Behörde nach anliegendem Formular ausgestellten schriftlichen Bewilligung (Leichenpaß) erfolgen.

Zuständig zur Ausstellung des Leichenpasses ist in Bayern, vorbehaltlich der unten folgenden Bestimmung in § 10 Abs. 2, die Districtspolizeibehörde bezw. der exponirte Bezirksamtsassessor, in deren Bezirk der Sterbeort liegt.

Bei Leichentransporten, welche aus einem anderen deutschen Bundesstaate kommen, ist ein Leichenpaß derjenigen Behörde erforderlich, welche nach den dortigen Bestimmungen zur Ausstellung zuständig ist.

Für Leichentransporte, welche aus dem Auslande kommen, kann, soweit nicht Vereinbarungen über die Anerkennung der von ausländischen Behörden ausgestellten Leichenpässe bestehen, die Ausstellung des Leichenpasses durch diejenige zur Ausstellung von Leichenpässen befugte inländische (deutsche) Behörde erfolgen, in deren Bezirk der Transport im Reichsgebiete beginnt. Auch können die Konsuln und diplomatischen Vertreter des Reiches vom Reichskanzler zur Ausstellung der Leichenpässe ermächtigt werden.

Die hiernach zur Ausstellung der Leichenpässe zuständigen Behörden werden vom Reichskanzler öffentlich bekannt gegeben werden.

§ 7. Die vorstehenden Bestimmungen haben sinngemäße Anwendung zu finden, wenn bereits beerdigte Leichen wieder ausgegraben und an einen anderen Ort überführt werden sollen. Die Ausstellung des Leichenpasses steht in solchen Fällen derjenigen Behörde (Districtspolizeibehörde, exponirter Bezirksamtsassessor) zu, in deren Bezirk der seitherige Bestattungsort liegt.

§ 11. Bei Ausstellung von Leichenpässen für Leichentransporte nach dem Auslande sind außer den vorstehenden Bestimmungen auch die von dem Deutschen Reiche mit ausländischen Regierungen hinsichtlich der Leichentransporte abgeschlossenen Vereinbarungen, deren Bekanntmachung vorbehalten bleibt, zu beachten. Soll der Transport einer Leiche in oder durch das Gebiet eines Staates erfolgen, mit welchem ein Uebereinkommen dieser Art nicht abgeschlossen ist, so darf der Leichenpaß nur unter der Voraussetzung ertheilt werden, daß Derjenige, welcher um die Erlaubniß zur Verbringung der Leiche ins Ausland nachsucht, die Zustimmung der betreffenden Regierung, in oder durch deren Gebiet der Transport stattfinden soll, sofort übergibt.

Anmerkung. Strafbestimmung: Art. 61 Ziff. 1 des Polizeistrafgesetzbuches.

3. Bekanntmachung der k. Staatsministerien der Justiz und des Innern vom 3. Oktober 1879, das Verfahren und die Zuständigkeit bei Auffindung von Leichen betreffend. (Min.=Amtsbl. S. 537.)

I. Bei Auffindung einer Leiche hat die Ortspolizeibehörde ungesäumt für die Bewachung oder sichere Unterbringung des Leichnams Sorge zu tragen und darauf Bedacht zu nehmen, daß die vorhandenen Spuren, welche zur Erforschung der Todesursache dienen können, ungeändert erhalten bleiben. Gleichzeitig hat die Ortspolizeibehörde von der stattgefundenen Auffindung unter Darlegung der in Erfahrung gebrachten Umstände nach Maßgabe der nachstehenden Bestimmungen an die zuständige Behörde schriftliche Anzeige zu erstatten.

II. Diese Anzeige ist:

1. wenn der Leichnam eines Unbekannten gefunden wird oder Anhaltspunkte dafür vorliegen, daß der Verlebte eines nicht natürlichen Todes gestorben ist, — sei es, daß der Tod durch eine strafbare Handlung eines Dritten oder durch Selbstmord oder sonst durch äußere Einwirkung herbeigeführt wurde, an den Staatsanwalt am Landgerichte, oder wenn die Anzeige erheblich schneller an den Sitz des Amtsgerichtes gelangen kann, an den Amtsrichter des Bezirkes,
2. wenn der Leichnam einer bekannten Person gefunden wird und kein Zweifel darüber besteht, daß dieselbe eines natürlichen Todes gestorben sei, an die Districtspolizeibehörde zu übersenden.

4. Kgl. Verordnung vom 14. Oktober 1862, die Errichtung und Benützung von Grüften und sonstigen Begräbnißstätten außer den öffentlichen Kirchhöfen betreffend. (Reg.-Bl. S. 2311.)

§ 1. Die Errichtung von neuen Grüften innerhalb der Klöster- oder Institutsmauern Seitens der Mönchs- und Nonnenklöster, dann der Institute der englischen Fräulein und die Anlegung neuer Familien-Grüfte in Kirchen ist von der Genehmigung des Staatsministeriums des Innern für Kirchen- und Schul-Angelegenheiten abhängig.

§ 2. Die Anlegung von Grüften, welche nicht unter den § 1 fallen, sowie die Herstellung anderweitiger besonderer Begräbnißstätten und die Benützung bereits vorhandener Familiengrüfte in Kirchen darf vorbehaltlich der für die Pfalz geltenden Bestimmungen nur mit Genehmigung der einschlägigen Kreisregierung, K. d. J., erfolgen.

§ 3. Eine polizeiliche Bewilligung ist nicht erforderlich:

1) zur Bestattung der Erzbischöfe und Bischöfe in ihren Cathedralen oder den dazu gehörigen Grüften oder Kreuzgängen;
2) zur Bestattung von Mitgliedern der sämmtlichen im Königreiche befindlichen Mönchs- und Nonnenklöster, dann der Institute der englischen Fräulein in den bereits vorhandenen Kloster- beziehungsweise Instituts-Grüften oder auf den innerhalb der Kloster- oder Instituts-Mauern hergestellten Begräbnißstätten.

Anmerkung. Strafbestimmung: Art. 61 Ziff. 2 des Polizeistrafgesetzbuches.

E. Viehseuchen.

1. Reichsgesetz vom 21. Mai 1878, betreffend Zuwiderhandlungen gegen die zur Abwehr der Rinderpest erlassenen Vieheinfuhrverbote. (Reichs-Ges.-Bl. S. 95.)

§ 1. Wer den auf Grund des Gesetzes vom 7. April 1869 (Bundes-Gesetzbl. S. 105) zur Verhütung der Einschleppung der Rinderpest erlassenen Beschränkungen oder Verboten der Einfuhr lebender Wiederkäuer vorsätzlich zuwiderhandelt, wird mit Gefängniß von Einem Monat bis zu zwei Jahren bestraft.

Der Versuch ist strafbar.

§ 2. Wird die Zuwiderhandlung in der Absicht begangen, sich oder einem Anderen einen Vermögensvortheil zu verschaffen oder einem Anderen Schaden zuzufügen, so tritt Zuchthausstrafe bis zu fünf Jahren oder Gefängniß nicht unter sechs Monaten ein.

§ 3. Wer den im § 1 bezeichneten Beschränkungen oder Verboten aus Fahrlässigkeit zuwiderhandelt, wird mit Geldstrafe bis zu sechshundert Mark oder mit Gefängniß bis zu drei Monaten bestraft.

Bei Personen, welche nicht weiter als fünfzehn Kilometer von der Grenze entfernt ihren Wohnsitz oder gewöhnlichen Aufenthalt haben, ingleichen bei Personen, welche mit den durch die Beschränkungen oder Verbote betroffenen Thieren gewerbsmäßig Handel treiben, insbesondere Fleischern und Viehhändlern, sowie den Gehilfen dieser Personen, ist die Unkenntniß dieser Beschränkungen oder Verbote als durch Fahrlässigkeit verschuldet anzunehmen, wenn sie nicht den Nachweis führen, daß sie ohne ihr Verschulden durch besondere Umstände verhindert waren, von denselben Kenntniß zu erlangen.

§ 4. Ist in Folge der Zuwiderhandlung Vieh von der Seuche ergriffen worden, so ist

in dem Falle des § 1 auf Gefängniß nicht unter drei Monaten,

in dem Falle des § 2 auf Zuchthaus bis zu zehn Jahren oder Gefängniß nicht unter Einem Jahre,

in dem Falle des § 3 auf Geldstrafe bis zu zweitausend Mark oder auf Gefängniß bis zu Einem Jahre,

zu erkennen.

2. Reichsgesetz vom 23. Juni 1880 / 1. Mai 1894, betreffend die Abwehr und Unterdrückung von Viehseuchen. (Reichs-Ges.-Bl. 1894, S. 410.)

§ 1. Das nachstehende Gesetz regelt das Verfahren zur Abwehr und Unterdrückung übertragbarer Seuchen der Hausthiere, mit Ausnahme der Rinderpest.

Als verdächtige Thiere gelten im Sinne dieses Gesetzes:

Thiere, an welchen sich Erscheinungen zeigen, die den Ausbruch einer übertragbaren Seuche befürchten lassen (der Seuche verdächtige Thiere);

Thiere, an welchen sich solche Erscheinungen zwar nicht zeigen, rücksichtlich deren jedoch die Vermuthung vorliegt, daß sie den Ansteckungsstoff aufgenommen haben (der Ansteckung verdächtige Thiere).

§ 3. Rücksichtlich der Pferde und Proviantthiere, welche der Militärverwaltung angehören, bleiben die Maßregeln zur Ermittelung und Unterdrückung von Seuchen, soweit davon nur das Eigenthum dieser Verwaltung betroffen wird, den Militärbehörden überlassen.

Dieselben Befugnisse können den Vorständen der militärischen Remontedepots auch rücksichtlich der dazu gehörigen Rindvieh- und Schafbestände, sowie den Vorständen der landesherrlichen und Staatsgestüte rücksichtlich der in diesen Gestüten aufgestellten Pferde von den Landesregierungen übertragen werden.

In den beiden Fällen (Absatz 1 und 2) finden die ferneren Bestimmungen dieses Gesetzes sinngemäße Anwendung.

I. Abwehr der Einschleppung aus dem Auslande.

§ 6. Die Einfuhr von Thieren, welche an einer übertragbaren Seuche leiden, ist verboten.

§ 7. Wenn in dem Auslande eine übertragbare Seuche der Hausthiere in einem für den inländischen Viehbestand bedrohlichen Umfange herrscht oder ausbricht, so kann

1. die Einfuhr lebender oder todter Thiere aus dem von der Seuche heimgesuchten Auslande allgemein oder für bestimmte Grenzstrecken verboten oder solchen Beschränkungen unterworfen werden, welche die Gefahr einer Einschleppung ausschließen oder vermindern;
2. der Verkehr mit Thieren im Grenzbezirk solchen Bestimmungen unterworfen werden, welche geeignet sind, im Falle der Einschleppung einer Weiterverbreitung der Seuche vorzubeugen.

Die Einfuhr- und Verkehrsbeschränkungen sind, soweit erforderlich, auch auf die Einfuhr von thierischen Rohstoffen und von allen solchen Gegenständen auszudehnen, welche Träger des Ansteckungsstoffes sein können.

§ 8. Gewinnt die Seuche in einem Nachbarlande eine bedrohliche Ausdehnung, so kann für die Grenzbezirke eine Revision des vorhandenen Viehbestandes und eine regelmäßige Kontrole über den Ab- und Zugang der durch die Seuche gefährdeten Thiere angeordnet werden.

II. Unterdrückung der Viehseuchen im Inlande.

1. Allgemeine Vorschriften.

§ 9. Der Besitzer von Hausthieren ist verpflichtet, von dem Ausbruch einer der im § 10 angeführten Seuchen unter seinem Viehstande und von allen verdächtigen Erscheinungen bei demselben, welche den Ausbruch einer solchen Krankheit befürchten lassen, sofort der Polizeibehörde Anzeige zu machen, auch das Thier von Orten, an welchen die Gefahr der Ansteckung fremder Thiere besteht, fern zu halten.

Die gleichen Pflichten liegen Demjenigen ob, welcher in Vertretung des Besitzers der Wirthschaft vorsteht, ferner bezüglich der auf dem Transporte befindlichen Thiere dem Begleiter derselben und bezüglich der in fremdem Gewahrsam befindlichen Thiere dem Besitzer der betreffenden Gehöfte, Stallungen, Koppeln oder Weiden.

Zur sofortigen Anzeige sind auch die Thierärzte und alle diejenigen Personen verpflichtet, welche sich gewerbsmäßig mit der Ausübung der Thierheilkunde beschäftigen, ingleichen die Fleischbeschauer, sowie diejenigen, welche gewerbsmäßig mit der Beseitigung, Verwerthung oder Bearbeitung thierischer Kadaver oder thierischer Bestandtheile sich beschäftigen, wenn sie, bevor ein polizeiliches Einschreiten stattgefunden hat, von dem Ausbruch einer der nachbenannten Seuchen oder von Erscheinungen unter dem Viehstande, welche den Verdacht eines Seuchenausbruchs begründen, Kenntniß erhalten.

§ 10. Die Seuchen, auf welche sich die Anzeigepflicht (§ 9) erstreckt, sind folgende:

1. der Milzbrand;
2. die Tollwuth;
3. der Rotz (Wurm) der Pferde, Esel, Maulthiere und Maulesel;
4. die Maul- und Klauenseuche des Rindviehs, der Schafe, Ziegen und Schweine;
5. die Lungenseuche des Rindviehs;
6. die Pockenseuche der Schafe;
7. die Beschälseuche der Pferde und der Bläschenausschlag der Pferde und des Rindviehs;
8. die Räude der Pferde, Esel, Maulthiere, Maulesel und der Schafe.

Der Reichskanzler ist befugt, die Anzeigepflicht vorübergehend auch für andere Seuchen einzuführen.

§ 12. Die Polizeibehörde hat auf die erfolgte Anzeige (§§ 9 und 10) oder wenn sie auf irgend einem anderen Wege von dem Ausbruch einer Seuche oder dem Verdachte eines Seuchenausbruchs Kenntniß erhalten hat, sofort den beamteten Thierarzt behufs sachverständiger Ermittelung des Seuchenausbruchs zuzuziehen (vergl. jedoch § 15). Der Thierarzt hat die Art, den Stand und die Ursachen der Krankheit zu erheben und sein Gutachten darüber abzugeben, ob durch den Befund der Ausbruch der Seuche festgestellt oder der Verdacht eines Seuchenausbruchs begründet ist.

In eiligen Fällen kann derselbe schon vor polizeilichem Einschreiten die sofortige vorläufige Einsperrung und Absonderung der erkrankten und verdächtigen Thiere, nöthigenfalls auch die Bewachung derselben anordnen. Die getroffenen vorläufigen Anordnungen sind dem Besitzer der Thiere oder dessen Vertreter entweder zu Protokoll oder durch schriftliche Verfügung zu eröffnen, auch ist davon der Polizeibehörde sofort Anzeige zu machen.

Auf Ersuchen des Thierarztes hat der Vorsteher des Seuchenortes die vorläufige Bewachung der erkrankten Thiere zu veranlassen.

§ 17. Alle Vieh- und Pferdemärkte sowie auch öffentliche Schlachthäuser sollen durch beamtete Thierärzte beaufsichtigt werden. Dieselbe Maßregel kann auch auf die von Unternehmern behufs öffentlichen Verkaufs in öffentlichen oder privaten Räumlichkeiten zusammengebrachten Viehbestände, auf die zu Zuchtzwecken öffentlich aufgestellten männlichen Zuchtthiere, auf öffentliche Thierschauen und auf die durch obrigkeitliche Anordnung veranlaßten Zusammenziehungen von Pferde- und Viehbeständen, sowie auf Gastställe, private Schlachthäuser und Ställe von Viehhändlern ausgedehnt werden. Der Thierarzt ist verpflichtet, alle von ihm auf dem Markte oder unter den vorbezeichneten Pferde- und Viehbeständen beobachteten Fälle übertragbarer Seuchen oder seuchenverdächtiger Erscheinungen sogleich zur Kenntniß der Polizeibehörde zu bringen und nach sofortiger Untersuchung des Falles die Anordnung der erforderlichen polizeilichen Schutzmaßregeln zu beantragen.

Liegt Gefahr im Verzuge, so ist der Thierarzt befugt, schon vor polizeilichem Einschreiten die Absonderung und Bewachung der erkrankten und der verdächtigen Thiere anzuordnen.

§ 18. Im Falle der Seuchengefahr und für die Dauer derselben können, vorbehaltlich der in diesem Gesetze rücksichtlich einzelner Seuchen ertheilten besonderen Vorschriften, je nach Lage des Falles und nach der Größe der Gefahr, unter Berücksichtigung der betheiligten Verkehrsinteressen die nachfolgenden Schutzmaßregeln (§§ 19 bis 29) polizeilich angeordnet werden.

Beschwerden des Besitzers über die von der Polizeibehörde angeordneten Schutzmaßregeln haben keine aufschiebende Wirkung.

2. Besondere Vorschriften für einzelne Seuchen.

§ 31. Thiere, welche am Milzbrande erkrankt oder dieser Seuche verdächtig sind, dürfen nicht geschlachtet werden.

§ 32. Die Vornahme blutiger Operationen an milzbrandkranken oder der Seuche verdächtigen Thieren ist nur approbirten Thierärzten gestattet.

Eine Oeffnung des Kadavers darf ohne polizeiliche Erlaubniß nur von approbirten Thierärzten vorgenommen werden.

§ 33. Die Kadaver gefallener oder getödteter milzbrandkranker oder der Seuche verdächtiger Thiere müssen sofort unschädlich beseitigt werden.

Die Abhäutung derselben ist verboten.

Die gleichen Vorschriften finden beim Ausbruch des Milzbrandes unter Wildständen auf die Kadaver des gefallenen oder getödteten Wildes Anwendung.

§ 34. Hunde oder sonstige Hausthiere, welche der Tollwuth verdächtig sind, müssen von dem Besitzer oder demjenigen, unter dessen Aufsicht sie stehen, sofort getödtet oder bis zu polizeilichem Einschreiten in einem sicheren Behältnisse eingesperrt werden.

§ 35. Vor polizeilichem Einschreiten dürfen bei wuthkranken oder der Seuche verdächtigen Thieren keinerlei Heilversuche angestellt werden.

§ 36. Das Schlachten wuthkranker oder der Seuche verdächtiger Thiere und jeder Verkauf oder Verbrauch einzelner Theile, der Milch oder sonstiger Erzeugnisse derselben ist verboten.

§ 39. Die Kadaver der gefallenen oder getödteten wuthkranken oder der Seuche verdächtigen Thiere müssen sofort unschädlich beseitigt werden.

Das Abhäuten derselben ist verboten.

§ 43. Die Kadaver gefallener oder getödteter rotzkranker Thiere müssen sofort unschädlich beseitigt werden.

Das Abhäuten derselben ist verboten.

§ 50. Pferde, welche an der Beschälseuche, und Pferde oder Rindviehstücke, welche an dem Bläschenausschlage der Geschlechtstheile leiden, dürfen von dem Besitzer solange nicht zur Begattung zugelassen werden, als nicht durch den beamteten Thierarzt die vollständige Heilung und Unverdächtigkeit der Thiere festgestellt ist.

III. Strafvorschriften.

§ 65. Mit Geldstrafe von zehn bis einhundertfünfzig Mark oder mit Haft nicht unter einer Woche wird, sofern nicht nach den bestehenden gesetzlichen Bestimmungen eine höhere Strafe verwirkt ist, bestraft:

1. wer der Vorschrift des § 6 zuwider Thiere einführt, welche an einer übertragbaren Seuche leiden.
   Neben der Strafe ist auf Einziehung der verbotswidrig eingeführten Thiere zu erkennen, ohne Unterschied, ob sie dem Verurtheilten gehören oder nicht;
2. wer der Vorschrift der §§ 9 und 10 zuwider die Anzeige vom Ausbruch der Seuche oder vom Seuchenverdacht unterläßt, oder länger als 24 Stunden nach erhaltener Kenntniß verzögert, oder es unterläßt, die verdächtigen Thiere von Orten, an welchen die Gefahr der Ansteckung fremder Thiere besteht, fern zu halten;
3. wer den Vorschriften der §§ 31 bis 33 zuwider an Milzbrand erkrankte, oder der Krankheit verdächtige Thiere schlachtet, blutige Operationen an denselben vornimmt, oder die Kadaver derselben abhäutet oder vorschriftswidrig eine Oeffnung derselben vornimmt, oder es unterläßt, dieselben sofort unschädlich zu beseitigen;
4. wer den zum Schutze gegen die Tollwuth der Hausthiere in den §§ 34, 35, 36 und 39 ertheilten Vorschriften zuwiderhandelt;
5. wer den Vorschriften im § 43 zuwider die Kadaver gefallener oder getödteter rotzkranker Thiere abhäutet, oder nicht sofort unschädlich beseitigt;
6. wer außer dem Falle polizeilicher Anordnung die Pockenimpfung eines Schafes vornimmt;
7. wer gegen die Vorschrift des § 50 Pferde, welche an der Beschälseuche, Pferde oder Viehstücke, welche an dem Bläschenausschlage der Geschlechtstheile leiden, zur Begattung zuläßt.

§ 66. Mit Geldstrafe bis zu einhundertfünfzig Mark oder mit Haft wird, sofern nicht nach den bestehenden gesetzlichen Bestimmungen eine höhere Strafe verwirkt ist, bestraft:

1. wer den auf Grund des § 7 dieses Gesetzes angeordneten Einfuhrbeschränkungen zuwiderhandelt.
   Neben der Strafe ist auf Einziehung der verbotswidrig eingeführten Thiere oder Gegenstände zu erkennen, ohne Unterschied, ob sie dem Verurtheilten gehören oder nicht;

2. wer den auf Grund des § 8 dieses Gesetzes polizeilich angeordneten Kontrolmaßregeln zuwiderhandelt;
3. wer den in den Fällen des § 12 Abs. 2 und des § 17 Abs. 2 von dem Thierarzte getroffenen vorläufigen Anordnungen zuwiderhandelt;
4. wer den im Falle der Seuchengefahr polizeilich angeordneten Schutzmaßregeln (§§ 19 bis 28, 38, 44a, 51) zuwiderhandelt.

Anmerkung. Gemäß Vollzugsverordnung vom 23. März 1881, Ges.- u. V.-Bl. S. 129, ist die in § 9 des Reichsgesetzes vorgeschriebene Anzeige von dem Ausbruche einer Seuche oder von seuchenverdächtigen Erscheinungen an die Ortspolizeibehörde zu richten.

3. Bekanntmachung der Staatsministerien des Innern und der Finanzen, den Vollzug des Reichsgesetzes über die Abwehr und Unterdrückung von Viehseuchen betreffend vom 24. März 1881.
(Ges.- u. V.-Bl. S. 134.)

8) Auf Grund des § 17 des Reichsgesetzes wird bestimmt:

Die zu Zuchtzwecken öffentlich aufgestellten Hengste sind von dem beamteten Thierarzte des betreffenden Bezirkes zu beaufsichtigen und von den Besitzern unmittelbar vor Beginn der Deckzeit und sodann während derselben in Zwischenräumen von vierzehn Tagen, vom Tage der letzten Visitation an gerechnet, der Untersuchung des zuständigen beamteten Thierarztes zu unterstellen.

Werden solche Zuchthengste im Umherziehen in mehreren Bezirken verwendet, so unterliegen sie gleicher Beaufsichtigung und Untersuchung des beamteten Thierarztes desjenigen Bezirkes, in welchem sie sich jeweils befinden.

Ueber die Vornahme der Untersuchung wird von dem beamteten Thierarzte dem Hengstbesitzer eine Bescheinigung ausgestellt, welche dieser bei dem Betriebe des Beschälgeschäftes stets mit sich zu führen hat.

4. Bekanntmachung des Staatsministeriums des Innern, Maßregel gegen die Maul- und Klauenseuche betreffend, vom 14. Februar 1890. (Ges.- u. V.-Bl. S. 101.)

Bei dem Handel mit Schweinen im Umherziehen müssen die Führer oder Treiber der Schweine mit einem thierärztlichen Zeugnisse über den seuchefreien Zustand der Thiere versehen sein.

Der Ausstellung des Zeugnisses hat eine gründliche Untersuchung jedes einzelnen Thieres vorauszugehen.

Im Zeugnisse müssen Zahl und Rasse, sowie annähernd das Alter der Thiere angegeben und muß ausdrücklich bemerkt sein, daß die vorgeschriebene Untersuchung stattgefunden hat.

Das Zeugniß, welches auf Verlangen den polizeilichen Organen vorzuzeigen ist, hat nur eine Giltigkeit von 5 Tagen und muß nach Ablauf dieser Frist erneuert werden.

Anmerkung. Strafbestimmung: § 328 des Reichsstrafgesetzbuches bezw. § 66 Ziff. 4 des Viehseuchengesetzes.

5. Bekanntmachung des Staatsministeriums des Innern vom 3. November 1896, Maßregeln gegen Verbreitung der Maul- und Klauenseuche durch wandernde Schafheerden betreffend.

(Ges.- u. V.-Bl. S. 623.)

§ 1. Als wandernde Schafheerde (Wanderschafheerde) gilt jede Heerde, welche zum Zwecke des Weidegangs nach einem entfernteren Standorte von Gemeinde zu Gemeinde durchgetrieben wird.

Die Thiere einer Wanderschafheerde müssen mit einem von dem Besitzer zu wählenden, deutlich sichtbaren, gleichmäßigen Zeichen versehen sein, so daß sich daraus die Zugehörigkeit eines jeden Thieres zur bezüglichen Heerde unzweifelhaft erkennen läßt.

Eine solche Wanderheerde hat der Besitzer vor Verlassen ihres regelmäßigen Standortes durch einen approbirten Thierarzt untersuchen zu lassen. Der Thierarzt hat, falls die Heerde frei von Räude und Maul- und Klauenseuche befunden wird, einen Gesundheitsschein auszustellen.

§ 2. Auf Grund des Gesundheitsscheines (§ 1 Abs. 3) ist von der Ortspolizeibehörde des Abgangsortes die Ausstellung eines Wanderscheines zu bethätigen.

Wenn bei der thierärztlichen Untersuchung (§ 1 Abs. 3) auch nur ein Schaf seuchekrank befunden wurde, so ist die Heerde als verseucht anzusehen und darf für sie ein Wanderschein nicht ausgestellt werden.

§ 3. Liegt der Abgangsort der Schafheerde nicht in Bayern, so hat der Führer beim Ueberschreiten der Landesgrenze in der zuerst betretenen bayerischen Gemeinde die gemäß §§ 1 und 2 erforderliche Untersuchung und Bescheinigung zu erwirken.

Im Falle des § 2 Abs. 2 ist die Weiterbeförderung zu verbieten und nach den bestehenden seuchenpolizeilichen Vorschriften zu verfahren.

§ 4. Ohne Wanderschein (§ 2 Abs. 1) darf die Wanderung nicht stattfinden. Ist unterwegs eine Abweichung von dem in dem Wanderscheine angegebenen Wege geboten, so hat der Führer zuvor bei der Ortspolizeibehörde des jeweiligen Aufenthaltes die Berichtigung des Wanderscheines zu erwirken.

Ortschaften, in denen die Maul- und Klauenseuche herrscht, dürfen bei der Wanderung nicht berührt werden.

§ 5. Jede während der Wanderung vorkommende Veränderung im Bestande der Wanderheerde, mit Ausschluß des Zugangs an Lämmern während der Lammzeit, ist binnen drei Tagen der Ortspolizeibehörde des jeweiligen Aufenthaltes unter Vorlegung des Wanderscheines von dem Führer anzuzeigen. Die Ortspolizeibehörde hat jeden Abgang auf dem Wanderscheine zu vermerken, für den Zugang jedoch unter Beobachtung der in den §§ 1 und 2 vorgeschriebenen Bestimmungen einen besonderen Wanderschein auszustellen.

§ 6. Gesundheitszeugniß und Wanderschein sind auf amtliches Verlangen vorzuzeigen. Ein Führer, welcher ohne Gesundheitszeugniß und Wanderschein betroffen wird, ist polizeilich anzuhalten und sind die Schafe so lange unter Aufsicht im Stall oder an einem sonstigen abgesonderten Standort zu halten, bis die fehlenden Schriftstücke beigebracht sind.

§ 7. Die Dauer der Giltigkeit der Gesundheitszeugnisse beträgt acht Tage. Läuft diese Frist während der Wanderung ab, so muß, damit die Zeugnisse weitere acht Tage gelten, die Heerde von einem approbirten Thierarzte neuerdings untersucht werden und ist von diesem der Befund auf dem Zeugnisse zu vermerken.

§ 8. Ist das Ziel der Wanderung erreicht, so hat der Führer oder der Schafbesitzer sofort der Ortspolizeibehörde des neuen Standortes Anzeige hievon zu erstatten.

Sobald die Ortspolizeibehörde durch die vorgeschriebene Anzeige oder auf anderem Wege von dem Eintriebe der Wanderschafheerde in die Feldmark Kenntniß erlangt, hat dieselbe unverzüglich die Untersuchung der Heerde durch einen approbirten Thierarzt zu veranlassen.

Wird durch den Befund des Thierarztes der Ausbruch der Maul- und Klauenseuche oder der Räude, oder der Verdacht eines solchen Seuchenausbruches festgestellt, so ist nach den bestehenden Vorschriften zu verfahren.

§ 9. Für Schafheerden, welche nicht unter die Wanderheerden im Sinne des § 1 fallen, und von Gemeinde zu Gemeinde nach anderen Plätzen, z. B. auf Märkte, an Verladeorte, zu einem neuen Besitzer getrieben werden, ist ein Wanderschein von der Ortspolizeihörde des seitherigen Standortes zu erholen und bis zum Bestimmungsorte mitzuführen.

Für solche Heerden ist die Beibringung eines Gesundheitszeugnisses (§ 1 Abs. 3) nur dann vorgeschrieben, wenn in dem Gemeindebezirk des Standortes der Heerde oder in den angrenzenden Gemeinden der Ausbruch der Maul- und Klauenseuche festgestellt und amtlich bekannt gemacht ist.

§ 11. Vorstehende Bestimmungen, durch welche die besonderen Vorschriften bezüglich der Einfuhr von Schafen aus Italien, Oesterreich-Ungarn und der Schweiz unberührt bleiben, treten mit dem 1. Dezember 1896 in Wirksamkeit.

Zuwiderhandlungen unterliegen der Strafbestimmung des § 66 Ziff. 4 des Reichs-Viehseuchengesetzes bezw. des § 328 des Strafgesetzbuches für das Deutsche Reich.

Dritter Abschnitt.

Erwerbswesen.

A. Landwirthschaft.

1. Reichsgesetz, betreffend die Abwehr und Unterdrückung der Reblauskrankheit vom 3. Juli 1883. (Reichs-Ges.-Bl. S. 149.)

§ 4. In den Weinbaugebieten des Reiches werden alle Gemarkungen (Ortsfluren), in welchen Weinbau betrieben wird, bestimmten Weinbaubezirken zugetheilt. Die Grenzen dieser Bezirke werden von den betheiligten Landesregierungen festgesetzt und durch den Reichskanzler im Centralblatt für das Deutsche Reich bekannt gemacht.

Die Versendung und die Einführung bewurzelter Reben in einen Weinbaubezirk ist untersagt.

Für den Verkehr zwischen den einzelnen Weinbaubezirken können mit Zustimmung des Reichskanzlers Ausnahmen von diesem Verbote von den Landes-Centralbehörden zugelassen werden; auch können die höheren Verwaltungsbehörden der einzelnen Bundesstaaten Ausnahmen zu Gunsten desjenigen gestatten, welcher Rebpflanzungen in benachbarten Weinbaubezirken besitzt.

Innerhalb des einzelnen Weinbaubezirkes ist der Verkehr mit bewurzelten Reben aus Rebschulen verboten, in welchen andere als in diesem Bezirke übliche Rebsorten gezogen werden oder innerhalb der letzten drei Jahre gezogen worden sind.

Weinbau im Sinne dieses Gesetzes ist die Pflanzung und Pflege der Rebe zum Zwecke der Weinbereitung.

§ 8. Der Eigenthümer oder Nutzungsberechtigte eines Grundstückes, auf welchem die Reblaus auftritt oder Anzeichen für das Vorhandensein des Insektes sich finden, ist verpflichtet, hievon der Ortspolizeibehörde unverzüglich Anzeige zu machen.

§ 12. Zuwiderhandlungen gegen die Vorschriften der §§ 4 und 8 dieses Gesetzes, gegen die auf Grund desselben erlassenen Anordnungen oder gegen die zur Verhütung der Verbreitung der Reblauskrankheit erlassenen Einfuhr- und Ausfuhrverbote werden mit Geldstrafe bis zu einhundertfünfzig Mark oder mit Haft bestraft.

2. Gesetz, die Flurbereinigung betreffend, vom 29. Mai 1886.
(Ges.- u. V.-Bl. S. 271.)

Art. 42. Wer geometrische Signale oder Aussteckungspfähle, welche zur Ausführung einer Flurbereinigung durch den Flurbereinigungs-Ausschuß oder den beauftragten Geometer aufgestellt wurden, beschädigt oder ohne Genehmigung des Vorsitzenden des Ausschusses beziehungsweise des Geometers vom Platze entfernt, wird an Geld bis zu einhundertfünfzig Mark oder mit Haft bestraft.

3. Gesetz, die Haltung und Körung der Zuchtstiere betreffend, vom 5. April 1888. (Ges.- u. V.-Bl. S. 235.)

Art. 8. Zur Bedeckung fremder Kühe und Kalbinnen dürfen nur solche Zuchtstiere verwendet werden, welche nach vorheriger Prüfung (Körung) durch den Körausschuß als zur Zucht tauglich anerkannt (angekört) worden sind.

Ausnahmsweise dürfen jedoch noch nicht angekörte Zuchtstiere, welche von Genossenschaften oder von der Gesammtheit der Viehbesitzer einer Gemeinde oder Ortschaft aufgestellt werden, in Nothfällen von dem Zeitpunkte an, in welchem die Körung bei dem Vorstande des Körausschusses beantragt wurde, bis zur Vornahme der Körung zur Bedeckung fremder Kühe und Kalbinnen verwendet werden.

Nicht angekörte Zuchtstiere dürfen mit fremden Kühen und Kalbinnen nicht auf gemeinsame Weide getrieben werden.

Art. 13. Zuwiderhandlungen gegen die Bestimmungen des Art. 8 unterliegen einer Geldstrafe bis zu dreißig Mark.

4. Gesetz, die Körordnung betreffend, vom 26. März 1881.
(Ges.- u. V.-Bl. S. 166.)

Art. 1. Ein in Privatbesitz befindlicher Hengst darf zur Bedeckung von Stuten, welche dem Hengstbesitzer nicht gehören, nur dann verwendet werden, wenn er vorher durch den Körausschuß untersucht und durch ein Zeugniß desselben (Körschein) als zur Zucht tauglich anerkannt worden ist.

Art. 4. Alle übrigen Bestimmungen in Bezug auf die Körung, die Deckzeit, die Deckplätze und die Führung des Deckregisters werden im Verordnungswege erlassen.

Art. 5. Wer einen Hengst den Vorschriften des Art. 1 zuwider verwendet oder verwenden läßt, wird wegen Uebertretung mit einer Geldstrafe bis zu neunzig Mark bestraft.

Uebertretungen der nach Art. 4 zu erlassenden Verordnungen unterliegen einer Geldstrafe bis zu dreißig Mark.

5. Kgl. Verordnung vom 8. Juni 1890, das Gestütswesen betreffend. (Ges.- u. V.-Bl. S. 425.)

§ 50. Die Deckzeit dauert vom 1. Februar bis 15. Juli. Außer der Deckzeit ist das Belegen verboten.

§ 51. Nach Artikel 111 Absatz II des Polizeistrafgesetzbuches ist es untersagt, innerhalb einer Ortschaft das Belegen von Pferden auf öffentlichen Plätzen oder Straßen vornehmen zu lassen.

Außerdem obliegt es sowohl den Hengst- wie den Stutenbesitzern, die Deckungen nur in geschlossenen Räumen, welche mit einer den Anblick des Beschälbetriebes verhindernden Umfassung versehen sind, vornehmen zu lassen.

§ 55. Das Umherziehen mit Zuchthengsten zur Deckung von Stuten (der Gauritt) wird hiemit auf Grund des § 56b Abs. 3 der deutschen Gewerbeordnung untersagt.

§ 56. Ausnahmsweise kann Hengstbesitzern auf Ansuchen der Gauritt in bestimmt bezeichneten Bezirken gestattet werden, wenn dies dort wegen Mangels oder zu großer Entfernung von Beschälstationen oder Beschälplatten als nothwendig erscheint und der Hengst für das Stutenmaterial des betreffenden Deckbezirkes passend befunden wird.

§ 58. Wird der Wandergewerbeschein ausgestellt, so ist derselbe auf die Deckzeit (1. Februar bis 15. Juli) des betreffenden Kalenderjahres zu beschränken und hat die Bezeichnung des zu benützenden angekörten Hengstes sowie des Bezirkes, für welchen der Gauritt gestattet wird, zu enthalten.

§ 59. Wenn Hengste im Gauritt verwendet werden, so müssen die Hengstführer die Körscheine stets bei sich haben und auf Verlangen den betheiligten Stutenbesitzern und den zur Kontrole berechtigten Personen vorzeigen. Berechtigt zur Kontrole sind außer den Polizeiorganen auch sämmtliche Gestütsbeamte und Gestütsaufseher.

§ 63. Wer den Gauritt den vorstehenden Vorschriften zuwider betreibt, unterliegt den einschlägigen Strafbestimmungen der Gewerbeordnung.

B. Forstwirthschaft.

1. Forstgesetz vom 28. März 1852 / 17. Juni 1896. (Ges.- u. V.-Bl. 1896 S. 325.

Dritte Abtheilung: Forstpolizeiliche Bestimmungen.

Art. 34. Gänzliche oder theilweise Rodungen (Ausstockungen) sind erlaubt, wenn

1. die auszustockende Fläche zu einer besseren Benützung, insbesondere für Feld-, Garten-, Wein- oder Wiesenbau, unzweifelhaft geeignet,
2. das Fortbestehen des Waldes nicht zum Schutze gegen Naturereignisse nothwendig ist, und
3. die Forstberechtigten in die Rodung eingewilligt haben.

Art. 35. Schutzwaldungen, deren Rodung nach Art. 34 Ziff. 2 unzulässig ist, sind die Waldungen:

1. auf Bergkuppen und Höhenzügen, an steilen Bergwänden, Gehängen und sogenannten Leiten;
2. auf Steingerölle des Hochgebirges, auf Hochlagen der Alpen und in allen Oertlichkeiten, wo die Bewaldung zur Verhütung von Bergstürzen und Lawinen dient, oder wo durch die Entfernung des Waldes den Sturmwinden Eingang verschafft würde;
3. in Ortslagen, wo von dem Bestehen des Waldes die Verhütung von Sandschollen oder die Erhaltung der Quellen oder Flußufer abhängig ist.

Art. 36. Das Vorhaben der Rodung ist dem Forstamte anzuzeigen, welches von dem Sachverhalte sogleich Kenntniß zu nehmen und den Befund, unter Beifügung des geeigneten Antrages, an die Forstpolizeibehörde zur weiteren Behandlung und Beschlußfassung zu übersenden hat.

Art. 37. Wer eine Waldung ausgerodet hat, ist verpflichtet, den gerodeten Boden der im Art. 34 Ziff. 1 erwähnten Benützung zuzuwenden.

Zur Ausführung der hienach erforderlichen Kulturen hat die Forstpolizeibehörde sogleich bei Genehmigung der Rodung eine angemessene Frist zu bestimmen.

Art. 39. In Schutzwaldungen ist der kahle Abtrieb oder eine diesem in der Wirkung gleichkommende Lichthauung nur mit forstpolizeilicher Genehmigung und unter den bei Ertheilung derselben festgesetzten Bedingungen zulässig.

Die Genehmigung kann an die Einhaltung von Bedingungen zum Schutze der Gebäude, Ortsfluren und angrenzenden Waldungen geknüpft werden.

Art. 41. Die der Holzzucht zugewendeten Grundstücke müssen stets in Holzbestand erhalten, und dürfen nicht abgeschwendet werden.

Unter Abschwendung soll jede den Wald ganz oder auf einem Theile seiner Fläche verwüstende, sein Fortbestehen unmittelbar gefährdende Handlung verstanden werden.

Art. 42. Waldblößen, welche nach der Verkündung des gegenwärtigen Gesetzes entstehen und kulturfähig sind, müssen aufgeforstet, und wo nach erfolgtem Holzschlage die natürliche Wiederbestockung unvollständig bleibt, muß nachgeholfen werden.

Art. 43. Die Weide in den Waldungen darf nur unter der Aufsicht eines Hirten oder Hüters ausgeübt werden.

Junghölzer, Schläge und Holzanflüge sind mit dem Eintreiben von Weidvieh insolange zu verschonen, bis die Beweidung ohne Schaden für den Nachwuchs geschehen kann.

Bei Fehmel- (plänterweisem) Waldbetriebe ist von der Forstpolizeibehörde die höchste Zahl des einzutreibenden Weideviehes zu bestimmen.

Die Weide nach Sonnen-Untergang und vor Sonnen-Aufgang (Nacht-Weide) ist verboten.

Art. 44. Die Alpenweide richtet sich nach den bestehenden Rechtsverhältnissen und Alpenordnungen.

Gleiches gilt hinsichtlich der Weide in jenen Waldungen, wo derartige Rechtsverhältnisse und Ordnungen bestehen.

Hinsichtlich der Erweiterung von Alpen-Aengern und Lichtungen kommen die Bestimmungen der Art. 34 bis 36 zur Anwendung.

Art. 45. Das Feuermachen in den Waldungen oder in einer Nähe derselben von 300 bayerischen Schuhen ($87,_6$ m) darf nur unter Beobachtung der zur Verhütung von Waldbränden nöthigen Vorsichtsmaßregeln geschehen.

Bei besonders trockener Witterung kann das Feuermachen von der Forstpolizeibehörde gänzlich verboten werden.

Wer Feuer anzündet, ist verbunden, dasselbe, ehe er sich entfernt, vollständig auszulöschen.

Die Vorschrift des Abs. 1 findet auch auf das Verkohlen von Holz Anwendung.

Art. 46. Zeigen sich Spuren schädlicher Insekten, so sind die Vertilgungs- und Sicherheitsmaßregeln, welche die Forstpolizeibehörde auf Antrag des Forstamtes anzuordnen hat, unweigerlich zu befolgen.

Vierte Abtheilung: Forstpolizeiübertretungen und Forstfrevel.

I. Allgemeine Bestimmungen.

Art. 48. Zuwiderhandlungen gegen die forstpolizeilichen Bestimmungen des gegenwärtigen Gesetzes, welche von dem Waldbesitzer oder von Personen, deren Handlungen derselbe nach Art. 69 zu vertreten hat, in seinem eigenen Walde begangen werden, sind als Forstpolizeiübertretungen nach Maßgabe der Art. 75 bis 78 zu bestrafen.

Art. 49. Alle durch das gegenwärtige Gesetz in den Art. 79 bis 105 bezeichneten Entwendungen, Beschädigungen, Zuwiderhandlungen gegen die forstpolizeilichen Bestimmungen und andere Gefährden, welche in fremdem Walde begangen werden, sind, ohne Rücksicht auf den Werth des entwendeten Gegenstandes und den Betrag des verursachten Schadens, als Forstfrevel zu betrachten, und nach Maßgabe obiger Artikel zu bestrafen.

Die Bestimmung des Absatzes 1 gilt insbesondere auch von Handlungen der bezeichneten Art, welche ein Forstberechtigter durch Ueberschreitung seiner Berechtigung oder bei Ausübung derselben begeht.

Wenn die Bewirthschaftung und wirthschaftliche Ausnützung eines Waldes ausschließlich dritten Personen zusteht, sind auch Handlungen der in den Art. 79—105 bezeichneten Art, welche der Eigenthümer des Grund und Bodens unter Verletzung jenes Rechtes vornimmt, als Forstfrevel nach den Bestimmungen der erwähnten Artikel zu bestrafen.

Art. 50. Die Forstpolizeiübertretungen, die Forstfrevel, sowie die auf Forstfrevel bezüglichen Zuwiderhandlungen gegen § 361 Ziff. 9 des Strafgesetzbuches für das Deutsche Reich bilden die Forstrügesachen.

Art. 59. Bei Forstfreveln ist es, vorbehaltlich der in den einzelnen Artikeln bezeichneten besonderen Strafschärfungsgründe, als allgemeiner Schärfungsgrund anzusehen:

1. wenn der Frevel vor Sonnen-Aufgang oder nach Sonnen-Untergang,
2. wenn er an Sonn- oder gesetzlichen Feiertagen,
3. wenn er mit Unkenntlichmachung des Frevlers verübt wird;
4. wenn der Frevler Feuerwaffen mit sich führt;

5. wenn der Frevler sich der Säge statt der Axt bedient, oder stehendes Holz ausgräbt;
6. wenn der von den im Art. 115 Nr. 1—3 erwähnten Personen zum Stehenbleiben aufgeforderte Frevler sich gleichwohl entfernt;
7. wenn der Frevler die Angabe des Namens oder Wohnortes verweigert, oder hierüber eine falsche Angabe macht;
8. wenn der Frevler mit vorsorglichem Beschlage belegte Gegenstände hinwegnimmt;
9. wenn der betroffene Frevler den angefangenen Frevel trotz der Warnung fortsetzt;
10. wenn der Frevler zur Zeit, da er den Frevel verübt, als Holzhauer, Holzsetzer, Köhler, Kulturarbeiter, oder mit einer sonstigen Waldarbeit, oder auch in Ausübung einer Forstberechtigung im Walde beschäftigt war;
11. wenn eine Entwendung in Verbindung mit dem Aushauen des Waldhammerzeichens, Waldeisens oder eines vom Käufer am stehenden Stamme angebrachten Zeichens begangen wird;
12. wenn der Forstfrevler rückfällig ist; der Rückfall gilt jedoch nur dann als allgemeiner Strafschärfungsgrund, wenn derjenige, welcher schon wegen irgend eines Forstfrevels zu einer Strafe verurtheilt wurde, binnen Jahresfrist seit dieser Verurtheilung einen abermaligen oder mehrere Forstfrevel von was immer für einer Art begeht;
13. wenn der Frevel in der Absicht verübt wird, um die Walderzeugnisse in Natur oder verarbeitet ganz oder theilweise zu veräußern; diese Absicht wird gesetzlich vermuthet, wenn nach Beschaffenheit der entwendeten Walderzeugnisse und der persönlichen oder häuslichen Verhältnisse des Frevlers jene Gegenstände nicht wohl zur eigenen Verwendung bestimmt sein konnten.

§ 61. Ist Jemand im Walde oder in dessen Nähe durch einen Unfall oder durch ein Naturereigniß erweislich in die Nothwendigkeit versetzt, eine durch das gegenwärtige Gesetz mit Strafe bedrohte Handlung zu begehen, so ist er zwar zum Ersatze des Werthes und des Schadens verpflichtet, unterliegt jedoch keiner Bestrafung, wenn er den Vorfall innerhalb 24 Stunden einer der im Art. 115 bezeichneten Personen oder dem Waldbesitzer anzeigt.

Art. 69. Als civilverantwortlich sind außer dem Forstfrevler vorzuladen und als haftbar für Geldstrafe, Werth- und Schadenersatz, dann für die Kosten — vorbehaltlich des Rückgriffes, wo ein solcher statt hat, mit zu verurtheilen:

1. die Ehemänner wegen der Frevel ihrer bei ihnen wohnenden Ehefrauen;
2. die Väter und nach ihrem Tode die Mütter wegen der Frevel ihrer bei ihnen wohnenden und noch unverheiratheten Kinder (leibliche Kinder, Stief-, Adoptiv- und Pflegekinder);
die Vormünder und Kuratoren, sowie überhaupt Diejenigen, welchen Minderjährige in Pflege gegeben sind, wegen der Frevel der bei ihnen wohnenden Pflegebefohlenen;
4. die Dienstherrschaften wegen der Frevel ihrer bei ihnen wohnenden Dienstboten;
5. die Lehrmeister und Gewerbsleute wegen der Frevel ihrer Zöglinge, Gesellen und Gehilfen, solange diese Personen unter ihrer Aufsicht stehen;
6. die Geschäftsgeber wegen der Frevel ihrer Arbeiter und Geschäftsträger, wenn der Frevel in oder bei der Ausführung der aufgetragenen oder anvertrauten Verrichtungen geschah;
7. die Dienstherrschaften wegen der Frevel der aufgestellten Hirten oder Hüter, insoferne der Frevel bei deren Dienstverrichtung geschah.

Wenn die in den vorhergehenden Bestimmungen als civilverantwortlich erklärten Personen beweisen, daß sie nicht im Stande waren, den Frevel zu verhindern, so sind sie von jeder Haftung frei.

Von der Haftung für die erkannten Geldstrafen sind die als civilverantwortlich erklärten Personen frei, wenn sie aus Anlaß des betreffenden Frevels selbst auf Grund des § 361 Ziff. 9 des Strafgesetzbuches bestraft werden.

Art. 70. Hinsichtlich der Forstpolizeiübertretungen hat der Waldbesitzer — vorbehaltlich des Rückgriffes, wo ein solcher statt hat, — die Handlungen der im Art. 69 genannten Personen in der Art zu vertreten, daß ihn allein die Strafe, sowie der Schadenersatz und die Kosten treffen, ausgenommen, wenn er beweist, daß die Uebertretung ohne sein Vorwissen geschah, in welchem Falle die Uebertreter allein nach Maßgabe der einschlägigen Strafbestimmungen wider den Forstfrevel zu bestrafen sind, und allein für den Schadenersatz, sowie für die Kosten haften.

Art. 72. Die Strafbarkeit der Forstpolizeiübertretungen und Forstfrevel erlischt durch Verjährung, wenn vor Ablauf eines Jahres, vom Tage der Begehung an gerechnet, ein erstrichterliches Endurtheil nicht erfolgt.

II. Forstpolizeiübertretungen.

Art. 75. Wer ohne forstpolizeiliche Genehmigung eine Rodung oder eine Erweiterung von Alpenängern oder Alpenlichtungen oder in einem Schutzwalde einen Kahlhieb oder eine diesem in der Wirkung gleichkommende Lichthauung unternimmt, oder wer den bei Ertheilung der forstpolizeilichen Genehmigung gemäß Art. 39 festgesetzten Bedingungen, oder wer dem Verbote der Abschwendung zuwiderhandelt, wird mit einer Geldstrafe belegt, welche mit zweihundert Mark bis dreitausend Mark für das Hektar der in Betracht kommenden Waldfläche zu bemessen ist. Beträgt die Waldfläche weniger als fünf Ar, so darf auf eine geringere Strafe als zehn Mark nicht erkannt werden.

Die Bestimmungen in Abs. 1 gelten gleichmäßig gegenüber Demjenigen, welchem die Holzgewinnung an dem betreffenden Waldtheil überlassen wurde, auch wenn er nicht als Waldbesitzer im Sinne des Art. 48 zu erachten ist.

Art. 76. Wer die im Art. 37 angeordneten Kulturen innerhalb der von der Forstpolizeibehörde bestimmten Frist auszuführen unterläßt, verfällt in eine Geldstrafe von neun bis hundertachtzig Mark.

Art. 77. Wer es unterläßt, innerhalb der von der Forstpolizeibehörde vorgesetzten Frist die kulturfähigen Waldblößen aufzuforsten, oder da, wo nach erfolgtem Holzschlage die natürliche Wiederbestockung unvollständig bleibt, nachzuhelfen, eben so, wer den auf Art. 46 gestützten Anordnungen der Forstpolizeibehörde über die Vertilgungs- und Sicherheitsmaßregeln gegen schädliche Insekten nicht Folge leistet, wird mit einer Geldstrafe von einer Mark achtzig Pfennig bis neunzig Mark bestraft.

Einer Strafe von neunzig Pfennig bis fünfundvierzig Mark unterliegt Derjenige, welcher den Vorschriften der Art. 43, 44 Abs. 1 und 2, dann Art. 45 oder den darauf gestützten Anordnungen der Forstpolizeibehörde über die Weide, über das Anmachen oder Auslöschen von Feuer oder über das Holzverkohlen zuwiderhandelt.

III. Forstfrevel.

Art. 79. Die Entwendung von gefälltem, aber noch nicht zum Verkaufe oder Verbrauche zugerichtetem Holze, oder von stehendem grünen Holze wird neben dem Ersatze des Werthes und eines Drittheiles desselben für Schaden mit einer der Summe beider Beträge gleichkommenden Geldstrafe belegt.

Für Reifstangen, Hopfenstangen, Bohnenstangen, Erbsenreiser, Bindweiden, Besenreiser, Floßweiden, Flechtgerten oder Korbweiden soll, wenn die Entwendung an stehendem grünen

Holze stattfand, außer der im Abs. 1 bestimmten Geldstrafe der Ersatz des Werthes und dessen voller Betrag für Schaden zuerkannt werden.

Waren Samenbäume, Hegenreiser, grüne Laubholzstöcke in Niederwaldungen oder stehende grüne Eichen, Eschen, Ahorne, Ulmen oder Lärchen unter vierzig Jahren Gegenstand der Entwendung, so besteht die Geldstrafe in dem doppelten Werthe, und nebstdem ist auf Ersatz des Werthes und auf einen demselben gleichkommenden Betrag für Schaden zu erkennen.

Art. 80. Die Entwendung von solchen liegendem Holze, welches der Wind oder ein sonstiges Naturereigniß zur Erde niedergeworfen hat, und welches noch nicht verarbeitet ist, ebenso die Entwendung von völlig abgestorbenen noch stehenden Stämmen oder Aesten wird neben dem Ersatze des Werthes mit einer demselben gleichkommenden Geldstrafe belegt.

Art. 81. Die Entwendung an aufgearbeitetem, zum Verkaufe oder Verbrauche bereits zugerichtetem Holze, auch wenn es sich noch im Walde befindet, — ebenso die Entwendung des an die Floßbäche oder Abladeplätze verbrachten Holzes, oder des Holzes, welches eben getriftet wird, ist nach den allgemeinen gesetzlichen Bestimmungen über den Diebstahl zu bestrafen.

Art. 82. Ist die Entwendung an Holzpflänzlingen von was immer für einer Art in natürlichen Besamungen unter zehn Jahren begangen worden, so ist der Werth, wenn derselbe nicht mehr beträgt, mit $1\frac{1}{2}$ Pfennig für jede Pflanze zu ersetzen, und eben so viel als Schadenersatz zuzuerkennen.

Diese Ansätze werden verdoppelt, wenn die Entwendung in künstlichen Ansaaten oder Pflanzungen unter zehn Jahren geschehen ist.

In dem einen, wie in dem anderen Falle soll die Geldstrafe dem doppelten Betrage des Werthes gleich sein.

Art. 83. Wer zur Gewinnung von Lohrinde stehende Stämme schält, und sich die Rinde zueignet, wird mit einer Geldstrafe belegt, welche dem Werthe des geschälten Holzes und der Rinde gleich ist. Derselbe Betrag wird als Ersatz des Schadens und nebstbei der Werth der Rinde zuerkannt.

Wer liegende Stämme schält, und sich die Rinde zueignet, unterliegt außer dem Ersatze des Werthes der Lohrinde einer diesem Betrage gleichen Geldstrafe.

Wer bereits geschälte Lohrinde entwendet, wird nach Art. 81 behandelt.

Art. 84. Wer unbefugter Weise oder in den hiezu nicht angewiesenen Waldorten dürres oder angefaultes zur Erde liegendes Holz, oder Stockholz holt, wird, neben dem Ersatze des Werthes, mit einer demselben gleichen Geldstrafe belegt.

Ist das Stockholz aus jungen oder frischbesamten Schlägen geholt worden, so wird neben der bezeichneten Strafe und neben dem Ersatze des Werthes ein Schadenersatz von einem Drittheile des Werthes zuerkannt.

Art. 85. Wer unbefugter Weise oder in den hiezu nicht angewiesenen Waldorten grünes oder trockenes Laub, Nadeln oder Moos holt, wird neben dem Ersatze des Werthes und eines Drittheils desselben für Schaden, mit einer dem Werthe gleichen Geldstrafe belegt.

Besteht der Gegenstand dieser unerlaubten Zueignung in Gras oder anderem Streuwerke, als: Heide, Sumpfmoos, Heidelbeerstauden, Besenpfriemen, Farrenkräutern und dergleichen, so tritt dieselbe Strafe nebst Wertherersatz ein, — der Schadenersatz von einem Drittheile weiter aber nur dann, wenn der Frevel in jungen, in Schonung befindlichen oder in verhängten haubaren Waldungen geschah.

Wurden die in den Abs. 1 und 2 erwähnten Frevel unter Anwendung von Hau- oder Schneidewerkzeugen, eisernen Rechen oder Steigeisen verübt, so soll außer der Strafe und dem Wertherersatze auch der Schadenersatz in dem vollen Betrage des Werthes zuerkannt werden.

Art. 86. Die Entwendung von Eicheln, Bücheln oder anderen Waldsamen wird neben dem Ersatze des Werthes mit einer dem Werthe gleichkommenden Geldstrafe belegt.

Wenn der Same abgeschlagen, abgerissen oder zusammengekehrt wurde, oder die Entwendung in eingehegten Orten geschah, so soll überdieß auf Schadenersatz in dem einfachen bis zu dem doppelten Betrage des Werthes erkannt werden.

Art. 87. Wer unbefugter Weise, oder in den hiezu nicht angewiesenen Waldorten pechelt, verfällt, neben dem Ersatze des Werthes in eine dem doppelten Werthe des Harzes gleichkommende Geldstrafe, und ist überdieß zum Ersatze des Schadens nach dem einfachen Werthe des entwendeten Harzes zu verurtheilen.

Das Anreißen neuer oder die Vergrößerung alter Lacken (Pechrisse) wird nach Art. 95 bestraft.

Art. 88. Derjenige, welcher unbefugt Vieh im Walde hütet oder weiden läßt, erleidet, vorbehaltlich des Rückgriffes gegen den Hirten oder Hüter, je nach Beschaffenheit des Frevels, folgende Strafen:

für ein Pferd, ein Stück Rindvieh, einen Esel oder eine Ziege sechzig Pfennig, für dergleichen junges Vieh unter einem Jahre oder für ein Schaf die Hälfte, für ein Schwein in der Mastzeit fünfundvierzig Pfennig und außer der Mastzeit dreißig Pfennig.

Hatte die Weide in verhängten Orten statt, so beträgt die Strafe das Doppelte, jedoch darf sie den Betrag von fünfundvierzig Mark nicht übersteigen.

Das Weiden von Gänsen in verhängten Orten wird mit einer Strafe von drei Pfennig für jedes Stück belegt; jedoch darf die Strafe in keinem Falle den Betrag von drei Mark sechzig Pfennig überschreiten.

Art. 89. Die Bestimmungen des Art. 88 finden auch alsdann Anwendung, wenn die Weide entweder:

1. ohne Aufsicht eines Hirten oder Hüters (Art. 43 Abs. 1; oder
2. zur Nachtzeit (Art. 43 Abs. 4); oder
3. bei plänterweisem Waldbetriebe mit einer die festgesetzte höchste Anzahl des einzutreibenden Weideviehes überschreitenden Menge (Art. 43 Abs. 3); oder
4. den im Art. 44 Abs. 1 und 2 erwähnten Ordnungen zuwider ausgeübt wird.

In dem unter Ziffer 3 bezeichneten Falle kömmt jedoch die Vorschrift des Art. 88 Abs. 1 nur hinsichtlich der überzähligen Stücke zur Anwendung.

Art. 90. Mit einer Geldstrafe von fünfundvierzig bis neunzig Pfennig wird bestraft, wer Leseholz oder Stockholz, Gras- oder Streuwerk, welches ihm zu beziehen erlaubt ist, außer der dafür festgesetzten Zeit aus den angewiesenen Waldorten holt.

Geschieht dies mittelst eines bespannten Fuhrwerkes, so trifft ihn eine Geldstrafe von neunzig Pfennig bis neun Mark.

Gleicher Strafe unterliegt, wer bei dem Leseholz- oder Streusammeln eiserne Rechen, Hacken, Hau- oder Schneide-Werkzeuge anwendet, sowie Derjenige, welcher den ihm ausgestellten Leseholz-, Gras- oder Streuzettel, oder das betreffende Zeichen einem Andern zur Benützung überläßt.

Art. 91. Mit einer Geldstrafe von neunzig Pfennig bis neun Mark wird bestraft, wer anderes Holz als Lese- oder Stockholz, obgleich zum Bezuge befugt, außer den hiezu festgesetzten Tagen aus dem Walde holt, ebenso wer erkauftes oder angewiesenes Holz nicht innerhalb der hiefür festgesetzten Zeit abführt, oder ohne Abfuhrzettel oder Zeichen aus dem Walde bringt.

Art. 92. Mit einer Geldstrafe von neunzig Pfennig bis neun Mark wird, neben dem Ersatze des etwa verursachten

Schadens oder neben der auf Kosten des Thäters zu bewirkenden Wiederherstellung des früheren Zustandes, bestraft:

1. das Fahren außer den erlaubten Waldwegen oder den in den Schlägen angewiesenen Holzabfuhrwegen, — das unerlaubte Holzschleifen oder Holzstürzen, — das unbefugte Betreten künstlicher Ansaaten oder Pflanzungen unter sechs Jahren und besonders das Betreten derselben mit Pferden oder anderem Viehe;
2. das Abreißen oder Beschädigen, das Hinwegnehmen oder Zerstören eines Hege- oder Wehrzeichens oder einer Einfriedigung, welche nicht zugleich Grenzzeichen ist;
3. die Beschädigung oder sonstige Veränderung von Grenzzeichen oder irgend einer anderen Grenzeinfriedigung aus Fahrlässigkeit.

Art. 93. Die Strafbestimmungen des Art. 92 finden auch Anwendung:

1. gegen Diejenigen, welche einen Schlagstock, Schlagstein, Kultur- oder Bestandspfahl, Signale, Stations- oder Distanzmarken, oder Wegweiser umhauen, auswerfen, einen Entwässerungs-, Hege- oder Wehrgraben zuwerfen oder sonst beschädigen oder zerstören;
2. gegen Diejenigen, welche das Zeichen des Waldhammers an stehendem oder gefälltem Holze oder an frischen Stöcken in den Jahresschlägen aushauen, oder die Nummern, Namen oder Zeichen auf einem abgegebenen oder zur Abgabe bestimmten Gegenstande ändern, auslöschen oder in anderer Weise vertilgen;
3. gegen Diejenigen, welche in Waldungen unbefugt Wasser einleiten;
4. gegen Diejenigen, welche zur Nachtzeit Holz hauen oder verarbeiten, oder ohne Erlaubniß oder außerhalb der angewiesenen Plätze Bau- oder Nutzholz im Walde beschlagen oder verarbeiten, — außerhalb der angewiesenen Plätze Kohlen oder Kienruß brennen, Pech aussieden, Theer schwelen, Schneid- oder andere Gruben, Holzlager, Zimmerplätze u. dergl. anlegen; — die zu solchen Unternehmungen getroffenen Vor- und Einrichtungen, Oefen und dergl. sollen auf Kosten des Schuldigen niedergerissen oder zugeworfen werden;
5. gegen Hut- und Weideberechtigte, welche ihr Vieh nicht in ganzen Heerden, wo solche bestehen oder gebildet werden können, sondern einzeln in die ihnen angewiesenen Walddistricte eintreiben;
6. gegen Holz- oder Rottmeister, Holzhauer, Köhlermeister,

Kohlenbrenner, Fuhrleute, Flößer und andere Waldarbeiter, welche bei Ausführung eines Holzhiebes, bei der Köhlerei, bei der Holzverbringung oder bei anderen Waldarbeiten den ertheilten besonderen Vorschriften zuwiderhandeln.

Art. 94. Einer Geldstrafe von neunzig Pfennig bis fünfundvierzig Mark unterliegen, neben dem etwa eintretenden Schadenersatze oder der auf Kosten des Thäters zu bewirkenden Wiederherstellung des früheren Zustandes:

1. diejenigen, welche aus Trift- oder Floßbächen während des Triftens oder Flößens, ohne dazu berechtigt zu sein, ihr Eigenthum bewässern, ebenso diejenigen, welche aus solchen Bächen mittelst unbefugt angelegter Gräben wässern, oder welche die Ufer oder Dämme dieser Bäche auf irgend eine Weise beschädigen;
2. diejenigen, welche sich irgend eine Zuwiderhandlung gegen Bach-, Trift- oder Floßordnungen zu Schulden kommen lassen;
3. diejenigen, welche in den Waldungen oder an Trift- oder Floßbächen bestehende Brücken, Stege, Leit-, Zieh- oder Schlittwege, Holz- oder Wasser-Riesen, Wasserstuben oder Klausen, Schleusen, Holzrechen oder andere Holzbring- oder Triftanstalten beschädigen;
4. die Besitzer von Säg- oder Schneidmühlen, welche Sägblöcke ohne das Zeichen des Waldhammers oder ein anderes Zeichen des Waldbesitzers annehmen;
5. diejenigen, welche unbefugt Erde, Erz, Thon, Mergel, Gyps, Lehm, Kies, Steine, Rasen oder andere Bodenbestandtheile hinwegnehmen oder darnach graben, oder Steine oder Schutt in die Waldungen führen, oder Torf stechen.

Art. 95. Gleichfalls einer Geldstrafe von neunzig Pfennig bis fünfundvierzig Mark unterliegen Beschädigungen an grünem stehenden Holze durch An- oder Abhauen, Sägen, Schneiden oder Reißen, Abschälen, Ringeln, Anspänen, Anbohren, Abästen, Entgipfeln, Kienholzaushauen, Oeffnen, neuer oder Aufreißen und Erweitern alter Harzrisse, An- oder Abhauen von Wurzeln oder auf irgend eine andere Weise.

Der Ersatz des Schadens soll nach dem Werthe der beschädigten Stangen oder Stämme ausgesprochen werden, und zwar von dem vollen Betrage dieses Werthes bis zu dem zwanzigsten Theile herab, je nachdem die Stangen oder Stämme mehr oder weniger in ihrem Wachsthume gestört oder ganz zu Grunde gerichtet wurden.

Ist mit der Beschädigung eine Entwendung verbunden, so ist außerdem auf die durch die letztere verwirkte Strafe und auf den Ersatz des Werthes des entwendeten Gegenstandes zu erkennen.

Geschah die Beschädigung an Holzpflanzen in natürlichen Besamungen oder in künstlichen Ansaaten oder Pflanzungen unter zehn Jahren, so sind, außer der wegen dieser Beschädigung auszusprechenden Strafe von neunzig Pfennig bis fünfundvierzig Mark, die Bestimmungen des Art. 82 über den Ersatz des Schadens, und wenn mit der Beschädigung eine Entwendung verbunden ist, für diese auch in Ansehung der Strafe und des Wertherſatzes anzuwenden.

Wer aber solche junge Holzpflanzen oder anderes stehendes grünes oder gefälltes Holz, um dieses für seine Bestimmung ganz oder theilweise untauglich zu machen, aus Muthwillen oder Bosheit beschädigt, wird außer dem Schadenersatze anstatt mit Geldstrafe durch Haft gestraft.

Art. **96.** Mit einer Geldstrafe von neunzig Pfennig bis fünfundvierzig Mark werden, neben dem Ersatze des etwa verursachten Schadens, diejenigen bestraft, welche den Bestimmungen des Art. 45 oder den darauf gestützten Anordnungen der Forstpolizeibehörde über das Anmachen oder Auslöschen von Feuer oder über das Verkohlen von Holz zuwiderhandeln.

Ist das Feuer angemacht worden, um Bäume anzubrennen, oder um unerlaubter Weise Holz, Laub oder anderes Streuwerk zur Gewinnung von Asche zu verbrennen, so soll der Frevler, außer dem Schadenersatze und außer dem Ersatze des Werthes bei unbefugter Zueignung, anstatt der Geldstrafe zu Haft nicht unter sechs Tagen verurtheilt werden.

Art. **97.** Wer Holz- oder sonstige Walderzeugnisse, in deren Besitz er zu seinem Bedarfe infolge Berechtigung, Vertheilung oder Vergünstigung gekommen ist, ohne Genehmigung der Forstpolizeibehörde veräußert, unterliegt einer Geldstrafe von fünfzig Pfennig bis zum vollen Betrage des Werthes der veräußerten Gegenstände.

Diese Bestimmung findet auf die in ein jährliches Maß umgewandelten Forstberechtigungen keine Anwendung.

Art. **98.** Die im vorhergehenden Artikel auf die Veräußerung gesetzten Strafen treffen ebenso den Käufer oder sonstigen Erwerber von Holz oder anderen Walderzeugnissen der bezeichneten Art, wenn aus den Umständen die Ueberzeugung begründet wird, der Käufer oder sonstige Erwerber habe bei der Erwerbung gewußt, daß die Veräußerung jener Gegenstände nicht erlaubt war.

Art. 99. Wer Holz oder andere Walderzeugnisse, welche er durch Frevel erlangte, veräußert, unterliegt — unbeschadet der Strafe, welche er durch den Frevel selbst verwirkte — einer Geldstrafe, welche dem doppelten Werthe der veräußerten Gegenstände gleich ist, und in keinem Falle weniger als eine Mark achtzig Pfennig betragen darf.

Art. 100. Der Käufer oder sonstige Erwerber solcher Walderzeugnisse, von welchen er wußte oder nach Beschaffenheit der Umstände wissen konnte, daß sie durch Frevel erlangt wurden, wird mit einer dem doppelten Werthe jener Gegenstände gleichen Geldstrafe belegt, welche in keinem Falle weniger als eine Mark achtzig Pfennig betragen darf.

Art 106. Wenn in einem Bezirke die Verübung von Forstfreveln durch Entwendung in außergewöhnlicher Weise überhand nimmt, so kann durch königliche Verordnung für einen bestimmten Zeitraum verfügt werden, daß sowohl innerhalb derjenigen Bezirke, in welchen die Forstfrevel vorfallen, als auch innerhalb derjenigen, in welchen die gefrevelten Gegenstände verkauft zu werden pflegen, jeder Verkäufer von Walderzeugnissen mit einem von dem Gemeindevorstande seines Wohn- oder Aufenthaltsortes ausgestellten, auf fünf Tage giltigen und bei dem Verkaufe an die Ortspolizeibehörde abzuliefernden Zeugnisse über den rechtmäßigen Erwerb der nach Art und Größe, Zahl oder Maß bestimmten Verkaufsgegenstände versehen sein müsse.

Eine solche Anordnung ist durch das Gesetz- und Verordnungsblatt, durch das betreffende Kreis-Amtsblatt und auf sonstige geeignete Art in den betreffenden Bezirke, sowie in deren Nachbarschaft allgemein bekannt zu machen.

Art. 107. Wer innerhalb der bestimmten Bezirke Walderzeugnisse ohne das durch Art. 106 vorgeschriebene Zeugniß, oder mit einem durch Zeitablauf wirkungslos gewordenen Zeugnisse verkauft oder zum Verkaufe anbietet, ist von dem Amtsgerichte zu einer Geldstrafe von einer Mark achtzig Pfennig bis neun Mark zu verurtheilen, vorbehaltlich der weiteren Bestrafung wegen Forstfrevels, wenn sich ergibt, daß die verkauften oder feilgebotenen Walderzeugnisse gefrevelt wurden.

Die bezeichneten Walderzeugnisse selbst sind bis auf weitere Verfügung des Amtsgerichtes mit vorsorglichem Beschlage zu belegen, und von dem dem Betretungsorte zunächst wohnenden Gemeindevorstande in Verwahrung zu nehmen.

Hiebei finden die allgemeinen Bestimmungen über Forstpolizeiübertretungen und Forstfrevel Abtheilung IV des gegenwärtigen Gesetzes Anwendung.

Fünfte Abtheilung: Zuständigkeit und Verfahren.

Art. 109. Insoweit nicht das gegenwärtige Gesetz besondere Bestimmungen enthält, wird die Forstpolizei ausgeübt:

1. in erster Instanz durch die Districtspolizeibehörden und in den Bezirken jener größeren Städte, welche einer Kreisregierung unmittelbar untergeordnet sind, durch den Magistrat (Forstpolizeibehörden);
2. in zweiter und letzter Instanz durch die Kreisregierungen, Kammer des Innern (Forstpolizeistellen).

Art. 115. Hilfspersonen zur Handhabung der Forstpolizei sind:

1. alle im niederen Forstdienste überhaupt oder zum Forstschutze insbesondere aufgestellten Diener des Staates, der Gemeinden, Stiftungen, Körperschaften und Privatpersonen;
2. das gemeindliche Polizeipersonal mit Inbegriff der Flurwächter;
3. die Gendarmen.

Art. 116. Ueber sämmtliche Forstrügesachen (Art. 50) verhandeln und entscheiden die Amtsgerichte ohne Zuziehung von Schöffen.

Art. 119. Die im Art. 115 genannten Personen sind zugleich Hilfspersonen der Forststrafgerichtsbarkeit.

Art. 122. Die von den königlichen Forstämtern hiezu beauftragten und von dem Amtsgerichte bekannt zu gebenden Forstdiener (Art. 115 Ziff. 1) haben ein Forstrügeverzeichniß zu führen, und in dasselbe täglich die entdeckten Forstfrevel mit eigener Hand einzutragen.

Art. 126. Werden Forstrügesachen von Hilfspersonen der Forststrafgerichtsbarkeit, welche kein Forstrügeverzeichniß zu führen haben, entdeckt, so sind die hierauf bezüglichen Anzeigen den im Art. 122 erwähnten Forstdienern entweder sogleich oder, wenn deren Wohnort entfernt ist, längstens innerhalb acht Tagen mündlich oder schriftlich zu erstatten.

Der Forstdiener hat den Inhalt der Anzeige in das Rügeverzeichniß (Art. 122) einzutragen, bezw. über dieselbe ein Anzeigeprotokoll (Art. 125) zu errichten und die ihm zugekommene schriftliche Anzeige dem Rügeverzeichnisse oder dem Anzeigeprotokolle beizulegen.

Art. 127. Wenn das in Art. 115 Ziff. 1 bis 3 bezeichnete Hilfspersonal eine ihm unbekannte Person oder einen im Deutschen Reiche nicht begüterten Ausländer auf frischer That betritt, so ist dasselbe befugt, den Betretenen vor den zunächst wohnenden Gemeindevorstand zu führen.

Dieselbe Befugniß steht dem bezeichneten Hilfspersonale hinsichtlich derjenigen bekannten Angehörigen des Deutschen Reiches oder im Reiche begüterten Ausländer zu, welche der geschehenen Aufforderung ungeachtet, von der Fortsetzung der Uebertretung oder des Frevels nicht abstehen, und sich nicht auf der Stelle aus dem Walde entfernen.

Art. **131.** Wenn es die Beurkundung einer Uebertretung oder eines Frevels, sowie wenn es die Verhinderung der Fortsetzung derselben erfordert, so ist das im Art. 115 erwähnte Hilfspersonal befugt, die zu Schaden gehenden Thiere hinwegzuführen, sowie die Werkzeuge, Fuhrwerke und Gespanne hinwegzunehmen, welche von den auf frischer That betretenen Personen zum Behufe der Uebertretung oder des Frevels mitgeführt werden.

Art. **132.** Für die Aufbewahrung der nach Art. 131 mit vorsorglichem Beschlage belegten Thiere, Fuhrwerke und Gespanne hat der dem Betretungsorte zunächst wohnende Gemeindevorstand unter Aufsicht des Amtsgerichtes, zu dessen Bezirk die Gemeinde gehört, zu sorgen.

Art. **138.** Aus dem Forste entwendete Gegenstände können von dem im Art. 115 erwähnten Hilfspersonale bis an den Ort ihrer Verwahrung verfolgt und mit vorsorglichem Beschlage belegt werden.

Eine Nachsuchung nach entwendeten Gegenständen in Wohnungen, Gebäuden und angrenzenden geschlossenen Hofräumen darf jedoch nur in Begleitung eines Polizeibeamten oder Mitgliedes der Gemeindeverwaltung vorgenommen werden.

Ist der Ort der Nachsuchung über eine Stunde von dem Wohnsitze des nächsten Polizeibeamten oder Mitgliedes der Gemeindeverwaltung entfernt, so genügt die Beiziehung eines Forstbediensteten, Gendarmen oder Flurwächters.

Zur Nachsuchung sind, wenn thunlich, die Hausgenossen beizuziehen.

Art. **139.** Polizeibeamte und Mitglieder der Gemeindeverwaltung, sowie die im Art. 138 Abs. 3 bezeichneten Personen dürfen sich der sofortigen Begleitung nicht entschlagen, wenn sie dazu von dem zur Nachsuchung Berechtigten unter Angabe der zu verfolgenden Gegenstände, sowie der etwaigen Verdachtsgründe aufgefordert werden.

Art. **140.** Von dem begleitenden Polizeibeamten oder Gemeindeverwaltungsmitgliede, bezw. von den im Art. 138 Abs. 3 genannten Personen wird die Oeffnung der Thüren verfügt, wenn dieselbe von den Bewohnern verweigert worden ist.

Art. 141. Glaubt der Nachsuchende die entwendeten Gegenstände entdeckt zu haben, so hat er ein besonderes Protokoll zu errichten und in demselben vorzutragen:

1. die nach Art. 139 geschehene Zuziehung einer der im Art. 138 Abs. 2 und 3 bezeichneten Personen,
2. das Ergebniß der Nachsuchung,
3. die Erklärungen des Betheiligten,
4. die etwaigen Bemerkungen der übrigen bei der Nachsuchung gegenwärtigen Personen.

Das hienach errichtete Protokoll ist dem Forstrügeverzeichnisse beizulegen.

2. Revidirtes Forststrafgesetz für die Pfalz vom 18. August 1879 / 17. Juni 1896. (Ges.- u. V.-Bl. 1879 S. 1417, 1896 S. 286.)

Erster Abschnitt: Von den Forstfreveln.

I. Allgemeine Bestimmungen über Forstfrevel und Strafen.

Art. 1. Jede durch das gegenwärtige Gesetz mit Strafe bedrohte Entwendung, Beschädigung oder Gefährde, ist als Forstfrevel zu betrachten.

Die Forstpolizeiübertretungen, die Forstfrevel, sowie die auf Forstfrevel bezüglichen Zuwiderhandlungen gegen § 361 Ziff. 9 des Strafgesetzbuches für das Deutsche Reich bilden die Forstrügesachen.

Art. 9. Berechtigte, welche durch Ueberschreitung ihrer Berechtigung oder bei Ausübung derselben den Bestimmungen der Forstgesetze zuwiderhandeln, sind gleich den Nichtberechtigten strafbar und ersatzpflichtig.

Art. 10. Folgende Umstände sollen außer den in den einzelnen Artikeln vorkommenden besonderen Erschwerungsgründen, als allgemeine Erschwerungsgründe beim Forstfrevel gelten:

1. Wenn der Frevler nach Sonnenuntergang oder vor Sonnenaufgang den Frevel im Walde verübte;
2. wenn der Frevel an Sonn- oder gesetzlichen Feiertagen begangen wird;
3. wenn er mit Unkenntlichmachung des Frevlers begangen wird;
4. wenn der Frevler sich der Säge statt der Axt bedient, oder stehendes Holz ausgräbt;
5. wenn der vom Forstdiener nicht erkannte Frevler, obwohl angerufen und zum Stehenbleiben aufgefordert, sich gleichwohl entfernt;

6. wenn der Frevler die Angabe des Namens und Wohnortes verweigert, oder eine falsche Angabe macht;
7. wenn gepfändete Gegenstände demjenigen, welcher sie gepfändet hat, ohne Gewaltanwendung hinweggenommen werden, um sie den Folgen der Pfändung zu entziehen;
8. wenn der beim Frevel betroffene Frevler den angefangenen Frevel fortsetzt, trotz der Warnung des Forstdieners;
9. wenn der Forstfrevler rückfällig wird. Der Rückfall gilt jedoch nur dann als allgemeiner Erschwerungsgrund, wenn derjenige, welcher schon wegen irgend eines Forstfrevels zu einer Strafe verurtheilt wurde, binnen Jahresfrist seit dieser Verurtheilung einen abermaligen oder mehrere Forstfrevel von was für immer einer Art begeht.
10. Als weiterer allgemeiner Erschwerungsgrund beim Forstfrevel soll auch der Umstand gelten, wenn der Frevel in der Absicht verübt wurde, um die auf solche Art gewonnenen Waldprodukte in Natur oder verarbeitet, ganz oder theilweise, zu verkaufen oder zu veräußern.

    Diese Absicht wird gesetzlich vermuthet, wenn nach Beschaffenheit der entwendeten Waldprodukte und der persönlichen oder häuslichen Verhältnisse des Frevlers jene Gegenstände nicht wohl zur eigenen Verwendung dienen können.

Art. **13.** Als civilrechtlich verantwortlich sind nebst dem Frevler zu laden, und als haftbar für Geldstrafe, Werth- und Schadenersatz und Kosten mit zu verurtheilen, vorbehaltlich des Regresses bei sich ereignendem Falle:

1. die Ehemänner für die Uebertretungen ihrer bei ihnen wohnenden Ehefrauen;
2. die Väter und nach ihrem Tode die Mütter für jene ihrer bei ihnen wohnenden noch unverheiratheten Kinder;
3. die Vormünder für jene ihrer bei ihnen wohnenden Mündel;
4. die Dienstherrschaften für jene ihrer bei ihnen wohnenden Dienstboten;
5. die Dienstherren und Committenten für jene ihrer Arbeiter und sonstigen Untergebenen, namentlich der Lehrherren für jene ihrer Lehrlinge und Gesellen, so lange alle diese unter der Aufsicht jener stehen.

Diese dritten Personen sind von der Haftung für die Geldstrafe frei, wenn sie aus Anlaß des bestehenden Frevels selbst auf Grund des § 361 Ziff. 9 des Reichsstrafgesetzbuches bestraft werden, und von jeder Civilverantwortlichkeit dann, wenn sie darthun, daß sie den Frevel nicht hindern konnten.

Art. 16. Die öffentliche Klage und die damit verbundene Civilklage wegen Forstfrevels erlöschen durch Verjährung und zwar:

1. wenn der Thäter unbekannt bleibt, binnen Jahresfrist vom Tage des begangenen Frevels an;
2. wenn der Thäter bei der That oder binnen Jahresfrist entdeckt, und im Forstregister oder Protokoll richtig bezeichnet wurde, binnen drei Monaten vom Tage seines konstatirten Bekanntseins.

Diese Verjährungsfristen werden durch Ladung oder Zustellung eines Strafbefehls gegen Personen, welche nicht Angehörige des Deutschen Reiches sind, auch durch einen Vorführungsbefehl unterbrochen; von hier an läuft einjährige Verjährungsfrist, die durch weitere gerichtliche Akte unterbrochen werden kann und sich nur durch ein in Rechtskraft übergegangenes oder in letzter Instanz gesprochenes Urtheil oder durch Ablauf von zwei Jahren seit dem Tage der Ladung, des Strafbefehls oder des Vorführungsbefehls schließt.

Hat der Beschädigte seine Civilklage vor dem ordentlichen Civilrichter besonders eingeleitet, so gelten forthin dafür in Bezug auf Verjährung die Regeln des Civilrechts.

II. Von den einzelnen Forstfreveln und ihrer Bestrafung.

Art. 18. Die Entwendung an gefälltem, aber noch nicht zum Verkaufe oder Verbrauche zugerichtetem Holze, oder an stehendem grünen Holze, wird belegt mit einer Geldstrafe, die dem ebenfalls zuzuerkennenden Ersatze des Werthes und eines Drittheils desselben für Schaden gleich ist. — Für Samenbäume und Hegreiser, Reifstangen, Hopfenstangen, Bohnenstangen, Erbsenreiser, Bindweiden, Besenreiser, Flechtgerten und Korbweiden soll, wenn die Entwendung an stehendem grünen Holze stattfand, statt jenes Drittheils der volle Betrag des Werthes für Schaden zuerkannt werden.

Waren grüne Laubholzstöcke in Niederwaldungen, oder stehende grüne Eichen, Eschen, Ahorne, Ulmen oder Kastanien unter 40 Jahren Gegenstand der Entwendung, so besteht die Geldstrafe in dem doppelten Werthe und nebstdem ist auf Ersatz des Werthes und auf einen demselben gleichkommenden Betrag für Schaden zu erkennen.

Ist die Entwendung an Holzpflänzlingen jeder Art in natürlichen Besamungen unter 10 Jahren begangen worden, so wird der Ersatz des Werthes, wenn dieser nicht ein höherer ist, mit drei Pfennig für jede Pflanze, und ebensoviel als Schadenersatz zuerkannt.

Diese Ansätze werden verdoppelt, wenn die Entwendung in künstlichen Ansaaten oder Pflanzungen von demselben Alter geschehen ist. In dem einen und dem andern Falle soll die Geldstrafe dem doppelten Betrage des Werthes gleich sein.

Art. 19. Die Entwendung an solchem liegenden Holze, welches der Wind oder ein sonstiges Naturereigniß zu Erde gebracht hat und welches noch nicht verarbeitet ist, sowie die Entwendung an abgestorbenen noch stehenden Stämmen oder Aesten, wird belegt mit einer Geldstrafe, die dem zuzuerkennenden Ersatz des Werthes gleich ist.

Art. 20. Wer stehende Stämme schält und sich die Rinde zueignet, wird belegt mit einer Geldstrafe, die dem Werthe des geschälten Holzes und der Rinde gleich ist; in demselben Betrage wird die Entschädigung zuerkannt.

Wer liegende Stämme schält und sich die Rinde zueignet, unterliegt einer Geldstrafe, die dem Werthe der Lohrinde gleich ist und hat den Ersatz des Werthes zu leisten.

Art. 21. Ist die Holzentwendung in Verbindung mit dem Aushauen des Waldhammerzeichens oder Waldeisens, sei es jenes der Forstbehörde, einer Gemeinde, öffentlichen Anstalt oder eines Privaten, begangen worden, so liegt hierin ein Erschwerungs-Grund.

Art. 22. Wer unbefugter Weise oder in den hiezu nicht angewiesenen Waldorten dürres oder angefaultes, zur Erde liegendes Holz oder Stockholz holt, wird nebst dem Ersatz des Werthes mit einer ihm gleichen Geldstrafe belegt.

Ist das Stockholz aus jungen oder frischbesamten Schlägen geholt worden, so wird nebst dem Ersatze des Werthes ein Schadenersatz von einem Drittheile des Werthes zuerkannt.

Art. 23. Wer unbefugter Weise oder in den hiezu nicht angewiesenen Waldorten grünes oder trockenes Laub oder Nadeln holt, wird, nebst dem Ersatze des Werthes und eines Drittheils desselben für Schaden, mit einer dem Werthe gleichen Geldstrafe belegt.

Besteht der Gegenstand dieser unerlaubten Zueignung in Gras und Streuwerk, als Haide, Moos, Besenpfriemen, Farrenkräutern u. s. w., so tritt dieselbe Strafe nebst Werthersatz ein, der Schadenersatz von einem Drittheil weiter aber nur dann, wenn der Frevel in jungen in Schonung befindlichen oder in verhängten haubaren Waldungen geschah.

Geschehen die hier erwähnten Frevel mit Hilfe von Hau- oder Schneidewerkzeugen, mittelst eiserner Rechen oder Steigeisen, so soll außer dem Werthersatze der Schadenersatz im vollen Betrage des Werthes zuerkannt werden.

Art. 24. Die Entwendung von Eicheln, Bücheln oder anderem Waldsamen wird neben dem Ersatze des Werthes mit einer dem Werthe gleichkommenden Geldstrafe belegt.

Wenn der Samen abgeschlagen, abgerissen oder zusammengekehrt worden oder die Entwendung in eingehegten Orten geschehen ist, soll überdieß auf Schadenersatz in dem Betrage des Werthes und nicht über das Doppelte desselben gesprochen werden.

Art. 26. Derjenige, welcher unbefugt Vieh im Walde hütet oder weiden läßt, erleidet je nach Beschaffenheit des Frevels folgende Strafen:

für ein Pferd, ein Stück Rindvieh, einen Esel oder eine Ziege sechzig Pfennig, für dergleichen junges Vieh unter einem Jahre, oder für ein Schaf die Hälfte; für ein Schwein in der Mastzeit fünfundvierzig Pfennig und außer der Mastzeit dreißig Pfennig.

Hatte die Weide in verhängten Orten statt, so sind obige Beträge doppelt anzusetzen als einfache Strafe.

Das Weiden von Gänsen in verhängten Orten wird mit einer Strafe von drei Pfennig für jedes Stück belegt, jedoch darf die Strafe in keinem Falle den Betrag von drei Mark sechzig Pfennig übersteigen.

Außer der Strafe ist auch auf Entschädigung und zwar nicht unter der Hälfte des einfachen Strafbetrages zu erkennen.

Diese Bestimmung ist auch auf Diejenigen anwendbar, deren Vieh ohne Hirten oder Hüter im Walde weidend betroffen wird.

Das auf der Weide betretene Vieh kann sequestrirt werden.

Art. 27. Die Bestimmungen des obigen Art. 13 über Civilverantwortlichkeit finden auch gegen die Viehbesitzer wegen der von ihrem Hirten oder Hüter mit dem, demselben zur Hut anvertrauten Vieh begangenen Weidefrevel Anwendung, vorbehaltlich ihres etwaigen Rückgriffs gegen den Hirten oder Hüter.

Art. 28. Mit fünfundvierzig bis neunzig Pfennig wird bestraft, wer Leseholz und Stockholz, Gras oder Streuwerk, das ihm zu beziehen erlaubt ist, außer der dafür festgesetzten Zeit aus den angewiesenen Waldorten holt.

Geschieht dieses mittelst eines Fuhrwerkes, oder werden beim Leseholz und Streuwerkholen eiserne Rechen, Hacken oder Hau- und Schneidwerkzeuge angewendet, oder läßt sich Jemand, damit versehen, im Walde betreten, oder ist der ausgestellte Leseholz-, Gras- oder Streuzettel, oder das betreffende Zeichen einem Andern überlassen worden, so tritt, und zwar im Falle dieser Ueberlassung gegen den überlassenden Theil, eine Strafe von neunzig Pfennig bis zu neun Mark ein.

Art. 29. Mit neunzig Pfennig bis zu neun Mark wird bestraft, wer anderes Holz außer dem Lese- und Stockholz, obgleich zum Bezuge befugt, außer den hiezu festgesetzten Tagen aus dem Walde holt, oder wer erkauftes oder angewiesenes Holz nicht innerhalb der hiezu festgesetzten Zeit abführt, oder ohne Passirschein (Abfuhrzettel) aus dem Walde bringt.

Art. 30. Einer Geldstrafe von neunzig Pfennig bis zu neun Mark neben dem etwa eintretenden Schadenersatze oder der auf Kosten des Thäters zu bewirkenden Herstellung in den vorigen Stand, unterliegen folgende Handlungen in fremden Waldungen:

1. Das Fahren außer den erlaubten Waldwegen oder den angewiesenen Holzabfuhrwegen in den Schlägen, dann das unerlaubte Holzschleifen oder Holzstürzen; dann das unbefugte Betreten künstlicher Ansaaten oder Pflanzungen unter sechs Jahren, besonders das Betreten mit Pferden oder anderem Vieh;
2. das Abreißen oder Beschädigen, das Hinwegnehmen oder Zerstören eines Heg- oder Wehrzeichens oder einer Einfriedung, die nicht zugleich Grenzzeichen ist;
3. die Beschädigung oder sonstige Veränderung von Grenzzeichen oder irgend einer anderen Grenzbefriedung aus Fahrlässigkeit.

Art. 31. Ebenso wird gegen Diejenigen verfahren, welche in fremden Waldungen:

1. einen Schlagstock, Schlagstein, Kultur- oder Bestandpfahl Signale, Stations- oder Distanzmarken, oder Wegweiser umgehauen, ausgeworfen, einen Entwässerungs-, Heg- oder Wehrgraben zugeworfen oder sonst beschädigt oder zerstört haben;
2. welche das Zeichen des Waldhammers an stehendem oder gefälltem Holze, dann an frischen Stöcken in den Jahresschlägen aushauen, oder die Nummern, Namen oder Zeichen auf einem gegebenen oder zur Abgabe bestimmten Gegenstande geändert, ausgelöscht oder vertilgt haben;
3. welche in fremde Waldungen Wasser unberechtigt einleiten;
4. welche zur Nachtzeit Holz hauen oder verarbeiten, ohne Erlaubniß oder außer den angewiesenen Plätzen Bau- oder Nutzholz im Walde beschlagen oder verarbeiten, außer den angewiesenen Plätzen Kohlen brennen, Harz scharren, alte Harzrisse auffrischen, Harz brennen, Theer schwellen, Pech sammeln oder aussieden, Schneid- oder andere Gruben, Holzlagen, Zimmerplätze anlegen.

Die zu solchen Unternehmungen getroffenen Vor- und

Einrichtungen, Oefen u. dergl. sollen auf Kosten des Schuldigen niedergerissen oder zugeworfen werden.

5. Hut- und Weideberechtigte, welche ihr Vieh nicht in ganzen Heerden, wo sich solche bilden können, sondern einzeln in die ihnen angewiesenen Walddistricte eintreiben; endlich

6. Holz- und Rottmeister, Holzhauer, Köhlermeister, Kohlenbrenner, Fuhrleute, Flößer und andere Waldarbeiter, welche bei Ausführung eines Holzhiebes, bei der Köhlerei, der Holzverbringung oder anderen Waldarbeiten den ertheilten besonderen Vorschriften entgegenhandeln.

Art. 32. Mit neunzig Pfennig bis zu fünfundvierzig Mark werden neben dem etwa eintretenden Schadenersatze oder der auf Kosten des Thäters zu bewirkenden Herstellung in den vorigen Stand Diejenigen bestraft, welche in den Waldungen bestehende Brücken, Stege, Leit-, Zieh- und Schlittwege, Holzriesen, Wasserstuben, Wöge und Klausen, Schleusen, Holzrechen und andere Holzbring- und Triftanstalten auf irgend eine Weise beschädigen.

Art. 33. Derselben Strafe von neunzig Pfennig bis zu fünfundvierzig Mark unterliegen Beschädigungen am grünen stehenden Holze durch An- oder Abhauen, Sägen, Schneiden oder Reißen, Abschälen, Ringeln, Anspänen, Anbohren, Abästen, Entgipfeln, Kienholz-Aushauen, neue Harzrisse, Wurzel An- und Abhauen, oder wie immer sonst.

Als Ersatz des Schadens soll der zwanzigste Theil des Werthes bis zum vollen Betrage des Werthes der beschädigten Stangen oder Stämme zuerkannt werden, je nachdem diese mehr oder weniger in ihrem Wachsthum gestört sind, oder ganz zu Grunde gehen müssen. Ist mit der Beschädigung eine Entwendung verbunden, so ist nebstdem auf die durch letztere verwirkte Strafe und auf Ersatz des Werthes des entwendeten Gegenstandes zu erkennen.

Haben die Beschädigungen an Holzpflanzen in natürlichen Besamungen oder in künstlichen Ansaaten und Pflanzungen unter 10 Jahren stattgehabt, so sind außer der, wegen dieser Beschädigung zu erkennenden Strafe von neunzig Pfennig bis fünfundvierzig Mark, die Bestimmungen des letzten Absatzes des obigen Art. 18 wegen Ersatz des Schadens, und wenn mit der Beschädigung eine Entwendung verbunden ist, für diese auch wegen der Strafe und dem Ersatze des Werthes anzuwenden.

Wer aber solche junge Holzpflanzen oder anderes stehendes grünes Holz, oder gefälltes Holz, um dieses zu seiner Bestimmung ganz oder theilweise untauglich zu machen, aus Muthwille oder Bosheit beschädigt, wird neben dem zuzuerkennenden Schadenersatze statt der Geldstrafe mit Haft von 1 bis 30 Tagen bestraft.

Art. 34. Gleicher Strafe, wie im Art. 32 festgesetzt ist, unterliegen:

1. Holzberechtigte, welche das Holz nicht auf vorschriftsmäßige Weise fällen, oder welche das ihnen angewiesene Forstrecht, Bau- oder Nutzholz zu einem andern Behufe, als wozu sie berechtigt sind, oder nicht innerhalb zwei Jahren nach der Anweisung zu der Bestimmung, wozu es ihnen abgegeben ist, oder wozu es ihnen gebührt, verwenden, vorbehaltlich des Nachweises in dem letzteren Falle, daß ihnen die Verwendung in der gesetzten Zeit unmöglich gewesen;
2. Besitzer von Säg- oder Schneidemühlen, welche Sägblöcke ohne das Zeichen des Waldhammers annehmen.

Art. 35. Wer unbefugt Erde, Erz, Thon, Mergel, Gyps, Lehm oder Kies, Steine oder Rasen aus Waldungen hinwegnimmt, oder darnach gräbt, oder Steine, oder Schutt in die Waldungen führt, oder Torf sticht, soll nach Art. 32 behandelt werden.

Art. 36. Dieselbe Strafe von neunzig Pfennig bis fünfundvierzig Mark kommt, neben dem Ersatze des etwaigen Schadens, in Anwendung:

1. gegen Denjenigen, der in einer Entfernung von 100 Meter von einem Walde bei trockenem Wetter, oder in einer Entfernung von 500 Meter auf einem an den Wald stoßenden Torfmoorboden Feuer anmacht;
2. gegen Denjenigen, der ohne eingeholte ausdrückliche Erlaubniß, oder an andern als den in der ertheilten Erlaubniß dazu bezeichneten Stellen in den Waldungen oder in den Torfmooren, welche zu einem Waldgrunde gehören, Feuer angemacht, oder das mit oder ohne Erlaubniß angemachte Feuer unausgelöscht verlassen hat.

Ist das Feuer im Walde angemacht worden, um Bäume anzubrennen, oder unerlaubter Weise Holz, Laub- oder Streuwerk zur Gewinnung von Asche zu verbrennen, so ist der Frevler außer dem gegen ihn zu erkennenden Schadenersatze, und außer dem Ersatze des Werthes im Falle unbefugter Zueignung, statt der Geldbuße in eine Haftstrafe von sechs Tagen bis zu einem Monat zu verurtheilen, auch wenn durch das Feuer keine weitere Gefährde entstanden ist.

Art. 37. Keinerlei Gebäude darf isolirt in dem Umfange von Waldungen oder in einer Entfernung von weniger als 500 Meter von der Grenze derselben ohne vorgängige Genehmigung errichtet werden, bei Strafe des Niederreißens. Die Entschließungen auf Gesuche dieser Art sollen innerhalb drei

Monaten vom Einlauf derselben an erfolgen, und gegentheiligen Falles die Errichtung gestattet sein. Dergleichen schon bestehende Gebäude unterliegen übrigens der Einreißung nicht; auch können sie ohne Genehmigung reparirt, wieder aufgebaut und erweitert werden.

Art. 38. Niemanden, welcher isolirte Gebäude innerhalb des oben festgesetzten Bereiches gegenwärtig bewohnt, oder dem nach vorstehendem Artikel die Errichtung von Gebäuden gestattet werden wird, ist es ohne besondere, von der Kreisregierung zu erholende Ermächtigung erlaubt, in den besagten Gebäuden Werkstätten zum Zurichten oder Verarbeiten von Holz, Holzhöfe oder Magazine zum Holzhandel anzulegen, bei Strafe von fünfundvierzig Mark neben Confiscirung des Holzes.

Die ertheilte Ermächtigung kann, wenn sie zu einer Holzentwendung mißbraucht wird, von der Kreisregierung wieder aufgehoben werden.

Art. 39. 1. Wer Holz oder sonstige Forstprodukte, in deren Besitz er zu seinem Bedarf vermittelst Berechtigung oder Vergabung aus Gemeindewaldungen, oder sonst durch Vergünstigung kam, verkauft oder auf andere Weise veräußert, unterliegt einer Geldstrafe von fünfzig Pfennig bis zum vollen Betrage des Werthes der verkauften oder veräußerten Gegenstände.

Nur solchen Berechtigten, welchen die Mittel abgehen das Forstrechtholz in der festgesetzten Räumungszeit aus dem Walde zu bringen, kann die Forstbehörde auf schriftlichen Antrag des Bürgermeisters ausnahmsweise und nach genauer Erwägung der Umstände gestatten, einen gewissen Theil davon, und ehe das Uebrige seiner Bestimmung folgt, zur Bestreitung der Transportkosten zu veräußern.

2. Wer Holz oder andere Forstprodukte, die er durch Frevel erlangte, verkauft oder überhaupt veräußert, unterliegt, unbeschadet der Strafe, welche er durch den Frevel selbst verwirkte, einer Geldstrafe, die dem doppelten Werthe der verkauften oder sonst veräußerten Gegenstände gleich ist, und nicht weniger als eine Mark achtzig Pfennig betragen darf, insoferne er nicht schon wegen des Frevels selbst nach obigem Art. 10 Ziff. 10 mit einer höheren als der gewöhnlichen Strafe belegt worden ist.

3. Die auf den Verkauf oder die sonstige Veräußerung gesetzten Strafen treffen den Käufer oder Erwerber von Holz oder Forstprodukten der ad 1 bezeichneten Art, zu deren Veräußerung keine Erlaubniß erwirkt war, sowie auch den Käufer von Holz oder Forstprodukten der ad 2 bezeichneten Art, insoferne die Verhältnisse und Umstände die rechtliche Ueber=

zeugung begründen, derselbe habe bei der Erwerbung gewußt, daß diese Gegenstände mittelst auf Bedarf beschränkter Berechtigung, Vergabung oder Vergünstigung, oder mittelst Frevel in den Besitz des Veräußerers gekommen waren.

Nicht nur die Forstbeamten, sondern auch alle sonstigen Polizeibeamten und die Gendarmerie haben die Uebertretungen dieses Artikels auf gesetzliche Art zu konstatiren und der Forststrafbehörde zur weiter geeigneten Einschreitung anzuzeigen.

Art. 42. In allen Fällen und Punkten, für welche im gegenwärtigen Abschnitte nicht besondere Bestimmung getroffen ist, kommen die Vorschriften des Strafgesetzbuches fortan in Anwendung, insbesondere über den Diebstahl bereits verarbeiteten Holzes oder bereits geschälter Lohrinde im Walde oder außerhalb desselben, über Zuwerfen von Grenzgräben, Zerstörung, Wegschaffen, Verrückung von Grenzsteinen, Grenzbäumen oder anderen Grenzzeichen, Feuerlegung in Wäldern, Feuermachen, wodurch ein Waldbrand entstand, Unterlassung schuldiger Hülfeleistung, dann über falsche Angaben, Unterschleife, Erpressungen und Mißbrauch der Amtsgewalt von Seiten der Beamten, Agenten oder Angestellten im Forstdienste, sowie über Beleidigung, Beschimpfung, Mißhandlung, Bedrohung und Bestechung derselben und Widerstand gegen dieselben.

Zweiter Abschnitt: Verfahren.

Art. 43. Hilfspersonen der Forststrafgerichtsbarkeit sind:

1. alle im niederen Forstdienste überhaupt oder zum Forstschutze insbesondere aufgestellten Diener des Staates, der Gemeinden, Stiftungen, Körperschaften und Privatpersonen;
2. das gemeindliche Polizeipersonal mit Inbegriff der Flurwächter;
3. die Gendarmen.

Art. 51. Die Forstdiener sollen alle ihnen unbekannten Personen und alle im Deutschen Reiche nicht begüterten Ausländer, welche beim Frevel auf frischer That betreten werden, anhalten und vor den nächsten Bürgermeister oder Amtsrichter zur Feststellung der Person oder weiteren Behandlung führen.

Art. 52. Die Forstdiener sind befugt, sich der Thiere, der Fuhrwerke und des Gespanns, so die Frevler, die sie auf frischer That betreten, bei sich führen, zu bemächtigen und diese Gegenstände mit Sequester zu belegen.

Sie sind ebenfalls befugt, die aus dem Forste entwendeten Gegenstände bis an die Orte zu verfolgen, wo sie hingebracht wurden, um sie gleichfalls mit Sequester zu belegen.

Den Forstdienern ist jedoch streng untersagt, Wohnungen,

Gebäude und angrenzende geschlossene Hofräume zu betreten, ohne Begleitung des Bürgermeisters oder Adjunkten, oder des Polizeikommissärs, oder bei ihrer Abwesenheit oder Verhinderung ohne Begleitung eines Mitgliedes des Gemeinderathes.

Diese Beamten dürfen sich nicht weigern, die Forstdiener auf erhaltene Einladung und specielle Angabe der Gegenstände, die sie verfolgen, und der etwaigen Verdachtsgründe sogleich zu begleiten.

Art. 53. Wenn bei vorzunehmenden Haussuchungen die Thüren verschlossen sind, oder ihre Oeffnung verweigert wird, so sollen die Namens der Polizei assistirenden Personen sie öffnen lassen.

Art. 54. Wenn der Forstdiener bei solchen Nachsuchungen den entwendeten Gegenstand entdeckt zu haben glaubt, so soll er ein deßfallsiges Protokoll errichten, enthaltend:

1. die Requisition an den polizeilichen Assistenten und die dabei gemachte Erklärung über den Gegenstand der Nachforschung und über die Verdachtsgründe;
2. das Ergebniß der Nachsuchung und die Gründe, auf welchen die Meinung des Forstdieners über die Identität des gefundenen Gegenstandes mit dem entwendeten beruhet;
3. die Erklärungen des Beschuldigten, des Besitzers und derjenigen Personen, auf die sich etwa von ihrer Seite berufen wurde, in so ferne diese Individuen auf ergangene Einladung erschienen und Erklärungen machten;
4. die Bemerkungen und Ansichten, die etwa der polizeiliche Assistent äußern zu müssen glaubt.

Das Protokoll wird von diesem Assistenten und vom Forstdiener unterzeichnet, sowie von den betheiligten Personen und Declaranten, die unterzeichnen können und wollen.

Art. 55. Für Aufbewahrung und Erhaltung der Thiere, Fuhrwerke, Gespanne und sonstiger Gegenstände, die nach Art. 26 und 52 sequestrirt werden, ist unter Aufsicht des Amtsgerichts, dem binnen 24 Stunden Kenntniß von der Sequestration gegeben werden muß, Sorge zu tragen.

C. Jagd und Fischerei.

1. Gesetz vom 30. März 1850 / 18. August 1879, die Ausübung der Jagd betreffend. (Ges.-Bl. 1850 S. 118, 1879 S. 789.)

Art. 1. Im Grundeigenthume liegt die Berechtigung zur Jagd auf eigenem Grund und Boden.

Art. 2. Die Ausübung des Jagdrechtes durch den Grundeigenthümer selbst ist nur zulässig:

1. auf allen unmittelbar an die Behausung stoßenden Hofräumen und Hausgärten, sobald sie durch irgend eine Umfriedung begrenzt oder sonst vollständig abgeschlossen sind;
2. auf allen und jeden Grundstücken, welche mit einer Mauer, einer zusammenhängenden Hecke oder mit einer dichten Einzäunung und mit verschließbaren Thüren versehen sind, — worunter die gewöhnlichen, zunächst nur die Abwehr oder den Einschluß des Weideviehes bezweckenden Feldzäune nicht begriffen;
3. auf einem zusammenhängenden Grundbesitze von mindestens 240 bayer. Tagwerken im Flachlande und 400 Tagwerken im Hochgebirge;
4. auf Seen und Fischteichen von mindestens 50 Tagwerken.

Straßen und Wege sowie Flüsse und Bäche unterbrechen nicht die Continuität des Jagdbezirkes.

Art. 3. Sind von einem solchen Gutskomplexe ein oder mehrere Grundstücke, welche nicht unter die Bestimmung des Art. 2 fallen und auch nicht zusammenhängend 240 bezw. 400 Tagwerke betragen, vollständig umschlossen, so steht dem Eigenthümer des ersteren auch die Jagdbefugniß auf diesen Grundstücken (Inclaven) gegen Entschädigung der Eigenthümer zu.

Art. 4. In allen übrigen Fällen übt die politische Gemeinde Namens der Grundeigenthümer innerhalb ihres Bezirkes das Jagdrecht durch Verpachtung aus.

Art. 5. Die Gesammtflur jeder politischen Gemeinde bildet einen selbstständigen Jagdbezirk.

Jeder Gemeinde bleibt unbenommen, sich mit anderen politischen Gemeinden zu einem gemeinschaftlichen Jagdbezirke zu vereinen. Gemeinden, deren Flur 480 bayer. Tagwerke oder mehr umfaßt, können mehrere, die Zahl von 6 nicht überschreitende, wenigstens 240 Tagwerke haltende Jagdbezirke bilden.

Art. 7. Die Verpachtung geschieht durch die Gemeindeverwaltung und zwar in der Regel auf dem Wege der öffentlichen Versteigerung an den Meistbietenden.

Das Ergebniß unterliegt in Städten und Märkten mit magistratischer Verfassung der Genehmigung des Magistrates und der Gemeindebevollmächtigten in den übrigen Gemeinden der Genehmigung der Gesammtgemeinde.

Art. 10. Für einen Jagdbezirk können nicht mehr als drei Pächter zugelassen werden.

Den zur Ausübung der Jagd berechtigten Grundeigenthümern sowohl als den Jagdpächtern ist erlaubt, für die Jagdausübung eigene gelernte Jäger aufzustellen.

Den genannten Grundeigenthümern, Pächtern und Jägern ist weiter gestattet, Personen, welche eine Jagdkarte besitzen, mit auf die Jagd zu nehmen.

Art. 11. Die Gemeinden sind ausnahmsweise befugt, die Jagd in Selbstverwaltung durch höchstens drei jagdkartenfähige Gemeindeglieder auszuüben:

1. wenn die Gemeinde als solche Eigenthümerin eines zusammenhängenden Grundbesitzes von mindestens 240, beziehungsweise 400 Tagwerken ist;
2. wenn die von ihr versuchte Verpachtung entweder gar kein Resultat gewährt oder
3. wenn kein Pachtgebot erfolgt, welches den von der Gemeinde-Verwaltung bestimmten Aufwurfspreis erreicht.

Art. 13. Bei Ausübung der Jagd sind die feld-, forst-, jagd- und sicherheitspolizeilichen Vorschriften einzuhalten.

Der Jagdausübende hat neben der polizeilichen Strafe (Art. 23) jeden, durch das Betreten noch nicht abgeräumter Felder und unabgelesener Weinberge, sowie jeden an cultivirten Waldungen oder anderweitig angerichteten Schaden zu ersetzen.

Art. 14. Niemand darf ohne eine von der zuständigen Behörde auf seine Person ausgestellte und nur für diese giltige Jagdkarte jagen.

Art. 15. Die Jagdkarten werden von der Districts-Polizeibehörde gegen eine Gebühr von 15 Mark ausgestellt.

Den für den Jagd- und Forstschutz Angestellten oder Verpflichteten sind lediglich zum Zwecke dieses Schutzes auf ihren Aufsichtsbezirk beschränkte, zur Jagdausübung jedoch nicht berechtigende eigene Karten unentgeltlich auszustellen.

Art. 16. Die Jagdkarten werden auf die Dauer je eines Kalenderjahres ausgestellt und gelten für das ganze Land.

Art. 23. An Geld bis zu fünfundvierzig Mark ist zu bestrafen:

1. wer von der ihm zustehenden Befugniß zur Jagdausübung Gebrauch macht, bevor er eine Jagdkarte gelöst hat, oder nachdem die Zeit ihrer Giltigkeit abgelaufen ist;
2. wer zwar eine giltige, auf seinen Namen lautende Jagdkarte besitzt, dieselbe aber bei Ausübung der Jagd nicht bei sich führt;
3. wer seine eigene Jagdkarte einem Anderen zum Gebrauche überläßt;

4. wer den polizeilichen Vollzugsbeamten oder Dienern die Vorzeigung der Jagdkarte oder bei sich ergebenden Anständen deren Abgabe verweigert;
5. wer bei Ausübung der Jagd sich gegen im Verordnungswege erlassene jagdpolizeiliche Vorschriften verfehlt;
6. wer in einem fremden Jagdbezirke mit Genehmigung des Jagdberechtigten, jedoch ohne dessen Begleitung oder ohne eine schriftliche Erlaubniß desselben bei sich zu führen, jagt.

Jeder, der auf Grund vorstehender Bestimmungen unter Ziff. 1 und 3 bestraft wird, soll außer der gesetzlichen Strafe zur Zahlung einer dem Preise der Jagdkarte gleichkommenden Summe verurtheilt werden.

Die Bestimmungen in Abs. 2 und 3 sind auch in der Pfalz anwendbar.

2. Bekanntmachung der k. Staatsministerien des Innern und der Finanzen vom 7. Dezember 1882, die Jagdkarten des Forstpersonals betreffend. (Min.-Amtsbl. S. 380.)

Vom Jahre 1883 an gelangen im ganzen Umfange des Königreiches gebührenfreie „Jagdkarten zum Betriebe von Aerarial-Regie-Jagden" nach folgenden Bestimmungen zur Einführung:

1. Die Ausstellung dieser Jagdkarten, für welche die Formulare zum Unterschiede von den übrigen Jagd-Karten-Formularen unter Benützung weißer Kartons hergestellt werden, erfolgt durch die Districtspolizei-Behörden auf Grund der Bedarfsanmeldungen der k. Forstämter, und zwar je für ein Kalenderjahr.

6. Die Jagdkarte zum Betriebe von Aerarial-Regie- und Leibgehegsjagden darf keiner anderen Person zum Gebrauche überlassen werden und bleibt auf die Jagddienstverrichtungen in den Aerarial-Regie- bezw. Leibgehegs-Jagdbezirken beschränkt. Der Inhaber derselben ist, wenn er außerhalb der genannten Jagden jagen will, bei Vermeidung der gesetzlichen Strafe verbunden, eine gewöhnliche (gebührenpflichtige) Jagdkarte zu lösen.

   Ebenso besteht selbstverständlich auch für den Inhaber einer gebührenfreien Jagdkarte die Verpflichtung, dieselbe bei der Ausübung der Jagd bei sich zu führen und den polizeilichen Vollzugsbeamten oder Dienern vorzuzeigen oder bei sich ergebenden Anständen abzugeben.

3. Kgl. Verordnung vom 5. Oktober 1863 / 19. März 1896, polizeiliche Vorschriften über Ausübung und Behandlung der Jagden betreffend. (Reg.-Bl. 1863 S. 1657, Ges. u. V.-Bl. 1896 S. 188.)

§ 2. Jeder Jagdausübungsberechtigte hat die festgesetzte Hege und Hegezeit zu beobachten.

§ 3. Die Hegezeit wird nach den verschiedenen Wildgattungen in nachstehender Weise bestimmt:

A. Für Haarwild.

für Hirsche vom 15. Oktober bis 24. Juni,
Alt- und Schmalthiere vom 6. Januar bis 15. September,
Dammböcke vom 30. Oktober bis 24. Juni,
Dammgeisen vom 6. Januar bis 1. Oktober,
Gemswild vom 30. November bis 25. Juli,
Rehböcke vom 2. Februar bis 1. Juni,
Waldhasen vom 2. Februar bis 15. September,
Dächse vom 1. Januar bis 15. September,
Biber vom 2. Februar bis 1. Oktober,
Murmelthiere vom 31. Oktober bis 15. August;

B. für Federwild:

für Fasanen vom 1. März bis 1. September,
Auer- und Birkhähne vom 2. Februar bis 1. August,
(mit Ausnahme der Balzzeit),
Hasel-, Schnee- und Steinhühner vom 2. Februar bis 1. August,
Wildenten vom 1. März bis 30. Juni,
Waldschnepfen und Bekassinen vom 15. April (im Hochgebirge vom 1. Mai) bis 1. Juli,
das auf den Mösern brütende Federwild, dann
auf Wildtauben, Ziemer, Drosseln vom 1. April bis 1. Juni.

§ 4. Das Schießen und Fangen von Rehgeisen, Wildkälbern, Gems- und Rehkitzen, sowie der Auer- und Birkhennen ist zu keiner Zeit gestattet.

Rehkitzböcke dürfen vom 1. Januar an zu den jagdbaren Böcken gerechnet werden.

§ 6. Die Feldjagd auf Hasen, Feldhühner, Wachteln und Lerchen ist vom 2. Februar an geschlossen.

Der Zeitpunkt der Eröffnung wird alljährlich in jedem Regierungsbezirke besonders bestimmt.

§ 9. Das Schießen oder Fangen der Feldhühner bei tiefem Schnee ist unbedingt verboten.

§ 10. Das Ausheben der Nester und der Nestbrut des Federwildes ist untersagt.

Eine Ausnahme kann jedoch mit besonderer Bewilligung der betreffenden Kreisregierung, Kammer des Innern, dann stattfinden, wenn zu wissenschaftlichen oder Unterrichtszwecken oder zum Zwecke der Fortpflanzung einzelner Federwildarten von dem Jagdausübungsberechtigten oder mit dessen Zustimmung von einem Dritten darum nachgesucht wird.

§ 11. Vierzehn Tage nach dem Eintritt der Hegezeit darf kein Wild, gleichviel ob es vom In- oder Auslande kommt, zum Verkaufe gebracht werden.

Dieser Termin kann von der Districtspolizeibehörde auf 14 Tage verlängert werden.

Die Versendung von Wachteln zum Zwecke des Verkaufes ist innerhalb der Schonzeit (§ 6 Abs. 1 u. 2) untersagt.

§ 12. Die Bestimmungen der §§ 1—11 finden auf umzäunte Wildparke und Fasanerien keine Anwendung.

Auch dürfen die Raubthiere und das in den §§ 3, 4 und 6 nicht namentlich aufgeführte Haar- und Federvieh zu jeder Zeit erlegt und verkauft werden.

§ 13. Das Abhalten von Treibjagden beim Mondscheine, dann in den Waldungen während der Monate April, Mai und Juni ist verboten.

§ 14. Zum Jagdbetriebe dürfen keine hochbeinigen, weitjagenden Hunde gebraucht, keine Schießbaumwolle oder vergiftete Köder, sowie keine Fang- und Fallgruben und keine Schlingen — jene für den Fang von Zugvögeln ausgenommen — angewendet werden.

§ 15. Zur Jagd auf Edel-, Damm- und Gemswild ist nur der Gebrauch mit Kugel geladener Gewehre gestattet.

§ 16. Beim Tragen und bei Benützung der Jagdgewehre soll mit der erforderlichen Vorsicht zu Werke gegangen werden.

§ 17. In den Jagdrevieren aufsichtslos umherstreifende Hunde dürfen von den Jagdausübungsberechtigten oder dem von ihm aufgestellten Jagdaufseher getödtet werden.

Anmerkung. Vorstehende Bestimmungen sind gemäß K. Verordnung vom 4. Januar 1872 auch in der Pfalz anwendbar.

4. Reichsgesetz vom 22. März 1888, betreffend den Schutz von Vögeln. (Reichs-Ges.-Bl. S. 111.)

§ 1. Das Zerstören und das Ausheben von Nestern oder Brutstätten der Vögel, das Zerstören und Ausnehmen von Eiern, das Ausnehmen und Tödten von Jungen, das Feilbieten und der Verkauf der gegen dieses Verbot erlangten Nester, Eier und Jungen ist untersagt.

Dem Eigenthümer und dem Nutzungsberechtigten und deren Beauftragten steht jedoch frei, Nester, welche sich an oder in Gebäuden oder in Hofräumen befinden, zu beseitigen.

Auch findet das Verbot keine Anwendung auf das Einsammeln, Feilbieten und den Verkauf der Eier von Strandvögeln, Seeschwalben, Möven und Kibitzen, jedoch kann durch

Landesgesetz oder durch landespolizeiliche Anordnung das Einsammeln der Eier dieser Vögel für bestimmte Orte oder für bestimmte Zeiten untersagt werden.

§ 2. Verboten ist ferner:

a) das Fangen und die Erlegung von Vögeln zur Nachtzeit mittelst Leimes, Schlingen, Netzen oder Waffen; als Nachtzeit gilt der Zeitraum, welcher eine Stunde nach Sonnenuntergang beginnt und eine Stunde vor Sonnenaufgang endet;

b) jede Art des Fangens von Vögeln, solange der Boden mit Schnee bedeckt ist;

c) das Fangen von Vögeln mit Anwendung von Körnern oder anderen Futterstoffen, denen betäubende oder giftige Bestandtheile beigemischt sind, oder unter Anwendung geblendeter Lockvögel;

d) das Fangen von Vögeln mittelst Fällkäfigen und Fallkästen, Reusen, großer Schlag- und Zugnetzen, sowie mittelst beweglicher und tragbarer, auf dem Boden oder quer über das Feld, das Niederholz, das Rohr oder den Weg gespannter Netze.

Der Bundesrath ist ermächtigt, auch bestimmte andere Arten des Fangens sowie das Fangen mit Vorkehrungen, welche eine Massenvertilgung von Vögeln ermöglichen, zu verbieten.

§ 3. In der Zeit vom 1. März bis zum 15. September ist das Fangen und die Erlegung von Vögeln sowie das Feilbieten und der Verkauf todter Vögel überhaupt untersagt.

Der Bundesrath ist ermächtigt, das Fangen und die Erlegung bestimmter Vogelarten, sowie das Feilbieten und den Verkauf derselben auch außerhalb des im Abs. 1 bestimmten Zeitraumes allgemein oder für gewisse Zeiten oder Bezirke zu untersagen.

§ 4. Dem Fangen im Sinne dieses Gesetzes wird jedes Nachstellen zum Zwecke des Fangens oder Tödtens von Vögeln, insbesondere das Aufstellen von Netzen, Schlingen, Leimruthen oder anderen Fangvorrichtungen gleichgeachtet.

§ 5. Vögel, welche dem jagdbaren Feder- und Haarwilde und dessen Brut und Jungen, sowie Fischen und deren Brut nachstellen, dürfen nach Maßgabe der landesgesetzlichen Bestimmungen über Jagd und Fischerei von den Jagd- oder Fischereiberechtigten und deren Beauftragten getödtet werden.

Wenn Vögel in Weinbergen, Gärten, bestellten Feldern, Baumpflanzungen, Saatkämpen und Schonungen Schaden anrichten, können die von den Landesregierungen bezeichneten Behörden den Eigenthümern und Nutzungsberechtigten der Grundstücke und deren Beauftragten oder öffentlichen Schutzbeamten (Forst- und Feldhütern, Flurschützen rc.), soweit dies zur Abwendung dieses Schadens nothwendig ist, das Tödten solcher Vögel innerhalb der betroffenen Oertlichkeiten auch während der im § 3 Abs. 1 bezeichneten Frist gestatten. Das Feilbieten und der Verkauf der auf Grund solcher Erlaubniß erlegten Vögel sind unzulässig.

Ebenso können die im Abs. 2 bezeichneten Behörden einzelne Ausnahmen von den Bestimmungen in §§ 1 bis 3 dieses Gesetzes zu wissenschaftlichen oder Lehrzwecken, sowie zum Fange von Stubenvögeln für eine bestimmte Zeit und für bestimmte Oertlichkeiten bewilligen.

Der Bundesrath bestimmt die näheren Voraussetzungen, unter welchen die im Abs. 2 und 3 bezeichneten Ausnahmen statthaft sein sollen.

Von der Vorschrift unter § 2b kann der Bundesrath für bestimmte Bezirke eine allgemeine Ausnahme gestatten.

§ 6. Zuwiderhandlungen gegen die Bestimmungen dieses Gesetzes oder gegen die von dem Bundesrath auf Grund derselben erlassenen Anordnungen werden mit Geldstrafe bis zu einhundertfünfzig Mark oder mit Haft bestraft.

Der gleichen Strafe unterliegt, wer es unterläßt, Kinder oder andere unter seiner Gewalt stehende Personen, welche seiner Aufsicht untergeben sind und zu seiner Hausgenossenschaft gehören, von der Uebertretung dieser Vorschriften abzuhalten.

§ 7. Neben der Geldstrafe oder der Haft kann auf die Einziehung der verbotswidrig in Besitz genommenen, feilgebotenen oder verkauften Vögel, Nester, Eier, sowie auf Einziehung der Werkzeuge erkannt werden, welche zum Fangen oder Tödten der Vögel, zum Zerstören oder Ausheben der Nester, Brutstätten oder Eier gebraucht oder bestimmt waren, ohne Unterschied, ob die einzuziehenden Gegenstände dem Verurtheilten gehören oder nicht.

Ist die Verfolgung oder Verurtheilung einer bestimmten Person nicht ausführbar, so können die im vorstehenden Absatz bezeichneten Maßnahmen selbstständig erkannt werden.

§ 8. Die Bestimmungen dieses Gesetzes finden keine Anwendung

a) auf das im Privateigenthume befindliche Federvieh;
b) auf die nach Maßgabe der Landesgesetze jagdbaren Vögel;
c) auf die in nachstehendem Verzeichniß angeführten Vogelarten:
   1. Tagraubvögel mit Ausnahme der Thurmfalken,
   2. Uhu's,

3. Würger (Neuntödter),
4. Kreuzschnäbel,
5. Sperlinge (Haus- und Feldsperlinge),
6. Kernbeißer,
7. rabenartige Vögel (Kolkraben, Rabenkrähen, Nebelkrähen, Saatkrähen, Dohlen, Elstern, Eichelhäher, Nuß- oder Tannenhäher),
8. Wildtauben (Ringeltauben, Hohltauben, Turteltauben),
9. Wasserhühner (Rohr- und Bleßhühner),
10. Reiher (eigentliche Reiher, Nachtreiher oder Rohrdommeln),
11. Säger (Sägetaucher, Tauchergänse),
12. alle nicht im Binnenlande brütende Möven,
13. Kormorane,
14. Taucher (Eistaucher und Haubentaucher).

Auch wird der in der bisher üblichen Weise betriebene Krammetsvogelfang, jedoch nur in der Zeit vom 21. September bis 31. Dezember je einschließlich, durch die Vorschriften dieses Gesetzes nicht berührt.

Die Berechtigten, welche in Ausübung des Krammetsvogelfanges außer den eigentlichen Krammetsvögeln auch andere, nach diesem Gesetze geschützte Vögel unbeabsichtigt mitfangen, bleiben straflos.

§ 9. Die landesrechtlichen Bestimmungen, welche zum Schutze der Vögel weitergehende Verbote enthalten, bleiben unberührt. Die auf Grund derselben zu erkennenden Strafen dürfen jedoch den Höchstbetrag der in diesem Gesetze angedrohten Strafen nicht übersteigen.

5. Kgl. Verordnung vom 15. November 1889, den Schutz von Vögeln betreffend. (Ges.- u. V.-Bl. S. 573.)

§ 1. Das Fangen und die Erlegung der in der Anlage angeführten Vögel sowie das Feilbieten und der Verkauf derselben in todtem Zustande ist auch außerhalb der in § 3 Abs. 1 des Reichsgesetzes festgesetzten Schonzeit (1. März bis 15. Sept.), sohin während des ganzen Jahres verboten.

§ 2. Die nach § 5 Abs. 2 und 3 des Reichsgesetzes zulässigen Ausnahmsbewilligungen werden von den Districtspolizeibehörden, in München von der Polizeidirection ertheilt.

Gesuche um solche Bewilligungen sind seitens der Betheiligten bei der Ortspolizeibehörde ihres Wohnortes anzubringen und von letzterer mit gutachtlicher Aeußerung der Districtspolizeibehörde vorzulegen.

§ 3. In den Fällen des § 5 Abs. 3 des Reichsgesetzes dürfen Ausnahmsbewilligungen nur an gutbeleumundete Personen ertheilt werden.

Bei Gestattung von solchen Ausnahmen ist dem Nachsuchenden ein Legitimationsschein auszufertigen, welcher zu enthalten hat:

1. den Namen und die Personalbeschreibung des zur Führung des Scheines Berechtigten;
2. den Inhalt der Bewilligung, dann die Oertlichkeit und Zeitdauer, auf welche sich dieselbe erstreckt;
3. den Vorbehalt jederzeitigen Widerrufes der ertheilten Bewilligung;
4. alle sonstigen Bedingungen, unter welchen die Ausnahmsbewilligung gewährt wurde;
5. das Verbot der Abtretung des Legitimationsscheines an andere Personen.

Diesen Legitimationsschein hat der zur Führung desselben Berechtigte bei Ausübung seiner Befugnisse stets bei sich zu tragen und dem Polizei- Forst- und Jagdschutz-, dann dem Feldschutz-Personale auf Verlangen vorzuweisen.

Anlage,

enthaltend das Verzeichniß der nach § 3 Abs. 1 des Reichsgesetzes sowie nach § 1 der Verordnung geschützten Vogelarten.

Ammern
Bachstelzen
Baumläufer
Blau- und Braunkehlchen
Braunellen
Eulen mit Ausnahme des Uhu
Finken (alle Finkenarten, insbesondere Buchfinken, Gimpel, Stieglitz, Zeisig u. s. w.) mit Ausnahme der sog. Bohemer und des Sperlings
Fliegenschnapper
Goldamsel (Pirol)
Goldhähnchen
Grasmücken
Haide- oder Baumlerchen
Kuckucke
Laub- und Rohrsänger
Mandelkrähen (Blauracken)
Meisen
Nachtigallen
Nachtschwalben
Pieper
Rothkehlchen
Schwalben
Schwarzkehlchen
Schwarzplättchen
Spechte
Sprosser
Staare
Steinschmätzer
Störche
Wendehälse
Wiedehopfe
Zaunkönige.

Das Fangen und die Erlegung der vorstehend aufgeführten Vögel sowie das Feilbieten und der Verkauf derselben ist während des ganzen Jahres verboten.

6. Bekanntmachung des k. Staatsministeriums des Innern vom 4. Oktober 1884, den Erlaß einer Landes-Fischereiordnung betreffend. (Ges.- u. V.-Bl. S. 459.)

Auf Grund des Artikel 126 Ziffer 1 des Polizeistrafgesetzbuches vom 26. Dezember 1871 wird nachstehende Landes-Fischereiordnung erlassen:

I. Schonzeit für Fische.

§ 1. Für die nachgenannten Fischarten werden folgende Schonzeiten festgesetzt:

1. vom 1. März bis 30. April für Aesche (Asch Thymallus vulgaris, Nils);
2. vom 16. März bis 30. April für Huchen (Rothfisch, Salmo Hucho, L.);
3. vom 1. bis 30. April für Hasel (Rüßling, Squallius Leuciscus, L.);
4. vom 1. April bis 31. Mai für Schill (Amaul, Sandbarsch, Zander, Lucioperca Sandra, L.);
5. vom 1. Mai bis 30. Juni für Schleie (Tinea vulgaris, Cuv.);
6. vom 1. Mai bis 30. Juni für Barbe (Barbus fluviatilis, Agass.);
7. vom 1. Mai bis 30. Juni für Brachse (Abramis Brama, L.);
8. vom 1. September bis 31. Oktober für Kilch (Coregonus hiemalis, jur.);
9. vom 1. Oktober bis 31. Dezember für kalifornischen Lachs (Salmo Quinnat) und amerikanischen Binnenseelachs (Salmo Sebago, landloked-salmon);
10. vom 1. Oktober bis 31. Dezember für Forelle (Wald-, Bach-, Teich-, Flußforelle, Steinforelle, Trutta Fario, L.);
11. vom 1. Oktober bis 31. Dezember für Seeforelle (Rheinanke, Illanke, Seelachs, Grundforelle — als sterile Form Silberlachs, Schwebforelle, Maiforelle — Trutta lacustris, L.);
12. vom 16. Oktober bis 31. Dezember für Lachs (Rheinsalm, Trutta Salar, L.);
13. vom 16. Oktober bis 31. Januar für große Maräne (Coregonus Maraena, Bl.), Kleine Maräne (Coregonus Albula, L.) und amerikanische Maräne (Coregonus albus);
14. vom 16. Oktober bis 31. Januar für Renke (Blaufelche, Coregonus Wartmanni, Bl.), und Bodenrenke (Sandfelche, Weißfelche (Coregonus Fera, jur.);
15. vom 1. November bis 15. Dezember für Meerforelle (Trutta Trutta, L.);

16. vom 1. November bis 31. Dezember für Saibling (Ritter, Salmo Salvelinus, L.), und für Bachsaibling Salmo fontinalis).

Wenn in einem oder mehreren Bezirken die natürliche Laichperiode für Forellen und Lachse sich unter regelmäßigen Verhältnissen über den in Ziffer 10 und 12 bezeichneten Zeitpunkt hinaus erstreckt, so kann hiefür die Schonzeit von der betreffenden k. Kreisregierung, Kammer des Innern, bis spätestens 15. Januar verlängert werden.

Die vorgeschriebenen Anfangs- und Endtage sind in die Schonzeit mit eingeschlossen.

Die k. Kreisregierungen, Kammern des Innern, sind ermächtigt, für ihren Regierungsbezirk oder für einzelne bestimmte Gewässer oder Theile derselben auch für Hechte, Rutten (Lota vulgaris, C.), Schied (Aspius rapax, Agass.), Karpfen, Aitel (Alten, Dickkopf, Schuppfisch, Döbel, Diebel, Dübling, (Squalius Cephalus, L.), Nerfling (Aland, Idus Melanotus Heck.), Frauen-Nerfling (Leuciscus Virgo, Heck.) und Frauenfisch (Leuciscus Meidingeri, Heck.) See-Rüßlinge (Abramis melanops, Heck.), Halbbrachsen, (Güster Blicca Björkna, L.), sowie für Nasen (Chondrostoma Nasus, L.) eine Schonzeit festzusetzen, welche jedoch die Dauer von 2 Monaten des Jahres nicht überschreiten darf.

Werden edlere Fische, welche in einem Gewässer bisher nicht einheimisch waren, in dasselbe neu eingesetzt, so kann mit Zustimmung des Fischereiberechtigten oder, falls mehrere Berechtigte vorhanden sind, der Mehrheit derselben der Fang von Fischen solcher Art für das betreffende Fischwasser, sowie für etwaige damit zusammenhängende andere Gewässer oder Wasserstrecken durch die k. Kreisregierung, Kammer des Innern, auf eine bestimmte Zeitdauer unbedingt verboten werden.

§ 2. Auf Fische, solange sie der Schonzeit unterliegen, darf in keinem Gewässer ein Fang unternommen werden.

Bei erlaubtem Fange unabsichtlich mitgefangene Fische solcher Art sind in dasselbe Gewässer unverzüglich frei wieder einzusetzen.

Während der Schonzeit, ausschließlich der ersten drei Tage derselben, dürfen Fische der betreffenden Art weder zu Markt gebracht, noch sonst wie feilgehalten oder veräußert oder zu solchem Zwecke versendet werden, gleichviel wann, wo und von wem sie gefangen wurden.

Dieses Verbot erstreckt sich insbesondere auch auf das Feilhalten und den Verkauf von rohen oder zubereiteten Fischen solcher Art in Gasthäusern, Restaurants, Garküchen und ähnlichen Gewerbslokalen, sowie auf das Auflegen von Speisekarten mit Preisnotirungen für derlei Fische.

Den k. Kreisregierungen, Kammern des Innern, wird anheimgegeben, wenn sie von der im § 1 Abs. 4 und 5 enthaltenen Ermächtigung Gebrauch machen, zugleich den Bezirk zu bezeichnen, in welchem während der festgesetzten Schonzeit die Bestimmungen der vorstehenden Absätze 3 und 4 Anwendung zu finden haben.

§ 3. Die vorstehenden Verbote und sonstigen Bestimmungen bleiben außer Anwendung in Beziehung auf nachbenannte Fische, wenn sie das beigesetzte Gewicht (in ausgeweidetem Zustande) erweislich erreicht haben:

Aiteln (Alten Döbel) mit wenigstens 1 Kilogramm Gewicht,
Brachsen mit wenigstens $1^1/_2$ Kilogramm Gewicht,
Forellen (gemeine, Trutta Fario, L.) mit wenigstens $1^1/_2$ Kilogramm Gewicht,
Hechte mit wenigstens 4 Kilogramm Gewicht,
Huchen mit wenigstens 7 Kilogramm Gewicht,
Rutten mit wenigstens 1 Kilogramm Gewicht,
Seeforellen mit wenigstens 3 Kilogramm Gewicht.

Geringere Gewichtsdifferenzen bis zu 200 Gramm können hiebei nachgesehen werden.

Auf die Abfischung von Fischteichen finden die bezüglich der Schonzeit erlassenen Verbote keine Anwendung, wenn in Folge unabwendbarer Naturereignisse oder sonstigen Nothstandes das sofortige Abfischen des Teiches geboten erscheint.

Gleiches gilt in einem solchen Falle gegenüber dem Fischereiberechtigten von dem Verbote der Veräußerung oder Versendung der Fangergebnisse, wenn die sofortige Veräußerung zur Abwendung erheblichen Schadens nothwendig ist.

§ 4. Für Seen kann durch die k. Kreisregierung, Kammer des Innern, in widerruflicher Weise gestattet werden, daß in denselben einzelne Fischarten auch während der festgesetzten Schonzeit oder innerhalb eines bestimmten Zeitraumes derselben gefangen werden, wenn diese Fischarten aus örtlichen oder sonstigen natürlichen Gründen zu anderer Zeit nicht gefangen werden können. Die Fangerlaubniß kann hiebei auf die Anwendung bestimmter Fanggeräthe und Fangarten oder auf bestimmte Fangplätze beschränkt werden.

Bezüglich solcher Fischarten, welche für den Bestand oder die Vermehrung edlerer Fischgattungen nachtheilig sind, kann durch die Districtspolizeibehörde einzelnen Fischereiberechtigten für bestimmte Gewässer und Zeitdauer der Fang auch während der Schonzeit gestattet werden, wenn festgestellt ist, daß eine weitere Vermehrung der fraglichen Fischart in dem betreffenden Gewässer aus jenem Gesichtspunkte bedenklich sein würde. Für geschlossene Gewässer kann das Gleiche auch dann schon gestattet werden, wenn die Beseitigung einzelner Fischarten im Interesse der vom Fischereiberechtigten verfolgten fischereiwirthschaftlichen Zwecke liegt.

Durch die Districtspolizeibehörden kann einzelnen Personen in widerruflicher Weise gestattet werden, zu wissenschaftlichen Zwecken aus bestimmten Gewässern bestimmte Quantitäten von Fischen auch während der Schonzeit zu fangen oder fangen zu lassen.

Die gleiche Erlaubniß kann auch zum Behufe der sogenannten künstlichen Fischzucht hinsichtlich bestimmter hiezu dienlicher Fischarten, namentlich von Edelfischen (Salmoniden), für eine begrenzte Zeitdauer, sowie für eine wenigstens beiläufig festzusetzende Menge von Fischen oder zu befruchtenden Eiern ertheilt werden.

Durch die nach vorstehenden Bestimmungen ertheilte Erlaubniß zum Fange wird an den Verboten des Feilhaltens, der Veräußerung und Versendung der Fische nichts geändert. Die Districtspolizeibehörde kann jedoch Fischzüchtern widerruflich gestatten, Huchen mit wenigstens 5, Lachse mit wenigstens 4, Seeforellen mit wenigstens 2 und Saiblinge mit wenigstens 1 Kilogramm Gewicht, welche erweislich zur künstlichen Fischzucht gedient haben, ausnahmsweise noch während der Schonzeit feil zu halten, zu veräußern, oder zu versenden, wenn außerdem Gefahr des Verlustes der Fische durch Verenden oder Verderben bestünde.

II. Minimal-Maße für Fische.

§ 5. Für die nachbenannten Fischarten werden folgende Minimalmaße (Brittelmaße), und zwar für die ganze Länge des Fisches von der Kopfspitze bis zum Schwanzende (Schwanzspitzen) festgesetzt, nämlich:

54 Centimeter für Huchen (Salmo Hucho, L.);
50 Centimeter für Meerforelle (Trutta Trutta, L.);
50 Centimeter für Lachs (Salm, Trutta Salar, L.);
40 Centimeter für Seeforelle (Trutta Lacustris, L.);
40 Centimeter für Schill (Amaul, Zander, Lucioperca Sandra L.);
35 Centimeter für Aal (Anquilla fluviatilis, Flem.);
35 Centimeter für kalifornischen Lachs (Salmo Quinnat.) und amerikanischen Binnenseelachs (Salmo Sebago, landlocked-Salmon);
29 Centimeter für Aesche (Thymallus vulgaris, Nils.);

28 Centimeter für Barbe (Barbus fluviatilis, Agass.);
28 Centimeter für Brachse (Abramis Brama, L.);
25 Centimeter für Saibling (Salmo Salvelinus, L.);
24 Centimeter für Forelle (Wald-, Teich-, Bach-, Fluß- und Stein-Forelle Trutta Fario, L.);
24 Centimeter für Große Maräne (Coregonus Maraena, Bl.) und amerikanische Maräne (Coregonus albus);
22 Centimeter für Renke und Bodenrenke (Coregonus Wartmanni, Bl., und Coregonus Fera, jur.);
22 Centimeter für Kilch (Coregonus hiemalis, jur.);
22 Centimeter für Bach-Saibling (Salmo fontinalis);
22 Centimeter für Schleie (Tinca vulgaris, Cuv.);
15 Centimeter für Hasel (Squalius Leuciscus, L.;
12 Centimeter für Kleine Maräne (Coregonus Albula, L).

Die k. Kreisregierungen, Kammern des Innern, sind ermächtigt, für einzelne Bezirke das Minimalmaß für Forellen (Trutta Fario) bis zu 18 Centimeter herabzusetzen.

Dieselben können ferner für die im § 1 Abs. 4 bezeichneten Fischarten in dem dortselbst vorgesehenen räumlichen Umfange Minimalmaße bestimmen.

§ 6. Die in § 2 und § 4 Abs. 2 und 3 enthaltenen Bestimmungen finden in Bezug auf Fische, welche das festgesetzte Minimalmaß noch nicht erreicht haben, entsprechende Anwendung.

Auf den Fang, die Veräußerung und Versendung von Fischbrut aus Fischzucht-Anstalten zu Züchtungszwecken finden die Vorschriften über Minimalmaße keine Anwendung.

Bei der Abfischung von Fischteichen ist der Fang von Fischen unter dem Minimalmaße gestattet, die Verbote nach § 2 Abs. 3 und 4 greifen dagegen auch in letzterem Falle für solche Fische Platz.

Außerdem dürfen zum Zwecke der Besetzung anderer Fischwasser, sowie zur Streckung und Mastung in Fischzucht-Anstalten Setzlinge von Zuchtfischen unter dem vorgeschriebenen Minimalmaße gefangen, veräußert und versendet werden, ausgenommen während der für die betreffenden Fische vorgeschriebenen Schonzeit. Das öffentliche Feilhalten solcher Setzlinge auf Märkten und in Verkaufslokalen bleibt verboten. Auch kann im Falle von Mißbrauch einzelnen Personen vorstehende Befugniß für nicht geschlossene Gewässer districtspolizeilich entzogen werden.

III. Schonvorschriften für Krebse.

§ 7. Der Fang weiblicher Krebse ist verboten; männliche Krebse dürfen nicht unter dem Gewichte von 40 Gramm gefangen werden.

Werden Krebse, deren Fang hienach untersagt ist, unabsichtlich gefangen, so sind dieselben unverzüglich in das nämliche Gewässer frei wieder einzusetzen.

Bezüglich des Feilhaltens, der Veräußerung und Versendung weiblicher oder das vorgeschriebene Gewicht nicht erreichender männlicher Krebse gelten analog die für Fische unter dem Minimalmaß festgesetzten Verbote.

Die nach den Bestimmungen in § 3 Abs. 3 und 4 und § 6 Abs. 2 bis 4 vorgesehenen Ausnahmen finden in gleichem Umfange auch bezüglich weiblicher oder das vorgeschriebene Gewicht nicht erreichender männlicher Krebse, sowie für Krebsgewässer und Krebszucht analoge Anwendung. Auch sind die Districtspolizeibehörden ermächtigt, zu wissenschaftlichen Zwecken, sowie zu Zwecken der Krebszucht in Krebszucht-Anstalten nach analoger Maßgabe des § 4 Abs. 3, 4 und 5 Satz 1 Erlaubniß zum Fange weiblicher oder das vorgeschriebene Gewicht nicht erreichender männlicher Krebse zu ertheilen.

IV. Fangarten und Fanggeräthe.

§ 8. Fanggeräthe jeder Art und Benennung, insbesondere Netze, Geflechte, Körbe, Reusen, sowie Fanggeräthe aus Holzstäben oder Latten dürfen nicht angewendet werden, wenn deren Oeffnungen (bei Maschen im nassen Zustande), sowohl in ihrer Höhe als in ihrer Breite nicht wenigstens 3 Centimeter messen.

Im Rheine und dessen Zuflüssen müssen beim Salmenfange die vorgenannten Fangvorrichtungen, sowie die Seitentheile (Flügel) der großen Zugnetze (Seegen, Zegens) und Fuicken (Bügelreusen) Oeffnungen von 6 Centimetern, das Innere der Seegen, Reusen und Fuicken von 4 Centimetern in Höhe und Breite haben.

Bei der Kontrole der Fanggeräthe ist eine Abweichung von $^1/_{10}$ nicht zu beanstanden. Die gemäß der § 3 Abs. 3, § 4 und § 6 begründeten ausnahmsweisen Fangbefugnisse schließen auch die Erlaubniß in sich, die zu jenen Zwecken erforderlichen Fanggeräthe ohne Beschränkung der Höhe und Breite ihrer Oeffnungen hiebei zu gebrauchen.

Bei den großen Zugnetzen in den Seen können die k. Kreisregierungen, Kammern des Innern, einer Verengung der Maschenweite gegen das Innere zu gestatten, wenn und soweit dies die örtlichen Verhältnisse erfordern.

Zum Zwecke des Fanges von Futter- und Köderfischen ist der Gebrauch von Netzen mit geringerer Maschenweite gestattet; doch wird dadurch an den Bestimmungen über Schonzeit und Minimalmaße nichts geändert. Bei wahrgenommenem Mißbrauche dieser Befugniß kann dieselbe von der Districtspolizeibehörde entzogen werden.

§ 9. Verboten ist:

1. die Anwendung schädlicher oder explodirender Stoffe (insbesondere von giftigen Ködern, oder von Mitteln zur Betäubung oder Vernichtung der Fische, von Sprengpatronen oder anderen dergleichen Sprengmitteln), sowie der Gebrauch von Fackeln oder sonstigen Beleuchtungsmitteln beim Fischen und Krebsen;
2. die Anwendung menschlicher Thätigkeit während der Nachtzeit zum Zwecke des Fischfanges, mit Ausnahme der im § 3 bezeichneten Fälle nothgedrungenen Abfischens von Fischteichen;
3. das Fischen unter gänzlicher oder theilweiser Beseitigung der Eisdecke in nicht geschlossenen Gewässern (einschließlich der sogenannten Altwasser, Buhnenbaue und anderen derartigen Zugehörungen;
4. das Tollkeulen oder Jagen der Fische unter dem Eise;
5. die Anwendung grober Werkzeuge beim Fischen, oder von Mitteln zur Verwundung der Fische, namentlich von Fallen, Leg- oder Schlageisen, Speeren und Fischgabeln (Harpunen, Gern), vorbehaltlich der Bestimmung im § 11);
6. die Anlegung neuer, namentlich mit Mühlen oder sonstigen Wasserwerken verbundener sogenannter Selbstfänge.

Für den Salmenfang (Lachsfang) im Rheine können von den Districtspolizeibehörden einzelnen Fischereiberechtigten Ausnahmen von dem Verbote unter Ziffer 2 durch Ausstellung besonderer Erlaubnißscheine widerruflich bewilligt werden.

Von den Bestimmungen unter Ziffer 3 können die k. Kreisregierungen, Kammern des Innern, für einzelne Gewässer oder Bestandtheile von solchen nach Maßgabe des wirthschaftlichen Bedürfnisses und der örtlichen Verhältnisse in widerruflicher Weise Ausnahmen bewilligen.

§ 10. Von den Angeln sind sogenannte Schlag- oder Sprenghacken verboten.

§ 13. Jede absichtliche Störung des Laichgeschäftes oder der Laichstellen von Fischen, welche ihrer Art nach einer Schonzeit unterliegen, insbesondere durch irgend welche Art des Absperrens des freien Zuges der Fische (Archenschläge, Einlegen von Reusen, Einhängen von Netzen irgend welcher Art, Faschinenlegen u. s. w. ist für Jedermann verboten.

Lachen, Pfützen und Ausbuchtungen, welche den Fischen während der Laichzeit zum Aufenthalte dienen, dürfen nicht gesperrt, und jungen Fischen darf der Durchzug aus solchen Wassern nicht abgeschnitten werden.

V. Sonstige Gegenstände der Fischerei-Ordnung.

§ 18. Wer den Fisch- oder Krebsfang ausübt, ohne selbst der Fischereiberechtigte oder Pächter des betreffenden Fischwassers zu sein, oder sich in Begleitung eines solchen zu befinden, hat sich gegenüber den Organen des Polizei- und Sicherheitsdienstes durch einen schriftlichen Ausweis zu legitimiren.

Dieser von dem Fischereiberechtigten oder Pächter auszustellende Ausweis hat Vor- und Zuname, Alter, Stand und Wohnort des Betreffenden, dann Art- und Zeitdauer der ertheilten Erlaubniß, sowie die Bezeichnung der Fischwasserstrecke zu enthalten und ist von der Ortspolizeibehörde des Wohn- oder Aufenthaltsortes des Fischereiberechtigten oder Pächters gebührenfrei zu bestätigen. Für diejenigen Gewässer oder Fischwasserstrecken, welche unter der Verwaltung des k. Obersthofmarschall-Stabes oder einer anderen Hofstelle oder der k. Chiemsee-Administration stehen und nicht völlig verpachtet sind, erfolgt die Ausstellung des Fischerei-Legitimations-Ausweises durch den k. Obersthofmarschall-Stab, beziehungsweise die betreffende andere Hofstelle oder die k. Chiemsee-Administration.

7. Bekanntmachung des Staatsministeriums des Innern vom 30. Januar 1887, die Landes-Fischerei-Ordnung betreffend.

(Ges.- u. V.-Bl. S. 29.)

Für die bayerische Strecke des Rheines, sowie für dessen in Bayern gelegene Nebenflüsse, soweit der Lachs (Rheinsalm, (Salmo Salar, L.) oder der Maifisch (Alosa vulgaris, Cuv.) darin aufsteigt oder dieselben durchzieht, werden auf Grund des Art. 126 Ziff. 1 des Polizeistrafgesetzbuches vom 26. Dezember 1871 nachstehende oberpolizeiliche Vorschriften erlassen:

§ 1. Die Fischerei auf Lachse und Maifische mit Geräthen jeder Art muß auf die Dauer von 24 Stunden in jeder Woche von Samstag Abend 6 Uhr bis Sonntag Abend 6 Uhr eingestellt werden.

Jedoch können auch gegenüber dieser wöchentlichen Schonzeit die in § 4 Abs. 4 und 5 der Landes-Fischerei-Ordnung enthaltenen Bestimmungen in Anwendung gebracht werden.

§ 2. Jede Lachsfischerei mit Zegensbetrieb ist jeweils während der Zeit vom 27. August bis 26. Oktober einschließlich verboten.

An den sonstigen, in der Landes-Fischerei-Ordnung oder in Kreis-Fischerei-Ordnungen enthaltenen Beschränkungen in Bezug auf den Gebrauch von Zegen (Seegen) wird hiedurch nichts geändert.

§ 3. Die Bestimmung in § 12 Abs. 1 der Landes-Fischerei-Ordnung wird auf diejenigen Fischerei-Vorrichtungen (Reusen, Sperrnetze) ausgedehnt, welche am Ufer oder im Flußbette befestigt oder verankert sind.

Treibnetze (dreiwandige Netze) dürfen beim Fange der Lachse und Maifische nur angewendet werden, wenn sie zwischen Ober- und Untersimm (Ober- und Unterleine) nicht über 2,5 m breit sind.

Mehrere Treibnetze dürfen nur in einer Entfernung von einander ausgeworfen werden, welche mindestens das Doppelte der Länge des größten Netzes beträgt.

§ 4. Vorstehende Bestimmungen finden keine Anwendung auf die Buhnen am Maine und auf die Nebenarme des Rheines, soferne dieselben nicht von beiden Seiten mit dem Hauptstrome derartig in Verstehung stehen, daß die Wanderfische jederzeit frei hindurchziehen können.

D. Gewerbe, Handel und Verkehr.

1. Reichsgewerbeordnung.

Titel I.

Allgemeine Bestimmungen.

§ 1. Der Betrieb eines Gewerbes ist Jedermann gestattet, soweit nicht durch dieses Gesetz Ausnahmen oder Beschränkungen vorgeschrieben oder zugelassen sind.

Wer gegenwärtig zum Betriebe eines Gewerbes berechtigt ist, kann von demselben nicht deßhalb ausgeschlossen werden, weil er den Erfordernissen dieses Gesetzes nicht genügt.

§ 5. In den Beschränkungen des Betriebes einzelner Gewerbe, welche auf den Zoll-, Steuer- und Postgesetzen beruhen, wird durch das gegenwärtige Gesetz nichts geändert.

§ 6. Das gegenwärtige Gesetz findet keine Anwendung auf die Fischerei, die Errichtung und Verlegung von Apotheken, die Erziehung von Kindern gegen Entgelt, das Unterrichtswesen, die advokatorische und Notariatspraxis, den Gewerbebetrieb der Auswanderungs-Unternehmer und Auswanderungs-Agenten, der Versicherungs-Unternehmer und der Eisenbahn-Unternehmungen, die Befugniß zum Halten öffentlicher Fähren und die Rechtsverhältnisse der Schiffsmannschaften auf den Seeschiffen. — Auf das Bergwesen, die Ausübung der Heilkunde, den Verkauf von Arzneimitteln, den Betrieb von Lotterieloosen und die Viehzucht findet das gegenwärtige Gesetz nur insoweit Anwendung, als dasselbe ausdrückliche Bestimmungen darüber enthält.

Durch Kaiserliche Verordnung wird bestimmt, welche Apothekerwaaren dem freien Verkehr zu überlassen sind.

Titel II.

Stehender Gewerbebetrieb.

I. Allgemeine Erfordernisse.

§ 14. Wer den selbstständigen Betrieb eines stehenden Gewerbes anfängt, muß der für den Ort, wo solches geschieht, nach den Landesgesetzen zuständigen Behörde gleichzeitig Anzeige davon machen. Diese Anzeige liegt auch Demjenigen ob, welcher zum Betriebe eines Gewerbes im Umherziehen (Titel III.) befugt ist.

Außerdem hat, wer Versicherungen für eine Mobiliar- oder Immobiliar-Feuerversicherungs-Anstalt als Agent oder Unteragent vermitteln will, bei Uebernahme der Agentur, und Derjenige, welcher dieses Geschäft wieder aufgibt, oder welchem die Versicherungsanstalt den Auftrag wieder entzieht, innerhalb der nächsten acht Tage der zuständigen Behörde seines Wohnortes davon Anzeige zu machen. Buch- und Steindrucker, Buch- und Kunsthändler, Antiquare, Leihbibliothekare, Inhaber von Lesekabineten, Verkäufer von Druckschriften, Zeitungen und Bildern haben bei der Eröffnung ihres Gewerbebetriebes das Lokal desselben, sowie jeden späteren Wechsel des letzteren spätestens am Tage seines Eintritts der zuständigen Behörde ihres Wohnortes anzugeben.

§ 15. Die Behörde bescheinigt innerhalb dreier Tage den Empfang der Anzeige.

Die Fortsetzung des Betriebes kann polizeilich verhindert werden, wenn ein Gewerbe, zu dessen Beginn eine besondere Genehmigung erforderlich ist, ohne diese Genehmigung begonnen wird.

II. Erforderniß besonderer Genehmigung.

1. Anlagen, welche einer besonderen Genehmigung bedürfen.

§ 16. Zur Errichtung von Anlagen, welche durch die örtliche Lage oder die Beschaffenheit der Betriebsstätte für die Besitzer oder Bewohner der benachbarten Grundstücke oder für das Publikum überhaupt erhebliche Nachtheile, Gefahren oder Belästigungen herbeiführen können, ist die Genehmigung der nach den Landesgesetzen zuständigen Behörde erforderlich:

Es gehören dahin:

Schießpulverfabriken, Anlagen zur Feuerwerkerei und zur Bereitung von Zündstoffen aller Art, Gasbereitungs- und Gasbewahrungs-Anstalten, Anstalten zur Destillation von Erdöl, Anlagen zur Bereitung von Braunkohlentheer, Steinkohlentheer und Coaks, sofern sie außerhalb der Gewinnungsorte des Materials errichtet werden, Glas- und Rußhütten, Kalk-, Ziegel- und Gypsöfen, Anlagen zur Gewinnung roher Metalle, Röstöfen, Metallgießereien, sofern sie nicht bloße Tiegelgießereien sind, Hammerwerke, chemische Fabriken aller Art, Schnellbleichen, Firnißsiedereien, Stärkefabriken, mit Ausnahme der Fabriken zur Bereitung von Kartoffelstärke, Stärkesyrups-Fabriken, Wachstuch-, Darmsaiten-, Dachpappen- und Dachfilz-Fabriken, Leim-, Thran- und Seifensiedereien, Knochenbrennereien, Knochendarren, Knochenkochereien und Knochenbleichen, Zubereitungsanstalten für Thierhaare, Talgschmelzen, Schlächtereien, Gerbereien, Abdeckereien, Poudretten- und Düngpulverfabriken, Stauanlagen für Wassertriebwerke (§ 23), Hopfenschwefeldörren, Asphaltkochereien und Pechsiedereien, soweit sie außerhalb der Gewinnungsorte des Materials errichtet werden, Strohpapierstoff-Fabriken, Darmzubereitungs-Anstalten, Fabriken, in welchen Dampfkessel oder andere Blechgefäße durch Vernieten hergestellt werden, Kalifabriken und Anstalten zum Imprägniren von Holz mit erhitzten Theerölen, Kunstwollefabriken, Anlagen für Herstellung von Celluloid- und Dégrasfabriken, Fabriken, in welchen Röhren aus Blech durch Vernieten hergestellt werden, Anlagen zur Erbauung eiserner Schiffe, zur Herstellung eiserner Brücken oder sonstiger eiserner Baukonstruktionen, Anlagen zur Destillation oder zur Verarbeitung von Theer und von Theerwasser, Anlagen, in welchen aus Holz oder ähnlichem Fasermaterial auf chemischem Wege Papierstoff hergestellt wird (Cellulosefabriken), Anlagen, in welchen Albuminpapier hergestellt wird, Anstalten zum Trocknen und Einsalzen ungegerbter Thierfelle, Verbleiungs-, Verzinnungs- und Verzinkungs-Anstalten.

Das vorstehende Verzeichniß kann je nach Eintritt oder Wegfall der im Eingang gedachten Voraussetzung, durch Beschluß des Bundesraths, vorbehaltlich der Genehmigung des nächstfolgenden Reichstags, abgeändert werden.

§ 24. Zur Anlegung von Dampfkesseln, dieselben mögen zum Maschinenbetriebe bestimmt sein oder nicht, ist die Genehmigung der nach den Landesgesetzen zuständigen Behörde erforderlich. Dem Gesuche sind die zur Erläuterung erforderlichen Zeichnungen und Beschreibungen beizufügen.

Die Behörde hat die Zulässigkeit der Anlage nach den bestehenden bau-, feuer- und gesundheitspolizeilichen Vorschriften, sowie nach denjenigen allgemeinen polizeilichen Bestimmungen zu prüfen, welche von dem Bundesrath über die Anlegung von Dampfkesseln erlassen werden. Sie hat nach dem Befunde die Genehmigung entweder zu versagen, oder unbedingt zu ertheilen, oder endlich bei Ertheilung derselben die erforderlichen Vorkehrungen und Einrichtungen vorzuschreiben.

Bevor der Kessel in Betrieb genommen wird, ist zu untersuchen, ob die Ausführung den Bestimmungen der ertheilten Genehmigung entspricht. Wer vor dem Empfange der hierüber auszufertigenden Bescheinigung den Betrieb beginnt, hat die im § 147 angedrohte Strafe verwirkt.

Die vorstehenden Bestimmungen gelten auch für bewegliche Dampfkessel.

§ 25. Die Genehmigung zu einer der in den §§ 16 und 24 bezeichneten Anlagen bleibt solange in Kraft, als keine Aenderung in der Lage oder Beschaffenheit der Betriebsstätte vorgenommen wird, und bedarf unter dieser Voraussetzung auch dann, wenn die Anlage an einen neuen Erwerber übergeht, einer Erneuerung nicht. Sobald aber eine Veränderung der Betriebsstätte vorgenommen wird, ist dazu die Genehmigung der zuständigen Behörde nach Maßgabe der §§ 17 bis 23 einschließlich, bezw. des § 24 nothwendig. Eine gleiche Genehmigung ist erforderlich bei wesentlichen Veränderungen in dem Betriebe einer der im § 16 genannten Anlagen.

§ 27. Die Errichtung oder Verlegung solcher Anlagen, deren Betrieb mit ungewöhnlichem Geräusch verbunden ist, muß, sofern sie nicht schon nach den Vorschriften der §§ 16 bis 25 der Genehmigung bedarf, der Ortspolizeibehörde angezeigt werden. Letztere hat, wenn in der Nähe der gewählten Betriebsstätte Kirchen, Schulen oder andere öffentliche Gebäude, Krankenhäuser oder Heilanstalten vorhanden sind, deren bestimmungsmäßige Benutzung durch den Gewerbebetrieb auf dieser Stelle eine erhebliche Störung erleiden würde, die Entscheidung der höheren Verwaltungsbehörde darüber einzuholen, ob die Ausübung des Gewerbes an der gewählten Betriebsstätte zu untersagen oder nur unter Bedingungen zu gestatten sei.

2. Gewerbetreibende, welche einer besonderen Genehmigung bedürfen.

§ 29. Einer Approbation, welche auf Grund eines Nachweises der Befähigung ertheilt wird, bedürfen Apotheker und diejenigen Personen, welche sich als Aerzte (Wundärzte, Augenärzte, Geburtshelfer, Zahnärzte und Thierärzte) oder mit gleichbedeutenden Titeln bezeichnen oder seitens des Staates oder einer Gemeinde als solche anerkannt oder mit amtlichen Funktionen betraut werden sollen.

Personen, welche eine solche Approbation erlangt haben, sind innerhalb des Reichs in der Wahl des Ortes, wo sie ihr Gewerbe betreiben wollen, vorbehaltlich der Bestimmungen über die Errichtung und Verlegung von Apotheken (§ 6), nicht beschränkt.

§ 30. Unternehmer von Privat-Kranken-, Privat-Entbindungs- und Privat-Irrenanstalten bedürfen einer Concession der höheren Verwaltungsbehörde. Die Concession ist nur dann zu versagen:

a) wenn Thatsachen vorliegen, welche die Unzuverlässigkeit des Unternehmers in Beziehung auf die Leitung oder Verwaltung der Anstalt darthun,

b) wenn nach den von dem Unternehmer einzureichenden Beschreibungen und Plänen die baulichen und die sonstigen technischen Einrichtungen der Anstalt den gesundheitspolizeilichen Anforderungen nicht entsprechen,

c) wenn die Anstalt nur in einem Theile eines auch von anderen Personen bewohnten Gebäudes untergebracht werden soll und durch ihren Betrieb für die Mitbewohner dieses Gebäudes erhebliche Nachtheile oder Gefahren hervorrufen kann,

d) wenn die Anstalt zur Aufnahme von Personen mit ansteckenden Krankheiten oder von Geisteskranken bestimmt ist und durch ihre örtliche Lage für die Besitzer oder Bewohner der benachbarten Grundstücke erhebliche Nachtheile oder Gefahren hervorrufen kann.

Vor Ertheilung der Concession sind über die Fragen zu c und d die Ortspolizei- und die Gemeindebehörden zu hören.

Hebammen bedürfen eines Prüfungszeugnisses der nach den Landesgesetzen zuständigen Behörde.

§ 30a. Der Betrieb des Hufbeschlaggewerbes kann durch die Landesgesetzgebung von der Beibringung eines Prüfungszeugnisses abhängig gemacht werden. Das ertheilte Prüfungszeugniß gilt für den ganzen Umfang des Reichs.

§ 32. Schauspielunternehmer bedürfen zum Betriebe ihres Gewerbes der Erlaubniß. Dieselbe gilt nur für das bei Ertheilung der Erlaubniß bezeichnete Unternehmen. Zum Betriebe eines anderen oder eines wesentlich veränderten Unternehmens bedarf es einer neuen Erlaubniß.

Die Erlaubniß ist zu versagen, wenn der Nachsuchende den Besitz der zu dem Unternehmen nöthigen Mittel nicht nachzuweisen vermag oder wenn die Behörde auf Grund von Thatsachen die Ueberzeugung gewinnt, daß derselbe die zu dem beabsichtigten Gewerbebetriebe erforderliche Zuverlässigkeit insbesondere in sittlicher, artistischer und finanzieller Hinsicht nicht besitzt.

§ **33.** Wer Gastwirthschaft, Schankwirthschaft oder Kleinhandel mit Branntwein oder Spiritus betreiben will, bedarf dazu der Erlaubniß.

Diese Erlaubniß ist nur dann zu versagen:

1. wenn gegen den Nachsuchenden Thatsachen vorliegen, welche die Annahme rechtfertigen, daß er das Gewerbe zur Förderung der Völlerei, des verbotenen Spiels, der Hehlerei oder der Unsittlichkeit mißbrauchen werde;
2. wenn das zum Betriebe des Gewerbes bestimmte Lokal wegen seiner Beschaffenheit oder Lage den polizeilichen Anforderungen nicht genügt.

Die Landesregierungen sind befugt, außerdem zu bestimmen, daß:

a) die Erlaubniß zum Ausschänken von Branntwein oder zum Kleinhandel mit Branntwein oder Spiritus allgemein,
b) die Erlaubniß zum Betriebe der Gastwirthschaft oder zum Ausschänken von Wein, Bier oder anderen, nicht unter a fallenden, geistigen Getränken in Ortschaften mit weniger als 15000 Einwohnern, sowie in solchen Ortschaften mit einer größeren Einwohnerzahl, für welche dies durch Ortsstatut (§ 142) festgesetzt wird,

von dem Nachweis eines vorhandenen Bedürfnisses abhängig sein solle.

Vor Ertheilung der Erlaubniß ist die Ortspolizei- und die Gemeindebehörde gutachtlich zu hören.

Die vorstehenden Bestimmungen finden auf Vereine, welche den gemeinschaftlichen Einkauf von Lebens- und Wirthschaftsbedürfnissen im Großen und deren Absatz im Kleinen zum ausschließlichen oder hauptsächlichen Zweck haben, einschließlich der bereits bestehenden, auch dann Anwendung, wenn der Betrieb auf den Kreis der Mitglieder beschränkt ist.

Die Landesregierungen können anordnen, daß die vorstehenden Bestimmungen, mit Ausnahme derjenigen in Abs. 3 unter b, auch auf andere Vereine, einschließlich der bereits bestehenden, selbst dann Anwendung finden, wenn der Betrieb auf den Kreis der Mitglieder beschränkt ist.

§ **33a.** Wer gewerbsmäßig Singspiele, Gesangs- und deklamatorische Vorträge, Schaustellungen von Personen oder theatralische Vorstellungen, ohne daß ein höheres Interesse der Kunst oder Wissenschaft dabei obwaltet, in seinen Wirthschafts- oder sonstigen Räumen öffentlich veranstalten oder zu deren öffentlicher Veranstaltung seine Räume benutzen lassen will, bedarf zum Betriebe dieses Gewerbes der Erlaubniß ohne Rücksicht auf die etwa bereits erwirkte Erlaubniß zum Betriebe des Gewerbes als Schauspielunternehmer.

Die Erlaubniß ist nur dann zu versagen:

1. wenn gegen den Nachsuchenden Thatsachen vorliegen, welche die Annahme rechtfertigen, daß die beabsichtigten Veranstaltungen den Gesetzen oder guten Sitten zuwiderlaufen werden;
2. wenn das zum Betriebe des Gewerbes bestimmte Lokal wegen seiner Beschaffenheit oder Lage den polizeilichen Anforderungen nicht genügt;
3. wenn der den Verhältnissen des Gemeindebezirks entsprechenden Anzahl von Personen die Erlaubniß bereits ertheilt ist.

Aus den unter Ziff. 1 angeführten Gründen kann die Erlaubniß zurückgenommen und Personen, welche vor dem Inkrafttreten dieses Gesetzes den Gewerbebetrieb begonnen haben, derselbe untersagt werden.

§ **33b.** Wer gewerbsmäßig Musikaufführungen, Schaustellungen, theatralische Vorstellungen oder sonstige Lustbarkeiten, ohne daß ein höheres Interesse der Kunst oder Wissenschaft dabei obwaltet, von Haus zu Haus oder auf öffentlichen Wegen, Straßen, Plätzen darbieten will, bedarf der vorgängigen Erlaubniß der Ortspolizeibehörde.

§ **33c.** Die Abhaltung von Tanzlustbarkeiten richtet sich nach den landesrechtlichen Bestimmungen.

§ **34.** Wer das Geschäft eines Pfandleihers betreiben will, bedarf dazu der Erlaubniß. Diese ist zu versagen, wenn Thatsachen vorliegen, welche die Unzuverlässigkeit des Nachsuchenden in Bezug auf den beabsichtigten Gewerbebetrieb darthun. Die Landesregierungen sind befugt, außerdem zu bestimmen, daß in Ortschaften, für welche dies durch Ortsstatut (§ 142) festgesetzt wird, die Erlaubniß von dem Nachweis eines vorhandenen Bedürfnisses abhängig sein solle.

Als Pfandleihgewerbe gilt auch der gewerbsmäßige Ankauf beweglicher Sachen mit Gewährung des Rückkaufsrechts.

Die Landesgesetze können vorschreiben, daß zum Handel mit Giften und zum Betriebe des Lootsengewerbes besondere

Genehmigung erforderlich ist, imgleichen, daß das Gewerbe der Markscheider nur von Personen betrieben werden darf, welche als solche geprüft und concessionirt sind.

§ 35. Die Ertheilung von Tanz-, Turn- und Schwimmunterricht als Gewerbe, sowie der Betrieb von Badeanstalten ist zu untersagen, wenn Thatsachen vorliegen, welche die Unzuverlässigkeit des Gewerbetreibenden in Bezug auf diesen Gewerbebetrieb darthun.

Unter derselben Voraussetzung sind zu untersagen: der Trödelhandel (Handel mit gebrauchten Kleidern, gebrauchten Betten oder gebrauchter Wäsche, Kleinhandel mit altem Metallgeräth, mit Metallbruch oder dergleichen), sowie der Kleinhandel mit Garnabfällen oder Dräumen von Seide, Wolle, Baumwolle oder Leinen, der Handel mit Dynamit oder anderen Sprengstoffen und der Handel mit Loosen .von Lotterien und Ausspielungen, oder mit Bezugs- und Antheilscheinen auf solche Loose.

Dasselbe gilt von der gewerbsmäßigen Besorgung fremder Rechtsangelegenheiten und bei Behörden wahrzunehmender Geschäfte, insbesondere der Abfassung der darauf bezüglichen schriftlichen Aufsätze, von dem gewerbsmäßigen Betriebe der Viehverstellung (Viehpacht), des Viehhandels und des Handels mit ländlichen Grundstücken, von dem Geschäfte der gewerbsmäßigen Vermittelungsagenten für Immobiliarverträge, Darlehen und Heirathen, von dem Geschäfte eines Gesindevermiethers und eines Stellenvermittlers, sowie vom Geschäfte eines Auktionators. Denjenigen, welche gewerbsmäßig das Geschäft eines Auktionators betreiben, ist es verboten, Immobilien zu versteigern, wenn sie nicht von den dazu befugten Staats- oder Kommunalbehörden oder Korporationen als solche angestellt sind (§ 36).

Der Handel mit Droguen und chemischen Präparaten, welche zu Heilzwecken dienen, ist zu untersagen, wenn die Handhabung des Gewerbebetriebes Leben und Gesundheit von Menschen gefährdet. Der Kleinhandel mit Bier kann untersagt werden, wenn der Gewerbetreibende wiederholt wegen Zuwiderhandlungen gegen die Vorschriften des § 33 bestraft ist.

Ist die Untersagung erfolgt, so kann die Landes-Centralbehörde oder eine andere von ihr zu bestimmende Behörde die Wiederaufnahme des Gewerbebetriebes gestatten, sofern seit der Untersagung mindestens ein Jahr verflossen ist.

Personen, welche die in diesem Paragraphen bezeichneten Gewerbe beginnen, haben bei Eröffnung ihres Gewerbebetriebes der zuständigen Behörde hiervon Anzeige zu machen.

§ 36. Das Gewerbe der Feldmesser, Auktionatoren, derjenigen, welche den Feingehalt edler Metalle, oder die Beschaffenheit, Menge oder richtige Verpackung von Waaren irgend einer Art feststellen, der Güterbestätiger, Schaffner, Wäger, Messer, Bracker, Schauer, Stauer u. s. w. darf zwar frei betrieben werden, es bleiben jedoch die verfassungsmäßig dazu befugten Staats- oder Kommunalbehörden oder Korporationen auch ferner berechtigt, Personen, welche diese Gewerbe betreiben wollen, auf die Beobachtung der bestehenden Vorschriften zu beeidigen und öffentlich anzustellen.

§ 37. Der Regelung durch die Ortspolizeibehörde unterliegt die Unterhaltung des öffentlichen Verkehrs innerhalb der Orte durch Wagen aller Art, Gondeln, Sänften, Pferde und andere Transportmittel, sowie das Gewerbe derjenigen Personen, welche auf öffentlichen Straßen oder Plätzen ihre Dienste anbieten.

§ 38. Die Centralbehörden sind befugt, über den Umfang der Befugnisse und Verpflichtungen, sowie über den Geschäftsbetrieb der Pfandleiher, soweit darüber die Landesgesetze nicht Bestimmungen treffen, Vorschriften zu erlassen. Die in dieser Beziehung bestehenden landesgesetzlichen Bestimmungen finden auf den im § 34 Absatz 2 bezeichneten Geschäftsbetrieb Anwendung. Soweit es sich um diesen Geschäftsbetrieb handelt, gilt die Zahlung des Kaufpreises als Hingabe des Darlehens, der Unterschied zwischen dem Kaufpreise und dem verabredeten Rückkaufspreise als bedungene Vergütung für das Darlehen und die Uebergabe der Sache als Verpfändung derselben für das Darlehen.

Die Centralbehörden sind ferner befugt, Vorschriften darüber zu erlassen, in welcher Weise die im § 35 Absatz 2 und 3 verzeichneten Gewerbetreibenden ihre Bücher zu führen und welcher polizeilichen Kontrole über den Umfang und die Art ihres Geschäftsbetriebes sie sich zu unterwerfen haben.

§ 39. Die Landesgesetze können die Einrichtung von Kehrbezirken für Schornsteinfeger gestatten.

III. Umfang, Ausübung und Verlust der Gewerbsbefugnisse.

§ 41. Die Befugniß zum selbstständigen Betriebe eines stehenden Gewerbes begreift das Recht in sich, in beliebiger Zahl Gesellen, Gehilfen, Arbeiter jeder Art und, soweit die Vorschriften des gegenwärtigen Gesetzes nicht entgegenstehen, Lehrlinge anzunehmen. In der Wahl des Arbeits- und Hülfspersonals finden keine anderen Beschränkungen statt, als die durch das gegenwärtige Gesetz festgestellten.

In Betreff der Berechtigung der Apotheker, Gehilfen und Lehrlinge anzunehmen, bewendet es bei den Bestimmungen der Landesgesetze.

§ 41a. Soweit nach den Bestimmungen der §§ 105b bis 105h Gehilfen, Lehrlinge und Arbeiter im Handelsgewerbe an Sonn- und Festtagen nicht beschäftigt werden dürfen, darf in offenen Verkaufsstellen ein Gewerbebetrieb an diesen Tagen nicht stattfinden.

Weitergehenden landesgesetzlichen Beschränkungen des Gewerbebetriebes an Sonn- und Festtagen steht diese Bestimmung nicht entgegen.

Diese Bestimmung findet auf den Geschäftsbetrieb von Konsum- und anderen Vereinen entsprechende Anwendung.

§ 42. Wer zum selbstständigen Betriebe eines stehenden Gewerbes befugt ist, darf dasselbe innerhalb und unbeschadet der Bestimmungen des dritten Titels auch außerhalb des Gemeindebezirks seiner gewerblichen Niederlassung ausüben.

Eine gewerbliche Niederlassung gilt nicht als vorhanden, wenn der Gewerbetreibende im Inlande ein zu dauerndem Gebrauche eingerichtetes, beständig oder doch in regelmäßiger Wiederkehr von ihm benutztes Lokal für den Betrieb seines Gewerbes nicht besitzt.

§ 42a. Gegenstände, welche von dem Ankauf oder Feilbieten im Umherziehen ausgeschlossen sind, dürfen auch innerhalb des Gemeindebezirks des Wohnortes oder der gewerblichen Niederlassung von Haus zu Haus oder auf öffentlichen Wegen, Straßen, Plätzen oder an anderen öffentlichen Orten nicht feilgeboten oder zum Wiederverkauf angekauft werden, mit Ausnahme von Bier und Wein in Fässern und Flaschen und vorbehaltlich des nach § 33 erlaubten Gewerbebetriebes.

Die zuständige Landesregierung ist befugt, soweit ein Bedürfniß dazu obwaltet, anzuordnen, daß und inwiefern weitere Ausnahmen von diesem Verbote stattfinden sollen.

Das Feilbieten geistiger Getränke kann von der Ortspolizeibehörde im Falle besonderen Bedürfnisses vorübergehend gestattet werden.

§ 42b. Durch die höhere Verwaltungsbehörde nach Anhörung der Gemeindebehörde oder durch Beschluß der Gemeindebehörde mit Genehmigung der höheren Verwaltungsbehörde kann für einzelne Gemeinden bestimmt werden, daß Personen, welche in dem Gemeindebezirke einen Wohnsitz oder eine gewerbliche Niederlassung besitzen und welche innerhalb des Gemeindebezirks auf öffentlichen Wegen, Straßen, Plätzen oder an anderen öffentlichen Orten, oder ohne vorgängige Bestellung von Haus zu Haus

1. Waaren feilbieten, oder
2. Waaren bei anderen Personen, als bei Kaufleuten oder solchen Personen, welche die Waaren produciren, oder an

anderen Orten, als in offenen Verkaufsstellen zum Wiederverkauf ankaufen, oder Waarenbestellungen bei Personen, in deren Gewerbebetriebe Waaren der angebotenen Art keine Verwendung finden, aufsuchen, oder

3. gewerbliche Leistungen, hinsichtlich deren dies nicht Landesgebrauch ist, anbieten wollen,

der Erlaubniß bedürfen. Diese Bestimmung kann auf einzelne Theile des Gemeindebezirks sowie auf gewisse Gattungen von Waaren und Leistungen beschränkt werden.

Auf die Ertheilung, Versagung und Zurücknahme der Erlaubniß finden die Vorschriften der §§ 57, 57a, 57b, 58 und 63 Abs. 1, und auf die Ausübung des Gewerbebetriebes die Vorschriften der §§ 60b, 60c, 60d Abs. 1 und 2 und 63 Abs. 2 entsprechende Anwendung.

In Betreff der im § 59 Ziff. 1 und 2 bezeichneten Erzeugnisse und Waaren, auch wenn dieselben nicht zu den selbstgewonnenen oder selbstverfertigten gehören, ferner in Betreff der Druckschriften, anderen Schriften oder Bildwerke, insoweit der Gewerbebetrieb hiermit von Haus zu Haus stattfindet, sowie in Betreff der vom Bundesrath in Gemäßheit des § 44 Abs. 2 gestatteten Ausnahmen darf der betreffende Gewerbebetrieb in dem Gemeindebezirke des Wohnsitzes oder der gewerblichen Niederlassung von einer Erlaubniß nicht abhängig gemacht werden. In Betreff der in § 59 Ziff. 1 und 2 bezeichneten Erzeugnisse und Waaren kann jedoch der Gewerbetreibende unter den in § 57 Ziff. 1 bis 4 erwähnten Voraussetzungen untersagt, sowie nach Maßgabe des § 60b Abs. 2 und § 60c Abs. 2 beschränkt und gemäß § 60b Abs. 3 verboten werden. Auf die Untersagung dieses Gewerbebetriebes finden die Vorschriften des § 63 Abs. 1, auf die Beschränkung desselben die Vorschriften des § 63 Abs. 2 entsprechende Anwendung.

Die höhere Verwaltungsbehörde ist befugt, die vom Bundesrath gemäß § 56d getroffenen Bestimmungen auf diejenigen Ausländer entsprechend anzuwenden, welche innerhalb des Gemeindebezirks ihres Wohnortes oder ihrer gewerblichen Niederlassung auf öffentlichen Wegen, Straßen, Plätzen oder an anderen öffentlichen Orten oder ohne vorgängige Bestellung von Haus zu Haus eines der unter Ziff. 1 bis 3 bezeichneten Gewerbe betreiben wollen.

Kinder unter vierzehn Jahren dürfen, auch wenn eine Bestimmung nach Abs. 1 nicht getroffen ist, auf öffentlichen Wegen, Straßen, Plätzen oder an öffentlichen Orten oder ohne vorgängige Bestellung von Haus zu Haus Gegenstände nicht feilbieten. In Orten, wo ein derartiges Feilbieten durch Kinder herkömmlich ist, darf die Ortspolizeibehörde ein solches für bestimmte Zeitabschnitte, welche in einem Kalenderjahr zusammen vier Wochen nicht überschreiten dürfen, gestatten.

§ 43. Wer gewerbsmäßig Druckschriften oder andere Schriften oder Bildwerke auf öffentlichen Wegen, Straßen, Plätzen oder an anderen öffentlichen Orten ausrufen, verkaufen, vertheilen, anheften oder anschlagen will, bedarf dazu einer Erlaubniß der Ortspolizeibehörde, und hat den über diese Erlaubniß auszustellenden, auf seinen Namen lautenden Legitimationsschein bei sich zu führen.

Auf die Ertheilung und Versagung der Erlaubniß finden die Vorschriften der §§ 57 Nr. 1, 2, 4, 57a, 57b Nr. 1 und 2 und 63 Abs. 1 entsprechende Anwendung. Auf das bloße Anheften und Anschlagen findet der Versagungsgrund der abschreckenden Entstellung keine Anwendung.

Zur Vertheilung von Stimmzetteln und Druckschriften zu Wahlzwecken bei der Wahl zu gesetzgebenden Körperschaften ist eine polizeiliche Erlaubniß in der Zeit von der amtlichen Bekanntmachung des Wahltages bis zur Beendigung des Wahlaktes nicht erforderlich.

Dasselbe gilt auch bezüglich der nicht gewerbsmäßigen Vertheilung von Stimmzetteln und Druckschriften zu Wahlzwecken.

In geschlossenen Räumen ist zur nicht gewerbsmäßigen Vertheilung von Druckschriften oder anderen Schriften oder Bildwerken eine Erlaubniß nicht erforderlich.

§ 44. Wer ein stehendes Gewerbe betreibt, ist befugt, auch außerhalb des Gemeindebezirks seiner gewerblichen Niederlassung persönlich oder durch in seinem Dienste stehende Reisende für die Zwecke seines Gewerbebetriebes Waaren aufzukaufen und Bestellungen auf Waaren zu suchen.

Die aufgekauften Waaren dürfen nur behufs deren Beförderung nach dem Bestimmungsorte mitgeführt werden; von den Waaren, auf welche Bestellungen gesucht werden, dürfen nur Proben und Muster mitgeführt werden, soweit nicht der Bundesrath für bestimmte Waaren, welche im Verhältnisse zu ihrem Umfange einen hohen Werth haben und übungsgemäß an die Wiederverkäufer in Stück abgesetzt werden, zum Zweck des Absatzes an Personen, welche damit Handel treiben, Ausnahmen zuläßt.

Das Aufkaufen von Waaren darf ferner nur bei Kaufleuten oder solchen Personen, welche die Waaren produciren, oder in offenen Verkaufsstellen erfolgen. Ingleichen darf das Aufsuchen von Bestellungen auf Waaren, mit Ausnahme von Druckschriften, anderen Schriften und Bildwerken und, soweit nicht der Bundesrath noch für andere Waaren oder Gegenden oder Gruppen von Gewerbetreibenden Ausnahmen zuläßt, ohne vorgängige ausdrückliche Aufforderung nur bei Kaufleuten in deren Geschäftsräumen, oder bei solchen Personen geschehen, in deren Geschäftsbetriebe Waaren der angebotenen Art Verwendung finden.

Hinsichtlich des Aufsuchens von Bestellungen auf Druckschriften, andere Schriften und Bildwerke finden die Vorschriften des § 56 Abs. 3 entsprechende Anwendung.

§ 44a. Wer in Gemäßheit des § 44 Waarenbestellungen aufsucht oder Waaren aufkauft, bedarf hierzu einer Legitimationskarte, welche auf den Antrag des Inhabers des stehenden Gewerbebetriebes von der für dessen Niederlassungsort zuständigen Verwaltungsbehörde für die Dauer des Kalenderjahres und den Umfang des Reichs ausgestellt wird. Die Legitimationskarte enthält den Namen des Inhabers derselben, den Namen der Person oder der Firma, in deren Diensten er handelt, und die nähere Bezeichnung des Gewerbebetriebes.

Der Inhaber der Legitimationskarte ist verpflichtet, dieselbe während der Ausübung des Gewerbebetriebes bei sich zu führen, auf Erfordern der zuständigen Behörden oder Beamten vorzuzeigen und, sofern er hierzu nicht im Stande ist, auf deren Geheiß den Betrieb bis zur Herbeischaffung der Legitimationskarte einzustellen.

Die Legitimationskarte ist zu versagen, wenn bei demjenigen, für welchen sie beantragt wird, eine der im § 57 Ziff. 1 bis 4 bezeichneten Voraussetzungen zutrifft, außerdem darf sie nur dann versagt werden, wenn die im § 57b Ziff. 2 bezeichnete Voraussetzung vorliegt.

Die Legitimationskarte kann durch die Behörde, welche sie ausgestellt hat, zurückgenommen werden, wenn sich ergibt, daß eine der im § 57 Ziff. 1 bis 4 bezeichneten Voraussetzungen zur Zeit der Ertheilung derselben vorhanden gewesen, der Behörde aber unbekannt geblieben, oder nach Ertheilung derselben eingetreten ist, oder wenn bei dem Geschäftsbetriebe die im § 44 gezogenen Schranken überschritten werden.

Einer Legitimationskarte bedürfen diejenigen Gewerbetreibenden nicht, welche durch die in den Zollvereins- oder Handelsverträgen vorgesehene Gewerbelegitimationskarte bereits legitimirt sind. In Betreff dieser Gewerbetreibenden finden die vorstehenden Bestimmungen über die Verpflichtung zum Mitführen der Legitimationskarte, über die Folgen der Nichterfüllung dieser Verpflichtung, sowie über die Versagung und Zurücknahme der Karte entsprechende Anwendung.

§ 45. Die Befugnisse zum stehenden Gewerbebetriebe können durch Stellvertreter ausgeübt werden; diese müssen jedoch den für das in Rede stehende Gewerbe insbesondere vorgeschriebenen Erfordernissen genügen.

§ 46. Nach dem Tode eines Gewerbetreibenden darf das Gewerbe für Rechnung der Wittwe während des Wittwenstandes oder, wenn minderjährige Erben vorhanden sind, für deren Rechnung durch einen nach § 45 qualificirten Stellvertreter betrieben werden; insofern die über den Betrieb einzelner Gewerbe bestehenden besonderen Vorschriften nicht ein Anderes anordnen. Dasselbe gilt während der Dauer einer Kuratel oder Nachlaßregulirung.

§ 47. Inwiefern für die nach den §§ 34 und 36 concessionirten oder angestellten Personen eine Stellvertretung zulässig ist, hat in jedem einzelnen Falle die Behörde zu bestimmen, welcher die Concessionirung oder Anstellung zusteht.

Dasselbe gilt in Beziehung auf diejenigen Schornsteinfeger, denen ein Kehrbezirk zugewiesen ist (§ 39).

§ 49. Bei Ertheilung der Genehmigung zu einer Anlage der in den §§ 16 und 24 bezeichneten Arten, imgleichen zur Anlegung von Privat-Kranken-, Privat-Entbindungs- und Privat-Irrenanstalten, zu Schauspielunternehmungen, sowie zum Betriebe der im § 33 gedachten Gewerbe, kann von der genehmigenden Behörde den Umständen nach eine Frist festgesetzt werden, binnen welcher die Anlage oder das Unternehmen bei Vermeidung des Erlöschens der Genehmigung begonnen und ausgeführt, und der Gewerbebetrieb angefangen werden muß. Ist eine solche Frist nicht bestimmt, so erlischt die ertheilte Genehmigung, wenn der Inhaber nach Empfang derselben ein ganzes Jahr verstreichen läßt, ohne davon Gebrauch zu machen.

Eine Verlängerung der Frist kann von der Behörde bewilligt werden, sobald erhebliche Gründe nicht entgegenstehen.

Hat der Inhaber einer solchen Genehmigung seinen Gewerbebetrieb während eines Zeitraumes von drei Jahren eingestellt, ohne eine Fristung nachgesucht und erhalten zu haben, so erlischt dieselbe.

§ 53. Die in dem § 29 bezeichneten Approbationen können von der Verwaltungsbehörde nur dann zurückgenommen werden, wenn die Unrichtigkeit der Nachweise dargethan wird, auf Grund deren solche ertheilt worden sind, oder wenn dem Inhaber der Approbation die bürgerlichen Ehrenrechte aberkannt sind, im letzteren Falle jedoch nur für die Dauer des Ehrenverlustes.

Außer aus diesen Gründen können die in den §§ 30, 30a, 32, 33, 34 und 36 bezeichneten Genehmigungen und Bestallungen in gleicher Weise zurückgenommen werden, wenn aus Handlungen oder Unterlassungen des Inhabers der Mangel derjenigen Eigenschaften, welche bei der Ertheilung der Genehmigung oder Bestallung nach der Vorschrift dieses Gesetzes vorausgesetzt werden mußten, klar erhellt. Inwiefern durch die Handlungen oder Unterlassungen eine Strafe verwirkt ist, bleibt der richterlichen Entscheidung vorbehalten.

Pfandleihern, welche vor dem Inkrafttreten des Gesetzes vom 23. Juli 1879 (Reichsgesetzblatt S. 267) den Gewerbebetrieb begonnen haben, kann derselbe untersagt werden, wenn Thatsachen vorliegen, welche die Unzuverlässigkeit des Gewerbetreibenden in Bezug auf den Gewerbebetrieb darthun. Ist die Untersagung erfolgt, so kann die Landes-Centralbehörde oder eine andere von ihr zu bestimmende Behörde die Wieder-Aufnahme des Gewerbebetriebes gestatten, sofern seit der Untersagung mindestens ein Jahr verflossen ist.

Titel III.
Gewerbebetrieb im Umherziehen.

§ 55. Wer außerhalb des Gemeindebezirks seines Wohnortes oder der durch besondere Anordnung der höheren Verwaltungsbehörde dem Gemeindebezirke des Wohnortes gleichgestellten nächsten Umgebung desselben ohne Begründung einer gewerblichen Niederlassung und ohne vorgängige Bestellung in eigener Person

1. Waaren feilbieten,
2. Waarenbestellungen aufsuchen oder Waaren bei anderen Personen, als bei Kaufleuten, oder an anderen Orten, als in offenen Verkaufsstellen zum Wiederverkauf ankaufen,
3. gewerbliche Leistungen anbieten,
4. Musikaufführungen, Schaustellungen, theatralische Vorstellungen oder sonstige Lustbarkeiten, ohne daß ein höheres Interesse der Kunst oder der Wissenschaft dabei obwaltet, darbieten will,

bedarf eines Wandergewerbescheins, soweit nicht für die in Ziff. 2 bezeichneten Fälle in Gemäßheit des § 44a eine Legitimationskarte genügt.

In dem Falle der Ziff. 4 ist auch für den Marktverkehr (§ 64) ein Wandergewerbeschein erforderlich.

§ 55a. An Sonn- und Festtagen (§ 105a Absatz 2) ist der Gewerbebetrieb im Umherziehen, soweit er unter § 55 Absatz 1 Ziff. 1 bis 3 fällt, sowie der Gewerbebetrieb der im § 42b bezeichneten Personen verboten.

Ausnahmen können von der unteren Verwaltungsbehörde zugelassen werden. Der Bundesrath ist ermächtigt, über die Voraussetzungen und Bedingungen, unter denen Ausnahmen zugelassen werden dürfen, Bestimmungen zu erlassen.

§ 56. Beschränkungen, vermöge deren gewisse Waaren von dem Feilhalten im stehenden Gewerbebetriebe ganz oder theilweise ausgeschlossen sind, gelten auch für deren Feilbieten im Umherziehen.

Ausgeschlossen vom Ankauf oder Feilbieten im Umherziehen sind:

1. geistige Getränke, soweit nicht das Feilbieten derselben von der Ortspolizeibehörde im Falle besonderen Bedürfnisses vorübergehend gestattet ist;
2. gebrauchte Kleider, gebrauchte Wäsche, gebrauchte Betten und gebrauchte Bettstücke, insbesondere Bettfedern, Menschenhaare, Garnabfälle, Enden und Dräumen von Seide, Wolle, Leinen oder Baumwolle;
3. Gold- und Silberwaaren, Bruchgold und Bruchsilber, sowie Taschenuhren;
4. Spielkarten;
5. Staats- und sonstige Werthpapiere, Lotterieloose, Bezugs- und Antheilscheine auf Werthpapiere und Lotterieloose;
6. explosive Stoffe, insbesondere Feuerwerkskörper, Schießpulver und Dynamit;
7. solche mineralische und andere Oele, welche leicht entzündlich sind, insbesondere Petroleum, sowie Spiritus;
8. Stoß-, Hieb- und Schußwaffen,
9. Gifte und gifthaltige Waaren, Arznei- und Geheimmittel;
10. Bäume aller Art, Sträucher, Schnitt-, Wurzel-Reben, Futtermittel und Sämereien, mit Ausnahme von Gemüse- und Blumensamen.
11. Schmucksachen, Bijouterien, Brillen und optische Instrumente.

Ausgeschlossen vom Feilbieten und Aufsuchen von Bestellungen im Umherziehen sind ferner:

12. Druckschriften, andere Schriften und Bildwerke, insofern sie in sittlicher oder religiöser Beziehung Aergerniß zu geben geeignet sind, oder mittels Zusicherung von Prämien oder Gewinnen vertrieben werden, oder in Lieferungen erscheinen, wenn nicht der Gesammtpreis auf jeder einzelnen Lieferung an eine in die Augen fallenden Stelle bestimmt verzeichnet ist.

Wer Druckschriften, andere Schriften oder Bildwerke im Umherziehen feilbieten will, hat ein Verzeichniß derselben der zuständigen Verwaltungsbehörde seines Wohnortes zur Genehmigung vorzulegen. Die Genehmigung ist nur zu versagen, soweit das Verzeichniß Druckschriften, andere Schriften oder Bildwerke der vorbezeichneten Art enthält. Der Gewerbetreibende darf nur die in dem genehmigten Verzeichnisse enthaltenen Druckschriften, anderen Schriften oder Bildwerke bei sich führen, und ist verpflichtet, das Verzeichniß während der Ausübung des Gewerbebetriebes bei sich zu führen, auf Erfordern der zuständigen Behörden oder Beamten vorzuzeigen und, sofern er hierzu nicht im Stande ist, auf deren Geheiß den Betrieb bis zur Herbeischaffung des Verzeichnisses einzustellen.

§ 56a. Ausgeschlossen vom Gewerbebetriebe im Umherziehen sind ferner:

1. die Ausübung der Heilkunde, insoweit der Ausübende für dieselbe nicht approbirt ist;
2. das Aufsuchen, sowie die Vermittelung von Darlehensgeschäften und von Rückkaufsgeschäften ohne vorgängige Bestellung, ferner das Aufsuchen von Bestellungen auf Staats- und sonstige Werthpapiere, Lotterieloose und Bezugs- und Antheilscheine auf Werthpapiere und Lotterieloose;
3. das Aufsuchen von Bestellungen auf Branntwein und Spiritus bei Personen, in deren Gewerbebetriebe dieselben keine Verwendung finden;
4. das Feilbieten von Waaren, sowie das Aufsuchen von Bestellungen auf Waaren, wenn solche gegen Theilzahlungen unter dem Vorbehalt veräußert werden, daß der Veräußerer wegen Nichterfüllung der dem Erwerber obliegenden Verpflichtungen von dem Vertrage zurücktreten kann (§§ 1 und 6 des Gesetzes, betreffend die Abzahlungsgeschäfte, vom 16. Mai 1894).

§ 56b. Der Bundesrath ist befugt, soweit ein Bedürfniß obwaltet, anzuordnen, daß und inwiefern der Ankauf oder das Feilbieten von einzelnen der im § 56 Absatz 2 ausgeschlossenen Waaren im Umherziehen gestattet sein soll. Die gleiche Befugniß steht den Landesregierungen für ihr Gebiet oder Theile desselben hinsichtlich der im § 56 Absatz 2 Ziff. 10 bezeichneten Gegenstände zu.

Aus Gründen der öffentlichen Sicherheit, sowie zur Abwehr oder Unterdrückung von Seuchen kann durch Beschluß des Bundesraths und in dringenden Fällen durch Anordnungen des Reichskanzlers nach Einvernehmen mit dem Ausschuß des Bundesraths für Handel und Verkehr für den Umfang des Reichs oder für Theile desselben bestimmt werden, daß und inwiefern außer den in den §§ 56 und 56a aufgeführten Gegenständen und Leistungen auch noch andere Gegenstände und Leistungen auf bestimmte Dauer von dem Gewerbebetriebe im Umherziehen ausgeschlossen sein sollen. Die Anordnung ist dem Reichstag sofort, oder, wenn derselbe nicht versammelt ist, bei seinem nächsten Zusammentritt mitzutheilen. Dieselbe ist außer Kraft zu setzen, wenn der Reichstag die Zustimmung nicht ertheilt.

Durch die Landesregierungen kann das Umherziehen mit Zuchthengsten zur Deckung von Stuten untersagt werden. Desgleichen kann der Handel mit Rindvieh, Schweinen, Schafen, Ziegen oder Geflügel im Umherziehen Beschränkungen unterworfen oder auf bestimmte Dauer zur Abwehr oder Unterdrückung von Seuchen untersagt werden.

§ 56c. Das Feilbieten von Waaren im Umherziehen in der Art, daß dieselben versteigert oder im Wege des Glückspiels oder der Ausspielung (Lotterie) abgesetzt werden, ist nicht gestattet. Ausnahmen von diesem Verbote dürfen von der zuständigen Behörde zugelassen werden, hinsichtlich der Wanderversteigerungen jedoch nur bei Waaren, welche dem raschen Verderben ausgesetzt sind.

Oeffentliche Ankündigungen des Gewerbebetriebes dürfen nur unter dem Namen des Gewerbetreibenden mit Hinzufügung seines Wohnortes erlassen werden. Wird für den Gewerbebetrieb eine Verkaufsstelle benutzt, so muß an derselben in einer für Jedermann erkennbaren Weise ein den Namen und Wohnort des Gewerbetreibenden angebender Aushang angebracht werden. Dies gilt insbesondere von den Wanderlagern.

§ 56d. Ausländern kann der Gewerbebetrieb im Umherziehen gestattet werden. Der Bundesrath ist befugt, die deshalb nöthigen Bestimmungen zu treffen.

§ 57. Der Wandergewerbeschein ist zu versagen:

1. wenn der Nachsuchende mit einer abschreckenden oder ansteckenden Krankheit behaftet oder in einer abschreckenden Weise entstellt ist;
2. wenn er unter Polizeiaufsicht steht;
3. wenn er wegen strafbarer Handlungen aus Gewinnsucht, gegen das Eigenthum, gegen die Sittlichkeit, wegen vorsätzlicher Angriffe auf das Leben und die Gesundheit der Menschen, wegen Land- oder Hausfriedensbruchs, wegen Widerstands gegen die Staatsgewalt, wegen vorsätzlicher Brandstiftung, wegen Zuwiderhandlungen gegen Verbote oder Sicherungsmaßregeln, betreffend Einführung oder Verbreitung ansteckender Krankheiten oder Viehseuchen, zu einer Freiheitsstrafe von mindestens drei Monaten verurtheilt ist, und seit Verbüßung der Strafe drei Jahre noch nicht verflossen sind;

4. wenn er wegen gewohnheitsmäßiger Arbeitsscheu, Bettelei, Landstreicherei, Trunksucht übel berüchtigt ist;
5. in dem Falle des § 55 Ziff. 4, sobald der den Verhältnissen des Verwaltungsbezirks der zuständigen Verwaltungsbehörde entsprechenden Anzahl von Personen Wandergewerbescheine ertheilt oder ausgedehnt sind (§ 60 Absatz 2).

§ 57a. Der Wandergewerbeschein ist in der Regel zu versagen:

1. wenn der Nachsuchende das fünfundzwanzigste Lebensjahr noch nicht vollendet hat.

   Im Falle der Nr. 1 ist dem Nachsuchenden der Wandergewerbeschein zu ertheilen, wenn er der Ernährer einer Familie ist und bereits vier Jahre im Wandergewerbe thätig gewesen ist;
2. wenn er blind, taub oder stumm ist, oder an Geistesschwäche leidet.

§ 57b. Der Wandergewerbeschein darf außerdem nur dann versagt werden:

1. wenn der Nachsuchende im Inlande einen festen Wohnsitz nicht hat;
2. wenn er wegen strafbarer Handlungen aus Gewinnsucht, gegen das Eigenthum, gegen die Sittlichkeit, wegen vorsätzlicher Angriffe auf das Leben und die Gesundheit der Menschen, wegen Hausfriedensbruch, wegen Widerstands gegen die Staatsgewalt, wegen vorsätzlicher Brandstiftung, wegen Zuwiderhandlungen gegen Verbote oder Sicherungsmaßregeln, betreffend Einführung oder Verbreitung ansteckender Krankheiten oder Viehseuchen, zu einer Freiheitsstrafe von mindestens einer Woche verurtheilt ist, und seit der Verbüßung der Strafe fünf Jahre noch nicht verflossen sind;
3. wenn er wegen Verletzung der auf den Gewerbebetrieb im Umherziehen bezüglichen Vorschriften im Laufe der letzten drei Jahre wiederholt bestraft ist;
4. wenn er ein oder mehrere Kinder besitzt, für deren Unterhalt und, sofern sie im schulpflichtigen Alter stehen, für deren Unterricht nicht genügend gesorgt ist.

§ 58. Der Wandergewerbeschein kann zurückgenommen werden, wenn sich ergibt, daß eine der im § 57 Ziff. 1 bis 4, § 57a oder § 57b bezeichneten Voraussetzungen entweder zur Zeit der Ertheilung desselben bereits vorhanden gewesen, der Behörde aber unbekannt geblieben, oder erst nach Ertheilung des Scheins eingetreten ist.

§ 59. Eines Wandergewerbescheins bedarf nicht:

1. wer selbstgewonnene oder rohe Erzeugnisse der Land- und Forstwirthschaft, des Garten- und Obstbaues, der Geflügel- und Bienenzucht, sowie selbstgewonnene Erzeugnisse der Jagd und Fischerei feilbietet;
2. wer in der Umgegend seines Wohnortes bis zu 15 Kilometer Entfernung von demselben selbstverfertigte Waaren, welche zu den Gegenständen des Wochenmarktverkehrs gehören, feilbietet oder gewerbliche Leistungen, hinsichtlich deren dies Landesgebrauch ist, anbietet;
3. wer selbstgewonnene Erzeugnisse oder selbstverfertigte Waaren, hinsichtlich deren dies Landesgebrauch ist, zu Wasser anfährt und von dem Fahrzeuge aus feilbietet;
4. wer bei öffentlichen Festen, Truppenzusammenziehungen oder anderen außergewöhnlichen Gelegenheiten mit Erlaubniß der Ortspolizeibehörde die von derselben zu bestimmenden Waaren feilbietet.

Die Landesregierungen können in weiterem Umfange den Gewerbebetrieb im Umherziehen mit Gegenständen des gemeinen Verbrauchs ohne Wandergewerbeschein innerhalb ihres Gebietes gestatten.

§ 59a. In den Fällen des § 59 Ziff. 1 bis 3 kann der Gewerbebetrieb untersagt werden, wenn die Voraussetzungen des § 57 Ziff. 1 bis 4 vorliegen.

§ 60. Der Wandergewerbeschein wird für die Dauer des Kalenderjahres ertheilt, er berechtigt den Inhaber, in dem ganzen Gebiete des Reichs das bezeichnete Gewerbe nach Entrichtung der darauf haftenden Landessteuern zu betreiben. Soweit nach § 56 Ziff. 1 das Feilbieten von geistigen Getränken im Falle besonderen Bedürfnisses vorübergehend gestattet wird, ist die räumliche und zeitliche Beschränkung dieser Erlaubniß im Wandergewerbescheine anzugeben.

Ein Wandergewerbeschein für den Betrieb der im § 55 Ziff. 4 bezeichneten Gewerbe gewährt die Befugniß zum Gewerbebetriebe in einem anderen, als dem Bezirke derjenigen Verwaltungsbehörde, welche ihn ausgestellt hat, nur dann, wenn er auf den anderen Bezirk von dessen Verwaltungsbehörde ausgedehnt ist. Sowohl die Ausstellung als auch die Ausdehnung eines derartigen Wandergewerbescheines kann für eine kürzere Dauer, als das Kalenderjahr, oder für bestimmte Tage während des Kalenderjahres erfolgen. Die Ausdehnung ist zu versagen, sobald für die den Verhältnissen des Bezirks entsprechende Anzahl von Personen Wandergewerbescheine bereits ausgestellt oder ausgedehnt sind.

Die Verwaltungsbehörde kann die von ihr bewilligte Ausdehnung nach Maßgabe des § 58 zurücknehmen.

Der Wandergewerbeschein enthält die Personalbeschreibung des Inhabers und die nähere Bezeichnung des Geschäftsbetriebes. Das Formular der Wandergewerbescheine bestimmt der Bundesrath.

§ 60a. Wer die im § 55 Ziff. 4 bezeichneten Gewerbe an einem Orte von Haus zu Haus oder auf öffentlichen Wegen, Straßen, Plätzen oder an anderen öffentlichen Orten ausüben will, bedarf der vorgängigen Erlaubniß der Ortspolizeibehörde.

§ 60b. Minderjährigen Personen kann in dem Wandergewerbescheine die Beschränkung auferlegt werden, daß sie das Gewerbe nicht nach Sonnenuntergang, und minderjährigen Personen weiblichen Geschlechts kann außerdem die Beschränkung auferlegt werden, daß sie dasselbe nur auf öffentlichen Wegen, Straßen und Plätzen, nicht aber von Haus zu Haus betreiben dürfen.

Deßgleichen kann von der Ortspolizeibehörde minderjährigen Personen verboten werden, daß sie innerhalb des Polizeibezirks die im § 59 Ziff. 1 und 2 aufgeführten Gegenstände nach Sonnenuntergang, und minderjährigen Personen weiblichen Geschlechts, daß sie dieselben Gegenstände von Haus zu Haus feilbieten.

Das Feilbieten der im § 59 Ziff. 1 und 2 bezeichneten Gegenstände durch Kinder unter vierzehn Jahren kann von der Ortspolizeibehörde verboten werden.

§ 60c. Der Inhaber eines Wandergewerbescheins ist verpflichtet, diesen während der Ausübung des Gewerbebetriebes bei sich zu führen, auf Erfordern der zuständigen Behörden oder Beamten vorzuzeigen und, sofern er hierzu nicht im Stande ist, auf deren Geheiß den Betrieb bis zur Herbeischaffung des Wandergewerbescheins einzustellen. Auf gleiches Erfordern hat er die von ihm geführten Waaren vorzulegen.

Zum Zwecke des Gewerbebetriebes ist ohne vorgängige Erlaubniß der Eintritt in fremde Wohnungen, sowie zur Nachtzeit das Betreten fremder Häuser und Gehöfte nicht gestattet.

Denselben Bestimmungen — Abs. 2 — unterliegt das Feilbieten der im § 59 Ziff. 1 und 2 aufgeführen Gegenstände.

§ 60d. Der Wandergewerbeschein darf einem anderen nicht zur Benutzung überlassen werden.

Wer für einen anderen ein Gewerbe im Umherziehen zu betreiben beabsichtigt, unterliegt für seine Person den Bestimmungen dieses Gesetzes.

Wenn mehrere Personen die im § 55 Ziff. 4 bezeichneten Gewerbe in Gemeinschaft miteinander zu betreiben beabsichtigen, so kann auf ihren Antrag ein gemeinsamer Wandergewerbeschein für die Gesellschaft als solche ausgestellt werden, in welchem jedes einzelne Mitglied aufzuführen ist. Werden für die einzelnen Mitglieder besondere Wandergewerbescheine ausgestellt, so kann in die letzteren ein Vermerk aufgenommen werden, nach welchem dem Inhaber der Gewerbebetrieb nur im Verbande einer bestimmten Gesellschaft, oder einer Gesellschaft überhaupt, gestattet sein soll.

Umherziehenden Schauspielergesellschaften wird der Wandergewerbeschein nur dann ertheilt, wenn der Unternehmer die im § 32 vorgeschriebene Erlaubniß besitzt. In dem Wandergewerbescheine für den Unternehmer einer Schauspielergesellschaft ist ausdrücklich zu vermerken, daß der Gewerbetreibende als Unternehmer auftreten will.

§ 61. Die Ertheilung des Wandergewerbescheins erfolgt durch die für den Wohnort oder Aufenthaltsort des Nachsuchenden zuständige höhere Verwaltungsbehörde. Die Verwaltungsbehörde des Aufenthaltsortes kann den Nachsuchenden an die Behörde seines Wohnortes verweisen.

In dem Falle des § 55 Ziff. 4 erfolgt die Ertheilung des Wandergewerbescheins durch die höhere Verwaltungsbehörde, in deren Bezirk das Gewerbe betrieben werden soll.

Die Zurücknahme des Wandergewerbescheins erfolgt durch die für den Wohnort oder Aufenthaltsort des Inhabers zuständige höhere Verwaltungsbehörde.

§ 62. Wer beim Gewerbebetriebe im Umherziehen andere Personen von Ort zu Ort mit sich führen will, bedarf der Erlaubniß derjenigen Behörde, welche den Wandergewerbeschein ertheilt hat, oder in deren Bezirk sich der Nachsuchende befindet. Die Erlaubniß wird in dem Wandergewerbescheine unter näherer Bezeichnung dieser Personen vermerkt.

Die Erlaubniß ist zu versagen, insoweit bei ihnen eine der im § 57 bezeichneten Voraussetzungen zutrifft; außerdem darf dieselbe nur dann versagt werden, insoweit eine der im § 57a und § 57b bezeichneten Voraussetzungen vorliegt. Die Zurücknahme der Erlaubniß erfolgt nach Maßgabe des § 58 durch eine für deren Ertheilung zuständige Behörde.

Die Mitführung von Kindern unter vierzehn Jahren zu gewerblichen Zwecken ist verboten.

Die Erlaubniß zur Mitführung von Kindern, welche schulpflichtig sind, ist zu versagen und die bereits ertheilte Erlaubniß zurückzunehmen, wenn nicht für einen ausreichenden Unterricht der Kinder gesorgt ist.

Die Erlaubniß zur Mitführung von Kindern unter vierzehn Jahren kann versagt und von der für die Ertheilung derselben zuständigen Behörde zurückgenommen werden. Dasselbe gilt von der Erlaubniß zur Mitführung von Personen anderen Geschlechts mit Ausnahme der Ehegatten und der über vierzehn Jahre alten eigenen Kinder und Enkel.

Titel IV.

Marktverkehr.

§ 64. Der Besuch der Messen-, Jahr- und Wochenmärkte, sowie der Kauf und Verkauf auf denselben steht einem jeden mit gleichen Befugnissen frei.

Wo jedoch nach der bisherigen Ortsgewohnheit gewisse Handwerkerwaaren, welche nicht zu den im § 66 bezeichneten Gegenständen gehören, nur von Bewohnern des Marktortes auf dem Wochenmarkte verkauft werden durften, kann die höhere Verwaltungsbehörde, auf Antrag der Gemeindebehörde, den einheimischen Verkäufern die Fortsetzung des herkömmlichen Wochenmarktverkehrs mit jenen Handwerkerwaaren gestatten, ohne auswärtige Verkäufer derselben Waaren auf dem Wochenmarkte zuzulassen.

Beschränkungen des Marktverkehrs der Ausländer als Erwiderung der im Auslande gegen Reichsangehörige angeordneten Beschränkungen bleiben dem Bundesrath vorbehalten.

§ 65. Die Zahl, Zeit und Dauer der Messen, Jahr- und Wochenmärkte wird von der zuständigen Verwaltungsbehörde festgesetzt.

§ 66. Gegenstände des Wochenmarktverkehrs sind:

1. rohe Naturerzeugnisse mit Ausschluß des größeren Viehs;
2. Fabrikate, deren Erzeugung mit der Land- und Forstwirthschaft, dem Garten- und Obstbau oder der Fischerei in unmittelbarer Verbindung steht, oder zu den Nebenbeschäftigungen der Landleute der Gegend gehört, oder durch Taglöhnerarbeit bewirkt wird, mit Ausschluß der geistigen Getränke;
3. frische Lebensmittel aller Art.

Die zuständige Verwaltungsbehörde ist auf Antrag der Gemeindebehörde befugt, zu bestimmen, welche Gegenstände außerdem nach Ortsgewohnheit und Bedürfniß in ihrem Bezirke überhaupt, oder an gewissen Orten zu den Wochenmarktartikeln gehören.

§ 67. Auf Jahrmärkten dürfen außer den im § 66 benannten Gegenständen Verzehrungsgegenstände und Fabrikate aller Art feilgehalten werden.

Zum Verkauf von geistigen Getränken zum Genuß auf der Stelle bedarf es jedoch der Genehmigung der Ortspolizeibehörde.

§ 68. Der Marktverkehr darf in keinem Falle mit anderen als solchen Abgaben belastet werden, welche eine Vergütung für den überlassenen Raum und den Gebrauch von Buden und Geräthschaften bilden. In den Bestimmungen darüber, ob und in welchem Umfange Abgaben dieser Art erhoben werden dürfen, wird durch gegenwärtiges Gesetz nichts geändert. Ein Unterschied zwischen Einheimischen und Fremden bezüglich der Zahlung der Abgaben darf nicht stattfinden.

§ 69. In den Grenzen der Bestimmungen der §§ 65 bis 68 kann die Ortspolizeibehörde, im Einverständniß mit der Gemeindebehörde, die Marktordnung nach dem örtlichen Bedürfniß festsetzen, namentlich auch für das Feilbieten von gleichartigen Gegenständen den Platz, und für das Feilbieten im Umhertragen, mit oder ohne Ausruf, die Tageszeit und die Gattung der Waaren bestimmen.

§ 70. In Betreff der Märkte, welche bei besonderen Gelegenheiten oder für bestimmte Gattungen von Gegenständen gehalten werden, bewendet es bei den bestehenden Anordnungen.

Erweiterungen dieses Marktverkehrs können von der zuständigen Behörde mit Zustimmung der Gemeindebehörde angeordnet werden.

§ 71. Beschränkungen des Verkehrs mit den zu Messen und Märkten gebrachten, aber unverkauft gebliebenen Gegenständen werden hierdurch aufgehoben. Der Einzelverkauf solcher Gegenstände außer der Marktzeit ist jedoch nur unter denselben Bedingungen zulässig, unter welchen derselbe statthaft sein würde, wenn die Gegenstände nicht auf den Markt gebracht wären.

Titel V.

Taxen.

§ 72. Polizeiliche Taxen sollen, soweit nicht ein anderes nachstehend angeordnet worden, künftig nicht vorgeschrieben werden; da, wo sie gegenwärtig bestehen, sind sie in einer von der Ortspolizeibehörde zu bestimmenden, höchstens einjährigen Frist aufzuheben.

§ 73. Die Bäcker und die Verkäufer von Backwaaren können durch die Ortspolizeibehörde angehalten werden, die Preise und das Gewicht ihrer verschiedenen Backwaaren für gewisse von derselben zu bestimmende Zeiträume durch einen von außen sichtbaren Anschlag am Verkaufslokal zur Kenntniß des Publikums zu bringen.

Dieser Anschlag ist kostenfrei mit dem polizeilichen Stempel zu versehen und täglich während der Verkaufszeit auszuhängen.

§ 74. Wo der Verkauf von Backwaaren nur nach den von den Bäckern und Verkäufern an ihren Verkaufslokalen angeschlagenen Preisen erlaubt ist, kann die Ortspolizeibehörde die Bäcker und Verkäufer zugleich anhalten, im Verkaufslokale eine Wage mit den erforderlichen geaichten Gewichten aufzustellen und die Benutzung derselben zum Nachwiegen der verkauften Backwaaren zu gestatten.

§ 75. Die Gastwirthe können durch die Ortspolizeihörde angehalten werden, das Verzeichniß der von ihnen gestellten Preise einzureichen und in den Gastzimmern anzuschlagen. Die Preise dürfen zwar jederzeit abgeändert werden, bleiben aber so lange in Kraft, bis die Abänderung der Polizeibehörde angezeigt und das abgeänderte Verzeichniß in den Gastzimmern angeschlagen ist. Auf Beschwerden Reisender wegen Ueberschreitung der verzeichneten Preise steht der Ortspolizeibehörde eine vorläufige Entscheidung vorbehaltlich des Rechtsweges zu.

§ 76. Die Ortspolizeibehörde ist in Uebereinstimmung mit der Gemeindebehörde befugt, für Lohnbediente und andere Personen, welche auf öffentlichen Straßen und Plätzen oder in Wirthshäusern ihre Dienste anbieten (§ 37), sowie für die Benutzung von Wagen, Pferden, Sänften, Gondeln und anderen Transportmitteln, welche öffentlich zum Gebrauch aufgestellt sind, Taxen festzusetzen.

§ 77. Ebenso können für Schornsteinfeger, wenn ihnen Bezirke ausschließlich zugewiesen sind, von der Ortspolizeibehörde, im Einverständniß mit der Gemeindebehörde, oder, wenn der zugewiesene Bezirk mehr als eine Ortschaft umfaßt, von der unteren Verwaltungsbehörde Taxen aufgestellt werden.

§ 78. Hinsichtlich der Taxen für solche gewerbetreibende Personen, welche nach den Bestimmungen im § 36 von den Behörden zu beeidigen und anzustellen sind, wird durch das gegenwärtige Gesetz nichts geändert. Die nach § 36 zuständigen Behörden sind befugt, für diese Personen auch da Taxen einzuführen, wo dergleichen bisher nicht bestanden.

§ 79. Die in den §§ 73 bis 78 genannten Gewerbetreibenden sind berechtigt, die festgestellten Preise und Taxen zu ermäßigen.

§ 80. Die Taxen für die Apotheker können durch die Centralbehörden festgesetzt werden. Ermäßigungen derselben durch freie Vereinbarungen sind jedoch zulässig.

Die Bezahlung der approbirten Aerzte u. s. w. (§ 29 Absatz 1) bleibt der Vereinbarung überlassen. Als Norm für streitige Fälle im Mangel einer Vereinbarung können jedoch für dieselben Taxen von den Centralbehörden festgesetzt werden.

Titel VI.

Innungen, Innungsausschüsse, Handwerkskammern, Innungsverbände.

§ 103e. Der Handwerkskammer liegt insbesondere ob:
1. die nähere Regelung des Lehrlingswesens;
2. die Durchführung der für das Lehrlingswesen geltenden Vorschriften zu überwachen;
3. die Staats- und Gemeindebehörden in der Förderung des Handwerks durch thatsächliche Mittheilungen und Erstattung von Gutachten über Fragen zu unterstützen, welche die Verhältnisse des Handwerks berühren;
4. Wünsche und Anträge, welche die Verhältnisse des Handwerks berühren, zu berathen und den Behörden vorzulegen, sowie Jahresberichte über ihre die Verhältnisse des Handwerks betreffenden Wahrnehmungen zu erstatten;
5. die Bildung von Prüfungsausschüssen zur Abnahme der Gesellenprüfung (§ 131 Absatz 2);
6. die Bildung von Ausschüssen zur Entscheidung über Beanstandungen von Beschlüssen der Prüfungsausschüsse (§ 132).

Die Handwerkskammer soll in allen wichtigen, die Gesammtinteressen des Handwerks oder die Interessen einzelner Zweige desselben berührenden Angelegenheiten gehört werden.

Sie ist befugt, Veranstaltungen zur Förderung der gewerblichen, technischen und sittlichen Ausbildung der Meister, Gesellen (Gehülfen) und Lehrlinge zu treffen, sowie Fachschulen zu errichten und zu unterstützen.

Titel VII.

Gewerbliche Arbeiter (Gesellen, Gehilfen, Lehrlinge, Betriebsbeamte, Werkmeister, Techniker, Fabrikarbeiter).

I. Allgemeine Verhältnisse.

§ 105. Die Festsetzung der Verhältnisse zwischen den selbständigen Gewerbetreibenden und den gewerblichen Arbeitern ist, vorbehaltlich der durch Reichsgesetz begründeten Beschränkungen, Gegenstand freier Uebereinkunft.

§ 105a. Zum Arbeiten an Sonn- und Festtagen können die Gewerbetreibenden die Arbeiter nicht verpflichten. Arbeiten, welche nach den Bestimmungen dieses Gesetzes auch an Sonn- und Festtagen vorgenommen werden dürfen, fallen unter die vorstehende Bestimmung nicht.

Welche Tage als Festtage gelten, bestimmen unter Berücksichtigung der örtlichen und konfessionellen Verhältnisse die Landesregierungen.

§ 105b. Im Betriebe von Bergwerken, Salinen, Aufbereitungsanstalten, Brüchen und Gruben, von Hüttenwerken, Fabriken und Werkstätten, von Zimmerplätzen und anderen Bauhöfen, von Werften und Ziegeleien, sowie bei Bauten aller Art dürfen Arbeiter an Sonn- und Festtagen nicht beschäftigt werden. Die den Arbeitern zu gewährende Ruhe hat mindestens für jeden Sonn- und Festtag vierundzwanzig, für zwei aufeinander folgende Sonn- und Festtage sechsunddreißig, für das Weihnachts-, Oster- und Pfingstfest achtundvierzig Stunden zu dauern. Die Ruhezeit ist von zwölf Uhr nachts zu rechnen und muß bei zwei aufeinander folgenden Sonn- und Festtagen bis sechs Uhr abends des zweiten Tages dauern. In Betrieben mit regelmäßiger Tag- und Nachtschicht kann die Ruhezeit frühestens um 6 Uhr abends des vorhergehenden Werktages, spätestens um sechs Uhr morgens des Sonn- oder Festtages beginnen, wenn für die auf den Beginn der Ruhezeit folgenden vierundzwanzig Stunden der Betrieb ruht.

Im Handelsgewerbe dürfen Gehilfen, Lehrlinge und Arbeiter am ersten Weihnachts-, Oster- und Pfingsttage überhaupt nicht, im übrigen an Sonn- und Festtagen nicht länger als fünf Stunden beschäftigt werden. Durch statutarische Bestimmung einer Gemeinde oder eines weiteren Kommunalverbandes (§ 142) kann diese Beschäftigung für alle oder einzelne Zweige des Handelsgewerbes auf kürzere Zeit eingeschränkt oder ganz untersagt werden. Für die letzten vier Wochen vor Weihnachten, sowie für einzelne Sonn- und Festtage, an welchen örtliche Verhältnisse einen erweiterten Geschäftsverkehr erforderlich machen, kann die Polizeibehörde eine Vermehrung der Stunden, während welcher die Beschäftigung stattfinden darf, bis auf zehn Stunden zulassen. Die Stunden, während welcher die Beschäftigung stattfinden darf, werden unter Berücksichtigung der für den öffentlichen Gottesdienst bestimmten Zeit, sofern die Beschäftigungszeit durch statutarische Bestimmungen eingeschränkt worden ist, durch letztere, im übrigen von der Polizeibehörde festgestellt. Die Feststellung kann für verschiedene Zweige des Handelsgewerbes verschieden erfolgen.

Die Bestimmungen des Absatzes 2 finden auf die Beschäftigung von Gehilfen, Lehrlingen und Arbeitern im Geschäftsbetriebe von Konsum- und anderen Vereinen entsprechende Anwendung.

§ 105c. Die Bestimmungen des § 105b finden keine Anwendung:

1. auf Arbeiten, welche in Nothfällen oder im öffentlichen Interesse unverzüglich vorgenommen werden müssen;

2. für einen Sonntag auf Arbeiten zur Durchführung einer gesetzlich vorgeschriebenen Inventur;
3. auf die Bewachung der Betriebsanlagen, auf Arbeiten zur Reinigung und Instandhaltung, durch welche der regelmäßige Fortgang des eigenen oder eines fremden Betriebes bedingt ist, sowie auf Arbeiten, von welchen die Wiederaufnahme des vollen werktägigen Betriebes abhängig ist, sofern nicht diese Arbeiten an Werktagen vorgenommen werden können;
4. auf Arbeiten, welche zur Verhütung des Verderbens von Rohstoffen oder des Mißlingens von Arbeitserzeugnissen erforderlich sind, sofern nicht diese Arbeiten an Werktagen vorgenommen werden können;
5. auf die Beaufsichtigung des Betriebes, soweit er nach Ziffer 1 bis 4 an Sonn- und Festtagen stattfindet.

Gewerbetreibende, welche Arbeiter an Sonn- und Festtagen mit Arbeiten der unter Ziffer 1 bis 5 erwähnten Art beschäftigen, sind verpflichtet, ein Verzeichniß anzulegen, in welches für jeden einzelnen Sonn- und Festtag die Zahl der beschäftigten Arbeiter, die Dauer ihrer Beschäftigung sowie die Art der vorgenommenen Arbeiten einzutragen sind. Das Verzeichniß ist auf Erfordern der Ortspolizeibehörde sowie dem im § 139b bezeichneten Beamten jederzeit zur Einsicht vorzulegen.

Bei den unter Ziffer 3 und 4 bezeichneten Arbeiten, sofern dieselben länger als drei Stunden dauern, oder die Arbeiter am Besuch des Gottesdienstes hindern, sind die Gewerbetreibenden verpflichtet, jeden Arbeiter entweder an jedem dritten Sonntage volle sechsunddreißig Stunden, oder an jedem zweiten Sonntage mindestens in der Zeit von sechs Uhr morgens bis sechs Uhr abends von der Arbeit frei zu lassen.

Ausnahmen von den Vorschriften des vorstehenden Absatzes darf die untere Verwaltungsbehörde gestatten, wenn die Arbeiter am Besuche des sonntägigen Gottesdienstes nicht gehindert werden und ihnen an Stelle des Sonntages eine vierundzwanzigstündige Ruhezeit an einem Wochentage gewährt wird.

§ 105d. Für bestimmte Gewerbe, insbesondere für Betriebe, in denen Arbeiten vorkommen, welche ihrer Natur nach eine Unterbrechung oder einen Aufschub nicht gestatten, sowie für Betriebe, welche ihrer Natur nach auf bestimmte Jahreszeiten beschränkt sind, oder welche in gewissen Zeiten des Jahres zu einer außergewöhnlich verstärkten Thätigkeit genötigt sind, können durch Beschluß des Bundesraths Ausnahmen von der Bestimmung des § 105b Absatz 1 zugelassen werden.

Die Regelung der an Sonn- und Festtagen in diesen Betrieben gestatteten Arbeiten und der Bedingungen, unter welchen sie gestattet sind, erfolgt für alle Betriebe derselben Art gleichmäßig und unter Berücksichtigung der Bestimmung des § 105c Absatz 3.

Die vom Bundesrath getroffenen Bestimmungen sind durch das Reichs-Gesetzblatt zu veröffentlichen und dem Reichstag bei seinem nächsten Zusammentritt zur Kenntnißnahme vorzulegen.

§ 105e. Für Gewerbe, deren vollständige oder theilweise Ausübung an Sonn- und Festtagen zur Befriedigung täglicher oder an diesen Tagen besonders hervortretender Bedürfnisse der Bevölkerung erforderlich ist, sowie für Betriebe, welche ausschließlich oder vorwiegend mit durch Wind oder unregelmäßige Wasserkraft bewegten Triebwerken arbeiten, können durch Verfügung der höheren Verwaltungsbehörde Ausnahmen von den im § 105b getroffenen Bestimmungen zugelassen werden. Die Regelung dieser Ausnahmen hat unter Berücksichtigung der Bestimmungen des § 105c Absatz 3 zu erfolgen.

§ 105f. Wenn zur Verhütung eines unverhältnißmäßigen Schadens ein nicht vorherzusehendes Bedürfniß der Beschäftigung von Arbeitern an Sonn- und Festtagen eintritt, so können durch die untere Verwaltungsbehörde Ausnahmen von der Bestimmung des § 105b Absatz 1 für bestimmte Zeit zugelassen werden.

Die Verfügung der unteren Verwaltungsbehörde ist schriftlich zu erlassen und muß von dem Unternehmer auf Erfordern dem für die Revision zuständigen Beamten an der Betriebsstelle zur Einsicht vorgelegt werden. Eine Abschrift der Verfügung ist innerhalb der Betriebsstätte an einer den Arbeitern leicht zugänglichen Stelle auszuhängen.

§ 105g. Das Verbot der Beschäftigung von Arbeitern an Sonn- und Festtagen kann durch Kaiserliche Verordnung mit Zustimmung des Bundesraths auf andere Gewerbe ausgedehnt werden. Diese Verordnungen sind dem Reichstag bei seinem nächsten Zusammentritt zur Kenntnißnahme vorzulegen. Auf die von dem Verbote zuzulassenden Ausnahmen finden die Bestimmungen der §§ 105c bis 105f entsprechende Anwendung.

§ 105h. Die Bestimmungen der §§ 105a bis 105g stehen weitergehenden landesgesetzlichen Beschränkungen der Arbeit an Sonn- und Festtagen nicht entgegen.

Den Landes-Centralbehörden bleibt vorbehalten, für einzelne Festtage, welche nicht auf einen Sonntag fallen, Abweichungen von der Vorschrift des § 105b Absatz 1 zu gestatten. Auf das Weihnachts-, Neujahrs-, Oster-, Himmelfahrts- und Pfingstfest findet diese Bestimmung keine Anwendung.

§ 105i. Die §§ 105a Absatz 1, 105b bis 105g finden auf Gast- und Schankwirthschaftsgewerbe, Musikaufführungen, Schaustellungen, theatralische Vorstellungen oder sonstige Lustbarkeiten, sowie auf Verkehrsgewerbe keine Anwendung.

Die Gewerbetreibenden können die Arbeiter in diesen Gewerben nur zu solchen Arbeiten an Sonn- und Festtagen verpflichten, welche nach der Natur des Gewerbebetriebes einen Aufschub oder eine Unterbrechung nicht gestatten.

§ 106. Gewerbetreibende, welchen die bürgerlichen Ehrenrechte aberkannt sind, dürfen, so lange ihnen diese Rechte entzogen bleiben, mit der Anleitung von Arbeitern unter achtzehn Jahren sich nicht befassen.

Die Entlassung der dem vorstehenden Verbote zuwider beschäftigten Arbeiter kann polizeilich erzwungen werden.

§ 107. Minderjährige Personen dürfen, soweit reichsgesetzlich nicht ein Anderes zugelassen ist, als Arbeiter nur beschäftigt werden, wenn sie mit einem Arbeitsbuche versehen sind. Bei der Annahme solcher Arbeiter hat der Arbeitgeber das Arbeitsbuch einzufordern. Er ist verpflichtet, dasselbe zu verwahren, auf amtliches Verlangen vorzulegen und nach rechtmäßiger Lösung des Arbeitsverhältnisses wieder auszuhändigen. Die Aushändigung erfolgt an den Vater oder Vormund, sofern diese es verlangen, oder der Arbeiter das sechzehnte Lebensjahr noch nicht vollendet hat, andernfalls an den Arbeiter selbst. Mit Genehmigung der Gemeindebehörde des im § 108 bezeichneten Ortes kann die Aushändigung des Arbeitsbuches auch an die Mutter oder einen sonstigen Angehörigen oder unmittelbar an den Arbeiter erfolgen.

Auf Kinder, welche zum Besuche der Volksschule verpflichtet sind, finden vorstehende Bestimmungen keine Anwendung.

§ 110. Das Arbeitsbuch (§ 108) muß den Namen des Arbeiters, Ort, Jahr und Tag seiner Geburt, Namen und letzten Wohnort seines Vaters oder Vormundes und die Unterschrift des Arbeiters enthalten. Die Ausstellung erfolgt unter dem Siegel und der Unterschrift der Behörde. Letztere hat über die von ihr ausgestellten Arbeitsbücher ein Verzeichniß zu führen.

Die Einrichtung der Arbeitsbücher wird durch den Reichskanzler bestimmt.

§ 111. Bei dem Eintritt des Arbeiters in das Arbeitsverhältniß hat der Arbeitgeber an der dafür bestimmten Stelle des Arbeitsbuches die Zeit des Eintritts und die Art der Beschäftigung, am Ende des Arbeitsverhältnisses die Zeit des Austritts und, wenn die Beschäftigung Aenderungen erfahren hat, die Art der letzten Beschäftigung des Arbeiters einzutragen.

Die Eintragungen sind mit Tinte zu bewirken und von dem Arbeitgeber oder dem dazu bevollmächtigten Betriebsleiter zu unterzeichnen.

Die Eintragungen dürfen nicht mit einem Merkmal versehen sein, welches den Inhaber des Arbeitsbuches günstig oder nachtheilig zu kennzeichnen bezweckt.

Die Eintragung eines Urtheils über die Führung oder die Leistungen des Arbeiters und sonstige durch dieses Gesetz nicht vorgesehene Eintragungen oder Vermerke in oder an dem Arbeitsbuche sind unzulässig.

§ 113. Beim Abgange können die Arbeiter ein Zeugniß über die Art und Dauer ihrer Beschäftigung fordern.

Dieses Zeugniß ist auf Verlangen der Arbeiter auch auf ihre Führung und ihre Leistungen auszudehnen.

Den Arbeitgebern ist untersagt, die Zeugnisse mit Merkmalen zu versehen, welche den Zweck haben, den Arbeiter in einer aus dem Wortlaut des Zeugnisses nicht ersichtlichen Weise zu kennzeichnen.

Ist der Arbeiter minderjährig, so kann das Zeugniß von dem Vater oder Vormund gefordert werden. Diese können verlangen, daß das Zeugniß nicht an den Minderjährigen, sondern an sie ausgehändigt werde. Mit Genehmigung der Gemeindebehörde des im § 108 bezeichneten Ortes kann auch gegen den Willen des Vaters oder Vormundes die Aushändigung unmittelbar an den Arbeiter erfolgen.

§ 115. Die Gewerbetreibenden sind verpflichtet, die Löhne ihrer Arbeiter in Reichswährung zu berechnen und baar auszuzahlen.

Sie dürfen den Arbeitern keine Waaren kreditiren. Doch ist es gestattet, den Arbeitern Lebensmittel für den Betrag der Anschaffungskosten, Wohnung und Landnutzung gegen die ortsüblichen Mieth- und Pachtpreise, Feuerung, Beleuchtung, regelmäßige Beköstigung, Arzneien und ärztliche Hilfe, sowie Werkzeuge und Stoffe zu den ihnen übertragenen Arbeiten für den Betrag der durchschnittlichen Selbstkosten unter Anrechnung bei der Lohnzahlung zu verabfolgen. Zu einem höheren Preise ist die Verabfolgung von Werkzeugen und Stoffen für Akkordarbeiten zulässig, wenn derselbe den ortsüblichen nicht übersteigt und im voraus vereinbart ist.

§ 115a. Lohn- und Abschlagszahlungen dürfen in Gast- und Schankwirthschaften oder Verkaufsstellen nicht ohne Genehmigung der unteren Verwaltungsbehörde erfolgen; sie dürfen an Dritte nicht erfolgen auf Grund von Rechtsgeschäften oder Urkunden über Rechtsgeschäfte, welche nach § 2 des Gesetzes, betreffend die Beschlagnahme des Arbeits- oder Dienstlohnes, vom 21. Juni 1869 (Bundes-Gesetzblatt S. 242) rechtlich unwirksam sind.

§ 119. Den Gewerbetreibenden im Sinne der §§ 115 bis 118 sind gleich zu achten deren Familienglieder, Gehilfen, Beauftragte, Geschäftsführer, Aufseher und Faktoren, sowie andere Gewerbetreibende, bei deren Geschäft eine der hier erwähnten Personen unmittelbar oder mittelbar betheiligt ist.

§ 119a. Lohneinbehaltungen, welche von Gewerbeunternehmern zur Sicherung des Ersatzes eines ihnen aus der widerrechtlichen Auflösung des Arbeitsverhältnisses erwachsenden Schadens oder einer für diesen Fall verabredeten Strafe ausbedungen werden, dürfen bei den einzelnen Lohnzahlungen ein Viertel des fälligen Lohnes, im Gesamtbetrage den Betrag eines durchschnittlichen Wochenlohnes nicht übersteigen.

Durch statutarische Bestimmung einer Gemeinde oder eines weiteren Kommunalverbandes (§ 142) kann für alle Gewerbebetriebe oder gewisse Arten derselben festgesetzt werden:

1. daß Lohn- und Abschlagszahlungen in festen Fristen erfolgen müssen, welche nicht länger als einen Monat und nicht kürzer als eine Woche sein dürfen:
2. daß der von minderjährigen Arbeitern verdiente Lohn an die Eltern oder Vormünder und nur mit deren schriftlicher Zustimmung oder nach deren Bescheinigung über den Empfang der letzten Lohnzahlung unmittelbar an die Minderjährigen gezahlt wird;
3. daß die Gewerbetreibenden den Eltern oder Vormündern innerhalb gewisser Fristen Mittheilung von den an minderjährige Arbeiter gezahlten Lohnbeträgen zu machen haben.

§ 119b. Unter den in §§ 115 bis 119a bezeichneten Arbeitern werden auch diejenigen Personen verstanden, welche für bestimmte Gewerbetreibende außerhalb der Arbeitsstätten der letzteren mit der Anfertigung gewerblicher Erzeugnisse beschäftigt sind, und zwar auch dann, wenn sie die Roh- und Hilfsstoffe selbst beschaffen.

§ 120. Die Gewerbeunternehmer sind verpflichtet, ihren Arbeitern unter achtzehn Jahren, welche eine von der Gemeindebehörde oder vom Staate als Fortbildungsschule anerkannte Unterrichtsanstalt besuchen, hierzu die erforderlichenfalls von der zuständigen Behörde festzusetzende Zeit zu gewähren. Am Sonntage darf der Unterricht nur stattfinden, wenn die Unterrichtsstunden so gelegt werden, daß die Schüler nicht gehindert werden, den Hauptgottesdienst oder einen mit Genehmigung der kirchlichen Behörden für sie eingerichteten besonderen Gottesdienst ihrer

Konfession zu besuchen. Ausnahmen von dieser Bestimmung kann die Centralbehörde für bestehende Fortbildungsschulen, zu deren Besuch keine Verpflichtung besteht, bis zum 1. Oktober 1894 gestatten.

Als Fortbildungsschulen im Sinne dieser Bestimmung gelten auch Anstalten, in welchen Unterricht in weiblichen Hand- und Hausarbeiten ertheilt wird.

Durch statutarische Bestimmung einer Gemeinde oder eines weiteren Kommunalverbandes (§ 142) kann für männliche Arbeiter unter achtzehn Jahren die Verpflichtung zum Besuche einer Fortbildungsschule, soweit diese Verpflichtung nicht landesgesetzlich besteht, begründet werden. Auf demselben Wege können die zur Durchführung dieser Verpflichtung erforderlichen Bestimmungen getroffen werden. Insbesondere können durch statutarische Bestimmung die zur Sicherung eines regelmäßigen Schulbesuchs den Schulpflichtigen, sowie deren Eltern, Vormündern und Arbeitgebern obliegenden Verpflichtungen bestimmt und diejenigen Vorschriften erlassen werden, durch welche die Ordnung in der Fortbildungsschule und ein gebührliches Verhalten der Schüler gesichert wird. Von der durch statutarische Bestimmung begründeten Verpflichtung zum Besuche einer Fortbildungsschule sind diejenigen befreit, welche eine Innungs- oder andere Fortbildungs- oder Fachschule besuchen, sofern der Unterricht dieser Schule von der höheren Verwaltungsbehörde als ein ausreichender Ersatz des allgemeinen Fortbildungsschulunterrichts anerkannt wird.

§ 120a. Die Gewerbeunternehmer sind verpflichtet, die Arbeitsräume, Betriebsvorrichtungen, Maschinen und Geräthschaften so einzurichten und zu unterhalten und den Betrieb so zu regeln, daß die Arbeiter gegen Gefahren für Leben und Gesundheit soweit geschützt sind, wie es die Natur des Betriebes gestattet.

Insbesondere ist für genügendes Licht, ausreichenden Luftraum und Luftwechsel, Beseitigung des bei dem Betriebe entstehenden Staubes, der dabei entwickelten Dünste und Gase, sowie der dabei entstehenden Abfälle Sorge zu tragen.

Ebenso sind diejenigen Vorrichtungen herzustellen, welche zum Schutze der Arbeiter gegen gefährliche Berührungen mit Maschinen oder Maschinentheilen oder gegen andere in der Natur der Betriebsstätte oder des Betriebes liegende Gefahren, namentlich auch gegen die Gefahren, welche aus Fabrikbränden erwachsen können, erforderlich sind.

Endlich sind diejenigen Vorschriften über die Ordnung des Betriebes und das Verhalten der Arbeiter zu erlassen, welche zur Sicherung eines gefahrlosen Betriebes erforderlich sind.

§ 120b. Die Gewerbeunternehmer sind verpflichtet, diejenigen Einrichtungen zu treffen und zu unterhalten und diejenigen Vorschriften über das Verhalten der Arbeiter im Betriebe zu erlassen, welche erforderlich sind, um die Aufrechterhaltung der guten Sitten und des Anstandes zu sichern.

Insbesondere muß, soweit es die Natur des Betriebes zuläßt, bei der Arbeit die Trennung der Geschlechter durchgeführt werden, sofern nicht die Aufrechterhaltung der guten Sitten und des Anstandes durch die Einrichtung des Betriebes ohnehin gesichert ist.

In Anlagen, deren Betrieb es mit sich bringt, daß die Arbeiter sich umkleiden und nach der Arbeit sich reinigen, müssen ausreichende, nach Geschlechtern getrennte Ankleide- und Waschräume vorhanden sein.

Die Bedürfnißanstalten müssen so eingerichtet sein, daß sie für die Zahl der Arbeiter ausreichen, daß den Anforderungen der Gesundheitspflege entsprochen wird und daß ihre Benützung ohne Verletzung von Sitte und Anstand erfolgen kann.

§ 120c. Gewerbeunternehmer, welche Arbeiter unter achtzehn Jahren beschäftigen, sind verpflichtet, bei der Einrichtung der Betriebsstätte und bei der Regelung des Betriebes diejenigen besonderen Rücksichten auf Gesundheit und Sittlichkeit zu nehmen, welche durch das Alter dieser Arbeiter geboten sind.

§ 120d. Die zuständigen Polizeibehörden sind befugt, im Wege der Verfügung für einzelne Anlagen die Ausführung derjenigen Maßnahmen anzuordnen, welche zur Durchführung der in §§ 120a bis 120c enthaltenen Grundsätze erforderlich und nach der Beschaffenheit der Anlage ausführbar erscheinen. Sie können anordnen, daß den Arbeitern zur Einnahme von Mahlzeiten außerhalb der Arbeitsräume angemessene, in der kalten Jahreszeit geheizte Räume unentgeltlich zur Verfügung gestellt werden. Soweit die angeordneten Maßregeln nicht die Beseitigung einer dringenden, das Leben oder die Gesundheit bedrohenden Gefahr bezwecken, muß für die Ausführung eine angemessene Frist gelassen werden.

Den bei Erlaß dieses Gesetzes bereits bestehenden Anlagen gegenüber können, so lange nicht eine Erweiterung oder ein Umbau eintritt, nur Anforderungen gestellt werden, welche zur Beseitigung erheblicher, das Leben, die Gesundheit oder die Sittlichkeit der Arbeiter gefährdender Mißstände erforderlich oder ohne unverhältnißmäßige Aufwendungen ausführbar erscheinen.

Gegen die Verfügung der Polizeibehörde steht dem Gewerbeunternehmer binnen zwei Wochen die Beschwerde an die höhere Verwaltungsbehörde zu. Gegen die Entscheidung der höheren

Verwaltungsbehörde ist binnen vier Wochen die Beschwerde an die Centralbehörde zulässig; diese entscheidet endgiltig. Widerspricht die Verfügung den von der zuständigen Berufsgenossenschaft erlassenen Vorschriften zur Verhütung von Unfällen, so ist zur Einlegung der vorstehend bezeichneten Rechtsmittel binnen der dem Gewerbeunternehmer zustehenden Frist auch der Vorstand der Berufsgenossenschaft befugt.

§ 120e. Durch Beschluß des Bundesraths können Vorschriften darüber erlassen werden, welchen Anforderungen in bestimmten Arten von Anlagen zur Durchführung der in den §§ 120a bis 120c enthaltenen Grundsätze zu genügen ist.

Soweit solche Vorschriften durch Beschluß des Bundesraths nicht erlassen sind, können dieselben durch Anordnung der Landes-Centralbehörden oder durch Polizeiverordnungen der zum Erlaß solcher berechtigten Behörden erlassen werden. Vor dem Erlaß solcher Anordnungen und Polizeiverordnungen ist den Vorständen der betheiligten Berufsgenossenschaften oder Berufsgenossenschafts-Sektionen Gelegenheit zu einer gutachtlichen Aeußerung zu geben. Auf diese finden die Bestimmungen des § 79 Absatz 1 des Gesetzes, betreffend die Unfallversicherung der Arbeiter, vom 6. Juli 1884 (Reichs-Gesetzbl. S. 69) Anwendung.

Durch Beschluß des Bundesraths können für solche Gewerbe, in welchen durch übermäßige Dauer der täglichen Arbeitszeit die Gesundheit der Arbeiter gefährdet wird, Dauer, Beginn und Ende der zulässigen täglichen Arbeitszeit und der zu gewährenden Pausen vorgeschrieben und die zur Durchführung dieser Vorschriften erforderlichen Anordnungen erlassen werden.

Die durch Beschluß des Bundesraths erlassenen Vorschriften sind durch das Reichs-Gesetzblatt zu veröffentlichen und dem Reichstag bei seinem nächsten Zusammentritt zur Kenntnißnahme vorzulegen.

II. Verhältnisse der Gesellen und Gehilfen.

III. Lehrlingsverhältnisse.

*__§ 126.__ Die Befugniß zum Halten oder zur Anleitung von Lehrlingen steht Personen, welche sich nicht im Besitze der bürgerlichen Ehrenrechte befinden, nicht zu.

*__§ 126a.__ Die Befugniß zum Halten und zur Anleitung von Lehrlingen kann solchen Personen ganz oder auf Zeit entzogen werden, welche sich wiederholt grober Pflichtverletzungen gegen die ihnen anvertrauten Lehrlinge schuldig gemacht haben, oder gegen welche Thatsachen vorliegen, die sie in sittlicher Beziehung zum Halten oder zur Anleitung von Lehrlingen ungeeignet erscheinen lassen.

Die Befugniß zur Anleitung von Lehrlingen kann ferner solchen Personen entzogen werden, welche wegen geistiger oder körperlicher Gebrechen zur sachgemäßen Anleitung eines Lehrlings nicht geeignet sind.

Die Entziehung erfolgt durch Verfügung der unteren Verwaltungsbehörde; gegen die Verfügung findet der Rekurs statt. Wegen des Verfahrens und der Behörden gelten die Vorschriften der §§ 20 und 21, soweit nicht landesgesetzlich das Verfahren in streitigen Verwaltungssachen Platz greift.

Durch die höhere Verwaltungsbehörde kann die entzogene Befugniß nach Ablauf eines Jahres wieder eingeräumt werden.

***§ 126b.** **Der Lehrvertrag ist binnen vier Wochen nach Beginn der Lehre schriftlich abzuschließen. Derselbe muß enthalten:**

1. **die Bezeichnung des Gewerbes oder des Zweiges der gewerblichen Thätigkeit, in welchem die Ausbildung erfolgen soll;**
2. **die Angabe der Dauer der Lehrzeit;**
3. **die Angabe der gegenseitigen Leistungen;**
4. **die gesetzlichen und sonstigen Voraussetzungen, unter welchen die einseitige Auflösung des Vertrags zulässig ist.**

Der Lehrvertrag ist von dem Gewerbetreibenden oder seinem Stellvertreter, dem Lehrling und dem Vater oder Vormunde des Lehrlings zu unterschreiben, und in einem Exemplare dem Vater oder Vormunde des Lehrlings auszuhändigen. Der Lehrherr ist verpflichtet, der Ortspolizeibehörde auf Erfordern den Lehrvertrag einzureichen.

***§ 128.** **Wenn der Lehrherr eine im Mißverhältniß zu dem Umfange oder der Art seines Gewerbebetriebs stehende Zahl von Lehrlingen hält und dadurch die Ausbildung der Lehrlinge gefährdet erscheint, so kann dem Lehrherrn von der unteren Verwaltungsbehörde die Entlassung eines entsprechenden Theiles der Lehrlinge auferlegt und die Annahme von Lehrlingen über eine bestimmte Zahl hinaus untersagt werden. Die Bestimmungen des § 126a Absatz 3 finden hierbei entsprechende Anwendung.**

Unbeschadet der vorstehenden Bestimmung können durch Beschluß des Bundesraths für einzelne Gewerbszweige Vorschriften über die höchste Zahl der Lehrlinge erlassen werden, welche in Betrieben dieser Gewerbszweige gehalten werden darf. Soweit solche Vorschriften nicht erlassen sind, können sie durch Anordnung der Landes-Centralbehörde erlassen werden.

***§ 129.** **In Handwerksbetrieben steht die Befugniß zur Anleitung von Lehrlingen nur denjenigen Personen zu, welche das vierundzwanzigste Lebensjahr vollendet haben und in dem**

Gewerbe oder in dem Zweige des Gewerbes, in welchem die Anleitung der Lehrlinge erfolgen soll,

entweder die von der Handwerkskammer vorgeschriebene Lehrzeit, oder solange die Handwerkskammer eine Vorschrift über die Dauer der Lehrzeit nicht erlassen hat, mindestens eine dreijährige Lehrzeit zurückgelegt und die Gesellenprüfung bestanden haben,

oder fünf Jahre hindurch persönlich das Handwerk selbständig ausgeübt haben oder als Werkmeister oder in ähnlicher Stellung thätig gewesen sind.

Die höhere Verwaltungsbehörde kann Personen, welche diesen Anforderungen nicht entsprechen, die Befugniß zur Anleitung von Lehrlingen verleihen. Gehört die Person einer Innung an oder besteht an ihrem Wohnort für den Gewerbszweig, welchem sie angehört, eine Innung, so ist die letztere vor der Entscheidung von der höheren Verwaltungsbehörde zu hören.

Die Unterweisung des Lehrlings in einzelnen technischen Handgriffen und Fertigkeiten durch einen Gesellen fällt nicht unter die im Absatz 1 vorgesehenen Bestimmungen.

Die Zurücklegung der Lehrzeit kann auch in einem dem Gewerbe angehörenden Großbetriebe erfolgen und durch den Besuch einer Lehrwerkstätte oder sonstigen gewerblichen Unterrichtsanstalt ersetzt werden. Die Landes-Centralbehörden können den Prüfungszeugnissen von Lehrwerkstätten, gewerblichen Unterrichtsanstalten oder von Prüfungsbehörden, welche vom Staate für einzelne Gewerbe oder zum Nachweis der Befähigung zur Anstellung in staatlichen Betrieben eingesetzt sind, die Wirkung der Verleihung der im Absatz 1 bezeichneten Befugniß für bestimmte Gewerbszweige beilegen.

Der Bundesrath ist befugt, für einzelne Gewerbe Ausnahmen von den Bestimmungen im Absatz 1 zuzulassen.

***§ 129a.** Der Unternehmer eines Betriebs, in welchem mehrere Gewerbe vereinigt sind, ist befugt, in allen zu dem Betriebe vereinigten Gewerben Lehrlinge anzuleiten, wenn er für eines dieser Gewerbe den Voraussetzungen des § 129 entspricht.

Wer für einen gesondert betriebenen Zweig eines Gewerbes den Voraussetzungen des § 129 entspricht, ist berechtigt, auch in den übrigen Zweigen dieses Gewerbes Lehrlinge anzuleiten.

Wer für ein Gewerbe den Voraussetzungen des § 129 entspricht, ist berechtigt, auch in den diesem verwandten Gewerben Lehrlinge anzuleiten. Welche Gewerbe als verwandte Gewerbe im Sinne dieser Bestimmung anzusehen sind, bestimmt die Handwerkskammer.

Das gemäß § 131c Absatz 2 dem Prüfungsausschuß vorzulegende Lehrzeugniß darf nur für dasjenige Gewerbe ausgestellt werden, für welches der Lehrherr oder sein Vertreter (§ 127 Absatz 1) zur Anleitung von Lehrlingen befugt ist.

IIIa. Meistertitel.

*§ 133. Den Meistertitel in Verbindung mit der Bezeichnung eines Handwerks dürfen nur Handwerker führen, wenn sie in ihrem Gewerbe die Befugniß zur Anleitung von Lehrlingen erworben (§ 129) und die Meisterprüfung bestanden haben. Zu letzterer sind sie in der Regel nur zuzulassen, wenn sie mindestens drei Jahre als Geselle (Gehilfe) in ihrem Gewerbe thätig gewesen sind. Die Abnahme der Prüfung erfolgt durch Prüfungskommissionen, welche aus einem Vorsitzenden und vier Beisitzern bestehen.

Der Meisterprüfung im Sinne der vorstehenden Bestimmungen können von der Landes-Centralbehörde die von ihr angeordneten Prüfungen bei Anstalten und Einrichtungen der im § 129 Absatz 4 bezeichneten Art gleichgestellt werden, sofern bei denselben mindestens die gleichen Anforderungen gestellt werden wie bei den in Absatz 1 vorgesehenen Prüfungen.

IV. Verhältnisse der Fabrikarbeiter.

§ 134. Auf Fabrikarbeiter finden die Bestimmungen der §§ 121 bis 125 oder, wenn die Fabrikarbeiter als Lehrlinge anzusehen sind, die Bestimmungen der §§ 126 bis 128 Anwendung.

Den Unternehmern von Fabriken, in welchen in der Regel mindestens zwanzig Arbeiter beschäftigt werden, ist untersagt, für den Fall der rechtswidrigen Auflösung des Arbeitsverhältnisses durch den Arbeiter die Verwirkung des rückständigen Lohnes über den Betrag des durchschnittlichen Wochenlohnes hinaus auszubedingen. Auf die Arbeitgeber und Arbeiter in solchen Fabriken finden die Bestimmungen des § 124b keine Anwendung.

§ 134a. Für jede Fabrik, in welcher in der Regel mindestens zwanzig Arbeiter beschäftigt werden, ist innerhalb vier Wochen nach Inkrafttreten dieses Gesetzes oder nach der Eröffnung des Betriebes eine Arbeitsordnung zu erlassen. Für die einzelnen Abtheilungen des Betriebes oder für die einzelnen Gruppen der Arbeiter können besondere Arbeitsordnungen erlassen werden. Der Erlaß erfolgt durch Aushang (§ 134e Absatz 2).

Die Arbeitsordnung muß den Zeitpunkt, mit welchem sie in Wirksamkeit treten soll, angeben und von demjenigen, welcher sie erläßt, unter Angabe des Datums unterzeichnet sein.

Abänderungen ihres Inhalts können nur durch den Erlaß von Nachträgen oder in der Weise erfolgen, daß an Stelle der bestehenden eine neue Arbeitsordnung erlassen wird.

Die Arbeitsordnungen und Nachträge zu denselben treten frühestens zwei Wochen nach ihrem Erlaß in Geltung.

§ 134b. Die Arbeitsordnung muß Bestimmungen enthalten:

1. über Anfang und Ende der regelmäßigen täglichen Arbeitszeit, sowie der für die erwachsenen Arbeiter vorgesehenen Pausen;
2. über Zeit und Art der Abrechnung und Lohnzahlung;
3. sofern es nicht bei den gesetzlichen Bestimmungen bewenden soll, über die Frist der zulässigen Aufkündigung, sowie über die Gründe, aus welchen die Entlassung und der Austritt aus der Arbeit ohne Aufkündigung erfolgen darf;
4. sofern Strafen vorgesehen werden, über die Art und Höhe derselben, über die Art ihrer Festsetzung und, wenn sie in Geld bestehen, über deren Einziehung und über den Zweck, für welchen sie verwendet werden sollen;
5. sofern die Verwirkung von Lohnbeträgen nach Maßgabe der Bestimmung des § 134 Absatz 2 durch Arbeitsordnung oder Arbeitsvertrag ausbedungen wird, über die Verwendung der verwirkten Beträge.

Strafbestimmungen, welche das Ehrgefühl oder die guten Sitten verletzen, dürfen in die Arbeitsordnung nicht aufgenommen werden. Geldstrafen dürfen die Hälfte des durchschnittlichen Tagesarbeitsverdienstes nicht übersteigen; jedoch können Thätlichkeiten gegen Mitarbeiter, erhebliche Verstöße gegen die guten Sitten, sowie gegen die zur Aufrechterhaltung der Ordnung des Betriebes, zur Sicherung eines gefahrlosen Betriebes oder zur Durchführung der Bestimmungen der Gewerbeordnung erlassenen Vorschriften mit Geldstrafen bis zum vollen Betrage des durchschnittlichen Tagesarbeitsverdienstes belegt werden. Alle Strafgelder müssen zum Besten der Arbeiter der Fabrik verwendet werden. Das Recht des Arbeitgebers, Schadensersatz zu fordern, wird durch diese Bestimmung nicht berührt.

Dem Besitzer der Fabrik bleibt überlassen, neben den im Absatz 1 unter 1 bis 5 bezeichneten, noch weitere die Ordnung des Betriebes und das Verhalten der Arbeiter im Betriebe betreffende Bestimmungen in die Arbeitsordnung aufzunehmen. Mit Zustimmung eines ständigen Arbeiterausschusses können in die Arbeitsordnung Vorschriften über das Verhalten der Arbeiter bei Benutzung der zu ihrem Besten getroffenen mit der Fabrik verbundenen Einrichtungen, sowie Vorschriften über das Verhalten der minderjährigen Arbeiter außerhalb des Betriebes aufgenommen werden.

§ 134c. Der Inhalt der Arbeitsordnung ist, soweit er den Gesetzen nicht zuwiderläuft, für die Arbeitgeber und Arbeiter rechtsverbindlich.

Andere als die in der Arbeitsordnung oder in den §§ 123 und 124 vorgesehenen Gründe der Entlassung und des Austritts aus der Arbeit dürfen im Arbeitsvertrage nicht vereinbart werden. Andere als die in der Arbeitsordnung vorgesehenen Strafen dürfen über den Arbeiter nicht verhängt werden. Die Strafen müssen ohne Verzug festgesetzt und dem Arbeiter zur Kenntniß gebracht werden.

Die verhängten Geldstrafen sind in ein Verzeichniß einzutragen, welches den Namen des Bestraften, den Tag der Bestrafung, sowie den Grund und die Höhe der Strafe ergeben und auf Erfordern dem im § 139b bezeichneten Beamten jederzeit zur Einsicht vorgelegt werden muß.

§ 134e. Die Arbeitsordnung, sowie jeder Nachtrag zu derselben ist unter **Mittheilung der seitens der Arbeiter geäußerten Bedenken, soweit die Aeußerungen schriftlich oder zu Protokoll erfolgt sind, binnen drei Tagen nach dem Erlaß in zwei Ausfertigungen unter Beifügung der Erklärung, daß und in welcher Weise der** Vorschrift des § 134d genügt ist, der unteren Verwaltungsbehörde einzureichen.

Die Arbeitsordnung ist an geeigneter, allen **betheiligten Arbeitern zugänglicher Stelle auszuhängen. Der Aushang muß stets in lesbarem Zustande erhalten werden. Die Arbeitsordnung ist jedem Arbeiter bei seinem Eintritt in die Beschäftigung zu behändigen.**

§ 134f. **Arbeitsordnungen und Nachträge zu denselben, welche nicht vorschriftsmäßig erlassen sind, oder deren Inhalt den gesetzlichen Bestimmungen zuwiderläuft, sind auf Anordnung der unteren Verwaltungsbehörde durch gesetzmäßige Arbeitsordnungen zu ersetzen oder den gesetzlichen Vorschriften entsprechend** abzuändern.

§ 134g. **Arbeitsordnungen, welche vor dem Inkrafttreten dieses Gesetzes erlassen worden sind, unterliegen den Bestimmungen der §§ 134a bis 134c, 134e Absatz 2, 134f und sind binnen** vier **Wochen der unteren Verwaltungsbehörde in zwei Ausfertigungen einzureichen. Auf spätere Abänderungen dieser Arbeitsordnungen** und auf die seit dem 1. Januar 1891 erstmalig erlassenen Arbeitsordnungen finden die §§ 134d und 134e Absatz 1 Anwendung.

§ 135. Kinder unter dreizehn Jahren dürfen in Fabriken nicht beschäftigt werden. Kinder über dreizehn Jahre dürfen in Fabriken nur beschäftigt werden, wenn sie nicht mehr zum Besuche der Volksschule verpflichtet sind.

Die Beschäftigung von Kindern unter vierzehn Jahren darf die Dauer von sechs Stunden täglich nicht überschreiten.

Junge Leute zwischen vierzehn und sechszehn Jahren dürfen in Fabriken nicht länger als zehn Stunden täglich beschäftigt werden.

§ 136. Die Arbeitsstunden der jugendlichen Arbeiter (§ 135) dürfen nicht vor fünfeinhalb Uhr morgens beginnen und nicht über achteinhalb Uhr abends dauern. Zwischen den Arbeitsstunden müssen an jedem Arbeitstage regelmäßige Pausen gewährt werden. Für jugendliche Arbeiter, welche nur sechs Stunden täglich beschäftigt werden, muß die Pause mindestens eine halbe Stunde betragen. Den übrigen jugendlichen Arbeitern muß mindestens mittags eine einstündige sowie vormittags und nachmittags je eine halbstündige Pause gewährt werden.

Während der Pausen darf den jugendlichen Arbeitern eine Beschäftigung in dem Fabrikbetriebe überhaupt nicht und der Aufenthalt in den Arbeitsräumen nur dann gestattet werden, wenn in denselben diejenigen Theile des Betriebes, in welchen jugendliche Arbeiter beschäftigt sind, für die Zeit der Pausen völlig eingestellt werden oder wenn der Aufenthalt im Freien nicht thunlich und andere geeignete Aufenthaltsräume ohne unverhältnißmäßige Schwierigkeiten nicht beschafft werden können.

An Sonn- und Festtagen, sowie während der von dem ordentlichen Seelsorger für den Katechumenen- und Konfirmanden-, Beicht- und Kommunionunterricht bestimmten Stunden dürfen jugendliche Arbeiter nicht beschäftigt werden.

§ 137. Arbeiterinnen dürfen in Fabriken nicht in der Nachtzeit von achteinhalb Uhr Abends bis fünfeinhalb Uhr morgens und am Sonnabend sowie an Vorabenden der Festtage nicht nach fünfeinhalb Uhr nachmittags beschäftigt werden.

Die Beschäftigung von Arbeiterinnen über sechszehn Jahre darf die Dauer von elf Stunden täglich, an den Vorabenden der Sonn- und Festtage von zehn Stunden, nicht überschreiten.

Zwischen den Arbeitsstunden muß den Arbeiterinnen eine mindestens einstündige Mittagspause gewährt werden.

Arbeiterinnen über sechszehn Jahre, welche ein Hauswesen zu besorgen haben, sind auf ihren Antrag eine halbe Stunde vor der Mittagspause zu entlassen, sofern diese nicht mindestens ein und eine halbe Stunde beträgt.

Wöchnerinnen dürfen während vier Wochen nach ihrer Niederkunft überhaupt nicht und während der folgenden zwei Wochen nur beschäftigt werden, wenn das Zeugniß eines approbirten Arztes dies für zulässig erklärt.

§ 138. Sollen Arbeiterinnen oder jugendliche Arbeiter in Fabriken beschäftigt werden, so hat der Arbeitgeber vor dem Beginn der Beschäftigung der Ortspolizeibehörde eine schriftliche Anzeige zu machen.

In der Anzeige sind die Fabrik, die Wochentage, an welchen die Beschäftigung stattfinden soll, Beginn und Ende der Arbeitszeit und der Pausen, sowie die Art der Beschäftigung anzugeben. Eine Aenderung hierin darf, abgesehen von Verschiebungen, welche durch Ersetzung behinderter Arbeiter für einzelne Arbeitsschichten nothwendig werden, nicht erfolgen, bevor eine entsprechende weitere Anzeige der Behörde gemacht ist. In jeder Fabrik hat der Arbeitgeber dafür zu sorgen, daß in den Fabrikräumen, in welchen jugendliche Arbeiter beschäftigt werden, an einer in die Augen fallenden Stelle ein Verzeichniß der jugendlichen Arbeiter unter Angabe ihrer Arbeitstage, sowie des Beginns und Endes ihrer Arbeitszeit und der Pausen ausgehängt ist. Ebenso hat er dafür zu sorgen, daß in den betreffenden Räumen eine Tafel ausgehängt ist, welche in der von der Centralbehörde zu bestimmenden Fassung und in deutlicher Schrift einen Auszug aus den Bestimmungen über die Beschäftigung von Arbeiterinnen und jugendlichen Arbeitern enthält.

§ 138a. Wegen außergewöhnlicher Häufung der Arbeit kann auf Antrag des Arbeitgebers die untere Verwaltungsbehörde auf die Dauer von zwei Wochen die Beschäftigung von Arbeiterinnen über sechszehn Jahre bis zehn Uhr Abends an den Wochentagen außer Sonnabend unter der Voraussetzung gestatten, daß die tägliche Arbeitszeit dreizehn Stunden nicht überschreitet. Innerhalb eines Kalenderjahres darf die Erlaubniß einem Arbeitgeber für seinen Betrieb oder für eine Abtheilung seines Betriebes auf mehr als vierzig Tage nicht ertheilt werden.

Für eine zwei Wochen überschreitende Dauer kann die gleiche Erlaubniß nur von der höheren Verwaltungsbehörde und auch von dieser für mehr als vierzig Tage im Jahre nur dann ertheilt werden, wenn die Arbeitszeit für den Betrieb oder die betreffende Abtheilung des Betriebes so geregelt wird, daß ihre tägliche Dauer im Durchschnitt der Betriebstage des Jahres die regelmäßige gesetzliche Arbeitszeit nicht überschreitet.

Der Antrag ist schriftlich zu stellen und muß den Grund, aus welchem die Erlaubniß beantragt wird, die Zahl der in Betracht kommenden Arbeiterinnen, das Maß der längeren Beschäftigung, sowie den Zeitraum angeben, für welchen dieselbe stattfinden soll. Der Bescheid der unteren Verwaltungsbehörde auf den Antrag ist binnen drei Tagen schriftlich zu ertheilen.

Gegen die Versagung der Erlaubniß steht die Beschwerde an die vorgesetzte Behörde zu.

Die untere Verwaltungsbehörde hat über die Fälle, in welchen die Erlaubniß ertheilt worden ist, ein Verzeichniß zu führen, in welches der Name des Arbeitgebers und die für den schriftlichen Antrag vorgeschriebenen Angaben einzutragen sind.

Die untere Verwaltungsbehörde kann die Beschäftigung von Arbeiterinnen über sechszehn Jahre, welche kein Hauswesen zu besorgen haben und eine Fortbildungsschule nicht besuchen, bei den im § 105c Absatz 1 unter Ziffer 2 und 3 bezeichneten Arbeiten an Sonnabenden und Vorabenden von Festtagen Nachmittags nach fünfeinhalb Uhr, jedoch nicht über achteinhalb Uhr Abends hinaus, gestatten. Die Erlaubniß ist schriftlich zu ertheilen und vom Arbeitgeber zu verwahren.

§ 139. Wenn Naturereignisse oder Unglücksfälle den regelmäßigen Betrieb einer Fabrik unterbrochen haben, so können Ausnahmen von den in §§ 135 Absatz 2 und 3, 136, 137 Absatz 1 bis 3 vorgesehenen Beschränkungen auf die Dauer von vier Wochen durch die höhere Verwaltungsbehörde, auf längere Zeit durch den Reichskanzler zugelassen werden. In dringenden Fällen solcher Art, sowie zur Verhütung von Unglücksfällen kann die untere Verwaltungsbehörde, jedoch höchstens auf die Dauer von vierzehn Tagen, solche Ausnahmen gestatten.

Wenn die Natur des Betriebes oder Rücksichten auf die Arbeiter in einzelnen Fabriken es erwünscht erscheinen lassen, daß die Arbeitszeit der Arbeiterinnen oder jugendlichen Arbeiter in einer anderen als der durch die §§ 136 und 137 Absatz 1 und 3 vorgesehenen Weise geregelt wird, so kann auf besonderen Antrag eine anderweite Regelung hinsichtlich der Pausen durch die höhere Verwaltungsbehörde, im Uebrigen durch den Reichskanzler gestattet werden. Jedoch dürfen in solchen Fällen die jugendlichen Arbeiter nicht länger als sechs Stunden beschäftigt werden, wenn zwischen den Arbeitsstunden nicht Pausen von zusammen mindestens einstündiger Dauer gewährt werden.

Die auf Grund vorstehender Bestimmungen zu treffenden Verfügungen müssen schriftlich erlassen werden.

§ 139a. Der Bundesrath ist ermächtigt:

1. die Verwendung von Arbeiterinnen, sowie von jugendlichen Arbeitern für gewisse Fabrikationszweige, welche mit besonderen Gefahren für Gesundheit oder Sittlichkeit verbunden sind, gänzlich zu untersagen oder von besonderen Bedingungen abhängig zu machen;

2. für Fabriken, welche mit ununterbrochenem Feuer betrieben werden, oder welche sonst durch die Art des Betriebes auf eine regelmäßige Tag- und Nachtarbeit angewiesen sind, sowie für solche Fabriken, deren Betrieb eine Eintheilung in regelmäßige Arbeitsschichten von gleicher Dauer nicht gestattet oder seiner Natur nach auf bestimmte Jahreszeiten beschränkt ist, Ausnahmen von den in §§ 135 Absatz 2 und 3, 136, 137 Absatz 1 bis 3 vorgesehenen Bestimmungen nachzulassen;
3. für gewisse Fabrikationszweige, soweit die Natur des Betriebes oder die Rücksicht auf die Arbeiter es erwünscht erscheinen lassen, die Abkürzung oder den Wegfall der für jugendliche Arbeiter vorgeschriebenen Pausen zu gestatten;
4. für Fabrikationszweige, in denen regelmäßig zu gewissen Zeiten des Jahres ein vermehrtes Arbeitsbedürfniß eintritt, Ausnahmen von den Bestimmungen des § 137 Absatz 1 und 2 mit der Maßgabe zuzulassen, daß die tägliche Arbeitszeit dreizehn Stunden, an Sonnabenden zehn Stunden nicht überschreitet.

In den Fällen zu 2 darf die Dauer der wöchentlichen Arbeitszeit für Kinder sechsunddreißig Stunden, für junge Leute sechzig, für Arbeiterinnen fünfundsechzig, in Ziegeleien für junge Leute und Arbeiterinnen siebzig Stunden nicht überschreiten. Die Nachtarbeit darf in vierundzwanzig Stunden die Dauer von zehn Stunden nicht überschreiten und muß in jeder Schicht durch eine oder mehrere Pausen in der Gesammtdauer von mindestens einer Stunde unterbrochen sein. Die Tagschichten und Nachtschichten müssen wöchentlich wechseln.

In den Fällen zu 3 dürfen die jugendlichen Arbeiter nicht länger als sechs Stunden beschäftigt werden, wenn zwischen den Arbeitsstunden nicht eine oder mehrere Pausen von zusammen mindestens einstündiger Dauer gewährt werden.

In den Fällen zu 4 darf die Erlaubniß zur Ueberarbeit für mehr als vierzig Tage im Jahre nur dann ertheilt werden, wenn die Arbeitszeit so geregelt wird, daß ihre tägliche Dauer im Durchschnitt der Betriebstage des Jahres die regelmäßige gesetzliche Arbeitszeit nicht überschreitet.

Die durch Beschluß des Bundesraths getroffenen Bestimmungen sind zeitlich zu begrenzen und können auch für bestimmte Bezirke erlassen werden. Sie sind durch das Reichs-Gesetzblatt zu veröffentlichen und dem Reichstag bei seinem nächsten Zusammentritt zur Kenntnißnahme vorzulegen.

V. Aufsicht.

§ 139b. Die Aufsicht über die Ausführung der Bestimmungen der §§ 105a, 105b Absatz 1, 105c bis 105h, 120a bis 120e, 134 bis 139a ist ausschließlich oder neben den ordentlichen Polizeibehörden besonderen von den Landesregierungen zu ernennenden Beamten zu übertragen. Denselben stehen bei Ausübung dieser Aufsicht alle amtlichen Befugnisse der Ortspolizeibehörden, insbesondere das Recht zur jederzeitigen Revision der Anlagen zu. Sie sind, vorbehaltlich der Anzeige von Gesetzwidrigkeiten, zur Geheimhaltung der amtlich zu ihrer Kenntniß gelangenden Geschäfts- und Betriebsverhältnisse der ihrer Revision unterliegenden Anlagen zu verpflichten.

Die Ordnung der Zuständigkeitsverhältnisse zwischen diesen Beamten und den ordentlichen Polizeibehörden bleibt der verfassungsmäßigen Regelung in den einzelnen Bundesstaaten vorbehalten.

Die auf Grund der Bestimmungen der §§ 105a bis 105h, 120a bis 120e, 134 bis 139a auszuführenden amtlichen Revisionen müssen die Arbeitgeber zu jeder Zeit, namentlich auch in der Nacht, während des Betriebes gestatten.

Die Arbeitgeber sind ferner verpflichtet, den genannten Beamten oder der Polizeibehörde diejenigen statistischen Mittheilungen über die Verhältnisse ihrer Arbeiter zu machen, welche vom Bundesrath oder von der Landes-Centralbehörde unter Festsetzung der dabei zu beobachtenden Fristen und Formen vorgeschrieben werden.

Titel VIII.
Gewerbliche Hilfskassen.

Titel IX.
Statutarische Bestimmungen.

Titel X.
Strafbestimmungen.

§ 143. Die Berechtigung zum Gewerbebetriebe kann, abgesehen von den in den Reichsgesetzen vorgesehenen Fällen ihrer Entziehung, weder durch richterliche, noch administrative Entscheidung entzogen werden.

Ausnahmen von diesem Grundsatze, welche durch die Steuergesetze begründet sind, bleiben so lange aufrecht erhalten, als diese Steuergesetze in Kraft bleiben.

Die Bestimmungen der Landesgesetze, nach welchen die Befugniß zur Herausgabe von Druckschriften und zum Vertriebe derselben innerhalb des Reichsgebiets im Verwaltungswege entzogen werden darf, werden hierdurch aufgehoben.

§ 144. Inwiefern, abgesehen von den Vorschriften über die Entziehung des Gewerbebetriebes (§ 143), Zuwiderhandlungen der Gewerbetreibenden gegen ihre Berufspflichten außer den in diesem Gesetz erwähnten Fällen einer Strafe unterliegen, ist nach den darüber bestehenden Gesetzen zu beurtheilen.

Jedoch werden aufgehoben die für Medicinalpersonen bestehenden besonderen Bestimmungen, welche ihnen unter Androhung von Strafen einen Zwang zu ärztlicher Hilfe auferlegen.

***§ 144a.** Personen, welche den Bestimmungen der §§ 126, 126a und 129 entgegen Lehrlinge halten, anleiten oder anleiten lassen, können von der Ortspolizeibehörde durch Zwangsstrafen zur Entlassung der Lehrlinge angehalten werden.

In gleicher Weise kann die Entlassung derjenigen Lehrlinge, welche den auf Grund der §§ 81a Ziffer 3, 128 Absatz 2 und 130 erlassenen Vorschriften entgegen angenommen sind, verfügt werden.

§ 145. Für das Mindestmaß der Strafen, das Verhältniß von Geldstrafe zur Freiheitsstrafe, sowie für die Verjährung der in den §§ 146 und 153 verzeichneten Vergehen sind die Bestimmungen des Strafgesetzbuchs für das Deutsche Reich maßgebend.

Die übrigen in diesem Titel mit Strafe bedrohten Handlungen verjähren binnen drei Monaten, von dem Tage an gerechnet, an welchem sie begangen sind.

§ 146. Mit Geldstrafe bis zu zweitausend Mark und im Unvermögensfalle mit Gefängniß bis zu sechs Monaten werden bestraft:

1. Gewerbetreibende, welche dem § 115 zuwiderhandeln;
2. Gewerbetreibende, welche den §§ 135, 136, 137 oder den auf Grund der §§ 139 und 139a getroffenen Verfügungen zuwiderhandeln;
   Gewerbetreibende, welche den § 111 Absatz 3 und 113 Absatz 3 zuwiderhandeln;
4. wer § 56 Ziffer 6 zuwiderhandelt.

Die Geldstrafen fließen der im §§ 116 bezeichneten Kasse zu. Der § 75 des Gerichtsverfassungsgesetzes findet Anwendung.

§ 146a. Mit Geldstrafe bis zu sechshundert Mark, im Unvermögensfalle mit Haft wird bestraft, wer den §§ 105b bis 105g oder den auf Grund derselben erlassenen Anordnungen zuwider Arbeitern an Sonn- und Festtagen Beschäftigung gibt oder den §§ 41a und 55a, oder den auf Grund des § 105b Absatz 2 erlassenen statutarischen Bestimmungen zuwiderhandelt.

§ 147. Mit Geldstrafe bis zu dreihundert Mark und im Unvermögensfalle mit Haft wird bestraft:

1. wer den selbstständigen Betrieb eines stehenden Gewerbes, zu dessen Beginn eine besondere polizeiliche Genehmigung (Konzession, Approbation, Bestallung) erforderlich ist, ohne die vorschriftsmäßige Genehmigung unternimmt oder fortsetzt, oder von den in der Genehmigung festgesetzten Bedingungen abweicht;
2. wer eine gewerbliche Anlage, zu der mit Rücksicht auf die Lage oder Beschaffenheit der Betriebsstätte oder des Lokals eine besondere Genehmigung erforderlich ist (§§ 16 und 24), ohne diese Genehmigung errichtet, oder die wesentlichen Bedingungen, unter welchen die Genehmigung ertheilt worden, nicht innehält, oder ohne neue Genehmigung eine wesentliche Veränderung der Betriebsstätte oder eine Verlegung des Lokals oder eine wesentliche Veränderung in dem Betriebe der Anlage vornimmt;
3. wer, ohne hiezu approbirt zu sein, sich als Arzt (Wundarzt, Augenarzt, Geburtshelfer, Zahnarzt, Thierarzt) bezeichnet oder sich einen ähnlichen Titel beilegt, durch den der Glauben erweckt wird, der Inhaber desselben sei eine geprüfte Medicinalperson;
4. wer den auf Grund des § 120d endgiltig erlassenen Verfügungen oder den auf Grund des § 120e erlassenen Vorschriften zuwiderhandelt;
5. wer eine Fabrik betreibt, für welche eine Arbeitsordnung (§ 134a) nicht besteht, oder wer der endgültigen Anordnung der Behörde wegen Ersetzung oder Abänderung der Arbeitsordnung (§ 134f) nicht nachkommt.

Enthält die Handlung zugleich eine Zuwiderhandlung gegen die Steuergesetze, so soll nicht außerdem noch auf eine Steuerstrafe erkannt werden, es ist aber darauf bei Zumessung der Strafe Rücksicht zu nehmen.

In dem Falle zu 2 kann die Polizeibehörde die Wegschaffung der Anlage oder die Herstellung des den Bedingungen entsprechenden Zustandes derselben anordnen.

In dem Falle zu 4 kann die Polizeibehörde bis zur Herstellung des der Verfügung oder der Vorschrift entsprechenden Zustandes die Einstellung des Betriebes, soweit derselbe durch die Verfügung oder die Vorschrift getroffen wird, anordnen, falls dessen Fortsetzung erhebliche Nachtheile oder Gefahren herbeizuführen geeignet sein würde.

§ 148. Mit Geldstrafe bis zu einhundertfünfzig Mark und im Unvermögensfalle mit Haft bis zu vier Wochen wird bestraft:

1. wer außer den im § 147 vorgesehenen Fällen ein stehendes Gewerbe beginnt, ohne dasselbe vorschriftsmäßig anzuzeigen;
2. wer die im § 14 erforderte An- oder Abmeldung einer übernommenen Feuerversicherungsagentur unterläßt;
3. wer die im § 14 erforderten Anzeigen über das Betriebslokal unterläßt;
4. wer der nach § 35 gegen ihn ergangenen Untersagung eines Gewerbebetriebes zuwiderhandelt, oder die im § 35 vorgeschriebene Anzeige unterläßt;
5. wer dem § 33b oder außer den im § 149 Ziffer 1 vorgesehenen Fällen den §§ 42a bis 44a zuwiderhandelt, oder seine Legitimationskarte (§ 44a) oder seinen Wandergewerbeschein (§ 55) einem anderen zur Benützung überläßt;
6. wer zum Zwecke der Erlangung einer Legitimationskarte, eines Wandergewerbescheins oder der im § 62 vorgesehenen Erlaubniß in Bezug auf seine Person, oder die Personen, die er mit sich zu führen beabsichtigt, wissentlich unrichtige Angaben macht;
7. wer ein Gewerbe im Umherziehen ohne den gesetzlich erforderlichen Wandergewerbeschein, imgleichen wer eines der im § 59 Ziffer 1 bis 3 bezeichneten Gewerbe der nach § 59a ergangenen Untersagung zuwider betreibt;

7a. wer dem § 56 Absatz 1, Absatz 2 Ziffer 1 bis 5, 7 bis 11, Absatz 3, § 56a oder § 56b zuwiderhandelt;

7b. wer den Vorschriften der §§ 56c, 60a, 60b Absatz 2 und 3 oder 60c Absatz 2 und 3 zuwiderhandelt;

7c. wer einer ihm in Gemäßheit des § 60 Absatz 1, § 60b Absatz 1 oder des § 60d Absatz 3 in dem Wandergewerbeschein auferlegten Beschränkung zuwiderhandelt;

7d. wer bei dem Gewerbebetriebe im Umherziehen Kinder unter vierzehn Jahren zu gewerblichen Zwecken mit sich führt, oder zu dem nach § 42b Absatz 5 verbotenen Gewerbebetriebe Kinder unter vierzehn Jahren anleitet oder ausschickt;

7e. ein Ausländer, welcher bei dem Gewerbebetriebe im Umherziehen den in Gemäßheit des § 56d vom Bundesrath getroffenen Bestimmungen zuwiderhandelt;

8. wer bei dem Betriebe seines Gewerbes die von der Obrigkeit vorgeschriebenen oder genehmigten Taxen überschreitet;

9. wer die gesetzlichen Pflichten gegen die ihm anvertrauten Lehrlinge verletzt;
*9a. wer den §§ 126 und 126a zuwider Lehrlinge hält, anleitet oder anleiten läßt;
*9b. wer dem § 129 oder den auf Grund der §§ 128 und 130 erlassenen Vorschriften zuwider Lehrlinge hält, anleitet oder anleiten läßt;
*9c. wer unbefugt den Meistertitel führt;
*10. wer wissentlich der Bestimmung im § 127e Absatz 2 zuwider einen Lehrling beschäftigt;
11. wer der Bestimmung des § 134c Absatz 2 zuwider gegen Arbeiter Strafen verhängt, welche in der Arbeitsordnung nicht vorgesehen sind oder den gesetzlich zulässigen Betrag übersteigen, oder wer Strafgelder oder die im § 134b Nr. 5 bezeichneten Beträge in einer in der Arbeitsordnung nicht vorgesehenen Weise verwendet;
12. wer es unterläßt, der durch §§ 134e Absatz 1 und 134g für ihn begründeten Verpflichtung nachzukommen;
13. wer dem § 115a oder den auf Grund des § 119a erlassenen statutarischen Bestimmungen zuwiderhandelt.

In allen diesen Fällen bleibt die Strafe ausgeschlossen, wenn die strafbare Handlung zugleich eine Zuwiderhandlung gegen die Steuergesetze enthält.

§ 149. Mit Geldstrafe bis zu dreißig Mark und im Unvermögensfalle mit Haft bis zu acht Tagen wird bestraft:

1. wer den im § 42b vorgesehenen Erlaubnißschein oder den im § 43 vorgesehenen Legitimationsschein während der Ausübung des Gewerbebetriebes nicht bei sich führt, oder den Bestimmungen des § 44a Absatz 2 zuwiderhandelt;
2. wer bei dem Gewerbebetriebe im Umherziehen dem letzten Absatz des § 56 oder dem § 60c Absatz 1 zuwiderhandelt;
3. wer ein Gewerbe im Umherziehen, für welches ihm ein auf einen bestimmten Bezirk lautender Wandergewerbeschein ertheilt ist, unbefugt in einem anderen Bezirke betreibt;
4. wer ein Gewerbe im Umherziehen mit anderen Waarengattungen oder unter Darbietung anderer Leistungen betreibt, als sein Wandergewerbeschein angibt;
5. wer bei dem Gewerbebetriebe im Umherziehen unbefugt Personen mit sich führt, oder einen Gewerbetreibenden, zu welchem er nicht in dem Verhältnisse eines Ehegatten, Kindes oder Enkels steht, unbefugt begleitet;
6. wer den polizeilichen Anordnungen wegen des Marktverkehrs zuwiderhandelt;

7. wer es unterläßt, den durch §§ 105c Absatz 2, 134e Absatz 2, 138, 138a Absatz 5, 139b für ihn begründeten Verpflichteten nachzukommen.

In allen diesen Fällen bleibt die Strafe ausgeschlossen, wenn die strafbare Handlung zugleich eine Zuwiderhandlung gegen die Steuergesetze enthält.

§ 150. Mit Geldstrafe bis zu zwanzig Mark und im Unvermögensfalle mit Haft bis zu drei Tagen für jeden Fall der Verletzung des Gesetzes wird bestraft:

1. wer den Bestimmungen der §§ 106 bis 112 zuwider einen Arbeiter in Beschäftigung nimmt oder behält;
2. wer außer dem im § 146 Ziffer 3 vorgesehenen Falle den Bestimmungen dieses Gesetzes in Ansehung der Arbeitsbücher zuwiderhandelt;
3. wer vorsätzlich ein auf seinen Namen ausgestelltes Arbeitsbuch unbrauchbar macht oder vernichtet;
4. wer den Bestimmungen des § 120 Absatz 1 oder einer auf Grund des § 120 Absatz 3 erlassenen statutarischen Bestimmung zuwiderhandelt;

*4a. der Lehrherr, welcher den Lehrvertrag nicht ordnungsmäßig abschließt (§§ 103e Absatz 1 Ziff. 1 und 126b);

5. wer es unterläßt, den durch § 134c Absatz 3 für ihn begründeten Verpflichtungen nachzukommen.

Landesgesetzliche Vorschriften gegen die Verletzung der Schulpflicht, nach welchen eine höhere Strafe eintritt, werden durch die Bestimmung unter Ziffer 4 nicht berührt.

§ 151. Sind bei der Ausübung des Gewerbes polizeiliche Vorschriften von Personen übertreten worden, welche der Gewerbetreibende zur Leitung des Betriebes oder eines Theiles desselben oder zur Beaufsichtigung bestellt hatte, so trifft die Strafe diese letzteren. Der Gewerbetreibende ist neben denselben strafbar, wenn die Uebertretung mit seinem Vorwissen begangen ist oder wenn er bei der nach den Verhältnissen möglichen eigenen Beaufsichtigung des Betriebes, oder bei der Auswahl oder der Beaufsichtigung der Betriebsleiter oder Aufsichtspersonen es an der erforderlichen Sorgfalt hat fehlen lassen.

Ist an eine solche Uebertretung der Verlust der Konzession, Approbation oder Bestallung geknüpft, so findet derselbe auch als Folge der von dem Stellvertreter begangenen Uebertretung statt, wenn diese mit Vorwissen des verfügungsfähigen Vertretenen begangen worden. Ist dies nicht der Fall, so ist der Vertretene bei Verlust der Konzession, Approbation u. s. w. verpflichtet, den Stellvertreter zu entlassen.

§ 152. Alle Verbote und Strafbestimmungen gegen Gewerbetreibende, gewerbliche Gehilfen, Gesellen oder Fabrikarbeiter wegen Verabredungen und Vereinigungen zum Behufe der Erlangung günstiger Lohn- und Arbeitsbedingungen, insbesondere mittelst Einstellung der Arbeit oder Entlassung der Arbeiter, werden aufgehoben.

Jedem Theilnehmer steht der Rücktritt von solchen Vereinigungen und Verabredungen frei, und es findet aus letzteren weder Klage noch Einrede statt.

§ 153. Wer andere durch Anwendung körperlichen Zwanges, durch Drohungen, durch Ehrverletzung oder durch Verrufserklärung bestimmt oder zu bestimmen versucht, an solchen Verabredungen (§ 152) theilzunehmen, oder ihnen Folge zu leisten, oder andere durch gleiche Mittel hindert oder zu hindern versucht, von solchen Verabredungen zurückzutreten, wird mit Gefängniß bis zu drei Monaten bestraft, sofern nach dem allgemeinen Strafgesetz nicht eine härtere Strafe eintritt.

Schlußbestimmungen.

§ 154. Die Bestimmungen der §§ 105 bis 133e finden auf Gehilfen und Lehrlinge in Apotheken, die Bestimmungen der §§ 105, 106 bis 119b, 120a bis 133e auf Gehilfen und Lehrlinge in Handelsgeschäften keine Anwendung.

Die Bestimmungen der §§ 134 bis 139b finden auf Arbeitgeber und Arbeiter in Hüttenwerken, in Zimmerplätzen und anderen Bauhöfen, in Werften, sowie in solchen Ziegeleien, über Tage betriebenen Brüchen und Gruben, welche nicht bloß vorübergehend oder in geringem Umfang betrieben werden, entsprechende Anwendung. Darüber, ob die Anlage vorübergehend oder in geringem Umfang betrieben wird, entscheidet die höhere Verwaltungsbehörde endgültig.

* Die Bestimmungen der §§ 135 bis 139b finden auf Arbeitgeber und Arbeiter in Werkstätten, in welchen durch elementare Kraft (Dampf, Wind, Wasser, Gas, Luft, Elektricität u. s. w.) bewegte Triebwerke nicht bloß vorübergehend zur Verwendung kommen, mit der Maßgabe entsprechende Anwendung, daß der Bundesrath für gewisse Arten von Betrieben Ausnahmen von den in §§ 135 Absatz 2 und 3, 136, 137 Absatz 1 bis 3 und 138 vorgesehenen Bestimmungen nachlassen kann.

Auf andere Werkstätten, sowie auf Bauten können durch Kaiserliche Verordnung mit Zustimmung des Bundesraths die Bestimmungen der §§ 135 bis 139b ganz oder theilweise ausgedehnt werden. Werkstätten, in welchen der Arbeitgeber ausschließlich zu seiner Familie gehörige Personen beschäftigt, fallen unter diese Bestimmungen nicht.

Die Kaiserlichen Verordnungen, sowie die Ausnahmebestimmungen des Bundesraths können auch für bestimmte Bezirke erlassen werden. Sie sind durch das Reichs-Gesetzblatt zu veröffentlichen und dem Reichstag bei seinem nächsten Zusammentritt zur Kenntnißnahme vorzulegen.

§ 154a. Die Bestimmungen der §§ 115 bis 119a, 135 bis 139b, 152 und 153 finden auf die Besitzer und Arbeiter von Bergwerken, Salinen, Aufbereitungsanstalten und unterirdisch betriebenen Brüchen oder Gruben entsprechende Anwendung.

Arbeiterinnen dürfen in Anlagen der vorbezeichneten Art nicht unter Tage beschäftigt werden. Zuwiderhandlungen unterliegen der Strafbestimmung des § 146.

§ 155. **Wo in diesem Gesetze auf die Landesgesetze verwiesen ist, sind unter den letzteren auch die verfassungs- oder gesetzmäßig erlassenen Verordnungen verstanden.**

Welche Behörden in jedem Bundesstaate unter der Bezeichnung: höhere Verwaltungsbehörde, untere Verwaltungsbehörde, Gemeindebehörde, Ortsbehörde, Unterbehörde, Polizeibehörde, Ortspolizeibehörde und welche Verbände unter der Bezeichnung weitere Kommunalverbände zu verstehen sind, wird von der Centralbehörde des Bundesstaates bekannt gemacht.

Für die unter Reichs- und Staatsverwaltung stehenden Betriebe können die den Polizeibehörden, unteren und höheren Verwaltungsbehörden durch die §§ 105b Absatz 2, 105c Absatz 2, 105e, 105f, 115a, 120d, 134e, 134f, 134g, 138 Absatz 1, 138a, 139, 139b übertragenen Befugnisse und Obliegenheiten auf die der Verwaltung dieser Betriebe vorgesetzten Dienstbehörden übertragen werden.

Uebergangsbestimmungen.

Gewerbetreibende, welche bei Erlaß des Gesetzes Lehrlinge halten, sind berechtigt, diese Lehrlinge auszulehren.

Auf Personen, welche beim Inkrafttreten dieser Bestimmungen das siebzehnte Lebensjahr vollendet haben, findet § 129 Absatz 1 mit der Maßgabe Anwendung, daß denselben die Befugniß zur Anleitung von Lehrlingen auch dann zusteht, wenn sie nur eine zweijährige Lehrzeit zurückgelegt haben.

Die untere Verwaltungsbehörde ist befugt, Personen, welche den Voraussetzungen des Absatz 2 nicht entsprechen, die Befugniß zur Anleitung von Lehrlingen zu verleihen.

Die Landes-Centralbehörde kann für einzelne Gewerbe oder Zweige eines Gewerbes bestimmen, daß den im Absatz 2 bezeichneten Personen die Befugniß zur Anleitung von Lehrlingen auch dann zusteht, wenn sie eine kürzere als zweijährige Lehrzeit zurückgelegt haben.

Wer beim Inkrafttreten dieser Bestimmungen persönlich ein Handwerk selbstständig ausübt, ist befugt, den Meistertitel (§ 133) zu führen, wenn er in diesem Gewerbe die Befugniß zur Anleitung von Lehrlingen besitzt.

Anmerkung. Der Zeitpunkt, zu welchem die mit * bezeichneten Bestimmungen ganz oder theilweise in Kraft treten, wird durch Kaiserliche Verordnung bestimmt.

Anmerkungen.

1. Aus dem Gebiete der Gewerbegesetzgebung sind für den Dienst der Sicherheitsorgane am wichtigsten die Bestimmungen über den Gewerbebetrieb im Umherziehen. Diese Bestimmungen sind übersichtlich zusammengestellt im Amtsblatt des k. Staatsministeriums des Innern Nr. 20 vom 14. Juli 1890. Eine Umbearbeitung dieser Entschließung nach dem gegenwärtigen Stande der Gesetzgebung wird voraussichtlich im nächsten Jahre erscheinen.

Einschlägig sind hier:

a) Gesetz vom 10. März 1879, betreffend die Besteuerung des Gewerbebetriebes im Umherziehen. (Bayer. Ges.- u. V.-Bl. S. 143.)
b) Bekanntmachung vom 16. März 1879, den Vollzug des Gesetzes vom 10. März 1879 über die Besteuerung des Gewerbebetriebes im Umherziehen betreffend: (Bayer. Ges.- u. V.-Bl. S. 171.)
c) Bekanntmachung vom 25. Oktober 1879, die Behandlung der Straffälle bei Zuwiderhandlungen gegen das Gesetz über die Besteuerung des Gewerbebetriebes im Umherziehen betreffend. (Bayer. Ges.- u. V.-Bl. S. 1467.)
d) K. Allerhöchste Verordnung vom 29. März 1892, den Vollzug der Reichsgewerbeordnung betreffend. (Bayer. Ges.- u. V.-Bl. S. 61.)
e) Bekanntmachung, betreffend Ausführungsbestimmungen zur Gewerbeordnung vom 27. November 1896. (Bayer. Ges.- u. V.-Bl. S. 646.)
f) Bekanntmachung vom 13. Februar 1897, betreffend die Gestattung des Feilbietens von Obstbäumen im Umherziehen. (Reichs-Ges.-Bl. S. 18.)

2. Im Uebrigen ist die Beaufsichtigung des Gewerbebetriebes in erster Reihe der Zuständigkeit der Gewerbe- und Fabrik-Inspektoren und der Ortspolizeibehörden vorbehalten. Die Sicherheitsorgane haben im Benehmen mit diesen an der Aufrechthaltung der gesetzlichen Autorität mitzuwirken. Dies gilt insbesondere hinsichtlich der Bestimmungen über die Sonntagsruhe, die Beschäftigung von Arbeiterinnen und jugendlichen Personen und die Nachtarbeit.

3. Bekanntmachungen, betreffend die Beschäftigung von Arbeiterinnen und jugendlichen Arbeitern:

a) In Gummiwaarenfabriken vom 1. Juli 1888. (Reichs-Ges.-Bl. S. 219.)
b) In Glashütten vom 11. März 1892. (Reichs-Ges.-Bl. S. 317.)
c) In Drahtziehereien mit Maschinenbetrieb vom 11. März 1892. (Reichs-Ges.-Bl. S. 324.)
d) In Cichorienfabriken vom 17. März 1892. (Reichs-Ges.-Bl. S. 327.)
e) In Rohzuckerfabriken und Zuckerraffinerien vom 24. März 1892. (Reichs-Ges.-Bl. S. 334.)
f) In Walz- und Hammerwerken vom 29. April 1892. (Reichs-Ges.-Bl. S. 602; s. lit. m.)
g) In Hechelräumen vom 29. April 1892. (Reichs-Ges.-Bl. S. 604.)
h) In Ziegeleien vom 27. April 1893. (Reichs-Ges.-Bl. S. 148.)
i) In zur Anfertigung von Cigarren bestimmten Anlagen vom 8. Juli 1893. (Reichs-Ges.-Bl. S. 218.)
k) In Spinnereien vom 8. Dezember 1893. (Reichs-Ges.-Bl. S. 264.)
l) Auf Steinkohlenbergwerken vom 1. Februar 1895. (Reichs-Ges.-Bl. S. 5.)
m) In Walz- und Hammerwerken vom 1. Februar 1895. (Reichs-Ges.-Bl. S. 8.)

4. Anweisung zur Ausführung des Reichsgesetzes, betreffend Abänderung der Gewerbeordnung vom 1. Juni 1891. (Amtsblatt des k. Staatsministeriums des Innern 1892 S. 95.)

A) Arbeitsbücher und Arbeitszeugnisse.
B) Lohnzahlung.
C) Polizeiliche Verfügungen auf Grund der §§ 120d u. 147 Absatz 4.
D) Arbeits-Ordnungen.
E) Anzeige, Uebersichten und Auszüge bei der Beschäftigung von Arbeiterinnen und jugendlichen Arbeitern.
F) Ausnahmen von den gesetzlichen Bestimmungen für einzelne Betriebe.
G) Aufsicht über die Ausführung der Bestimmungen über die Arbeitsbücher und die Beschäftigung der Arbeiterinnen und der jugendlichen Arbeiter.
H) Statutarische Bestimmungen.
J) Ausdehnung der Fabrikgesetzgebung auf andere Betriebe.

5. Bekanntmachung betr. die Einrichtung und den Betrieb von Anlagen zur Anfertigung von Zündhölzern vom 8. Juli 1893. (Reichs-Ges.-Bl. S. 209.)

6. **Bekanntmachung**, betreffend die Einrichtung und den Betrieb der Bleifarben- und Bleizuckerfabriken vom 8. Juli 1893. (Reichs-Ges.-Bl. S. 213.)

7. **Bekanntmachung** vom 5. Februar 1895, betreffend Ausnahmen von dem Verbote der Sonntagsarbeit im Gewerbebetriebe. (Reichs-Ges.-Bl. 1895 S. 12, 449; 1896 S. 104, 177, 744.) Betreffs der Binnenschifffahrt. (Reichs-Ges.-Bl. 1895 S. 306.) Betreffs der Flößerei. (Reichs-Ges.-Bl. 1895 S. 344.)

8. **Ministerialentschließung**, die Sonntagsruhe in industriellen Handwerks- und Bergbaubetrieben betreffend, vom 14. März 1895. (Amtsblatt des k. Staatsministeriums des Innern S. 107.)

9. **Bekanntmachung** vom 4. März 1896, betreffend den Betrieb von Bäckereien und Conditoreien. (Reichs-Ges.-Bl. S. 55.)

10. **Bekanntmachung** vom 2. Februar 1897, betreffend die Einrichtung und den Betrieb von Anlagen zur Herstellung von Alkali-Chromaten. (Reichs Ges.-Bl. S. 11.)

11. **Verordnung** vom 31. Mai 1897, betreffend die Ausdehnung der §§ 135 bis 139 und des § 139b der Gewerbeordnung auf die Werkstätten der Kleider und Wäscheconfection. (Reichs-Ges.-Bl. S. 459.)

2. Maß- und Gewichtsordnung für den Norddeutschen Bund vom 17. August 1868. (Beil. zum Ges.-Bl. 1871/72 S. 24.)

Art. 10. Zum Zumessen und Zuwägen im öffentlichen Verkehre dürfen nur in Gemäßheit dieser Maß- und Gewichtsordnung gehörig gestempelte Maße, Gewichte und Wagen angewendet werden.

Anmerkung. Vgl. § 30 der Kgl. Verordnung vom 23. November 1869 / 27. Januar 1883, die ꝛc. Maß- und Gewichtsvisitationen (periodische Nachaichung) betr., Ges.- u. Verord.-Bl. 1883 S. 61, sowie die Kgl. Verordnung vom 19. Dezember 1869, betr. die Bestimmung der Maße, Gewichte und Wagen, welche jeder Gewerbetreibende zum Betriebe seines Geschäftes haben muß, Reg.-Bl. S. 2329.

Strafbestimmung: § 369 Ziff. 2 des Reichsstrafgesetzbuches.

3. Reichsgesetz über das Postwesen vom 28. Oktober 1871. (Reichs-Ges.-Bl. S. 347.)

§ 19. Jedes Fuhrwerk muß den ordentlichen Posten, sowie den Extraposten, Kurieren und Estafetten auf das übliche Signal ausweichen. Bei Zuwiderhandlungen ist eine Geldstrafe von zehn Silbergroschen bis zu zehn Thalern verwirkt.

§ 21. Wenn den ordentlichen Posten, Extraposten, Kurieren oder Estafetten unterwegs ein Unfall begegnet, so sind die

Anwohner der Straße verbunden, denselben die zu ihrem Weiterkommen erforderliche Hülfe gegen vollständige Entschädigung schleunigst zu gewähren.

§ 23. Die Thorwachen, Thor-, Brücken- und Barrierebeamten sind verbunden, die Thore und Schlagbäume schleunigst zu öffnen, sobald der Postillon das übliche Signal gibt. Ebenso müssen auf dasselbe die Fährleute die Ueberfahrt unverzüglich bewirken. Bei Zuwiderhandlungen ist eine Geldstrafe von zehn Silbergroschen bis zu zehn Thalern verwirkt.

4. Reichs-Konkursordnung vom 10. Februar 1877. (Reichs-Ges.-Bl. S. 351.)

§ 209. Schuldner, welche ihre Zahlungen eingestellt haben, oder über deren Vermögen das Konkursverfahren eröffnet worden ist, werden wegen betrüglichen Bankerutts mit Zuchthaus bestraft, wenn sie in der Absicht, ihre Gläubiger zu benachtheiligen,

1. Vermögensstücke verheimlicht oder bei Seite geschafft haben,
2. Schulden oder Rechtsgeschäfte anerkannt oder aufgestellt haben, welche ganz oder theilweise erdichtet sind,
3. Handelsbücher zu führen unterlassen haben, deren Führung ihnen gesetzlich oblag, oder
4. ihre Handelsbücher vernichtet oder verheimlicht oder so geführt oder verändert haben, daß dieselben keine Uebersicht des Vermögenszustandes gewähren.

Sind mildernde Umstände vorhanden, so tritt Gefängnißstrafe nicht unter drei Monaten ein.

§ 210. Schuldner, welche ihre Zahlungen eingestellt haben, oder über deren Vermögen das Konkursverfahren eröffnet worden ist, werden wegen einfachen Bankerutts mit Gefängniß bis zu zwei Jahren bestraft, wenn sie

1. durch Aufwand, Spiel oder Differenzhandel mit Waaren oder Börsenpapieren übermäßige Summen verbraucht haben oder schuldig geworden sind,
2. Handelsbücher zu führen unterlassen haben, deren Führung ihnen gesetzlich oblag, oder dieselben verheimlicht, vernichtet oder so unordentlich geführt haben, daß sie keine Uebersicht ihres Vermögenszustandes gewähren, oder
3. es gegen die Bestimmung des Handelsgesetzbuchs unterlassen haben, die Bilanz ihres Vermögens in der vorgeschriebenen Zeit zu ziehen.

§ 211. Schuldner, welche ihre Zahlungen eingestellt haben, oder über deren Vermögen das Konkursverfahren eröffnet worden ist, werden mit Gefängniß bis zu zwei Jahren bestraft, wenn sie, obwohl sie ihre Zahlungsunfähigkeit kannten, einem Gläubiger in der Absicht, ihn vor den übrigen Gläubigern zu begünstigen, eine Sicherung oder Befriedigung gewährt haben, welche derselbe nicht oder nicht in der Art oder nicht zu der Zeit zu beanspruchen hatte.

§ 212. Mit Zuchthaus bis zu zehn Jahren wird bestraft, wer

1. im Interesse eines Schuldners, welcher seine Zahlungen eingestellt hat, oder über dessen Vermögen das Konkursverfahren eröffnet worden ist, Vermögensstücke desselben verheimlicht oder bei Seite geschafft hat, oder
2. im Interesse eines solchen Schuldners, oder um sich oder einem Anderen Vermögensvortheil zu verschaffen, in dem Verfahren erdichtete Forderungen im eigenen Namen oder durch vorgeschobene Personen geltend gemacht hat.

Sind mildernde Umstände vorhanden, so tritt Gefängnißstrafe oder Geldstrafe bis zu sechstausend Mark ein.

5. Reichsgesetz, betreffend die Bezeichnung des Raumgehaltes der Schankgefäße, vom 20. Juli 1881. (Reichs-Ges.-Bl. S. 249.)

§ 1. Schankgefäße (Gläser, Krüge, Flaschen 2c.), welche zur Verabreichung von Wein, Obstwein, Most oder Bier in Gast- oder Schankwirthschaften dienen, müssen mit einem bei der Aufstellung des Gefäßes auf einer horizontalen Ebene den Sollinhalt begrenzenden Strich (Füllstrich) und in der Nähe des Striches mit der Bezeichnung des Sollinhaltes nach Litermaß versehen sein. Der Bezeichnung des Sollinhaltes bedarf es nicht, wenn derselbe ein Liter oder ein halbes Liter beträgt.

Der Strich und die Bezeichnung müssen durch Schnitt, Schliff, Brand oder Aetzung äußerlich und in leicht erkennbarer Weise angebracht sein.

Zugelassen sind nur Schankgefäße, deren Sollinhalt einem Liter oder einer Maßgröße entspricht, welche vom Liter aufwärts durch Stufen von $^1/_2$ Liter, vom Liter abwärts durch Stufen von Zehntheilen des Liters gebildet wird. Außerdem sind zugelassen Gefäße, deren Sollinhalt $^1/_4$ Liter beträgt.

§ 2. Der Abstand des Füllstriches von dem oberen Rande der Schankgefäße muß

a) bei Gefäßen mit verengtem Halse, auf dem letzteren angebracht, zwischen 2 und 6 Centimeter,
b) bei anderen Gefäßen zwischen 1 und 3 Centimeter

betragen.

Der Maximalbetrag dieses Abstandes kann durch die zuständige höhere Verwaltungsbehörde hinsichtlich solcher Schankgefäße, in welchen eine ihrer Natur nach stark schäumende Flüssigkeit verabreicht wird, über die vorstehend bezeichneten Grenzen hinaus festgestellt werden.

§ 3. Der durch den Füllstrich begrenzte Raumgehalt eines Schankgefäßes darf

a) bei Gefäßen mit verengtem Halse höchstens $^1/_{50}$,
b) bei anderen Gefäßen höchstens $^1/_{30}$

geringer sein als der Sollinhalt.

§ 4. Gast- und Schankwirthe haben gehörig gestempelte Flüssigkeitsmaße von einem zur Prüfung ihrer Schankgefäße geeigneten Einzel- oder Gesammtinhalt bereit zu halten.

§ 5. Gast- und Schankwirthe, welche den vorstehenden Vorschriften zuwiderhandeln, werden mit Geldstrafe bis zu einhundert Mark oder mit Haft bis zu vier Wochen bestraft. Gleichzeitig ist auf Einziehung der vorschriftswidrig befundenen Schankgefäße zu erkennen, auch kann die Vernichtung derselben ausgesprochen werden.

§ 6. Die vorstehenden Bestimmungen finden auf festverschlossene (versiegelte, verkapselte, festverkorkte u. s. w.) Flaschen und Krüge, sowie auf Schankgefäße von $^1/_{20}$ Liter oder weniger nicht Anwendung.

6. Reichsgesetz über den Feingehalt der Gold- und Silberwaaren vom 16. Juli 1884. (Reichs-Ges.-Bl. S. 120.)

§ 1. Gold- und Silberwaaren dürfen zu jedem Feingehalte angefertigt und feilgehalten werden. Die Angabe des Feingehalts auf denselben ist nur nach Maßgabe der folgenden Bestimmungen gestattet.

§ 2. Auf goldenen Geräthen darf der Feingehalt nur in 585 oder mehr Tausendtheilen, bei silbernen Geräthen nur in 800 oder mehr Tausendtheilen angegeben werden.

Der wirkliche Feingehalt darf weder im Ganzen der Waare, noch auch in deren einzelnen Bestandtheilen bei goldenen Geräthen mehr als fünf, bei silbernen Geräthen mehr als acht Tausendtheile unter dem angegebenen Feingehalte bleiben. Vorbehaltlich dieser Abweichung muß der Gegenstand im Ganzen und mit der Löthung eingeschmolzen den angegebenen Feingehalt haben.

§ 3. Die Angabe des Feingehalts auf goldenen und silbernen Geräthen geschieht durch ein Stempelzeichen, welches die Zahl der Tausendtheile und die Firma des Geschäfts, für welches die Stempelung bewirkt ist, kenntlich macht. Die Form des Stempelzeichens wird durch den Bundesrath bestimmt.*

§ 4. Goldene und silberne Uhrgehäuse unterliegen den Bestimmungen der §§ 2 und 3.

§ 5. Schmucksachen von Gold und Silber dürfen in jedem Feingehalte gestempelt werden und ist in diesem Falle der letztere in Tausendtheilen anzugeben.

Die Fehlergrenze darf zehn Tausendtheile nicht überschreiten, wenn der Gegenstand im Ganzen eingeschmolzen wird.

Das vom Bundesrath gemäß § 3 bestimmte Stempelzeichen darf auf Schmucksachen von Gold und Silber nicht angebracht werden.

§ 7. Für die Richtigkeit des angegebenen Feingehalts haftet der Verkäufer der Waare. Ist deren Stempelung im Inlande folgt, so haftet gleich dem Verkäufer der Inhaber des Geschäfts, für welches die Stempelung erfolgt ist.

§ 8. Auf Gold- und Silberwaaren, welche mit anderen metallischen Stoffen ausgefüllt sind, darf der Feingehalt nicht angegeben werden.

Dasselbe gilt von Gold- und Silberwaaren, mit welchen aus anderen Metallen bestehende Verstärkungsvorrichtungen metallisch verbunden sind.

Bei Ermittelung des Feingehalts bleiben alle von dem zu stempelnden Metalle verschiedenen, äußerlich als solche erkennbaren Metalle außer Betracht, welche:

1. zur Verzierung der Waare dienen;
2. zur Herstellung mechanischer Vorrichtungen erforderlich sind;
3. als Verstärkungsvorrichtungen ohne metallische Verbindung sich darstellen.

§ 9. Mit Geldstrafe bis zu eintausend Mark oder mit Gefängniß bis zu sechs Monaten wird bestraft:

1. wer Gold- oder Silberwaaren, welche nach diesem Gesetze mit einer Angabe des Feingehalts nicht versehen sein dürfen, mit einer solchen Angabe versieht;
2. wer Gold- oder Silberwaaren, welche nach diesem Gesetze mit einer Angabe des Feingehalts versehen sein dürfen, mit einer anderen, als der nach diesem Gesetze zulässigen Feingehaltsangabe versieht;
3. wer gold- oder silberähnliche Waaren mit einem durch dieses Gesetz vorgesehenen Stempelzeichen oder mit einem Stempelzeichen versieht, welches nach diesem Gesetze als

Feingehaltsbezeichnung für Gold- oder Silberwaaren nicht zulässig ist;

4. wer Waaren feilhält, welche mit einer gegen die Bestimmungen dieses Gesetzes verstoßenden Bezeichnung versehen sind.

Mit der Verurtheilung ist zugleich auf die Vernichtung der gesetzwidrigen Bezeichnung oder, wenn diese in anderer Weise nicht möglich ist, auf Zerstörung der Waare zu erkennen.

* Anmerkung. Gemäß Bekanntmachung vom 7. Januar 1886, Reichs-Ges.-Bl. S. 1 muß das Stempelzeichen für die Gold- und Silbergeräthe enthalten:

1. die Reichs-Krone,
2. das Sonnenzeichen ⊙ für Gold oder Mondsichelzeichen ☾ für Silber,
3. die Angabe des Feingehaltes in Tausendtheilen und
4. die Firma oder die in Gemäßheit des Gesetzes vom 30. November 1874 eingetragene Schutzmarke des Geschäftes, für welches die Stempelung bewirkt ist.

Die Krone muß
bei Goldgeräthen in dem Sonnenzeichen ⊙,
bei Silbergeräthen rechts neben dem Mondsichelzeichen ☾
sich befinden.

7. Reichsgesetz, betreffend den Schutz des zur Anfertigung von Reichskassenscheinen verwendeten Papieres gegen unbefugte Nachahmung, vom 26. Mai 1885. (Reichs-Ges.-Bl. S. 165.)

§ 1. Papier, welches dem zur Herstellung von Reichskassenscheinen verwendeten, durch äußere Merkmale erkennbar gemachten Papier hinsichtlich dieser Merkmale gleicht oder so ähnlich ist, daß die Verschiedenheit nur durch Anwendung besonderer Aufmerksamkeit wahrgenommen werden kann, darf, nachdem die Merkmale in Gemäßheit des § 7 des Gesetzes vom 30. April 1874, betreffend die Ausgabe von Reichskassenscheinen (Reichs-Gesetzbl. S. 40), öffentlich bekannt gemacht worden sind, ohne Erlaubniß des Reichskanzlers oder einer von demselben zur Ertheilung der Erlaubniß ermächtigten Behörde weder angefertigt oder aus dem Auslande eingeführt, noch verkauft, feilgehalten oder sonst in Verkehr gebracht werden.

§ 2. Wer den Bestimmungen im § 1 vorsätzlich zuwiderhandelt, wird mit Gefängniß bis zu einem Jahre, und wenn die Handlung zum Zwecke eines Münzverbrechens begangen worden ist, mit Gefängniß von drei Monaten bis zu zwei Jahren bestraft. Ist die Handlung aus Fahrlässigkeit begangen worden, so ist auf Geldstrafe bis zu eintausend Mark oder Gefängniß bis zu sechs Monaten zu erkennen.

§ 3. Neben der Strafe ist auf Einziehung des Papiers zu erkennen, ohne Unterschied, ob dasselbe dem Verurtheilten gehört oder nicht. Auf die Einziehung des Papiers ist auch dann zu erkennen, wenn die Verfolgung oder die Verurtheilung einer bestimmten Person nicht stattfindet.

8. Reichsgesetz, betreffend die Abzahlungsgeschäfte, vom 16. Mai 1894. (Reichs-Ges.-Bl. S. 450.)

§ 7. Wer Lotterieloose, Inhaberpapiere mit Prämien (Gesetz vom 8. Juni 1871, Reichs-Ges.-Bl. S. 210) oder Bezugs- oder Antheilscheine auf solche Loose oder Inhaberpapiere gegen Theilzahlungen verkauft oder durch sonstige auf die gleichen Zwecke abzielende Verträge veräußert, wird mit Geldstrafe bis zu fünfhundert Mark bestraft.

Es begründet keinen Unterschied, ob die Uebergabe des Papieres vor oder nach der Zahlung des Preises erfolgt.

§ 8. Die Bestimmungen dieses Gesetzes finden keine Anwendung, wenn der Empfänger der Waare als Kaufmann in das Handelsregister eingetragen ist.

9. Reichs-Börsengesetz vom 22. Juni 1896. (Reichs-Ges.-Bl. S. 157.)

§ 78. Wer gewohnheitsmäßig in gewinnsüchtiger Absicht Andere unter Ausbeutung ihrer Unerfahrenheit oder ihres Leichtsinnes zu Börsenspekulationsgeschäften verleitet, welche nicht zu ihrem Gewerbebetriebe gehören, wird mit Gefängniß und zugleich mit Geldstrafe bis zu fünfzehntausend Mark bestraft. Auch kann auf Verlust der bürgerlichen Ehrenrechte erkannt werden.

10. Reichsgesetz, betreffend die Abänderung des Gesetzes über die Erwerbs- und Wirthschaftsgenossenschaften, vom 1. Mai 1889, sowie den Geschäftsbetrieb von Consumanstalten, vom 12. August 1896. (Reichs-Ges.-Bl. S. 695.)

Art. I. Das Gesetz, betreffend die Erwerbs- und Wirthschaftsgenossenschaften, vom 1. Mai 1889 (Reichs-Ges.-Bl. S. 55) wird durch nachstehende Vorschriften abgeändert und ergänzt:

1. Der Absatz 4 des § 8 erhält folgende Fassung:

Consumvereine (§ 1 Nr. 5) dürfen im regelmäßigen Geschäftsverkehre Waaren nur an ihre Mitglieder oder deren Vertreter verkaufen. Diese Beschränkung findet auf landwirthschaftliche Consumvereine, welche ohne Haltung eines offenen Ladens die Vermittelung des Bezuges von ihrer Natur nach ausschließlich für den landwirthschaftlichen Betrieb bestimmten Waaren besorgen, hinsichtlich dieser Waaren keine Anwendung.

2. Hinter § **30** werden folgende Bestimmungen eingeschaltet:

§ **30a.** Für Consumvereine, welche einen offenen Laden haben, hat der Vorstand, um die Beobachtung der Bestimmung des § 8 Absatz 4 zu sichern, Anweisung darüber zu erlassen, auf welche Weise sich die Vereinsmitglieder oder deren Vertreter den Waarenverkäufern gegenüber zu legitimiren haben. Abschrift der Anweisung hat er der höheren Verwaltungsbehörde, in deren Bezirk die Genossenschaft ihren Sitz hat, unverzüglich einzureichen.

Die höhere Verwaltungsbehörde ist befugt die Mitglieder des Vorstandes zur Einreichung und nöthigenfalls zur Abänderung oder Ergänzung der Anweisung durch Geldstrafen bis zum Betrage von je dreihundert Mark anzuhalten.

Gegen die Anordnungen und Straffestsetzungen der höheren Verwaltungsbehörde findet binnen zwei Wochen die Beschwerde an die Landes-Centralbehörde statt.

§ **30b.** Von Consumvereinen oder von Gewerbetreibenden, welche mit solchen wegen Waarenabgabe an die Mitglieder in Verbindung stehen, dürfen Marken oder sonstige nicht auf den Namen lautende Anweisungen oder Werthzeichen, welche anstatt baaren Geldes die Mitglieder zum Waarenbezuge berechtigen sollen, nicht ausgegeben werden.

7. Hinter § **145** werden folgende Bestimmungen eingeschaltet:

§ **145a.** Personen, welche für einen Consumverein den Waarenverkauf bewirken, werden, wenn sie der Vorschrift des § 8 Absatz 4 zuwider wissentlich oder ohne Beobachtung der nach § 30a von dem Vorstande erlassenen Anweisung Waaren an andere Personen als an Mitglieder oder deren Vertreter verkaufen, mit Geldstrafe bis zu einhundertfünfzig Mark bestraft.

Gleiche Strafe trifft das Mitglied, welches seine Legitimation, durch die es zum Waarenverkauf in einem Consumvereine oder bei einem mit diesem wegen Waarenabgabe an die Mitglieder in Verbindung stehenden Gewerbetreibenden berechtigt wird, einem Dritten zum Zwecke unbefugter Waarenentnahme überläßt.

Dritte, welche von solcher Legitimation zu demselben Zwecke Gebrauch machen, oder auf andere Weise zu unbefugter Waarenabgabe zu verleiten unternehmen, werden in gleicher Weise bestraft.

§ **145b.** Mit Geldstrafe bis zu einhundertfünfzig Mark wird bestraft, wer Waaren, die er aus dem Consumvereine oder von einem mit diesem wegen Waarenabgabe in Verbindung stehenden Gewerbetreibenden auf Grund seiner Mitgliedschaft bezogen hat, gegen Entgelt gewohnheitsmäßig oder gewerbsmäßig an Nichtmitglieder veräußert.

Diese Bestimmung findet keine Anwendung:

1. wenn ein Mitglied eines Consumvereines die von ihm bezogenen Waaren in seiner Speiseanstalt oder an seine Kostgänger zum alsbaldigen persönlichen Verbrauche abgibt.
2. wenn ein Consumverein, welcher Mitglied eines anderen Consumvereines ist, die aus letzterem bezogenen Waaren an seine Mitglieder abgibt.

§ 145c. Zuwiderhandlungen gegen die Vorschrift des § 30b werden mit Geldstrafe bis zu einhundertfünfzig Mark bestraft.

Art. II. Die im Artikel I Nr 1, 3 und 7 enthaltenen Vorschriften finden auf Consumanstalten, welche von Arbeitgebern für ihre Arbeiter und Beamten betrieben werden, sowie auf Vereinigungen (Gesellschaften, Corporationen), deren wesentlicher Geschäftszweck es ist, ihren Mitgliedern oder bestimmten Berufskreisen in dem Bezuge von Waaren Vortheile zu verschaffen, insbesondere auch auf Beamten- und Offizier-Vereine mit der Maßgabe sinngemäße Anwendung, daß die hinsichtlich der Mitglieder der Consumvereine getroffenen Bestimmungen bei den vorbezeichneten Consumanstalten und Vereinigungen hinsichtlich derjenigen Personen gelten, für welche die Einrichtung bestimmt ist. Jedoch ist es den Consumanstalten und Vereinigungen der vorbezeichneten Art gestattet, in ihren Speiseanstalten Waaren zum alsbaldigen persönlichen Verbrauch auch an Dritte abzugeben.

11. Reichsgesetz über das Auswanderungswesen vom 9. Juni 1897.
(Reichs-Ges.-Bl. S. 463.)

Unternehmer.

§ 1. Wer die Beförderung von Auswanderern nach außerdeutschen Ländern betreiben will (Unternehmer), bedarf hierzu der Erlaubniß.

§ 2. Zur Ertheilung oder Versagung der Erlaubniß ist der Reichskanzler unter Zustimmung des Bundesraths zuständig.

§ 8. Die Erlaubniß berechtigt den Unternehmer zum Geschäftsbetrieb im ganzen Reichsgebiete mit der Einschränkung, daß er außerhalb des Gemeindebezirkes seiner gewerblichen Niederlassung und des Gemeindebezirkes seiner etwaigen Zweigniederlassungen bei der Ausübung seines gesammten Geschäftsbetriebs, soweit es sich dabei nicht lediglich um die Ertheilung von Auskunft auf Anfrage oder um die Veröffentlichung der

Beförderungsgelegenheiten und Beförderungsbedingungen handelt, ausschließlich der Vermittelung seiner nach § 11 ff. zugelassenen Agenten sich zu bedienen hat.

§ 9. Der Unternehmer kann seine Befugnisse zum Geschäftsbetriebe durch Stellvertreter ausüben. Die Bestellung eines solchen ist erforderlich für die Geschäftsführung in Zweigniederlassungen.

Nach dem Tode des Unternehmers sowie im Falle einer Vormundschaft oder Pflegschaft kann der Geschäftsbetrieb noch längstens sechs Monate durch Stellvertreter fortgesetzt werden.

Die Bestellung eines Stellvertreters bedarf der Genehmigung des Reichskanzlers.

Agenten.

§ 11. Wer bei einem Betriebe der im § 1 bezeichneten Art durch Vorbereitung, Vermittelung oder Abschluß des Beförderungsvertrags gewerbsmäßig mitwirken will (Agent), bedarf hierzu der Erlaubniß.

§ 12. Die Erlaubniß wird von der höheren Verwaltungsbehörde ertheilt.

§ 15. Die Erlaubniß berechtigt zum Geschäftsbetrieb im Bezirke der die Erlaubniß ertheilenden Behörde, wenn sie nicht auf einen Theil desselben beschränkt wird. Im Einvernehmen mit dieser Behörde kann jedoch dem Agenten die Ausdehnung seines Geschäftsbetriebs auf benachbarte Bezirke von den für letztere zuständigen höheren Verwaltungsbehörden gestattet werden.

§ 16. Für andere als den in der Erlaubnißurkunde namhaft gemachten Unternehmer sowie auf eigene Rechnung darf der Agent Geschäfte der im § 11 bezeichneten Art nicht besorgen.

§ 17. Dem Agenten ist es untersagt, seine Geschäfte in Zweigniederlassungen, durch Stellvertreter oder im Umherziehen zu betreiben.

Bestimmungen über die Beförderung von Auswanderern.

§ 22. Der Unternehmer darf Auswanderer nur befördern auf Grund eines vorher abgeschlossenen schriftlichen Vertrags.

Den Auswanderern darf nicht die Verpflichtung auferlegt werden, den Beförderungspreis oder einen Theil desselben oder ihnen geleistete Vorschüsse nach ihrer Ankunft am Bestimmungsorte zu zahlen oder zurückzuerstatten oder durch Arbeit abzuverdienen; ebensowenig dürfen sie in der Wahl ihres Aufenthaltsorts oder ihrer Beschäftigung im Bestimmungslande beschränkt werden.

§ 23. Verboten ist die Beförderung sowie der Abschluß von Verträgen über die Beförderung:

a) von Wehrpflichtigen im Alter vom vollendeten siebzehnten bis zum vollendeten fünfundzwanzigsten Lebensjahre, bevor sie eine Entlassungsurkunde (§ 14 des Gesetzes über die Erwerbung und den Verlust der Bundes- und Staatsangehörigkeit vom 1. Juni 1870) oder ein Zeugniß der Ersatzkommission darüber beigebracht haben, daß ihrer Auswanderung aus dem Grunde der Wehrpflicht kein Hinderniß entgegensteht;

b) von Personen, deren Verhaftung oder Festnahme von einer Gerichts- oder Polizeibehörde angeordnet ist;

c) von Reichsangehörigen, für welche von fremden Regierungen oder von Kolonisationsgesellschaften oder ähnlichen Unternehmungen der Beförderungspreis ganz oder theilweise bezahlt wird oder Vorschüsse geleistet werden; Ausnahmen von dieser Bestimmung kann der Reichskanzler zulassen.

§ 25. Verträge über die überseeische Beförderung von Auswanderern müssen auf Beförderung und Verpflegung bis zur Landung im außereuropäischen Ausschiffungshafen gerichtet sein. Sie sind auf die Weiterbeförderung und Verpflegung vom Ausschiffungshafen bis an das Auswanderungsziel zu erstrecken, insoweit dies bei der Ertheilung der Erlaubniß (§ 1) zur Bedingung gemacht ist.

Soll das Schiff in einem außerdeutschen Hafen bestiegen oder gewechselt werden, so ist dies in den Beförderungsvertrag aufzunehmen.

§ 26. Der Verkauf von Fahrscheinen an Auswanderer zur Weiterbeförderung von einem überseeischen Platze aus ist verboten.

Dieses Verbot findet jedoch keine Anwendung auf Verträge, durch welche der Unternehmer (§ 1) sich zugleich zur Weiterbeförderung vom überseeischen Ausschiffungshafen aus verpflichtet.

Strafbestimmungen.

§ 43. Unternehmer (§ 1), welche den Bestimmungen der §§ 8, 22, 23, 25, 32 und 33 Absatz 1 oder den für die Ausübung ihres Geschäftsbetriebs von den zuständigen Behörden erlassenen Vorschriften zuwiderhandeln, werden mit Geldstrafe von einhundertfünfzig bis zu sechstausend Mark oder mit Gefängniß bis zu sechs Monaten bestraft.

Sind die Zuwiderhandlungen von einem Stellvertreter (§ 9) begangen worden, so trifft die Strafe diesen; der Unternehmer ist neben demselben strafbar, wenn die Zuwiderhandlung mit seinem Vorwissen begangen ist, oder wenn er bei der nach den Verhältnissen möglichen eigenen Beaufsichtigung des Stellvertreters es an der erforderlichen Sorgfalt hat fehlen lassen.

§ 44. Agenten (§ 11), welche den Bestimmungen der §§ 15, 16, 17, 22 Absatz 2, 23 und 25 oder den für die Ausübung ihres Geschäftsbetriebs von den zuständigen Behörden erlassenen Vorschriften zuwiderhandeln, werden mit Geldstrafe von dreißig bis zu dreitausend Mark oder mit Gefängniß bis zu drei Monaten bestraft.

§ 45. Wer ohne die nach §§ 1 und 11 erforderliche Erlaubniß die Beförderung von Auswanderern betreibt oder bei einem solchen Betriebe gewerbsmäßig mitwirkt, wird mit Gefängniß bis zu einem Jahre und mit Geldstrafe bis zu sechstausend Mark oder mit einer dieser Strafen bestraft.

Die gleiche Strafe trifft denjenigen, welcher sich zum Geschäfte macht, zur Auswanderung anzuwerben.

§ 46. Wer der Vorschrift des § 26 Absatz 1 zuwiderhandelt, wird mit Geldstrafe bis zu einhundertfünfzig Mark oder mit Haft bestraft.

§ 48. Wer eine Frauensperson zu dem Zwecke, sie der gewerbsmäßigen Unzucht zuzuführen, mittelst arglistiger Verschweigung dieses Zweckes zur Auswanderung verleitet, wird mit Zuchthaus bis zu fünf Jahren bestraft. Neben der Zuchthausstrafe ist der Verlust der bürgerlichen Ehrenrechte auszusprechen; auch kann zugleich auf Geldstrafe von einhundertfünfzig bis zu sechstausend Mark sowie auf Zulässigkeit von Polizeiaufsicht erkannt werden.

Dieselben Strafvorschriften finden auf denjenigen Anwendung, welcher mit Kenntniß des vom Thäter in solcher Weise verfolgten Zweckes die Auswanderung der Frauensperson vorsätzlich befördert; sind mildernde Umstände vorhanden, so tritt Gefängnißstrafe nicht unter drei Monaten ein, neben welcher auf Geldstrafe von einhundertfünfzig bis zu sechstausend Mark erkannt werden kann.

Schlußbestimmung.

§ 50. Dieses Gesetz tritt am 1. April 1898 in Kraft. Mit dem gleichen Zeitpunkt erlöschen die auf Grund landesgesetzlicher Vorschriften ertheilten Genehmigungen zur Beförderung oder zur Mitwirkung bei der Beförderung von Auswanderern.

12. Gesetz vom 1. März 1884, den Betrieb des Hufbeschlaggewerbes betreffend. (Ges. u. V.-Bl. S. 79.)

Der Betrieb des Hufbeschlaggewerbes ist von der Beibringung eines Prüfungszeugnisses abhängig.

Die Vorschriften über die Ertheilung des Prüfungszeugnisses werden durch Verordnung festgesetzt.

Anmerkung: K. Allerhöchste Verordnung, die Prüfung der Hufschmiede betreffend, vom 1. März 1884, Ges.- u. V.-Bl. S. 80.

13. Kgl. Verordnung vom 6. Juni 1862, den Verkauf geschwefelten Hopfens betreffend. (Reg.-Bl. S. 1200.)

Wer geschwefelten Hopfen unvermischt oder mit ungeschwefeltem Hopfen vermischt, verkauft, hat diese Beschaffenheit der Waare dem Käufer ausdrücklich anzugeben, oder dieselbe durch das Zeichen  auf jeder Verpackung des Hopfens allgemein erkennbar zu machen.

Anmerkung. Strafbestimmung: Art. 136 des Polizeistrafgesetzbuches.

14. Kgl. Verordnung vom 29. März 1892, den Vollzug der Reichsgewerbeordnung betreffend. (Ges.- u. V.-Bl. S. 66.)

§ 12. Die Erlaubniß zum Betriebe der Gastwirthschaft, Schankwirthschaft und des Kleinhandels mit Branntwein oder Spiritus wird von der Distriktsverwaltungsbehörde, in München vom Magistrate, ertheilt.

Als Kleinhandel ist der Verkauf in Quantitäten unter zwei Liter anzusehen. Der Verkauf solcher Arten von Branntwein oder Liqueur, deren Vertrieb nach feststehendem Geschäftsgebrauch in versiegelten oder verkapselten und außerdem etikettirten Flaschen stattfindet, gilt nicht als Kleinhandel, wenn die Abgabe in Quantitäten von mindestens einem halben Liter erfolgt.

15. Bekanntmachung des Staatsministeriums des Innern vom 16. Februar 1878, das Geschäft der Trödler betreffend. (Ges.- u. V.-Bl. S. 86.)

1. Jeder Trödler ist zur ordnungsmäßigen Führung eines Geschäftsbuches verpflichtet.

2. Das Geschäftsbuch muß dauerhaft gebunden, im Rücken mit einem starken Faden durchzogen und mit fortlaufenden Seitenzahlen versehen sein.

Das Buch muß, bevor es in Gebrauch kommt, der Distriktspolizeibehörde des Wohnortes des Trödlers, in München der

k. Polizeidirektion, vorgelegt werden. Findet diese den Einband und die Seitenzahl in Ordnung, so genehmigt sie die Verwendung des Buchs, indem sie zugleich auf der ersten Seite desselben die Anzahl der Seiten des Buches bemerkt und die beiden Enden des Fadens mittelst amtlichen Siegels befestigt.

Das Herausnehmen oder Zusammenkleben von Blättern, sowie das Einheften neuer Blätter ist untersagt.

3. Jedes abgeschlossene Geschäft ist in das Buch deutlich, vollständig und wahrheitsgetreu einzutragen.

Der Eintrag muß in tabellarischer Form jedenfalls folgende Rubriken enthalten:

a) die fortlaufende Nummer des Geschäftes;
b) eine möglichst genaue Bezeichnung des Gegenstandes, beziehungsweise der Gegenstände;
c) Zeit (Tag und Monat) des abgeschlossenen Geschäfts;
d) Vor- und Zuname, Stand und Wohnort des Verkäufers oder gegebenen Falls desjenigen, welcher die Sache in Tausch oder commissionsweise zum Verkauf gegeben hat;
e) den Kaufpreis des Gegenstandes;
f) eine Rubrik für Bemerkungen, in welcher z. B. bei Gegenständen, die in Commission gegeben oder eingetauscht sind, eine darauf bezügliche Notiz zu machen ist.

Die Beifügung weiterer Rubriken bleibt dem Geschäftstreibenden überlassen.

Jede Seite des Buchs muß das Jahr enthalten, in welchem der Eintrag in die betreffende Seite erfolgte.

4. Jeder von einem Trödler in seinem Geschäftsbetriebe erworbene Gegenstand muß mit einer der betreffenden Nummer des Geschäftsbuchs (Ziffer 3 Abs. 2 lit. a) entsprechenden Nummer versehen sein.

5. Die Einträge in das Buch müssen gut leserlich, in deutscher Sprache und mit Tinte geschrieben sein. Der ursprüngliche Inhalt derselben darf nicht durchstrichen oder auf andere Weise unleserlich gemacht, es darf nicht radirt und es dürfen keine solchen Aenderungen vorgenommen werden, deren Beschaffenheit es ungewiß läßt, ob sie bei der ursprünglichen Eintragung oder erst später gemacht worden sind.

7. Die von einem Trödler in seinem Geschäftsbetriebe erworbenen Gegenstände dürfen nur in leicht zugänglichen, hellen oder leicht erhellbaren Räumen aufbewahrt werden.

Die Wahl sowie die Veränderung des Aufbewahrungs- und Geschäftslokals sind von dem Trödler der Distriktspolizeibehörde anzuzeigen.

8. Der Trödler hat die ihm von Behörden oder von Privaten zukommenden schriftlichen Mittheilungen über verlorene oder dem Besitzer entfremdete Gegenstände, nach der Zeitfolge geordnet, ein Jahr lang aufzubewahren.

Gehen demselben solche Benachrichtigungen Seitens der Behörde durch Circular zu, so hat er die Kenntnißnahme auf dem Circular mit Beifügung des Datums zu bescheinigen. Außerdem hat er in den Fällen, in welchen dieß von der Behörde ausdrücklich verlangt wird, den Inhalt solcher Circular-Schreiben in ein besonderes Vormerkbuch einzutragen.

Den Polizeibediensteten sind auf Verlangen die gesammelten Benachrichtigungen und das Vormerkbuch zur Einsicht vorzulegen.

9. Erlangt ein Trödler beim Betriebe seines Geschäftes Kenntniß von einer strafbaren Handlung oder geben ihm die Umstände Grund zu der Vermuthung, daß eine solche begangen worden sei, so hat er hievon der Polizeibehörde oder den Aufsichts- und Sicherheits-Organen sofort Anzeige zu erstatten und gegebenen Falles, wenn thunlich, die bezüglichen Gegenstände anzuhalten. Dieß gilt namentlich in allen jenen Fällen, in welchen der Trödler gemäß Ziff. 8 oder durch öffentliche Bekanntmachung Kenntniß erhalten hat, daß der Gegenstand dem Besitzer entfremdet worden oder verloren gegangen ist.

10. Die Trödler sind verpflichtet, das Polizei-Personal jederzeit in ihre Geschäfts- und Lagerräume einzulassen und denselben die Bücher und die aufbewahrten Gegenstände vorzuzeigen.

Anmerkung. Strafbestimmung: Art. 137 des Polizeistrafgesetzbuches.

16. Bekanntmachung des Staatsministeriums des Innern vom 28. Juli 1879/18. Dezember 1883, den Gewerbebetrieb der Gesindevermiether und der Stellen-Vermittler betreffend.

(Ges.- u. V.-Bl. 1879 S. 709, 1883 S. 495.)

1. Jede Person, welche das Geschäft eines Gesindevermiethers betreibt, ist zur ordnungsmäßigen Führung eines Geschäftsbuches verpflichtet.

2. Das Geschäftsbuch muß dauerhaft gebunden, im Rücken mit einem starken Faden durchzogen und mit fortlaufenden Seitenzahlen versehen sein.

Das Buch muß, bevor es in Gebrauch kommt, der Distriktspolizeibehörde des Wohnortes des Gesindevermiethers, in München der k. Polizeidirektion, vorgelegt werden. Findet diese den Einband und die Seitenzahl in Ordnung, so genehmigt sie die Verwendung des Buchs, indem sie zugleich auf der ersten Seite desselben die Anzahl der Seiten bemerkt und die beiden Enden des Fadens mittelst amtlichen Siegels befestigt.

Das Herausnehmen oder Zusammenkleben von Blättern sowie das Einheften neuer Blätter ist untersagt.

3. In dieses Buch ist jeder Fall, in welchem von einer dienstsuchenden Person oder von einer Dienstherrschaft die Vermittelung des Gesindevermiethers in Anspruch genommen wird, wahrheitsgetreu einzutragen.

4. Die Einträge in das Buch müssen gut leserlich, in deutscher Sprache und mit Tinte geschrieben sein. Der ursprüngliche Inhalt darf nicht durchstrichen oder auf andere Weise unleserlich gemacht, es darf nicht radirt und es dürfen keine solchen Aenderungen vorgenommen werden, deren Beschaffenheit es ungewiß läßt, ob sie bei der ursprünglichen Eintragung oder erst später gemacht worden sind.

Ohne Erlaubniß der Distriktspolizeibehörde dürfen die Geschäftsbücher der Gesindevermiether weder ganz noch theilweise vernichtet werden.

5. Jeder Gesindevermiether hat einen Gebührentarif aufzustellen, welcher in deutlicher und erschöpfender Weise angeben muß, für welche Leistungen, von wem und in welcher Höhe Gebühren erhoben werden.

Der Gebührentarif ist bei der Distriktspolizeibehörde, in München bei der k. Polizeidirektion, in zwei gleichlautenden Exemplaren einzureichen, von denen das eine im Besitz der Behörde bleibt, während das andere von letzterer gestempelt dem Gesindevermiether zurückzugeben und von diesem in seinem Geschäftslokal an einer leicht in die Augen fallenden Stelle anzuschlagen oder aufzuhängen ist.

In gleicher Weise ist im Falle einer Aenderung der Gebühren zu verfahren.

Die in dem ausgehängten Gebührentarife bestimmten Sätze dürfen von dem Gesindevermiether nicht überschritten werden.

6. Die Wahl, sowie die Veränderung des Geschäftslokals sind von dem Gesindevermiether der Distriktspolizeibehörde, in München der k. Polizeidirektion, anzuzeigen.

7. Jeder Gesindevermiether ist verpflichtet, die Polizeibehörden und deren Vollzugsorgane jederzeit in seine Geschäftsräume einzulassen, denselben die von ihm geführten Bücher, sowie die in seiner Verwahrung befindlichen Legitimations-Papiere und Zeugnisse der dienstsuchenden Personen vorzuzeigen, und ihnen auf Verlangen Auskunft über seine Geschäftsführung zu ertheilen.

Diese Bekanntmachung findet auch auf den Geschäftsbetrieb der Stellenvermittler Anwendung.

Anmerkung. Strafbestimmung: Art. 153 des Polizeistrafgesetzbuches. Das hier vorgesehene Erforderniß „ortspolizeilicher Bewilligung" ist indessen nach § 35 der Gewerbeordnung weggefallen.

17. Bekanntmachung des Staatsministerium des Innern vom 12. August 1879, den Geschäftsbetrieb der Pfandleiher betreffend. (Ges.= u. V.=Bl. S. 771.)

1. Der Pfandleiher darf einen höheren Leihzins als ein Prozent der Darlehenssumme für den Monat oder zwölf Prozent für das Jahr nicht nehmen. Er darf für die Ausstellung und für die Erneuerung des Pfandscheins eine Gebühr bis zu 5 Pfg. erheben. Die Erhebung anderweitiger Gebühren unter irgend welchem Titel ist ihm untersagt.

2. Der Pfandleiher darf Gegenstände, die ihm zum Pfande gegeben sind, nicht weiter verpfänden. Er ist verpflichtet, sämmtliche Pfandsachen, so lange der Pfandvertrag dauert, in besonderen Magazinen aufzubewahren, welche hell und trocken, gut ventilirt und gut verschließbar sein müssen. Die Wahl, sowie jede Veränderung der Geschäftslokalitäten ist unter genauer Bezeichnung aller einzelnen Räume der Distrikts=Verwaltungsbehörde, in München der k. Polizeidirektion, anzuzeigen.

4. Die verfallenen Pfänder hat der Pfandleiher spätestens sechs Monate nach der Verfallzeit der öffentlichen Versteigerung zu unterstellen; Verabredungen, wornach das nicht rechtzeitig eingelöste Pfand dem Pfandleiher oder einem Dritten als Eigenthum zufallen soll, sind unstatthaft. Der Versteigerungstermin ist mindestens 14 Tage vorher öffentlich bekannt zu machen und gleichzeitig der Distrikts=Verwaltungsbehörde anzuzeigen.

Der erzielte Mehrerlös ist nach Abzug der Zinsen und einer Entschädigung von höchstens fünf Prozenten des Erlöses für Versteigerungskosten dem Verpfänder auf Anmelden hinauszuzahlen.

6. Der Pfandleiher ist zur ordnungsmäßigen Führung eines Pfandbuches verpflichtet.

Das Pfandbuch muß dauerhaft gebunden, im Rücken mit einem starken Faden durchzogen und mit fortlaufenden Seitenzahlen versehen sein. Dasselbe muß, bevor es in Gebrauch kommt, der Distrikts=Verwaltungsbehörde vorgelegt werden. Findet diese den Einband und die Seitenzahl in Ordnung, so genehmigt sie die Verwendung des Pfandbuches, indem sie zugleich auf der ersten Seite desselben die Anzahl der Seiten bemerkt und die beiden Enden des Fadens mittels amtlichen Siegels befestigt.

Ueber die Verpfändung von Juwelen, Gold- und Silbersachen ist ein ebenso eingerichtetes besonderes Pfandbuch zu führen.

Die Einträge in das Pfandbuch müssen gut leserlich, in deutscher Sprache und mit Tinte geschrieben sein.

Ohne Erlaubniß der Distrikts-Verwaltungsbehörde dürfen die Pfandbücher weder ganz noch theilweise vernichtet werden.

7. Jedes abgeschlossene Geschäft muß in das betreffende Pfandbuch deutlich, vollständig und wahrheitsgetreu eingetragen werden.

8. Der Pfandleiher hat dem Verpfänder über das vollzogene Geschäft eine mit seiner Unterschrift versehene Bescheinigung (Pfandschein) auszustellen, welche mit dem Eintrag im Pfandbuche wörtlich übereinstimmen muß.

9. Soll der Pfandvertrag verlängert werden, so ist zu verfahren, wie wenn es sich um ein neues Geschäft handelte. Es findet demgemäß eine neue Eintragung in das Pfandbuch und die Ausfertigung eines neuen Pfandscheines statt.

10. Der Pfandleiher muß alle ihm zugehenden schriftlichen Mittheilungen über verlorene oder gestohlene Gegenstände, nach der Zeitfolge geordnet, ein Jahr lang aufbewahren. Erlangt er beim Betriebe seines Geschäftes Kenntniß von strafbaren Handlungen oder geben ihm die Umstände Grund zur Vermuthung, daß eine solche begangen worden sei, so hat er hievon der Polizeibehörde oder den Aufsichts- und Sicherheits-Organen sofort Anzeige zu erstatten und gegebenen Falles, wenn thunlich, die Gegenstände anzuhalten.

11. Der Pfandleiher ist verpflichtet, der Polizeibehörde und ihren Organen jederzeit Zutritt in seine Geschäftsräume und Magazine zu gestatten, denselben die Pfandgegenstände, Geschäftsbücher, Versicherungspolicen vorzuzeigen und jede auf den Geschäftsbetrieb bezügliche Auskunft zu ertheilen.

12. In dem Geschäftslokale des Pfandleihers muß an einer in die Augen fallenden Stelle ein gedrucktes Exemplar dieser Bekanntmachung aushängen.

Anmerkung. Strafbestimmung: § 360 Ziff. 12 des Reichsstrafgesetzbuches

18. Bekanntmachung des Staatsministeriums des Innern vom 18. Dezember 1883, betreffend die in § 35 Abs. 3 der Reichsgewerbeordnung aufgeführten Gewerbebetriebe.

(Ges.- u. V.-Bl. S. 495.)

Auf Grund des § 38 Abs. 2 der Reichs-Gewerbeordnung werden nachstehende Vorschriften erlassen:

I. Für diejenigen Personen, welche sich mit der gewerbsmäßigen Besorgung fremder Rechtsangelegenheiten und bei Behörden wahrzunehmenden Geschäften, insbesondere der gewerbsmäßigen Abfassung der darauf bezüglichen schriftlichen Aufsätze, mit dem Geschäfte der gewerbsmäßigen Vermittlungsagenten für Immobiliarverträge, Darlehen und Heirathen, sowie mit dem Geschäfte eines Auktionators befassen:

1. Die bezeichneten Gewerbetreibenden sind verpflichtet, ihre sämmtlichen Geschäftsbücher und Akten in guter Ordnung zu halten. Die Einträge in den verschiedenen Geschäftsbüchern und die Akten oder einzelnen Schriftstücke müssen gegenseitige Verweisungen auf die betreffenden Nummern oder Folien ꝛc. der sonstigen einschlägigen Bücher ꝛc. enthalten.

2. Die einlaufenden Geschäftsbriefe, sowie Copieen der auslaufenden Geschäftsbriefe, desgleichen Quittungen, Postscheine ꝛc. sind geordnet mindestens fünf Jahre lang aufzubewahren.

3. Jeder der bezeichneten Gewerbetreibenden hat einjährlich abzuschließendes Geschäftsregister zu führen. In dieses Geschäftsregister ist jeder einzelne Fall, in welchem die Thätigkeit des Gewerbetreibenden in Anspruch genommen wird, wahrheitsgetreu einzutragen.

4. Die Geschäftsregister müssen im Geschäftslokale aufbewahrt und dürfen nicht ohne Genehmigung der zuständigen Distriktspolizeibehörde vernichtet werden.

5. Gelder, Werthpapiere, Pretiosen, Urkunden und andere wichtige Schriftstücke, Pläne oder Zeichnungen u. s. w., welche dem bezeichneten Gewerbetreibenden von ihren Auftraggebern oder für dieselbe eingehändigt werden, sind, soferne nicht die sofortige Wiederhinausgabe zu erfolgen hat, in besonderen Umschlägen oder Packeten, welche mit dem Namen des Auftraggebers und der betreffenden Nummer des Geschäftsregisters zu versehen sind, wohlgeordnet und vor Beschädigung gesichert aufzubewahren.

6. Die Wahl, sowie jeder Wechsel des Geschäftslokales sind der Distriktspolizeibehörde, in München der k. Polizeidirektion, binnen drei Tagen anzuzeigen.

7. Die bezeichneten Gewerbetreibenden sind verpflichtet, die Beamten und Vollzugsorgane der Polizeibehörden jederzeit in die Lokalitäten, welche sie zum Geschäftsbetriebe benützen, einzulassen, denselben auf Verlangen das Geschäftsregister, sowie alle sonstigen Bücher, Akten und Schriftstücke, dann die hinterlegten Gelder, Urkunden ꝛc. vorzuzeigen und jeden verlangten Aufschluß über den Geschäftsbetrieb zu ertheilen.

19. Bekanntmachung vom 1. Januar 1894, den gewerbsmäßigen Betrieb des Handels mit ländlichen Grundstücken betreffend.

(Ges.- u. V.-Bl. S. 12.)

1. Wer den Handel mit ländlichen Grundstücken gewerbsmäßig betreibt, ist zur ordnungsmäßigen Führung eines Geschäftsbuches verpflichtet.

Ohne Erlaubniß der Distriktsverwaltungsbehörde dürfen die Geschäftsbücher weder ganz noch theilweise vernichtet werden.

2. Jedes den Handel mit ländlichen Grundstücken betreffende Geschäft muß in das Geschäftsbuch deutlich, vollständig und wahrheitsgetreu eingetragen werden.

4. Bei jedem Grundstücke ist der Erwerbspreis beizufügen, zu welchem es von dem Güterhändler erworben wurde.

5. Ferner ist in dem Geschäftsbuche anzugeben, wann und an wen jedes eingetragene Grundstück veräußert wurde und zu welchem Preise.

6. Der Güterhändler ist verpflichtet, wenn er eine Gutszertrümmerung durchzuführen beabsichtigt, noch vor der Einleitung des Geschäftes der Distrikts-Verwaltungsbehörde Anzeige zu erstatten und derselben, sowie ihren Organen behufs der Kontrolle der Geschäftsführung Zutritt in seine Geschäftsräume zu gestatten, die Geschäftsbücher vorzuzeigen und jede auf den Geschäftsbetrieb bezügliche Auskunft zu ertheilen.

20. Bekanntmachung des Staatsministeriums des Innern vom 17. Oktober 1894, oberpolizeiliche Vorschrift über öffentliche Versteigerungen betreffend. (Ges.- u. V.-Bl. S. 588.)

§ 1. Es ist verboten, vor oder bei öffentlichen Versteigerungen den aus Anlaß derselben anwesenden Personen unentgeltlich oder unter Preisermäßigung geistige Getränke zu verabfolgen.

Das Verbot erstreckt sich auch auf die sogenannten Vorversteigerungen.

Anmerkung. Strafbestimmung: § 367 Ziff. 16 des Reichsstrafgesetzbuches.

21. Bekanntmachung des Staatsministeriums des Innern vom 30. April 1895, den Vollzug des § 105a Abs. 2 der Gewerbeordnung betreffend. (Ges.- u. V.-Bl. S. 253.)

Nach § 105a Abs. 1 der Gewerbeordnung für das Deutsche Reich in der Fassung des Reichsgesetzes vom 1. Juni 1891 können die Arbeiter zum Arbeiten an Sonn- und Festtagen, insoweit nicht nach den Bestimmungen der Gewerbeordnung Ausnahmen zulässig sind, nicht verpflichtet werden. In § 105b Abs. 1 ist die Mindestdauer, dann der Beginn und das Ende der den gewerblichen Arbeitern für jeden Sonn- und Festtag, sowie für zwei aufeinanderfolgende Sonn- und Festtage zu gewährenden Ruhezeit näher vorgeschrieben. Jugendliche Arbeiter dürfen nach § 136 Abs. 3 an Sonn- und Festtagen in Fabriken überhaupt nicht beschäftigt werden. Ferner ist nach § 137 Abs. 1 die Beschäftigung der Arbeiterinnen in Fabriken am Sonnabend sowie an Vorabenden der Festtage nach $5^1/_2$ Uhr Nachmittags verboten. Für das Handelsgewerbe enthält der § 105b Abs. 2 einschränkende Vorschriften über die Beschäftigung der Gehilfen, Lehrlinge und Arbeiter an Sonn- und Festtagen; soweit diese Beschäftigung verboten ist, darf nach § 41a Abs. 1 im Handelsgewerbe ein Gewerbebetrieb in offenen Verkaufsstellen an Sonn- und Festtagen überhaupt nicht stattfinden.

Diese, wie die übrigen einschlägigen Vorschriften der Gewerbeordnung beruhen auf dem Gesichtspunkte des Arbeiterschutzes und enthalten viel erheblichere Beschränkungen des Gewerbebetriebes, als die bisherigen Vorschriften über die Sonn- und Festtagsheiligung. Die Festtage, auf welche die Vorschriften der Gewerbeordnung Anwendung zu finden haben, sind nach § 105a Abs. 2 von den Landesregierungen unter Berücksichtigung der örtlichen und konfessionellen Verhältnisse zu bestimmen.

Demgemäß werden als Festtage im Sinne des § 105a Abs. 2 der Gewerbeordnung neben den regelmäßig auf den Sonntag fallenden Festtagen bestimmt:

1. der erste Weihnachtstag,
2. der Stephanstag, zweiter Weihnachtstag,
3. das Neujahrsfest,
4. der Ostermontag,
5. das Fest Christi Himmelfahrt,
6. der Pfingstmontag,

sodann folgende Festtage für jene Orte, an welchen dieselben den örtlichen und konfessionellen Verhältnissen entsprechend nach Maßgabe der in Bayern bestehenden Vorschriften zu feiern sind:

7. das Fest der hl. 3 Könige, Erscheinungsfest,
8. der Charfreitag,
9. das Fronleichnamsfest,
10. das Fest Mariä Himmelfahrt,
11. das Fest Allerheiligen.

Im Uebrigen bleiben die landesrechtlichen Bestimmungen über die Feier der Sonn- und Festtage für alle Sonn- und Festtage und zwar sowohl für die oben unter Ziffer 1 mit 11 aufgeführten, als auch für die sonst in Bayern bestehenden Festtage, an deren Bestand nichts geändert wird, in Geltung.

Anmerkung. Zum letzten Absatze vgl. die oben S. 184 abgedruckte kgl. Verordnung vom 21. Mai 1897, die Feier der Sonn- und Festtage betreffend.

E. Versicherungs- und Unterstützungswesen.

1. Kgl. Verordnung vom 4. Januar 1872, die Zuständigkeit der Verwaltungsbehörden in Sachen des Strafgesetzbuches für das Deutsche Reich und des Polizeistrafgesetzbuches betreffend. (Reg.-Bl. S. 28.)

§ 4. Die Errichtung von Aussteuer-, Sterbe- oder Wittwenkassen oder anderen dergleichen Gesellschaften oder Anstalten, welche bestimmt sind, gegen Zahlung eines Einkaufsgeldes oder gegen Leistung von Geldbeiträgen beim Eintritte gewisser Bedingungen oder Fristen Zahlungen an Kapital oder Renten zu leisten (§ 360 Ziff. 9 des Reichsstrafgesetzbuches), ist nur mit Genehmigung der Kreisregierung, Kammer des Innern, in deren Bezirk die Errichtung stattfindet, zulässig.

Sind derartige Kassen oder Anstalten außerhalb Bayerns errichtet, so bedürfen sie zur Ausdehnung ihres Geschäftsbetriebs auf Bayern der Genehmigung Unseres Staatsministeriums des Innern.

Die Errichtung oder der Betrieb von Versicherungsanstalten in Bayern ist, insoferne nicht bezüglich einzelner derartiger Anstalten etwas Besonderes bestimmt ist, von der Genehmigung Unseres Staatsministeriums des Innern abhängig.

2. Kgl. Verordnung vom 11. September 1872, die Mobiliar-Feuerversicherungen betreffend. (Reg.-Bl. S. 2115.)

§ 1. Zur Errichtung von Mobiliarfeuerversicherungsanstalten, sowie zur Ausdehnung des Geschäftsbetriebes auswärtiger derartiger Anstalten auf das Königreich Bayern ist Unsere Genehmigung erforderlich.

Die Einführung von Aenderungen in den Statuten oder Versicherungsbedingungen ist gleichfalls durch Unsere Genehmigung bedingt.

Anmerkung. Strafbestimmungen: § 360 Ziff. 9 des Reichsstrafgesetzbuches, Art. 134 des Polizeistrafgesetzbuches.

3. Gesetz vom 3. April 1875, die Brandversicherungsanstalt für Gebäude in den Landestheilen rechts des Rheines betreffend. (Ges.- u. V.-Bl. S. 269.)

Art. 1. Die für die sämmtlichen Regierungsbezirke rechts des Rheines begründete, auf dem Grundsatze der Gegenseitigkeit beruhende Anstalt zur Versicherung der Gebäude gegen Brandschaden hat fortzubestehen.

Art. 2. Die Theilnahme an dieser Anstalt ist im Allgemeinen freigegeben, dagegen die Versicherung von Gebäuden bei anderen Brandversicherungsanstalten oder Gesellschaften unter dem Nachtheile der Nichtigkeit jedes desfallsigen Uebereinkommens verboten.

Dieses Verbot findet keine Anwendung in Ansehung jener Gebäude, denen die Aufnahme in die Anstalt versagt ist.

Art. 61. Erhält ein Gebäude erst nach der Aufnahme in die Anstalt eine feuergefährliche Bestimmung oder eine feuergefährliche Benützung überhaupt oder höheren Grades, so hat der Versicherte hievon dem Brandversicherungsinspektor binnen 14 Tagen Anzeige zu erstatten.

Art. 96. Die Uebertretung des im Art. 2 bezeichneten Verbotes wird an Geld mit fünf vom hundert der Versicherungssumme bestraft.

Wer die im Art. 61 vorgeschriebene Anzeige unterläßt, wird an Geld um das Dreifache des rechtswidrig entzogenen Beitrages bestraft.

Ueberversicherungen von Gebäuden und deren Zugehörungen, welche wissentlich durch unrichtige Werthsangabe herbeigeführt wurden, sind gegen den Versicherten, sowie gegen den Sachverständigen, welcher die Schätzung vorgenommen hat, mit Geld bis zu 300 Mark zu bestrafen, insoferne die Handlung nicht nach einem anderen Strafgesetze als Verbrechen oder Vergehen erscheint.

Anmerkung. Das vorstehend im Auszuge abgedruckte Gesetz wurde durch Gesetz vom 5. Mai 1890, die Vereinigung der Brandversicherungsanstalt der Pfalz mit jener in den Landestheilen rechts des Rheines betreffend (Ges.- u. V.-Bl. S. 223), auf den Regierungsbezirk der Pfalz erstreckt.

4. Gesetz, betreffend die Krankenversicherung der Arbeiter, vom 15. Juni 1883/10. April 1892. (Reichs-Ges.-Bl. 1892 S. 417.)

§ 81. Wer der ihm nach § 49* oder nach den auf Grund des § 2 Absatz 2* erlassenen Bestimmungen obliegenden Verpflichtung zur An- oder Abmeldung oder der ihm nach § 49a* obliegenden Anzeigepflicht nicht nachkommt, wird mit Geldstrafe bis zu zwanzig Mark bestraft.

§ 82. Arbeitgeber, welche den von ihnen beschäftigten, dem Krankenversicherungszwange unterliegenden Personen bei der Lohnzahlung vorsätzlich höhere als die nach §§ 53, 65 zulässigen Beträge in Anrechnung bringen, oder der Bestimmung des § 53 Absatz 3* oder dem Verbote des § 80* entgegenhandeln, werden, sofern nicht nach anderen gesetzlichen Bestimmungen eine härtere Strafe eintritt, mit Geldstrafe bis zu dreihundert Mark oder mit Haft bestraft.

§ 82a. Die Arbeitgeber sind befugt, die Erfüllung der ihnen durch dieses Gesetz auferlegten Verpflichtungen solchen Personen zu übertragen, welche sie zur Leitung ihres Betriebes oder eines Theiles desselben oder zur Beaufsichtigung bestellt haben.

Sind die in diesem Gesetze gegebenen Vorschriften von solchen Personen übertreten worden, so trifft die Strafe die letzteren. Der Arbeitgeber ist neben denselben strafbar, wenn die Zuwiderhandlung mit seinem Vorwissen begangen ist oder wenn er bei der nach den Verhältnissen möglichen eigenen Beaufsichtigung des Betriebes, oder bei der Auswahl oder der Beaufsichtigung der Betriebsleiter oder Aufsichtspersonen es an der erforderlichen Sorgfalt hat fehlen lassen.

§ 82b. Arbeitgeber, welche den von ihnen beschäftigten Personen auf Grund des § 53 Lohnbeträge in Abzug bringen, diese Beträge aber in der Absicht, sich oder einem Dritten einen rechtswidrigen Vermögensvortheil zu verschaffen, oder die berechtigte Gemeinde-Krankenversicherung oder Krankenkasse zu schädigen, den letzteren vorenthalten, werden mit Gefängniß bestraft, neben welchem auf Geldstrafe bis zu dreitausend Mark, sowie auf Verlust der bürgerlichen Ehrenrechte erkannt werden kann. Sind mildernde Umstände vorhanden, so kann ausschließlich auf Geldstrafe erkannt werden.

*Anmerkung. Von den vorstehend angeführten Bestimmungen betrifft § 2 Absatz 2 statutarische Bestimmungen über An- und Abmeldung von Arbeitern, § 49 und § 49a die An- und Abmeldung der Arbeiter durch die Arbeitgeber bezw. die Hilfskassen, § 53 Absatz 3 die Lohnabzüge seitens zahlungsunfähiger Arbeitgeber, § 80 die Unzulässigkeit von Verträgen, welche die Anwendung des Krankenversicherungsgesetzes zum Nachtheile der Versicherten ausschließen oder beschränken.

5. Reichs-Unfallversicherungsgesetz vom 6. Juli 1884. (Reichs-Ges.-Bl. S. 69.)

§ 107. Die Mitglieder der Vorstände der Genossenschaften, deren Beauftragte (§§ 82 und 83) und die nach § 83 ernannten Sachverständigen werden, wenn sie unbefugt Betriebsgeheimnisse offenbaren, welche Kraft ihres Amtes oder Auftrages zu ihrer Kenntniß gelangt sind, mit Geldstrafe bis zu eintausendfünfhundert Mark oder mit Gefängniß bis zu drei Monaten bestraft.

Die Verfolgung tritt nur auf Antrag des Betriebsunternehmers ein.

§ 108. Die Mitglieder der Vorstände der Genossenschaften, die Beauftragten derselben (§§ 82 und 83) und die nach § 83 ernannten Sachverständigen werden mit Gefängniß, neben welchem auf Verlust der bürgerlichen Ehrenrechte erkannt werden kann, bestraft, wenn sie absichtlich zum Nachtheile der Betriebsunternehmer Betriebsgeheimnisse, welche Kraft ihres Amtes oder Auftrages zu ihrer Kenntniß gelangt sind, offenbaren, oder geheim gehaltene Betriebseinrichtungen oder Betriebsweisen, welche Kraft ihres Amtes oder Auftrages zu ihrer Kenntniß gelangt sind, so lange als diese Betriebsgeheimnisse sind, nachahmen.

Thun sie dies, um sich oder einem Anderen einen Vermögensvortheil zu verschaffen, so kann neben der Gefängnißstrafe auf Geldstrafe bis zu dreitausend Mark erkannt werden.

6. Reichsgesetz, betreffend die Unfall- und Krankenversicherung der in land- und forstwirthschaftlichen Betrieben beschäftigten Personen, vom 5. Mai 1886. (Reichs-Ges.-Bl. S. 132.)

§ 127. Die Mitglieder der Vorstände der Genossenschaften und die Mitglieder der Genossenschaftsausschüsse zur Entscheidung über Beschwerden (§ 22 Ziff. 3), imgleichen die in Gemäßheit der §§ 90 und 91 ernannten Beauftragten und Sachverständigen werden, wenn sie unbefugt Betriebsgeheimnisse offenbaren, welche Kraft ihres Amtes oder Auftrages zu ihrer Kenntniß gelangt sind, mit Geldstrafe bis zu eintausendfünfhundert Mark oder mit Gefängniß bis zu drei Monaten bestraft.

Die Verfolgung tritt nur auf Antrag des Betriebsunternehmers ein.

§ 128. Die im § 127 bezeichneten Personen werden mit Gefängniß, neben welchem auf Verlust der bürgerlichen Ehrenrechte erkannt werden kann, bestraft, wenn sie absichtlich zum Nachtheile der Betriebsunternehmer Betriebsgeheimnisse, welche Kraft ihres Amtes oder Auftrages zu ihrer Kenntniß gelangt sind, offenbaren, oder geheim gehaltene Betriebseinrichtungen oder Betriebsweisen, welche Kraft ihres Amtes oder Auftrages zu ihrer Kenntniß gelangt sind, solange als diese Betriebsgeheimnisse sind, nachahmen.

Thun sie dies, um sich oder einem Anderen einen Vermögensvortheil zu verschaffen, so kann neben der Gefängnißstrafe auf Geldstrafe bis zu dreitausend Mark erkannt werden.

7. Reichsgesetz, betreffend die Invaliditäts- und Altersversicherung, vom 22. Juni 1889. (Reichs-Ges.-Bl. S. 97.)

§ 147. Den Arbeitgebern und ihren Angestellten ist untersagt, durch Uebereinkunft oder mittelst Arbeitsordnungen die Anwendung der Bestimmungen dieses Gesetzes zum Nachtheile der Versicherten ganz oder theilweise auszuschließen oder dieselben in der Uebernahme oder Ausübung eines in Gemäßheit dieses Gesetzes ihnen übertragenen Ehrenamtes zu beschränken. Vertragsbestimmungen, welche diesem Verbote zuwiderlaufen, haben keine rechtliche Wirkung.

Arbeitgeber oder deren Angestellte, welche derartige Verträge geschlossen haben, werden, soferne nicht nach anderen gesetzlichen Vorschriften eine härtere Strafe eintritt, mit Geldstrafe bis zu dreihundert Mark oder mit Haft bestraft.

§ 148. Die gleiche Strafe (§ 147) trifft

1. Arbeitgeber, welche den von ihnen beschäftigten, dem Versicherungszwange unterliegenden Personen wissentlich mehr als die Hälfte des für die beiden letzten Lohnzahlungsperioden verwendeten beziehungsweise in denselben fällig gewordenen Betrages an Marken bei der Lohnzahlung in Anrechnung bringen (§§ 109 Abs. 3, 112 Abs. 2);
2. Angestellte, welche einen solchen größeren Abzug wissentlich bewirken;
3. diejenigen Personen, welche dem Berechtigten eine Quittungskarte widerrechtlich vorenthalten.

§ 149. Arbeitgeber, welche wissentlich andere als die vorgeschriebenen Marken verwenden, sowie Angestellte und Versicherte, welche wissentlich eine solche unrichtige Verwendung bewirken, werden, soferne nicht nach anderen gesetzlichen Vorschriften eine härtere Strafe eintritt, mit Geldstrafe von zwanzig bis zu eintausend Mark oder mit Gefängniß bestraft. Sind mildernde Umstände vorhanden, so kann die Strafe bis auf drei Mark oder einen Tag Haft ermäßigt werden.

§ 150. Die Strafbestimmungen der §§ 142, 143, 147 bis 149 finden auch auf die gesetzlichen Vertreter handlungsunfähiger Arbeitgeber, desgleichen auf die Mitglieder des Vorstandes einer Aktiengesellschaft, Innung oder eingetragenen Genossenschaft, sowie auf die Liquidatoren einer Handelsgesellschaft, Innung oder eingetragenen Genossenschaft Anwendung.

§ 151. Wer in Quittungskarten Eintragungen oder Vermerke macht, welche nach § 108 unzulässig sind, wird mit Geldstrafe bis zu zweitausend Mark oder mit Gefängniß bis zu sechs Monaten bestraft. Sind mildernde Umstände vorhanden, so kann statt der Gefängnißstrafe auf Haft erkannt werden.

§ 152. Die Mitglieder der Vorstände und sonstiger Organe der Versicherungsanstalten, sowie die das Aufsichtsrecht über dieselben ausübenden Beamten, werden, wenn sie unbefugt Betriebsgeheimnisse offenbaren, welche Kraft ihres Amtes zu ihrer Kenntniß gelangt sind, mit Geldstrafe bis zu eintausendfünfhundert Mark oder mit Gefängniß bis zu drei Monaten bestraft.

Die Verfolgung tritt nur auf Antrag des Betriebsunternehmers ein.

§ 153. Die im § 152 bezeichneten Personen werden mit Gefängniß, neben welchem auf Verlust der bürgerlichen Ehrenrechte erkannt werden kann, bestraft, wenn sie absichtlich zum Nachtheile der Betriebsunternehmer Betriebsgeheimnisse, welche Kraft ihres Amtes zu ihrer Kenntniß gelangt waren, offenbaren, oder wenn sie geheim gehaltene Betriebseinrichtungen oder Betriebsweisen, welche Kraft ihres Amtes zu ihrer Kenntniß gelangt sind, solange als diese Betriebsgeheimnisse sind, nachahmen.

Thun sie dies, um sich oder einem Anderen einen Vermögensvortheil zu verschaffen, so kann neben der Gefängnißstrafe auf Geldstrafe bis zu dreitausend Mark erkannt werden.

§ 154. Mit Gefängniß nicht unter drei Monaten, neben welchem auf Verlust der bürgerlichen Ehrenrechte erkannt werden kann, wird bestraft, wer unechte Marken in der Absicht anfertigt, sie als echt zu verwenden, oder echte Marken in der Absicht verfälscht, sie zu einem höheren Werthe zu verwenden, oder wissentlich von falschen oder verfälschten Marken Gebrauch macht.

Dieselbe Strafe trifft denjenigen, welcher wissentlich schon einmal verwendete Marken in Quittungskarten abermals verwendet oder solche Marken nach gänzlicher oder theilweiser Entfernung der darauf gesetzten Entwerthungszeichen veräußert oder feilhält. Sind mildernde Umstände vorhanden, so kann auf Geldstrafe bis zu dreihundert Mark oder Haft erkannt werden.

Zugleich ist auf Einziehung der Marken zu erkennen, ohne Unterschied, ob sie dem Verurtheilten gehören oder nicht. Auf diese Einziehung ist auch dann zu erkennen, wenn die Verfolgung oder Verurtheilung einer bestimmten Person nicht stattfindet.

§ 155. Mit Geldstrafe bis zu einhundertfünfzig Mark oder mit Haft wird bestraft, wer ohne schriftlichen Auftrag einer Versicherungsanstalt oder einer Behörde

1. Stempel, Siegel, Stiche, Platten oder andere Formen, welche zur Anfertigung von Marken dienen können, anfertigt oder an einen Anderen als die Versicherungsanstalt, beziehungsweise die Behörde verabfolgt;
2. den Abdruck der in Ziffer 1 genannten Stempel, Siegel, Stiche, Platten oder Formen unternimmt oder Abdrücke an einen Anderen als die Versicherungsanstalt, beziehungsweise die Behörde verabfolgt.

Neben der Geldstrafe oder Haft kann auf Einziehung der Stempel, Siegel, Stiche, Platten oder Formen erkannt werden, ohne Unterschied, ob sie dem Verurtheilten gehören oder nicht.

8. Kgl. Verordnung vom 20. September 1862, die polizeiliche Bewilligung zu Sammlungen betreffend. (Reg.-Bl. S. 2269.)

§ 1. Zu jeder Sammlung von Geld oder sonstigen Beiträgen, oder von Unterschriften hiezu wird vorbehaltlich dessen, was hierüber in den Gesetzen besonders bestimmt ist, polizeiliche Bewilligung erfordert.

§ 2. Die ertheilte Bewilligung ist nach Umfluß von 3 Monaten, vom Tage ihrer Eröffnung an gerechnet, als erloschen zu betrachten, wenn hierüber für den einzelnen Fall nicht anderweitige Verfügung ausdrücklich getroffen ist.

§ 3. Der Allerhöchsten Entschließung bleibt die Erlaubniß zu allen Sammlungen vorbehalten, welche sich über mehrere Regierungsbezirke oder über das ganze Königreich erstrecken, oder für politische Zwecke oder für das Ausland bestimmt sind.

§ 4. Sammlungen innerhalb eines einzelnen Regierungsbezirkes werden von den Kreisregierungen, K. d. J., bewilligt.

§ 5. Sammlungen irgend welcher Art zur Steuerung einer durch unvorhergesehene Ereignisse herbeigeführten augenblicklichen Noth können von den Distriktspolizeibehörden in ihren Amtsbezirken angeordnet werden. In einem solchen Falle ist Anzeige an die Regierung zu erstatten.

§ 6. Wenn ein Aufruf zu Gaben oder Geldbeiträgen mit dem Erbieten der Empfangnahme derselben in öffentlichen Blättern oder Anschlägen erlassen werden soll, so kommen in Ansehung der Zuständigkeit zur Ertheilung der Bewilligung die Bestimmungen der §§ 3—5 zur Anwendung.

Anmerkung. Strafbestimmung: Art. 52 des Polizeistrafgesetzbuches.

9. Gesetz vom 29. April 1869, die öffentliche Armen- und Krankenpflege betreffend. (Ges.-Bl. S. 1123.)

Art. 44. Personen, welche öffentliche Armenunterstützung genießen, werden mit Arrest bis zu acht Tagen, im Rückfalle bis zu dreißig Tagen bestraft, wenn sie entweder

1. durch ungeziemendes Benehmen die dem Armenpflegschaftsrathe, einem Mitgliede desselben, einem Bezirkspfleger oder denjenigen, von welchen sie im Auftrage des Armenpflegschaftsrathes Almosen, Kleidung, Wohnung, Kost oder Arbeit erhalten, gebührende Achtung verletzen, oder wenn sie
2. Lebensmittel, Heizungsmaterial, Kleidungsstücke, Heilmittel, Arbeitsstoffe, Werkzeuge und dergleichen, welche sie von der öffentlichen Armenpflege oder von einer öffentlichen Wohlthätigkeitsanstalt empfangen haben, unbefugt veräußern oder muthwillig unbrauchbar machen.

Sachregister.

A.

F.

H.

L.

N.

S.

T.

U.

W.

Z.

FSC
www.fsc.org
MIX
Papier | Fördert gute Waldnutzung
FSC® C083411

Kolibri 360 GmbH
Ferdinand-Jühlke-Straße 7
99095 Erfurt, Deutschland
produktsicherheit@kolibri360.de